深圳统计年鉴

SHENZHEN STATISTICAL YEARBOOK

2012

总第 22 期

深圳市统计局
Shenzhen Statistics Bureau
国家统计局深圳调查队
NBS Survey Office in Shenzhen
编

中国统计出版社
China Statistics Press

《深圳统计年鉴—2012》编委会名单

EDITORIAL BOARD AND STAFF

编 辑 说 明

1.为方便国外读者查阅，本年鉴在目录、统计图表及指标解释等内容上按中英文对照编辑。

2.本年鉴全面系统地介绍了深圳市国民经济和社会发展情况，主要指标着重反映了2011年深圳市经济和社会各方面所取得的成就，也反映了深圳建市以来历年统计数据。统计资料内容分为20个部分，即：（1）综合；（2）国民经济核算；（3）人口和劳动力；（4）工业、能源；（5）建筑业；（6）运输、邮电；（7）农业；（8）固定资产投资；（9）房地产；（10）商业、物价；（11）财政收支；（12）金融保险业；（13）对外经济贸易和旅游；（14）劳动工资；（15）科学技术；（16）文化、教育；（17）卫生、社会保障和社会福利业；（18）城市建设和环境保护；（19）人民生活；（20）企业景气调查。为了便于读者正确使用资料，还附上了主要统计指标解释。

3.根据最新掌握到的统计资料以及国家新的统计制度之规定，本期年鉴对过去发表的一些重要统计资料重新予以核实，对部分历史数据进行了调整。因此，读者在使用历史资料时，凡与本年鉴有出入的，均以本年鉴为准。

4.本年鉴中的部分数据由于单位取舍不同产生的计算误差均未作机械调整。

5.为便于读者使用，本年鉴特编制了主要指标的定基指数、环比指数和年平均增长速度。本年鉴中所列指数和年平均增长速度均按可比口径计算。

6.本年鉴使用的符号说明：“...”表示该项统计指标数据不足本表最小单位数，“空白”表示数据不详或无该项数据；“#”表示其中项；“*”表示另有注解。

7.限于我们的水平，本年鉴仍存在不足乃至错漏，希望读者不吝批评指正，帮助我们改进编辑工作，以期更好地为广大读者服务。

EDTOR'S NOTE

Ⅰ. The contents, pictures and lists of this book are translated into Chinese and English in order for the foreigners.

Ⅱ.Shenzhen Statistical Yearbook 2012 contains comprehensive statistics of Shenzhen's social and economic development in 2011 and selected data of some important years and of the period after the establishment of the city. This book is composed of 20 parts. They include: 1. General Survey; 2.National Economic Accounting; 3.Population and Labor Force; 4.Industry and Energy; 5.Constuction; 6.Transport, Postal and Telecommunication services; 7.Agriculture; 8.Investment in Fixed Assets; 9.Real Estate; 10.Commerce and Price; 11.Fiscal Revenue and Expenditure; 12.Finance and Insurance; 13.Foreign Trade and Tourism; 14.Labor Force and Wage; 15. Science and Technology; 16.Culture and Education; 17.Public Health, Social Security and Social Welfare; 18.Urban Constructions and Environmental Protection; 19.People's Livelihood; 20. Business Climate Survey. Interpretation of major statistical indicators attached is a useful tool for readers of this book.

Ⅲ.We adjust some important historical data based on the nearest data and state new statistical system. So in any case the data of this book shall be deemed as the authoritative ones.

Ⅳ.Statistical discrepancies in this book due to rounding are not adjusted.

Ⅴ.This book specially edit the fixed−base index, chain base index and average annual growth rate in order for the convinces by reader's usage. The indices and the average annual growth rates in this book are calculated from comparable price.

Ⅵ.Notations used in the yearbook: "..." indicates that the figure is not large enough to be measured with the smallest unit in the table,and "blank space" indicates data are unknown, or are not available; "#" indicates major item in a category, and "★ " means there a particular note for indicate.

Ⅶ.There are a lot of shortages and faults in the yearbook because of our limited level. For a better editing, we welcome all candid comments and criticism from our readers.

目　　录
CONTENTS

特　载

SPECIAL ARTICLES

一、综合
GENERAL SURVEY

1-1　行 政 区 划
ADMINISTRATIVE DIVISION（2011）........ 3

1-2　分区土地面积、人口及人口密度
TOTAL LAND AREA， POPULATION AND DENSITY OF POPULATION IN DISTRICTS（2011）........ 3

1-3　深圳市各时期国民经济和社会发展统计指标总量及年均增长速度
ANNUAL AVERAGE GROWTH RATE OF MAIN NATIONAL ECONOMIC AND SOCIAL DEVELOPMENT INDICATORS OF EACH PERIOD 4

1-4　主要年份国民经济主要指标比例关系
PERCENTAGE OF MAIN NATIONAL ECONOMIC INDICATORS IN MAIN YEARS 10

1-5　主要年份国民经济和社会发展主要指标平均每人水平
PER CAPITA MAIN NATIONAL ECONOMIC AND SOCIAL DEVELOPMENT INDICATORS IN MAIN YEARS 12

1-6　主要年份国民经济和社会发展主要指标平均每天水平
AVERAGE DAILY LEVEL OF MAIN NATIONAL ECONOMIC AND SOCIAL DEVELOPMENT INDICATORS IN MAIN YEARS 13

1-7　深圳市建市以来企业登记发展情况
THE DEVELOPMENT OF ENTERPRISES REGISTRATION OF SHENZHEN(1979–2011) 14

1-8　深圳市市场主体情况表MAIN MARKET OF SHENZHEN（2011）........ 15

主要统计指标解释 17
EXPLANATORY NOTES ON MAIN STATISTICAL INDICATORS 19

二、国民经济核算
NATIONAL ECONOMIC ACCOUNTING

2-1　本市生产总值
GROSS DOMESTIC PRODUCT（1979–2011）........ 22

2-2　本市生产总值三次产业构成
COMPOSITION OF GROSS DOMESTIC PRODUCT BY THREE INDUSTRIES（1979–2011）........ 24

2-3　本市生产总值指数
INDICES OF GROSS DOMESTIC PRODUCT（1980-2011）........ 25

2-4　本市生产总值指数
INDICES OF GROSS DOMESTIC PRODUCT（1980-2011）........ 26

2-5　三次产业贡献率
SHARE OF THE CONTRIBUTIONS OF THE THREE STRATA OF INDUSTRY （1980-2011）........ 27

2-6　三次产业拉动力
CONTRIBUTION OF THE THREE STRATA OF INDUSTRY（1980-2011）........ 28

2-7　深圳市各行业增加值
VALUE ADDED OF SHENZHEN DIVERSIFIED BY INDUSTRIES（2007-2011）........ 29

2-8　深圳市各行业增加值比重
PROPORTION OF VALUE ADDED OF SHENZHEN BY INDUSTRIES（2007-2011）........ 30

2-9　深圳市各行业增加值增长率
GROWTH RATE OF VALUE ADDED OF SHENZHEN DIVERSIFIED BY INDUSTRIES（2007-2011）........ 31

2-10　各行业增加值构成项目
COMPONENTS OF VALUE ADDED BY SECTOR（2011）........ 32

2-11　支出法本市生产总值
GROSS DOMESTIC PRODUCT BY EXPENDITURE APPROACH（1992-2011）........ 33

2-12　深圳市各区生产总值
SHENZHEN'S GROSS DOMESTIC PRODUCT BY DISTRICT（2000-2011）........ 34

2-13　深圳市各区生产总值发展速度
GROWTH RATE OF SHENZHEN'S GDP（2001-2011）........ 36

2-14　各区分行业增加值
VALUE ADDED OF SECTOR BY DISTRICT （2011）........ 38

2-15　各区分行业增加值发展速度
GROWTH RATE OF VALUE ADDRD OF SECTOR BY DISTRICT（2011）........ 40

主要统计指标解释........ 42
EXPLANATORY NOTES ON MAIN STATISTICAL INDICATORS........ 44

三、人口和劳动力

POPULATION AND LABOR FORCE

3-1　户数、人口、出生、死亡及自然增长
HOUSEHOLDS， POPULATION，BIRTH， DEATH AND NATURAL GROWTH（1979-2011）........ 49

3-2　人 口 指 数
INDICES OF POPULATION（1980-2011）........ 52

3-3　户籍人口计划生育情况
FAMILY PLANNING OF REGISTERED POPULATION （2011）........ 53

3-4　各区年末常住人口数
PERMANENT POPULATION AT THE YEAR-END BY DISTRICT（2006-2011）........ 53

3-5 按行业分的社会劳动者人数
NUMBER OF EMPLOYED GROUPED BY SECTOR（2011） 54

3-6 社会劳动者人数
NUMBER OF EMPLOYED（1979-2011） 55

3-7 社会劳动者人数指数
INDICES OF NUMBER OF EMPLOYED （1980-2011） 56

3-8 分经济类型和行业城镇单位从业人员年末人数
NUMBER OF EMPLOYED PERSONS IN URBAN UNITS AT THE YEAR-END BY OWNERSHIP AND SECTOR（2011） 57

3-9 各区城镇单位分行业在岗职工年末人数
NUMBER OF FULLY EMPLOYED STAFF AND WORKERS IN URBAN UNITS AT THE YEAR-END BY SECTOR AND BY CITY （2011） 58

3-10 各区城镇单位从业人员和在岗职工
NUMBER OF EMPLOYED PERSONS AND OF FULLY EMPLOYED STAFF AND WORKERS IN URBAN UNITS BY DISTRICT（2011） 60

主要统计指标解释 61
EXPLANATORY NOTES ON MAIN STATISTICAL INDICATORS 62

四、工业、能源

INDUSTRY AND ENERGY

4-1 工业总产值
GROSS OUTPUT VALUE OF INDUSTRY（1979-2011） 64

4-2 规模以上工业总产值
GROSS OUTPUT VALUE OF INDUSTRY ABOVE DESIGNATED SIZE（1979-2011） 65

4-3 工业总产值指数
INDICES OF GROSS OUTPUT VALUE OF INDUSTRY（1980-2011） 66

4-4 规模以上工业总产值指数
INDICES OF GROSS OUTPUT VALUE OF INDUSTRY ABOVE DESIGNATED SIZE（1980-2011） 67

4-5 规模以上工业企业职工平均人数
AVERAGE ANNUAL NUMBER OF STAFF AND WORKERS IN INDUSTRIAL ENTERPRISES ABOVE DESIGNATED SIZE（2011） 68

4-6 规模以上工业总产值构成
COMPOSITION OF GROSS OUTPUT VALUE OF INDUSTRY ABOVE DESIGNATED SIZE（2011） 70

4-7 规模以上工业企业主要指标
MAIN INDICATORS OF INDUSTRIAL ENTERPRISES ABOVE DESIGNATED SIZE（2011） 72

4-8 规模以上工业企业主要经济效益指标（一）
MAIN INDICATORS ON ECONOMIC BENEFIT OF INDUSTRIAL ENTERPRISES ABOVE DESIGNATED SIZE（2011） 80

4-8 规模以上工业企业主要经济效益指标（二）
MAIN INDICATORS ON ECONOMIC BENEFIT OF INDUSTRIAL ENTERPRISES ABOVE DESIGNATED SIZE（2011） 82

4-9 规模以上国有工业企业主要经济指标
MAIN ECONOMIC INDICATORS OF STATE-HOLDING INDUSTRIAL ENTERPRISES ABOVE DESIGNATED SIZE（2011）...... 84

4-10 规模以上集体工业企业主要经济指标
MAIN ECONOMIC INDICATORS OF COLLECTIVE-OWNED INDUSTRIAL ENTERPRISES ABOVE DESIGNATED SIZE （2011）...... 86

4-11 规模以上股份合作工业企业主要经济指标
MAIN ECONOMIC INDICATORS OF SHARE-HOLDING COOPERATIVE INDUSTRIAL ENTERPRISES ABOVE DESIGNATED SIZE（2011）...... 88

4-12 规模以上股份制工业企业主要经济指标
MAIN ECONOMIC INDICATORS OF SHARE-HOLDING INDUSTRIAL ENTERPRISES ABOVE DESIGNATED SIZE（2011）...... 90

4-13 规模以上“三资”工业企业主要经济指标
MAIN ECONOMIC INDICATORS OF FOREIGN-FUNDED INDUSTRIAL ENTERPRISES ABOVE DESIGNATED SIZE（2011）...... 92

4-14 规模以上私营工业企业主要经济指标
MAIN ECONOMIC INDICATORS OF PRIVATE INDUSTRIAL ENTERPRISES ABOVE DESIGNATED SIZE（2011）...... 94

4-15 规模以上大中型工业企业主要经济指标
MAIN ECONOMIC INDICATORS OF LARGE AND MEDIUM-SIZED INDUSTRIAL ENTERPRISES ABOVE DESIGNATED SIZE（2011）...... 96

4-16 规模以上分行业工业增加值和增长速度
VALUE-ADDED AND GROWTH RATES OF INDUSTRY ABOVE DESIGNATED SIZE BY SECTOR（2011）...... 98

4-17 主要工业产品产量
PRODUCTION OF MAIN INDUSTRIAL PRODUCTS（1979-2011）...... 99

4-18 全社会能耗水平
ENERGY CONSUMPTION LEVEL OF THE WHOLE SOCIETY（2005-2011）...... 104

4-19 主要能源按工业行业分组消费量
CONSUMPTION OF ENERGY BY SECTOR（2011）...... 105

主要统计指标解释...... 109
EXPLANATORY NOTES ON MAIN STATISTICAL INDICATORS...... 112

五、建筑业
COMSTRUCTION

5-1 建筑企业主要经济指标
MAIN ECONOMIC INDICATORS ON CONSTRUCTION ENTERPRISES（2008-2011）...... 119

5-2 建筑业总产值
GROSS OUTPUT VALUE OF CONSTRUCTION（2008-2011）...... 120

5-3 分行业建筑业生产情况
STATISTICS ON CONSTRUCTION BY SECTOR（2011）...... 121

5-4　分登记注册类型建筑业生产情况
STATISTICS ON CONSTRUCTION BY TYPE OF REGISTRATION（2011）............ 122

5-5　分行业建筑业财务状况
FINANCIAL CONDITIONS OF CONSTRUCTION BY SECTOR（2011）............ 123

5-6　分登记注册类型建筑业财务状况
FINANCIAL CONDITIONS OF CONSTRUCTION BY TYPE OF REGISTRATION（2011）............ 124

5-7　分行业劳务分包建筑企业经营情况
MANAGENT SITUATIONS OF CONSTRUCTION ENTERPRISE OF SERVICE SUBCONTRACTING BY SECTOR（2011）............ 125

5-8　总承包和专业承包建筑业企业生产情况
PRODUCTION SITUATIONS OF GENERAL AND SPECIALIZED CONTRACTTING CONSTRUCTION ENTERPRISE（2008-2011）............ 126

5-9　总承包和专业承包建筑业企业财务状况
FINANCIAL SITUATIONS OF GENERAL AND SPECIALIZED CONTRACTTING CONSTRUCTION ENTERPRISE（2008-2011)............ 127

5-10　劳务分包建筑企业经营情况
MANAGENT SITUATIONS OF CONSTRUCTION ENTERPRISE OF SERVICE SUBCONTRACTING（2008-2011）............ 128

主要统计指标解释............ 129
EXPLANATORY NOTES ON MAIN STATISTICAL INDICATORS............ 130

六、运输、邮电

TRANSPORT,POSTAL AND TELECOMMUNICATION SERVICES

6-1　主要年份全社会客货运输（吞吐）量
PASSENGER AND FREIGHT TRAFFIC IN MAIN YEARS（2007-2011）............ 133

6-2　全社会客货运输和邮电业务量（一）
PASSENGER AND FREIGHT TRAFFIC，REVENUE FROM POSTAL AND TELECOMMUNICATIONS SERVICES（1979-2011）............ 134

6-2　全社会客货运输和邮电业务量（二）
PASSENGER AND FREIGHT TRAFFIC，REVENUE FROM POSTAL AND TELECOMMUNICATIONS SERVICES （1979-2011）............ 135

6-3　全社会客货运输和邮电业务量指数
INDICES OF PASSENGER AND FREIGHT TRAFFIC，REVENUE FROM POSTAL AND TELECOMMUNICATIONS SERVICES （1980-2011）............ 136

6-4　全社会民用车辆和运输船舶拥有量
NUMBER OF CIVIL MOTOR VEHICLES AND TRANSPORT VESSELS OWNED（2006-2011）............ 137

6-5　主要年份邮电业务量
POSTAL AND TELECOMMUNICATIONS SERVICES IN MAIN YEARS（2006-2011）............ 138

6-6　主要年份邮电通讯设施
FACILITIES OF POST AND TELECOMMUNICATIONS IN MAIN YEARS（2006-2011）............ 139

6-7 全市铁路、民航、电信（生产）企业财务状况
FINANCIAL INDICATORS OF SHENZHEN RAILWAYS,CIVIL AVIATION AND POSTAL ENTERPRISES （2011） 140

6-8 全市港口（生产）企业财务状况
MAIN FINANCIAL INDICATORS OF TRANSPORT ENTERPRISES WITHIN TRANSPORT SYSTEM （2006-2011） 141

6-9 全市水运（生产）企业财务状况
MAIN FINANCIAL INDICATORS OF ENTERPRISES WITHIN WATERWAYS SYSTEM （2006-2011） ... 142

6-10 全市年末公路通车里程到达数（按技术等级）
LENGTHS OF OPERATION MILEAGE BY THE END OF THE YEAR （GROUPED BY GRADE） 1980-2011） 143

主要统计指标解释 144
EXPLANATORY NOTES ON MAIN STATISTICAL INDICATORS 146

七、农业

AGRICULTURE

7-1 农业总产值 （按当年价格计算）
GROSS OUTPUT VALUE OF AGRICULTURE（AT CURRENT PRICES）（1979-2011） 151

7-2 农业总产值构成
COMPOSITION OF GROSS OUTPUT VALUE OF AGRICULTURE（1979-2011） 152

7-3 农业总产值及其指数
GROSS OUTPUT VALUE OF AGRICULTURE AND ITS INDICES（1979-2011） 153

7-4 农作物播种面积
TOTAL SOWN AREAS OF FARM CROPS（1979-2011） 154

7-5 主要农业产品产量
YIELD OF MAJOR FARM CROPS（1979-2011） 156

7-6 农作物亩产量
OUTPUT OF FARM CROPS PER MU（1979-2011） 157

7-7 畜牧业、林业、渔业
ANIMAL HUSBANDRY, FORESTRY AND FISHERY（1979-2011） 158

主要统计指标解释 161
EXPLANATORY NOTES ON MAIN STATISTICAL INDICATORS 162

八、固定资产投资

INVESTMENT IN FIXED ASSETS

8-1 全社会固定资产投资额
TOTAL INVESTMENT IN FIXED ASSETS（1979-2011） 165

8-2 全社会固定资产投资额指数
INDICES OF TOTAL INVESTMENT IN FIXED ASSETS（1980-2011） 166

8-3 全社会新增固定资产
NEWLY INCREASED FIXED ASSETS（1979-2011） 167

8-4　全社会固定资产投资额（按区域分）
TOTAL INVESTMENT IN FIXED ASSETS（GROUPED BY DISTRICT）（1998-2011）............................ 168

8-5　全社会固定资产投资额指数（按区域分）
TOTAL INVESTMENT IN FIXED ASSETS（GROUPED BY DISTRICT）（1999-2011）............................ 168

8-6　全社会固定资产投资额比重（按区域分）
TOTAL INVESTMENT IN FIXED ASSETS（GROUPED BY DISTRICT）（1998-2011）............................ 169

8-7　全社会固定资产投资额（按注册登记类型分）
TOTAL INVESTMENT IN FIXED ASSETS（GROUPED BY REGISTRATION）（1979-2011）................ 170

8-8　全社会固定资产投资额（按国民经济行业分）
TOTAL INVESTMENT IN FIXED ASSETS（1979-2011）.. 171

8-9　全社会固定资产投资额指数（按注册登记类型分）
TOTAL INVESTMENT IN FIXED ASSETS（GROUPED BY REGISTRATION）（1980-2011）................ 174

8-10　全社会固定资产投资额比重（按注册登记类型分）
TOTAL INVESTMENT IN FIXED ASSETS（GROUPED BY REGISTRATION）（1979-2011）................ 175

8-11　全社会固定资产投资财务拨款额
FINANCIAL APPROPRIATION OF INVESTMENT IN TOTAL INVESTMENT IN FIXED ASSETS（1990-2011）.. 176

8-12　各区按登记注册类型分全社会固定资产投资
TOTAL INVESTMENT IN FIXED ASSETS BY STATUS OF REGISTRATION AND DISTRICT（2011）... 177

8-13　各区按主要行业分全社会固定资产投资
TOTAL INVESTMENT IN FIXED ASSETS IN BY CITY AND SECTOR（2011）.. 178

8-14　国有经济固定资产投资主要指标
MAIN INDICATORS OF INVESTMENT IN FIXED ASSETS OF STATE-OWNED ECONOMY（2011）... 181

8-15　基础产业和基础设施完成投资额
COMPLETED INVESTMENT IN BASIC INDUSTRIES AND INFRASTRUCTURE...................................... 182

8-16　各区固定资产投资财务拨款资金来源主要指标
MAIN INDICATORS OF SOURCES OF FUNDS FOR INVESTMENT BY DISTRICT（2011）.................... 183

8-17　各区按构成和建设性质分城镇固定资产投资
INVESTMENT IN FIXED ASSETS IN URBAN AREA BY COMPOSITION OF FUNDS, TYPE OF CONSTRUCTION AND DISTRICT（2011）.. 184

8-18　全社会房屋施工建筑面积
FLOOR SPACE OF BUILDINGS UNDER CONSTRUCTION（1979-2011）.. 185

8-19　全社会房屋竣工建筑面积
FLOOR SPACE OF BUILDINGS COMPLETED（1979-2011）.. 186

8-20　全社会竣工房屋价值
VALUE OF BUILDINGS COMPLETED（1979-2011）.. 187

8-21　全社会住宅投资
INVESTMENT IN RESIDENTIAL HOUSING（1979-2011）.. 188

8-22　全社会住宅施工建筑面积
FLOOR SPACE OF RESIDENTIAL HOUSING UNDER CONSTRUCTION（1979-2011）.......................... 189

8-23　全社会住宅竣工建筑面积
FLOOR SPACE OF RESIDENTIAL HOUSING COMPLETED（1979-2011）.. 190

8-24　全社会住宅竣工价值
VALUE OF RESIDENTIAL HOUSING COMPLETED（1979-2011）.. 191

8-25　全社会固定资产投资完成情况主要指标
MAIN INDICATORS OF TOTAL INVESTMENT IN FIXED ASSETS 192

主要统计指标解释.. 195
EXPLANATORY NOTES ON MAIN STATISTICAL INDICATORS 196

九、房地产

REAL ESTATE

9-1　房地产开发投资额（按投资去向分）
INVESTMENT IN REAL ESTATE DEVELOPMENT（GROUPED BY INVESTMENT DESTINATION）（1991-2011）.. 201

9-1　房地产开发投资额（按用途分）
INVESTMENT IN REAL ESTATE DEVELOPMENT(GROUPED BY USE)（1991-2011）.......................... 201

9-2　房地产开发投资额（按构成分）
INVESTMENT IN REAL ESTATE DEVELOPMENT（GROUPED BY COMPOSITION）（1991-2011）... 202

9-2　房地产开发投资额（按区域分）
INVESTMENT IN REAL ESTATE DEVELOPMENT（GROUPED BY DISTRICT）（1996-2011）............. 202

9-3　房地产开发投资额（按注册登记类型分）
INVESTMENT IN REAL ESTATE DEVELOPMENT（GROUPED BY REGISTRATION）（2004-2011）203

9-4　房地产开发投资资金来源及构成
TOTAL CAPITAL SOURCE AND COMPOSITION OF REAL ESTATE DEVELOPMENT（1992-2011）... 203

9-5　商品房施工面积（按用途分）
TOTAL FLOOR SPACE UNDER CONSTRUCTION OF COMMODITY HOUSING（GROUPED BY USE）（1991-2011）.. 204

9-5　商品房施工面积（按区域分）
TOTAL FLOOR SPACE UNDER CONSTRUCTION OF COMMODITY HOUSING（GROUPED BY DISTRICT）（1996-2011）.. 204

9-6　商品房新开工面积（按区域分）
FLOOR SPACE OF NEWLY STARTED OF COMMODITY HOUSING（GROUPED BY DISTRICT）（1998-2011) 205

9-6　商品房新开工面积（按用途分）
FLOOR SPACE OF NEWLY STARTED OF COMMODITY HOUSING（GROUPED BY USE）（1998-2011）.. 205

9-7　商品房竣工面积（按用途分）
TOTAL FLOOR SPACE OF COMMERCIAL HOUSES COMPLETED（GROUPED BY USE）（1991-2011）
.... 206

9-7　商品房竣工面积（按区域分）
TOTAL FLOOR SPACE OF COMMERCIAL HOUSES COMPLETED（GROUPED BY DISTRICT）（1997-2011）........ 206

9-8　商品房销售面积（按用途分）
TOTAL FLOOR SPACE OF BUILDINGS SOLD(GROUPED BY USE)（1991-2011）........ 207

9-8　商品房销售面积（按区域分）
TOTAL FLOOR SPACE OF BUILDINGS SOLD(GROUPED BY DISTRICT)（1997-2011）........ 207

9-9　商品住宅销售面积（按区域分）
TOTAL FLOOR SPACE OF RESIDENTIAL BUILDINGS SOLD（GROUPED BY DISTRICT）（1996-2011）........ 208

9-10　办公楼销售面积（按区域分）
TOTAL FLOOR SPACE OF OFFICE BUILDINGS SOLD（GROUPED BY DISTRICT）（1996-2011）........ 208

9-11　商业用房销售面积（按区域分）
TOTAL FLOOR SPACE OF COMMERCIAL BUILDINGS SOLD（GROUPED BY DISTRICT）（1996-2011）........ 209

9-12　商品房屋空置面积（按用途分）
TOTAL FLOOR SPACE OF VACANT BUILDINGS（GROUPED BY USE）（1996-2011）........ 209

9-13　商品房屋空置面积（按区域分）
TOTAL FLOOR SPACE OF VACANT BUILDINGS（GROUPED BY DISTRICT）（1996-2011）........ 210

9-14　商品房二级市场平均交易价格（按用途分）
AVERAGE SELLING PRICE OF COMMERCIAL HOUSES IN SECONDARY MARKET（GROUPED BY USE）（1998-2011）........ 210

9-14　商品房二级市场平均交易价格（按区域分）
AVERAGE SELLING PRICE OF COMMERCIAL HOUSES IN SECONDARY MARKET（GROUPED BY DISTRICT）（1998-2011）........ 211

9-15　商品住宅二级市场平均交易价格（按区域分）
AVERAGE SELLING PRICE OF COMMERCIAL HOUSES IN SECONDARY MARKET（GROUPED BYDISTRICT）（1998-2011）........ 211

9-16　房地产开发企业主要财务指标
FINANCIAL INDICATORS OF REAL ESTATE COMPANIES（2007-2011）........ 212

主要统计指标解释........ 213
EXPLANATORY NOTES ON MAIN STATISTICAL INDICATORS........ 214

十、商业、物价

COMMERCE AND PRICE

10-1　社会消费品零售总额及指数
INDICES OF TOTAL RETAIL SALES OF CONSUMER GOODS（1979-2011）........ 216

10-2　限额以上批发零售贸易业商品分类销售
TOTAL SALES OF ENTERPRISES OVER LEVELS IN WHOLESALE AND RETAIL SALETRADES GROUPED BY CATEGORY OF COMMODITIES（2011）........ 217

10-3 限额以上批发和零售业法人企业商品购销存综合表
TOTAL PURCHASES SALES AND INVENTORY OF ENTERPRISES ABOVE THE DESIGNATED SIZE IN WHOLESALE AND RETAIL TRADE（2011） 218

10-4 限额以上批发和零售业法人单位主要财务状况综合表（一）
MAIN FINANCIAL INDICATORS OF WHOLESALE AND RETAIL SALES ABOVE THE SET SCALE Ⅰ（2011） 222

10-4 限额以上批发和零售业法人单位主要财务状况综合表（二）
MAIN FINANCIAL INDICATORS OF WHOLESALE AND RETAIL SALES ABOVE THE SET SCALE Ⅱ（2011） 226

10-4 限额以上批发和零售业法人单位主要财务状况综合表（三）
MAIN FINANCIAL INDICATORS OF WHOLESALE AND RETAIL SALES ABOVE THE SET SCALE III（2011） 230

10-5 限额以上住宿和餐饮业法人企业主要财务状况综合表 (一)
MAIN FINANCIAL INDICAFORS OF ENTERPRISE ABOVE DESIGNATED SIZE OF HOTELS AND CATERING SERVICES Ⅰ（2011） 234

10-5 限额以上住宿和餐饮业法人企业主要财务状况综合表 (二)
MAIN FINANCIAL INDICAFORS OF ENTERPRISE ABOVE DESIGNATED SIZE OF HOTELS AND CATERING SERVICES Ⅱ（2011） 238

10-5 限额以上住宿和餐饮业法人企业主要财务状况综合表 (三)
MAIN FINANCIAL INDICAFORS OF ENTERPRISE ABOVE DESIGNATED SIZE OF HOTELS AND CATERING SERVICES III（2011） 242

10-6 限额以上住宿业和餐饮业法人企业经营情况综合表
CONSOLIDATED TABLE OF ENTERPRISES ABOVE DESIGNATED SIZE OF HOTELS AND CATERING SERVICES （2011） 246

10-7 物价指数
PRICE INDICES（1979-2011） 250

10-8 居民消费价格总指数
GENERAL CONSUMER PRICE INDEX（2011） 251

10-9 住宅销售价格指数
SALES PRICES INDICES OF HOUSES （2011） 252

10-10 住宅租赁价格指数
RENTING PRICE INDICES OF HOUSES （2011） 252

10-11 工业生产者出厂价格指数
INDUSTRIAL PRODUCER PRICE INDEX （2000-2011） 253

10-12 工业生产者购进价格指数
INDUSTRIAL PURCHASING PRICE INDEX （2002-2011） 253

主要统计指标解释 254
EXPLANATORY NOTES ON MAIN STATISTICAL INDICATORS 255

十一、财政收支

FISCAL REVENUE AND EXPENDITURE

11-1 地方财政收支
LOCAL GOVERNMENT BUDGETARY REVENUE AND EXPENDITURE（2008-2011）...... 259

11-2 地方财政一般预算收支及指数
INDICES OF LOCAL GOVERNMENT GENERAL BUDGETARY REVENUE AND EXPENDITURE（1979-2011）...... 260

11-3 财政收支分级情况
BUDGETARY REVENUE AND EXPENDITURE BY LEVEL（2008-2011）...... 261

主要统计指标解释...... 262
EXPLANATORY NOTES ON MAIN STATISTICAL INDICATORS...... 263

十二、金融保险业
FINANCE AND INSURANCE

12-1 国内金融机构人民币存贷款
DEPOSITS AND LOANS IN RENMINBI OF DOMESTIC FINANCIAL INSTITUTIONS（2011）...... 267

12-2 深圳市金融机构（含外资）本外币信贷情况
SOURCES AND USES OF CREDIT FUNDS OF SHENZHEN FINANCIAL INSTITUTIONS（INCLUDE FOREIGN FUNDS）（1990-2011）...... 268

12-3 深圳市金融机构（含外资）本外币分类存贷款
SOURCES AND USES OF CREDIT FUNDS OF SHENZHEN FINANCIAL INSTITUTIONS(INCLUDE FOREIGN FUNDS)...... 269

12-4 深圳证券交易所投资者开户情况
ACCOUNT-OPENING BY INVESTORS IN SHENZHEN STOCK EXCHANGE（2004-2011）...... 270

12-5 深圳证券交易所有价证券成交总额
TOTAL VOLUME OF PRICE SECURITIES TRADING IN SHENZHEN （2004-2011）...... 271

12-6 深证综合指数
SHENZHEN COMPOSITE INDEX（2000-2011）...... 271

12-7 社会保险费实际征收收入和支出
PREMIUMS INCOME, AND PAYMENT IN MAIN YEARS（1997-2011）...... 272

12-8 主要年份保险费收入和赔款及给付
PRIMIUMS INCOME, INDEMNITY EXPENDITURE AND PAYMENT IN MAIN YEARS（1996-2011）. 272

12-9 主要年份保险及保险中介机构
INSURERS AND INSURANCE AGENTS IN MAIN YEARS（2000-2011）...... 273

12-10 保险公司主要业务指标
MAJOR BUSINESS INDICES OF INSURANCE COMPANIES（2011）...... 273

主要统计指标解释...... 274
EXPLANATORY NOTES ON MAIN STATISTICAL INDICATORS...... 275

十三、对外经济贸易和旅游
FOREIGN TRADE AND TOURISM

13-1　利用外资签订协议（合同）项目
NUMBER OF THE SIGNED AGREEMENTS AND CONTRACTS FOR UTILIZATION OF FOREIGN CAPITAL（1979-2011）........279

13-2　协议利用外资额
AMOUNT OF FOREIGN CAPITAL TO BE UTILIZED IN THE SIGNED AGREEMENTSAND CONTRACTS（1979-2011）........283

13-3　实际利用外资额
AMOUNT OF FOREIGN CAPITAL ACTUALLY USED（1979-2011）........287

13-4　实际外商直接投资
DIRECT FOREIGN INVESTMENTS ACTUALLY USED（1979-2011）........291

13-5　外商投资企业工商登记情况（按企业类别分）
REGISTRATION STATUS OF ENTERPRISES WITH FOREIGN (GROUPED BY REGISTRATION STATUS) (2011)........292

13-6　外商投资企业工商登记情况（按行业类别分）
BUSINESS REGISTRATION OF FOREIGN INVESTED ENTERPRISES (GROUPED BY SECTOR) (2011) 294

13-7　进出口总额
TOTAL IMPORTS AND EXPORTS（1979-2011）........296

13-8　进出口总额指数
INDICES OF TOTAL IMPORTS AND EXPORTS（1980-2011）........297

13-9　进出口总额分类
TOTAL IMPORTS AND EXPORTS（2007-2011）........298

13-10　深圳市与主要国家（地区）进出口总额
SHENZHEN' S FOREIGN TRADE WITH MAIN RELATED COUNTRIES AND TERRITORIES（2009-2011）........299

13-11　进口主要商品金额
TOTAL VALUE OF FOREIGN IMPORTS OF MAJOR COMMODITIES（2009-2011）........300

13-12　出口主要商品金额
TOTAL VALUE OF FOREIGN EXPORTS OF MAJOR COMMODITIES（2009-2011）........300

13-13　旅游业基本情况
BASIC CONDITIONS OF TOURISM（1991-2011）........301

13-14　按国别分的外国旅游者人数
NUMBER OF FOREIGN TOURISTS BY COUNTRY（1992-2011）........302

13-15　旅游部门主要财务指标
MAIN FINANCIAL INDICATORS OF TOURISM（2011）........304

13-16　深圳市星级酒店基本情况
STATISTICS ON SHENZHEN STAR-RATED HOTELS（2011）........305

13-17　深圳市星级酒店客房基本情况
STATISTICS OF STAR-RATED HOTELS IN SHENZHEN（2011）........306

13-18　深圳市星级酒店床位基本情况
FACILITIES OF STAR-RATED HOTELS IN SHENZHEN（2011）........306

主要统计指标解释 307
EXPLANATORY NOTES ON MAIN STATISTICAL INDICATORS 309

十四、劳动工资

LABOR FORCE AND WAGE

14-1 职工人数、工资总额及平均工资
NUMBER，TOTAL WAGES AND AVERAGE WAGE OF STAFF AND WORKERS（1980-2011） 312

14-2 职工工资总额指数和平均工资指数
RELATED INDICES OF TOTAL WAGES AND AVERAGE WAGE OF STAFF AND WORKERS（1980-2011） 313

14-3 职工工资总额指数和平均工资指数
RELATED INDICES OF TOTAL WAGES AND AVERAGE WAGE OF STAFF AND WORKERS（1980-2011） 314

14-4 城镇单位在岗职工工资总额与平均工资
TOTAL WAGES BILL AND AVERAGE WAGE OF STAFF AND WORKERS IN URBAN UNITS（1998-2011） 315

14-5 城镇单位从业人员和在岗职工人数（2011年末）
NUMBER OF STAFF AND WORKERS IN URBAN UNITS（YEAR-END 2011） 316

14-6 分经济类型和行业单位从业人员劳动报酬、平均人数和平均劳动报酬
TOTAL WAGES,AVERAGE NUMBER AND AVERAGE WAGE OF STAFF BY OWNERSHIP AND SECTOR（2011） 318

14-7 分经济类型和行业职工工资总额、平均人数和平均工资
TOTAL WAGES，AVERAGE NUMBER AND AVERAGE WAGE OF STAFF AND WORKERS BY OWNERSHIP AND SECTOR（2011） 320

14-8 工业、建筑业企业在岗职工人数和工资
NUMBER AND WAGE OF STAFF AND WORKERS IN INDUSTRY AND CONSTRUCTION ENTERPRISES（2011） 322

14-9 镇、村企业从业人员和工资
NUMBER OF EMPLOYED PERSONS AND REMUNERATION OF LABORERS IN TOWN AND VILLAGE ENTERPRISES（2011） 324

主要统计指标解释 325
EXPLANATORY NOTES ON MAIN STATISTICAL INDICATORS 326

十五、科学技术

SCIENCE AND TECHNOLOGY

15-1 深圳市具有自主知识产权的高新技术产品产值
OUTPUT VALUE OF HIGH TECHNOLOGY INDUSTRY WITH INTELLECTUAL PROPERTY（1999-2011） 331

15-2 深圳市部分年份高新技术产品进出口情况
TOTAL IMPORTS AND EXPORTS OF SHENZHEN HIGH TECHNOLOGY INDUSTRY（2001-2011） 331

15-3 深圳市专利申请授权概况
PATENT APPLICATIONS EXAMINED AND GRANTED（1991-2011） 332

15-4 大中型工业企业科技活动基本情况
BASIC STATISTICS ON SCIENTIFIC AND TECHNOLOGICAL ACTIVITIES OF LARGE AND MEDIUM-SIZED INDUSTRIAL ENTERPRISES（2006-2011）...... 333

主要统计指标解释...... 334
EXPLANATORY NOTES ON MAIN STATISTICAL INDICATORS 335

十六、文化、教育
CULTURE AND EDUCATION

16-1 各级各类学校数
NUMBER OF SCHOOL BY LEVEL AND TYPE
（1979-2011）...... 339

16-2 各级各类学校教职工数
STAFF AND WORKERS BY LEVEL AND TYPE OF SCHOOL（1986-2011）...... 340

16-3 各级各类学校专任教师数
FULL-TIME TEACHERS BY LEVEL AND TYPE OF SCHOOL（1979-2011）...... 341

16-4 各级各类学校在校学生数
STUDENTS ENROLLMENT BY LEVEL AND TYPE OF SCHOOL（1979-2011）...... 342

16-5 各级各类学校招生数
NEW STUDENTS ENROLLMENT BY LEVEL AND TYPE OF SCHOOL（1979-2011）...... 343

16-6 各级各类学校毕业生数
GRADUATES BY LEVEL AND TYPE OF SCHOOL（1984-2011）...... 344

16-7 文化事业
CULTURAL INSTITUTIONS（2004-2011）...... 345

主要统计指标解释...... 346
EXPLANATORY NOTES ON MAIN STATISTICAL INDICATORS 347

十七、卫生、社会保障和社会福利业
PUBLIC HEALTH,SOCIAL SECURITY AND SOCIAL WELFARE

17-1 卫 生 事 业（一）
PUBLIC HEALTH Ⅰ（1979-2011）...... 351

17-1 卫生事业 （二）
PUBLIC HEALTH Ⅱ（2006-2011）...... 356

17-2 体育事业
BASIC STATISTICS ON SPORTS （2006-2011）...... 357

17-3 深圳市建立最低生活保障制度以来历年低保情况统计
LIST OF MINIMUM STANDARD OF LIVING SECURITY IN SHENZHEN（1997-2011）...... 358

17-4 深圳市最低生活保障标准调整表
ADJUSTMENT DATA OF MINIMUM STANDARD OF LIVING SECURITY IN SHENZHEN 358

17-5 深圳社会福利院、救助管理站基本情况
BASIC STATISTICS ON SOCIAL WELFARE INSTITUTIONS AND RELIEF MANAGEMENT STATIONS OF SHENZHEN（2003-2011）...... 359

主要统计指标解释......360
EXPLANATORY NOTES ON MAIN STATISTICAL INDICATORS......361

十八、城市建设和环境保护

URBAN CONSTRUCTIONS AND ENVIRONMENTAL PROTECTION

18-1 全市城市建设及公用设施
URBAN CONSTRUCTIONS AND PUBLIC UTILITY（2006-2011）......365

18-2 城市环境保护
URBAN ENVIRONMENTAL PROTECTION（1996-2011）......366

18-3 全市用电量、供水量
ELECTRICITY CONSUMPTION AND TAP WATER SUPPLY（1991-2011）......368

18-4 全市公共交通
PUBLIC TRANSPORTATION（1979-2011）......369

18-5 深圳市主要年份气象情况
CLIMATE IN SHENZHEN IN MAIN YEARS（1990-2011）......370

主要统计指标解释......371
EXPLANATORY NOTES ON MAIN STATISTICAL INDICATORS......372

十九、人民生活

PEOPLE' S LIVELIHOOD

19-1 职工年平均工资及人均储蓄
AVERAGE ANNUAL WAGES AND PER CAPITA SAVING DEPOSITS OF STAFF AND WORKERS（1979-2011）......375

19-2 居民家庭生活基本情况
BASIC CONDITIONS OF URBAN HOUSEHOLDS（1985-2011）......376

19-3 不同收入水平家庭年人均消费情况
PER CAPITA ANNUAL CONSUMPTION OF HOUSEHOLD GROUPED BY LEVEL OF INCOME（2011）......377

19-4 不同收入水平家庭年人均现金收支情况
PER CAPITA ANNUAL CASH INCOME AND EXPENDITURE OF HOUSEHOLD GROUPED BY LEVEL OF INCOME（2011）......379

19-5 主要年份居民家庭平均每百户拥有耐用消费品
POSSESSION OF DURABLE CONSUMER GOODS PER 100 URBAN HOUSEHOLDS IN MAIN YEARS（1990-2011）......381

19-6 600户居民家庭平均每百户主要耐用消费品拥有量
POSSESSION OF DURABLE CONSUMER GOODS PER 100 URBAN HOUSEHOLDS IN 600 SURVEYED HOUSEHOLDS（2011）......382

19-7 主要年份居民物质文化生活提高情况
IMPROVEMENT IN RESIDENTS' MATRIAL AND CULTURAL LIFE（2005-2011）......383

主要统计指标解释......384
EXPLANATORY NOTES ON MAIN STATISTICAL INDICATORS......385

二十、企业景气调查

BUSINESS CLIMATE SURVEY

20-1　企业家信心指数及企业家对宏观经济运行状况的看法
INDEX OF CONFIDENCE ON MACRO ECONOMY OF ENTERPRISERS（2001-2011）.......................... 389

20-2　企业景气指数及企业综合生产经营状况
BUSINESS CLIMATE INDEX,COMPREHENSIVE PRODUCTION AND MANAGEMENT SITUATIONS OF ENTERPRISES（2001-2011）.......................... 390

主要统计指标解释.......................... 391
EXPLANATORY NOTES ON MAIN STATISTICAL INDICATORS.......................... 392

01 第一部分 综合
GENERAL SURVEY
CHAPTER

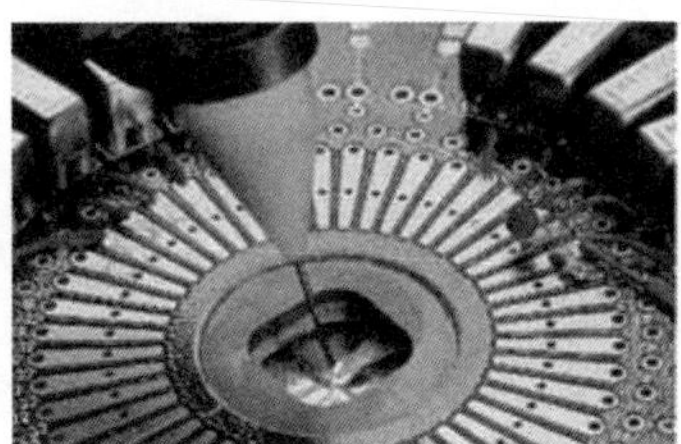

1-1 行政区划

ADMINISTRATIVE DIVISION

(2011)

单位：个　　　　(unit)

地　区	Region	街道办事处 Urban Subdistrict Office	居民委员会 Neighbourhood Committees
全　市	**Total**	**57**	**792**
福田区	Futian	10	114
罗湖区	Luohu	10	115
盐田区	Yantian	4	22
南山区	Nanshan	8	105
宝安区（含光明新区）	Baoan (Include Guangming)	12	266
#宝安区（不含光明新区）	Baoan (Exclude Guangming)	10	238
光明新区	Guangming	2	28
龙岗区（含坪山新区）	Longgang (Include Pingshan)	13	170
#龙岗区（不含坪山新区）	Longgang (Exclude Pingshan)	11	140
坪山新区	Pingshan	2	30

1-2 分区土地面积、人口及人口密度

TOTAL LAND AREA， POPULATION AND DENSITY OF POPULATION IN DISTRICTS

(2011)

地　区	Region	土地面积 (平方公里) Land Area (sq.km)	年末常住人口 (万人) Year-end Permanent Population (10 000pesons)	户籍人口 Registered Population	非户籍人口 Non-registered Population	人口密度 (人/平方公里) Density Of Population (person/sq.km)
全　市	**Total**	**1 991.64**	**1 046.74**	**267.90**	**778.85**	**5 256**
福田区	Futian	78.66	132.52	66.70	65.82	16 848
罗湖区	Luohu	78.75	93.10	47.96	45.14	11 822
盐田区	Yantian	74.64	21.10	4.70	16.40	2 827
南山区	Nanshan	186.58	109.99	54.92	55.07	5 895
宝安区（含光明新区）	Baoan (Include Guangming)	723.16	454.84	51.82	403.01	6 290
#宝安区（不含光明新区）	Baoan (Exclude Guangming)	567.72	406.14	46.17	359.97	7 154
光明新区	Guangming	155.44	48.69	5.65	43.04	3 133
龙岗区（含坪山新区）	Longgang (Include Pingshan)	849.85	235.19	41.80	193.40	2 767
#龙岗区（不含坪山新区）	Longgang (Exclude Pingshan)	682.85	203.91	38.06	165.85	2 986
坪山新区	Pingshan	167.00	31.28	3.73	27.55	1 873

注：　1、按照国家目前的人口统计制度以及市政府《深圳市人口统计监测办法》，自2006年起，深圳户籍人口指拥有深圳红印户口，在深圳居住半年以上的人。
Note：Since 2006, according to the country's current demographic system and Shenzhen demographic monitoring methods promulgated by Shenzhen Municipal government, the data of registered population refers to people who have registered and lived in Shenzhen over half a year.
2、经请示广东省统计局，原"暂住人口"更改为"非户籍人口"。深圳非户籍人口指常住人口中，没有深圳红印户口的人。
With the permission of Statistics Bureau of Guangdong Province, the figure of transient population has changed to the figure of non-registered population. Non-registered population now refers to the people non-registered among resident population.

1-3 深圳市各时期国民经济和社会发展统计指标总量及年均增长速度

ANNUAL AVERAGE GROWTH RATE OF MAIN NATIONAL ECONOMIC AND SOCIAL DEVELOPMENT INDICATORS OF EACH PERIOD

年 份	Year	年末常住人口(万人) Year-end Permanent Population (10 000persons)	户籍人口 Registered Population	非户籍人口 Non-registered Population	年末从业人员(万人) Year-end Total Employed (10 000persons)	在岗职工 Staff and Workers	私营个体劳动者 Urban Self-Employment	镇村劳动者 Laborers of Town and Village
1979		31.41	31.26	0.15	13.95	4.02	0.41	9.52
1980		33.29	32.09	1.20	14.89	4.86	0.38	9.65
“六五”时期	**"Sixth Five-year" Period**							
1981		36.69	33.39	3.30	15.36	5.31	0.13	9.92
1982		44.95	35.45	9.50	18.49	8.28	0.11	10.17
1983		59.52	40.52	19.00	22.37	12.57	0.22	9.58
1984		74.13	43.52	30.61	27.26	18.33	0.50	8.43
1985		88.15	47.86	40.29	32.61	22.66	0.64	9.31
年均增长速度(%)	**Annual Average Growth Rate(%)**	**21.5**	**8.3**	**101.9**	**17.0**	**36.1**	**11.0**	**-0.7**
“七五”时期	**"Seventh Five-year" Period**							
1986		93.56	51.45	42.11	36.04	25.88	0.93	9.23
1987		105.44	55.60	49.84	44.30	32.29	1.10	10.91
1988		120.14	60.14	60.00	54.53	41.74	1.69	11.10
1989		141.60	64.82	76.78	93.65	48.24	2.19	43.22
1990		167.78	68.65	99.13	109.22	55.41	3.36	50.45
年均增长速度(%)	**Annual Average Growth Rate(%)**	**13.7**	**7.5**	**19.7**	**27.3**	**19.6**	**39.3**	**40.2**
“八五”时期	**"Eighth Five-year" Period**							
1991		226.76	73.22	153.54	149.32	64.89	4.87	79.56
1992		268.02	80.22	187.80	175.97	71.10	12.33	92.54
1993		335.97	87.69	248.28	220.81	78.11	38.84	103.86
1994		412.71	93.97	318.74	273.00	82.29	54.63	135.73
1995		449.15	99.16	349.99	298.51	88.75	72.17	137.12
年均增长速度(%)	**Annual Average Growth Rate(%)**	**21.8**	**7.6**	**28.7**	**22.3**	**9.9**	**84.7**	**22.1**
“九五”时期	**"Ninth Five-year" Period**							
1996		482.89	103.38	379.51	322.12	89.13	87.14	145.42
1997		527.75	109.46	418.29	353.53	91.18	103.59	158.55
1998		580.33	114.60	465.73	390.33	91.93	114.79	183.32
1999		632.56	119.85	512.71	426.89	92.52	120.86	213.22
2000		701.24	124.92	576.32	474.97	93.36	139.88	240.91
年均增长速度(%)	**Annual Average Growth Rate(%)**	**9.3**	**4.7**	**10.5**	**9.7**	**1.3**	**14.2**	**11.9**
“十五”时期	**"Tenth Five-year" Period**							
2001		724.57	132.04	592.53	491.30	94.88	152.68	242.94
2002		746.62	139.45	607.17	509.74	101.76	166.88	240.22
2003		778.27	150.93	627.34	535.89	108.20	187.72	239.00
2004		800.80	165.13	635.67	562.17	135.88	204.16	220.97
2005		827.75	181.93	645.82	576.26	165.38	210.87	198.71
年均增长速度(%)	**Annual Average Growth Rate(%)**	**3.4**	**7.8**	**2.3**	**3.9**	**10.4**	**8.6**	**-3.8**
“十一五”时期	**"Eleventh five-year" Period**							
2006		871.10	196.83	674.27	647.52	184.25	267.40	193.91
2007		912.37	212.38	699.99	655.58	193.04	283.74	176.76
2008		954.28	228.07	726.21	670.42	198.35	296.35	173.67
2009		995.01	241.45	753.56	692.49	220.16	311.59	158.93
2010		1 037.20	251.03	786.17	705.17	251.09	348.56	103.60
年均增长速度(%)	**Annual Average Growth Rate(%)**	**4.6**	**6.7**	**4.0**	**4.1**	**8.7**	**10.6**	**-12.2**
“十二五”时期								
2011		1 046.74	267.90	778.85	764.54	261.43	408.35	92.48
以1979年为基期年平均增长速度(%)	**Annual Average Growth Rate from 1979(%)**	**11.6**	**6.9**	**30.6**	**13.3**	**13.7**	**24.1**	**7.4**

1-3 续表 1 continued

年 份 Year		本市生产总值(万元) Gross Domestic Product (10 000yuan)	第一产业 Primary Industry	第二产业 Secondary Industry	第三产业 Tertiary Industry	人均GDP (元/人) Gross Domestic Product Per Capita (yuan)	固定资产投资额(万元) Investment in Fixed Assets (10 000yuan)	房地产开发投资 Investment in Real Estate Development
1979		19 638	7 273	4 017	8 348	606	5 938	
1980		27 012	7 803	7 036	12 173	835	13 801	
"六五"时期	**"Sixth Five-year" Period**							
1981		49 576	13 343	16 019	20 214	1 417	29 684	
1982		82 573	18 960	31 439	32 174	2 023	73 750	
1983		131 212	22 614	55 848	52 750	2 512	108 320	
1984		234 161	25 932	106 606	101 623	3 504	194 572	
1985		390 222	26 111	163 586	200 525	4 809	333 235	
年均增长速度(%)	**Average Annual Growth Rate(%)**	**50.3**	**13.8**	**86.9**	**49.2**	**25.1**	**89.0**	
"七五"时期	**"Seventh Five-year" Period**							
1986		416 451	32 907	163 185	220 359	4 584	248 551	
1987		559 015	46 519	220 463	292 033	5 349	285 193	
1988		869 807	57 005	359 230	453 572	6 477	436 191	
1989		1 156 565	68 615	505 361	582 589	6 710	499 919	
1990		1 716 665	70 220	769 319	877 126	8 724	623 380	112 000
年均增长速度(%)	**Average Annual Growth Rate(%)**	**22.4**	**8.7**	**33.1**	**16.2**	**2.6**	**13.3**	
"八五"时期	**"Eighth Five-year" Period**							
1991		2 366 630	808 36	1 126 084	1 159 710	11 997	912 324	255 600
1992		3 173 194	105 914	1 522 432	1 544 848	12 827	1 782 322	714 900
1993		4 531 445	108 615	2 420 214	2 002 616	15 005	2 477 875	1 027 700
1994		6 346 711	134 152	3 357 972	2 854 587	16 954	2 819 413	1 304 600
1995		8 424 833	124 122	4 221 435	4 079 276	19 550	2 758 243	1 030 368
年均增长速度(%)	**Average Annual Growth Rate(%)**	**30.9**	**-0.4**	**33.4**	**29.6**	**9.5**	**34.6**	**55.9**
"九五"时期	**"Ninth Five-year" Period**							
1996		10 484 421	148 796	5 065 924	5 269 701	22 498	3 275 270	1 248 251
1997		12 974 208	147 660	6 174 083	6 652 465	25 675	3 930 657	1 366 545
1998		15 347 272	151 764	7 434 976	7 760 532	27 701	4 803 901	1 674 854
1999		18 040 176	150 445	9 005 486	8 884 245	29 747	5 695 878	2 152 541
2000		21 874 515	155 656	10 860 852	10 858 007	32 800	6 196 993	2 609 694
年均增长速度(%)	**Average Annual Growth Rate(%)**	**15.9**	**2.9**	**16.5**	**15.4**	**6.2**	**17.6**	**20.4**
"十五"时期	**"Tenth Five-year" Period**							
2001		24 824 874	160 413	12 297 665	12 366 796	34 822	6 863 749	3 156 364
2002		29 695 184	166 587	14 647 171	14 881 426	40 369	7 881 459	3 884 445
2003		35 857 235	142 048	18 174 235	17 540 952	47 029	9 491 016	4 126 636
2004		42 821 428	123 264	22 112 353	20 585 811	54 236	10 925 571	4 342 432
2005		49 509 078	97 385	26 425 225	22 986 438	60 801	11 811 542	4 236 865
年均增长速度(%)	**Average Annual Growth Rate(%)**	**16.3**	**-8.6**	**19.0**	**13.6**	**11.8**	**13.8**	**10.2**
"十一五"时期	**"Eleventh five-year" Period**							
2006		58 135 624	69 675	30 600 890	27 465 059	68 441	12 736 693	4 620 940
2007		68 015 706	69 412	34 165 740	33 780 554	76 273	13 450 037	4 610 422
2008		77 867 920	82 896	38 604 708	39 180 316	83 431	14 676 043	4 404 897
2009		82 013 176	66 894	38 270 762	43 675 520	84 147	17 091 514	4 374 590
2010		95 815 101	64 670	45 233 688	50 516 743	94 296	19 447 008	4 584 693
年均增长速度(%)	**Annual Average Growth Rate(%)**	**13.2**	**-14.7**	**13.1**	**13.5**	**8.3**	**10.5**	**1.6**
"十二五"时期								
2011		115 055 298	65 541	53 433 220	61 556 537	110 421	20 609 180	5 147 362
以1979年为基期年平均增长速度(%)	**Annual Average Growth Rate from 1979(%)**	**24.8**	**-0.3**	**32.2**	**23.9**	**11.6**	**29.0**	**20.0**

1-3 续表 2 continued

年 份 Year		地方财政一般预算收入(万元) Local Government General Budgetary Revenue (10 000yuan)	地方财政一般预算支出(万元) Local Financial Expenditure (10 000yuan)	农业总产值(万元) Gross Output Value of Agriculture (10 000yuan)	工业总产值(万元) Gross Output Value of Industry (10 000yuan)	轻工业 Light Industry	重工业 Heavy Industry	社会消费品零售总额(万元) Retail Sales of Consumer Goods (10 000yuan)
1979		1 721	2 971	13 106	7 128	6 307	821	11 259
1980		3 043	4 003	16 938	10 632	9 265	1 367	19 615
"六五" 时期	**"Sixth Five-year" Period**							
1981		8 787	8 411	24 181	26 692	25 172	1 520	34 229
1982		9 163	8 815	26 929	38 833	34 453	4 380	54 185
1983		15 605	15 025	29 083	75 993	61 513	14 480	123 794
1984		29 435	27 954	40 416	172 132	137 698	34 434	201 107
1985		62 894	58 651	45 821	246 662	194 108	52 554	265 642
年均增长速度(%)	**Annual Average Growth Rate(%)**	**83.3**	**71.1**	**9.1**	**91.3**	**89.0**	**104.5**	**68.4**
"七五" 时期	**"Seventh Five-year" Period**							
1986		74 160	68 073	49 552	340 227	266 318	73 909	273 712
1987		87 521	69 688	73 772	558 311	433 738	124 573	324 364
1988		146 521	110 992	99 404	1 012 739	779 258	233 481	502 430
1989		228 668	173 007	108 015	1 477 470	1 080 785	396 685	545 741
1990		217 037	198 073	119 205	2 202 180	1 657 859	544 321	667 580
年均增长速度(%)	**Annual Average Growth Rate(%)**	**28.1**	**27.6**	**14.9**	**46.9**	**43.2**	**60.3**	**20.2**
"八五" 时期	**"Eighth Five-year" Period**							
1991		273 291	243 012	143 063	3 153 966	2 233 705	920 261	828 341
1992		429 599	420 035	185 297	4 347 007	2 971 348	1 375 659	1 148 908
1993		672 507	593 327	192 880	6 896 969	4 655 394	2 241 575	2 641 333
1994		743 992	746 181	224 776	11 014 065	6 351 224	4 662 841	3 639 756
1995		880 174	934 041	232 653	12 922 075	7 008 231	5 913 844	4 269 434
年均增长速度(%)	**Annual Average Growth Rate(%)**	**32.3**	**36.4**	**-0.4**	**36.9**	**28.3**	**52.5**	**31.2**
"九五" 时期	**"Ninth Five-year" Period**							
1996		1 317 490	1 380 376	273 246	15 305 964	8 580 027	6 725 937	4 888 502
1997		1 420 557	1 394 181	270 889	18 175 704	10 151 182	8 024 522	5 372 464
1998		1 643 884	1 767 714	298 174	21 573 817	11 141 650	10 432 167	5 732 419
1999		1 842 085	2 108 978	299 662	24 435 849	12 381 928	12 053 921	6 385 915
2000		2 219 184	2 250 441	311 359	30 715 227	13 731 333	16 983 894	7 350 188
年均增长速度(%)	**Annual Average Growth Rate(%)**	**20.3**	**19.2**	**6.0**	**20.8**	**17.1**	**24.3**	**11.5**
"十五" 时期	**"Tenth Five-year" Period**							
2001		2 624 944	2 537 019	327 111	37 476 713	13 861 331	23 615 382	8 320 412
2002		2 659 287	3 077 761	340 757	46 823 584	15 832 485	30 991 099	9 419 443
2003		2 908 370	3 489 526	337 406	67 976 472	21 459 058	46 517 414	10 951 323
2004		3 214 680	3 775 720	299 939	85 888 321	24 175 842	61 712 479	12 506 411
2005		4 123 785	5 991 560	217 369	101 745 351	27 406 557	74 338 794	14 416 103
年均增长速度(%)	**Annual Average Growth Rate(%)**	**13.2**	**21.6**		**24.7**	**18.3**	**27.1**	**14.6**
"十一五" 时期	**"Eleventh five-year" Period**							
2006		5 008 827	5 714 231	180 017	122 784 801	29 658 032	93 126 769	16 804 604
2007		6 580 555	7 279 677	171 380	143 628 918	35 687 625	107 941 293	19 308 050
2008		8 003 603	8 898 555	187 859	162 837 576	44 451 550	118 386 026	22 765 855
2009		8 808 168	10 008 394	154 760	158 286 329	39 239 987	119 046 342	25 679 436
2010		11 068 166	12 660 668	150 467	188 796 600	46 801 421	141 995 179	30 007 629
年均增长速度(%)	**Annual Average Growth Rate(%)**	**21.8**	**16.1**		**14.8**	**12.8**	**15.5**	**15.6**
"十二五" 时期								
2011		13 395 728	15 905 599	152 533	212 730 916	53 500 744	159 230 172	35 208 736
以1979年为基期年平均增长速度(%)	**Annual Average Growth Rate from 1979(%)**	**32.3**	**30.8**		**36.6**	**32.3**	**44.0**	**26.6**

注： 国家统计局从2005年取消农业总产值1990年不变价，故不可比。

Note: From 2005, the National Bureau of Statistics has cancelled the index, Gross Output Value of Agriculture (at 1990 Constant Prices), so it is incomparable with other years.

1-3 续表 3 continued

年 份 Year		全社会货运量(万吨) Freight Traffic Volume (10 000tons)	全社会客运量(万人) Passenger Traffic (10 000person)	港口货物吞吐量(万吨) Cargo Handled at Seaport (10 000tons)	邮电业务总量(万元) Revenue from Postal and Telecommunic-ations Services (10 000yuan)	进出口总额(万美元) Total Imports and Exports (USD10 000)	出口总额 Exports	进口总额 Imports
1979				10	138	1 676	930	746
1980				30	190	1 751	1 124	627
"六五"时期	**"Sixth Five-year" Period**							
1981				70	340	2 807	1 745	1 062
1982				91	520	2 534	1 597	937
1983				141	567	78 642	6 230	72 412
1984				210	923	107 247	26 539	80 708
1985				327	1 761	130 632	56 340	74 292
年均增长速度(%)	**Annual Average Growth Rate(%)**			**36.1**	**56.1**	**136.9**	**118.8**	**159.9**
"七五"时期	**"Seventh Five-year" Period**							
1986		1 521	3 973	302	2 633	184 696	72 552	112 144
1987		1 627	4 268	485	4 880	255 784	141 354	114 430
1988		1 704	5 858	734	14 826	344 277	184 949	159 328
1989		1 383	6 349	956	21 293	375 259	217 428	157 831
1990		1 349	8 833	1 292	55 356	1 570 136	815 165	754 971
年均增长速度(%)	**Annual Average Growth Rate(%)**			**31.6**	**78.9**	**33.2**	**39.7**	**27.2**
"八五"时期	**"Eighth Five-year" Period**							
1991		1 486	6 400	1 563	84 927	1 947 635	986 240	961 395
1992		1 801	8 135	1 956	114 492	2 357 562	1 200 019	1 157 543
1993		2 050	10 218	2 541	174 045	2 820 392	1 421 776	1 398 616
1994		2 604	8 531	3 002	259 432	3 498 281	1 830 921	1 667 360
1995		3 542	8 261	3 080	368 945	3 876 960	2 052 736	1 824 224
年均增长速度(%)	**Annual Average Growth Rate(%)**	**21.3**	**-1.3**	**19.0**	**46.1**	**19.8**	**20.3**	**19.3**
"九五"时期	**"Ninth Five-year" Period**							
1996		3 647	8 281	3 021	462 261	3 905 342	2 120 781	1 784 561
1997		3 853	8 515	3 357	610 111	4 500 921	2 561 844	1 939 077
1998		4 048	8 484	3 444	764 658	4 527 417	2 639 611	1 887 806
1999		4 274	8 754	4 663	982 686	5 042 750	2 820 811	2 221 939
2000		4 697	9 346	5 697	1 336 000	6 393 982	3 456 333	2 937 649
年均增长速度(%)	**Annual Average Growth Rate(%)**	**5.8**	**2.5**	**13.1**	**29.4**	**10.5**	**11.0**	**10.0**
"十五"时期	**"Tenth Five-year" Period**							
2001		5 147	9 869	6 643	1 419 000	6 861 055	3 747 955	3 113 100
2002		5 778	10 644	8 767	1 644 200	8 723 148	4 655 704	4 067 444
2003		6 761	10 453	11 220	1 980 300	11 739 941	6 296 201	5 443 733
2004		7 954	12 277	13 537	2 660 100	14 728 302	7 784 632	6 943 670
2005		9 807	12 901	15 351	3 208 000	18 281 689	10 151 829	8 129 860
年均增长速度(%)	**Annual Average Growth Rate(%)**	**15.9**	**6.7**	**21.9**	**26.3**	**23.4**	**24.0**	**22.6**
"十一五"时期	**"Eleventh five-year" Period**							
2006		11 320	13 957	17 598	3 795 000	23 738 573	13 609 556	10 129 017
2007		13 678	15 030	19 994	5 135 400	28 753 345	16 849 299	11 904 046
2008		19 568	154 263	21 125	6 117 500	29 995 499	17 971 995	12 023 504
2009		22 367	146 281	19 365	6 765 200	27 016 306	16 197 825	10 818 481
2010		26 175	156 048	22 098	2 937 000	34 674 930	20 418 355	14 256 575
年均增长速度(%)	**Annual Average Growth Rate(%)**	**15.2**	**4.6**	**7.6**	**20.5**	**13.5**	**14.8**	**10.8**
"十二五"时期								
2011		28 901	168 444	22 325	3 562 600	41 409 312	24 551 760	16 857 552
以1979年为基期年平均增长速度(%)	**Annual Average Growth Rate from 1979(%)**			**27.2**		**32.7**	**33.2**	**32.1**

注： 1、全社会货运量、全社会客运量已按2008年全国专项调查同比口径相应调整。

Note: The data of freight traffic and passenger traffic have been adjusted accordingly by the National Special Investigation of 2008.

2、邮电业务总量1989年以前按1980年不变价格计算，1990-2000年按1990年不变价格计算；2001-2009年按2000年不变价格计算；2011年按2010年不变价计算，2010年数据相应调整。

Note:Revenue from Postal and Telecommunications Services in 1989, calculated at 1980 constant prices; from 1990 to 2000 at 1990 constant prices; 2001-2009 at 2000 constant prices; 2011 calculated at 2010 constant prices, 2010 data has adjusted.

1-3 续表 4 continued

年 份 Year		金融机构各项存款(万元) Deposits of National Banking System (10 000yuan)	金融机构各项贷款(万元) Loans of National Banking System (10 000yuan)	医院数(个) Hospital (unit)	医院病床(张) Hospital Beds (unit)	卫生技术人员(人) Medical Technical Personnel (person)	# 执业医师(人) Licensed Doctors (person)
1979		10 125	7 523	25	597	988	364
1980		20 284	13 422	24	643	1 088	438
“六五”时期	**"Sixth Five-year" Period**						
1981		48 713	23 944	24	790	1 270	518
1982		63 707	63 013	26	717	1 609	708
1983		112 554	119 471	30	1 023	2 343	1 073
1984		349 763	451 034	29	1 634	3 064	1 484
1985		302 567	537 014	31	1 885	3 857	1 862
年均增长速度(%)	**Annual Average Growth Rate(%)**	**71.7**	**109.0**	**5.3**	**24.0**	**28.8**	**33.6**
“七五”时期	**"Seventh Five-year" Period**						
1986		551 112	730 855	32	2 028	4 657	2 217
1987		808 545	1 065 176	34	2 225	5 117	2 408
1988		1 317 381	1 536 202	35	2 496	5 715	2 754
1989		1 376 310	1 789 834	35	2 838	6 451	3 103
1990		1 946 923	2 386 157	38	3 108	6 996	3 426
年均增长速度(%)	**Annual Average Growth Rate(%)**	**45.1**	**34.8**	**4.2**	**10.5**	**12.6**	**13.0**
“八五”时期	**"Eighth Five-year" Period**						
1991		3 009 164	2 797 500	41	3 498	7 618	3 737
1992		5 504 616	3 707 067	45	4 466	8 571	4 247
1993		6 573 461	5 015 868	45	5 168	9 888	4 798
1994		9 333 699	6 421 390	48	6 040	11 034	5 347
1995		12 029 322	7 863 364	63	6 640	12 449	6 050
年均增长速度(%)	**Annual Average Growth Rate(%)**	**43.9**	**26.9**	**10.6**	**16.4**	**12.2**	**12.0**
“九五”时期	**"Ninth Five-year" Period**						
1996		15 334 600	9 652 000	65	7 105	14 652	7 266
1997		18 227 000	12 025 800	72	7 813	14 932	7 400
1998		22 383 700	15 503 700	72	8 353	14 975	7 191
1999		25 589 900	18 481 600	71	8 720	14 143	7 062
2000		31 690 000	22 921 800	72	9 616	15 720	7 418
年均增长速度(%)	**Annual Average Growth Rate(%)**	**21.4**	**23.9**	**2.7**	**7.7**	**4.8**	**4.2**
“十五”时期	**"Tenth Five-year" Period**						
2001		40 925 700	28 607 500	85	10 542	17 135	8 097
2002		49 527 300	35 142 800	77	11 808	18 615	8 260
2003		60 794 800	45 250 500	85	12 607	21 234	9 439
2004		71 007 500	52 427 700	87	14 186	22 895	10 367
2005		84 781 600	61 680 400	97	15 577	25 681	11 619
年均增长速度(%)	**Annual Average Growth Rate(%)**	**21.8**	**21.9**	**6.1**	**10.1**	**10.3**	**9.4**
“十一五”时期	**"Eleventh five-year" Period**						
2006		95 404 200	67 553 200	99	16 193	42 415	15 997
2007		114 957 900	79 654 500	101	16 766	46 877	17 450
2008		130 112 400	90 584 600	100	18 435	50 608	18 807
2009		169 381 900	116 463 400	101	19 872	53 778	19 963
2010		202 107 500	137 081 600	107	21 126	54 081	20 122
年均增长速度(%)	**Annual Average Growth Rate(%)**	**19.0**	**17.3**	**2.0**	**6.3**	**17.0**	**12.1**
“十二五”时期							
2011		227 823 900	157 149 600	110	22 322	58 059	21 517
以1979年为基期年平均增长速度(%)	**Annual Average Growth Rate from 1979(%)**	**36.8**	**36.5**	**4.7**	**12.0**	**13.6**	**13.6**

1-3 续表 5 continued

年 份 Year		在校学生数(人) (person) Students Enrollment			职工工资总额(万元) Total Wage of Staff and Workers (10 000yuan)	在岗职工年平均工资(元) Average Yearly Wages (yuan)	城镇居民人均可支配收入(元/人) Per Capita Disposable Income of Urban Residents (yuan/person)
		普通高等学校 Institutions of Higher Education	普通中学 Regular Secondary Schools	小学 Primary Schools			
1979			13 686	47 022	2 952	769	
1980			12 296	49 168	4 366	979	
"六五"时期	"Sixth Five-year" Period						
1981			13 088	51 560	5 930	1 132	
1982			17 080	54 538	10 000	1 366	
1983		216	20 982	56 319	16 142	1 545	
1984		1 236	27 636	62 021	35 306	2 179	
1985		3 206	35 334	70 277	51 912	2 418	1 915
年均增长速度(%)	**Annual Average Growth Rate(%)**		**23.5**	**7.4**	**64.1**	**19.8**	
"七五"时期	"Seventh Five-year" Period						
1986		3 478	40 208	77 884	59 773	2 452	1 817
1987		4 330	44 910	84 601	80 013	2 677	2 091
1988		4 710	43 267	96 474	134 218	3 388	2 569
1989		4 419	45 056	104 041	179 042	3 858	3 657
1990		3 964	46 473	111 711	227 392	4 304	4 127
年均增长速度(%)	**Annual Average Growth Rate(%)**	**4.3**	**5.6**	**9.7**	**34.4**	**12.2**	**16.6**
"八五"时期	"Eighth Five-year" Period						
1991		3 779	50 625	118 460	307 950	5 016	4 564
1992		3 653	55 857	127 978	403 790	5 931	5 783
1993		3 680	60 337	139 272	619 647	8 145	7 737
1994		4 227	66 073	147 186	852 332	10 572	10 503
1995		5 291	71 540	157 210	1 076 083	12 276	12 771
年均增长速度(%)	**Annual Average Growth Rate(%)**	**5.9**	**9.0**	**7.1**	**36.5**	**23.3**	**25.3**
"九五"时期	"Ninth Five-year" Period						
1996		6 493	76 949	170 983	1 284 558	14 507	16 296
1997		7 601	82 155	190 192	1 479 515	16 531	18 579
1998		8 497	86 009	215 652	1 674 771	18 381	19 214
1999		10 568	91 260	256 060	1 890 338	20 714	19 520
2000		14 123	106 996	313 852	2 113 366	23 039	20 906
年均增长速度(%)	**Annual Average Growth Rate(%)**	**21.7**	**8.4**	**14.8**	**14.6**	**13.2**	**10.4**
"十五"时期	"Tenth Five-year" Period						
2001		18 556	126 190	363 657	2 441 713	25 941	22 760
2002		26 778	150 654	415 097	2 832 799	28 218	24 941
2003		32 106	179 628	469 684	3 259 896	30 611	25 936
2004		41 251	211 224	526 419	4 192 834	31 928	27 596
2005		45 314	240 508	566 278	5 167 453	32 476	21 494
年均增长速度(%)	**Annual Average Growth Rate(%)**	**26.3**	**17.6**	**12.5**	**18.1**	**7.4**	**7.5**
"十一五"时期	"Eleventh five-year" Period						
2006		5 1220	256 630	564 891	6 296 568	35 107	22 567
2007		58 910	279 180	575 160	7 335 805	38 798	24 301
2008		65 632	298 939	585 852	8 674 142	43 454	26 729
2009		66 952	316 024	589 481	10 029 764	46 723	29 245
2010		67 324	334 752	618 459	12 338 778	50 456	32 381
年均增长速度(%)	**Annual Average Growth Rate(%)**	**8.2**	**6.8**	**1.8**	**19.0**	**9.2**	**8.5**
"十二五"时期							
2011		70 004	346 942	651 307	14 384 948	55 143	36 505
以1979年为基期年平均增长速度(%)	**Annual Average Growth Rate from 1979(%)**	**22.9**	**10.6**	**8.6**	**30.4**	**14.3**	**13.5**

注： 由于城市居民调查户由原200户增至600户，故2005年城镇人均可支配收入不可比。

Note: Due to the number of urban household surveyed has been increased from 200 to 600, the index of per capita disposable income of urban residents of 2005 is incomparable with other years.

1-4 主要年份国民经济主要指标比例关系

PERCENTAGE OF MAIN NATIONAL ECONOMIC INDICATORS IN MAIN YEARS

单位：%　　　　(%)

年 份 Year	以从业人员为100 Employment=100			以本市生产总值为100 Gross Domestic Product=100			以工农业总产值为100 Gross Output Value of Industry and Agriculture=100		
	第一产业 Primary Industry	第二产业 Secondary Industry	第三产业 Tertiary Industry	第一产业 Primary Industry	第二产业 Secondary Industry	第三产业 Tertiary Industry	农 业 Agriculture	轻工业 Light Industry	重工业 Heavy Industry
1979				37.0	20.5	42.5	64.8	31.2	4.0
1980				28.9	26.0	45.1	61.4	33.6	5.0
1985				6.7	41.9	51.4	15.7	66.4	17.9
1990	6.1	69.8	24.1	4.1	44.8	51.1	5.1	71.4	23.5
1995	1.5	66.0	32.5	1.5	50.1	48.4	1.8	53.3	44.9
1996	1.3	64.6	34.1	1.4	48.3	50.3	1.8	55.0	43.2
1997	1.3	61.6	37.1	1.1	47.6	51.3	1.5	55.0	43.5
1998	1.2	59.8	39.1	1.0	48.4	50.6	1.4	50.9	47.7
1999	1.0	58.0	41.0	0.8	49.9	49.3	1.2	50.1	48.7
2000	0.8	57.0	42.2	0.7	49.7	49.6	1.1	44.2	54.7
2001	0.7	55.7	43.6	0.7	49.5	49.8	0.9	36.7	62.5
2002	0.8	55.8	43.5	0.6	49.3	50.1	0.7	33.6	65.7
2003	0.8	57.0	42.2	0.4	50.7	48.9	0.5	31.4	68.1
2004	0.5	57.6	41.9	0.3	51.6	48.1	0.3	28.1	71.6
2005	0.5	57.7	41.8	0.2	53.4	46.4	0.2	26.9	72.9
2006	0.3	57.4	42.3	0.1	52.6	47.3	0.1	24.1	75.8
2007	0.1	54.1	45.8	0.1	50.2	49.7	0.1	24.8	75.1
2008	0.1	54.1	45.8	0.1	49.6	50.3	0.1	27.3	72.6
2009	0.1	53.9	46.0	0.1	46.7	53.2	0.1	24.8	75.1
2010	…	51.5	48.5	0.1	47.2	52.7	0.1	24.8	75.1
2011	…	50.1	49.9	0.1	46.4	53.5	0.1	25.1	74.8

1-4 续表 1 continued

年 份 Year	以工业总产值为100 Gross Output Value of Industry=100		以固定资产投资总额为100 Investment in Fixed Assets=100	
	轻工业 Light Industry	重工业 Heavy Industry	非房地产开发项目 Non-Real Estate Development	房地产开发项目 Real Estate Development
1979	88.5	11.5	100.0	
1980	87.1	12.9	100.0	
1985	78.7	21.3	100.0	
1990	75.3	24.7	82.0	18.0
1995	54.2	45.8	62.6	37.4
1996	56.1	43.9	61.9	38.1
1997	55.9	44.1	65.2	34.8
1998	51.6	48.4	65.1	34.9
1999	50.7	49.3	62.2	37.8
2000	44.7	55.3	57.9	42.1
2001	37.0	63.0	54.0	46.0
2002	33.8	66.2	50.7	49.3
2003	31.6	68.4	56.5	43.5
2004	28.1	71.9	60.3	39.7
2005	26.9	73.1	64.1	35.9
2006	24.2	75.8	63.7	36.3
2007	24.8	75.2	65.7	34.3
2008	27.3	72.7	70.0	30.0
2009	24.8	75.2	74.4	25.6
2010	24.8	75.2	76.4	23.6
2011	25.1	74.9	75.0	25.0

1-4 续表 2 continued

年 份 Year	以货运量为100 Freight Traffic=100				固定资产投资总额相当于国内生产总值 Investment in Fixed Assets as Percentage of GDP
	铁路 Railways	公路 Highways	水运 Waterways	民航 Civil Aviation	
1979					30.2
1980					51.1
1985					85.4
1990	10.9	78.2	10.9		33.7
1995	6.2	76.8	16.9	0.1	32.7
1996	5.8	77.1	17.0	0.1	31.2
1997	7.0	76.8	16.1	0.1	30.3
1998	6.4	79.3	14.2	0.1	31.3
1999	6.0	81.5	12.3	0.1	31.6
2000	6.0	81.4	12.5	0.1	28.3
2001	5.7	82.9	11.3	0.1	27.6
2002	4.7	83.4	11.7	0.1	23.2
2003	4.7	80.4	14.8	0.1	26.5
2004	4.5	80.3	15.1	0.1	25.5
2005	4.0	75.4	20.4	0.2	24.0
2006	2.7	69.9	27.1	0.2	21.9
2007	2.4	67.4	30.0	0.2	19.8
2008	2.7	71.2	25.8	0.3	18.8
2009	2.1	78.8	18.8	0.3	20.8
2010	1.5	75.8	22.4	0.3	20.3
2011	1.4	75.0	23.3	0.3	17.9

1-5 主要年份国民经济和社会发展主要指标平均每人水平

PER CAPITA MAIN NATIONAL ECONOMIC AND SOCIAL DEVELOPMENT INDICATORS IN MAIN YEARS

单位：元

年 份 Year	本 市 生产总值Gross Domestic Product	农业总产值 Gross Output Value of Agriculture	工业总产值 Gross Output Value of Industry	地方财政一般预算收入 Local Government General Budgetary Revenue	社会消费品零售总额 Retail Sales of Consumer Goods	职工年平均货币工资 Average Money Wage of Staff and Workers	城市居民可支配收入 Per Capita Disposable Income of Urban Residents
1979	606	405	220	53	348	769	
1980	835	524	329	94	606	979	
1985	4 809	565	3 040	775	3 274	2 418	1 915
1990	8 724	606	11 192	1 403	3 393	4 304	4 127
1995	19 550	540	29 986	2 042	9 907	12 276	12 771
1996	22 498	586	32 844	2 827	10 490	14 507	16 293
1997	25 675	536	35 696	2 811	10 632	16 531	18 579
1998	27 701	538	38 939	2 967	10 347	18 381	19 214
1999	29 747	494	40 294	3 038	10 530	20 714	17 713
2000	32 800	467	46 057	3 328	11 021	23 039	20 906
2001	34 822	459	52 569	3 682	11 671	25 941	22 760
2002	40 369	463	63 654	3 615	12 805	28 218	24 941
2003	47 029	443	89 156	3 815	14 363	30 611	25 936
2004	54 236	380	108 783	4 072	15 840	31 928	27 596
2005	60 801	267	124 952	5 064	17 704	32 476	21 494
2006	68 441	211	144 550	5 897	19 784	35 107	22 567
2007	76 273	192	161 067	7 379	21 652	38 798	24 301
2008	83 431	201	174 470	8 575	24 392	43 454	26 729
2009	84 147	159	162 404	9 037	26 347	46 723	29 245
2010	94 296	148	185 804	10 893	29 532	50 456	32 381
2011	110 421	146	204 162	12 856	33 791	55 143	36 505

1-5 续表 continued

年 份 Year	生活用电量 (千瓦时) Electricity for Residential Consumption (kwh)	每百人拥有电话(部) Number of Telephone Sets Per 100 Persons (set)	每万人拥有 Per 10 000 persons		★人均公园绿地面积 (平方米) Urban Public Green Areas (sq.m)
			医生 (人) Number of Doctors (person)	医院病床(张) Number of Beds in Hospital (bed)	
1979			12		
1980			13		
1985			21	21	
1990	302	7	17	15	
1995	292	18	13	15	12.73
1996	325	22	15	15	12.81
1997	345	27	14	15	13.89
1998	481	31	12	14	13.89
1999	478	41	11	14	14.55
2000	500	57	11	14	14.17
2001	495	84	11	15	14.70
2002	439	118	11	16	9.52
2003	537	158	12	16	10.81
2004	548	174	13	18	11.95
2005	660	212	14	19	16.10
2006	687	215	20	19	16.10
2007	805	244	21	18	16.10
2008	752	246	21	19	16.20
2009	812	234	21	20	16.30
2010	814	243	21	20	16.38
2011	858	274	22	21	16.50

注： 1、2002年以前为特区数，2002年及以后为全市数。
Note: The data before the year 2002 are calculated from special region, the data from 2002 are calculated from the whole city.
2、人均公园绿地面积未根据第六次全国人口普查数据进行调整。
The data of urban public green areas have not adjusted according to the sixth National Population Census.

1-6 主要年份国民经济和社会发展主要指标平均每天水平

AVERAGE DAILY LEVEL OF MAIN NATIONAL ECONOMIC AND SOCIAL DEVELOPMENT INDICATORS IN MAIN YEARS

年份 Year	本市生产总值(万元) Gross Domestic Product (10 000yuan)	工业总产值(万元) Gross Output Value of Industry (10 000yuan)	农业总产值(万元) Gross Output Value of Agriculture (10 000yuan)	固定资产投资总额(万元) Investment in Fixed Assets (10 000yuan)	地方财政一般预算收入 Local Government General Budgetary Revenue	货运量(万吨) Freight Traffic (10 000 tons)	客运量(万人) Passengers Traffic (10 000 person-times)	特快专递(份) Express Mail
1979	54	20	36	16	5			
1980	74	29	46	38	8			
1985	1 069	676	126	913	172			
1990	4 703	6 033	327	1 587	595	3.70	24.20	1 025
1995	23 082	35 403	637	7 557	2 411	9.70	22.63	4 158
1996	28 724	41 934	749	8 973	3 610	10.00	22.69	5 659
1997	35 546	49 796	742	10 769	3 892	10.56	23.33	6 123
1998	42 047	59 106	817	13 161	4 504	11.09	23.24	6 711
1999	49 425	66 948	821	15 605	5 047	11.71	23.98	7 989
2000	59 930	84 151	853	16 978	6 080	12.87	25.61	9 173
2001	68 013	102 676	896	18 805	7 192	14.01	27.00	9 573
2002	81 357	128 284	934	21 593	7 286	15.83	29.16	9 345
2003	98 239	186 237	924	26 003	7 968	18.52	28.64	12 323
2004	117 319	235 310	822	29 933	8 807	21.79	33.63	16 179
2005	135 641	278 754	596	32 358	11 298	26.87	35.34	22 137
2006	159 276	336 397	493	34 895	13 723	31.01	38.24	30 082
2007	186 344	393 504	466	36 849	18 029	37.68	41.18	36 164
2008	213 337	446 130	515	40 208	21 928	53.61	422.64	45 205
2009	224 694	433 661	424	46 826	24 132	61.28	400.77	49 973
2010	262 507	517 251	412	53 279	30 324	71.71	427.53	60 603
2011	315 220	582 824	418	56 464	36 701	79.18	461.49	4 000

注：特快专递从2011年开始调整口径。
From 2011, the statistical coverage of Express Mail have been adjusted.

1-6 续表 continued

年份 Year	自来水供水量(万吨) Tap Water Supply (10 000tons)	用电量(万千瓦时) Electricity Consumption (10 000kwh)	公共汽车客运人数(万人次) Bus Passengers (10 000 person-times)	社会消费品零售总额(万元) Retail Sales of Consumer Goods (10 000yuan)	出生人数(人) Births (person)	死亡人数(人) Deaths (person)	结婚(对) Marriages (couple)	离婚(对) Divorces (couple)
1979				31	22	5		
1980				54	19	5	6	
1985			14.20	728	15	4	18	
1990		985	60.13	1 829	29	5	28	1
1995	157	2 503	96.96	11 697	35	5	36	3
1996	177	2 779	97.25	13 393	36	6	33	4
1997	192	3 084	99.18	14 719	37	6	33	4
1998	218	3 546	102.05	15 705	36	6	37	4
1999	237	4 106	111.23	17 496	40	10	40	5
2000	252	5 215	117.26	20 138	49	9	39	6
2001	267	5 816	128.96	22 795	49	6	39	6
2002	296	7 120	141.60	25 807	62	5	40	6
2003	336	8 861	139.00	30 004	44	6	53	9
2004	370	10 693	143.80	34 264	54	6	79	13
2005	382	12 060	278.40	39 496	66	7	64	15
2006	398	13 348	337.22	46 040	72	6	112	16
2007	423	15 557	497.61	52 899	94	7	98	19
2008	430	15 993	535.44	62 372	101	7	113	19
2009	411	16 046	585.21	70 355	97	8	134	21
2010	429	18 179	642.82	82 213	102	17	105	22
2011	442	19 069	647.61	96 462	114	8	149	27

1-7 深圳市建市以来企业登记发展情况

THE DEVELOPMENT OF ENTERPRISES REGISTRATION OF SHENZHEN (1979-2011)

单位：户 (unit)

年份 Year	企业总数 Total Number of Enterprises	按企业登记类型分 Grouped By Status of Enterprises Registration			按产业分 Grouped By Industry			按注册资本分 Grouped By Registered Capital					
		内资企业 Domestic-funded Enterprises	外资企业 Foreign-funded Enterprises	私营企业 Private Enterprises	第一产业 Primary Industry	第三产业 Secondary Industry	第三产业 Tertiary Industry	100—499万元 (10 000 yuan)	500—999万元 (10 000 yuan)	1000—2999万元 (10 000 yuan)	3000—4999万元 (10 000 yuan)	5000—9999万元 (10 000 yuan)	1亿元以上 (Over 100 million yuan)
1979	501	497	4		1	219	281						
1980	839	821	18		1	400	438						
1981	1 125	1 086	39		2	383	740						
1982	1 798	1 710	88		3	713	1 082						
1983	2 177	1 940	237		6	710	1 461						
1984	4 314	3 761	553		10	1 258	3 046						
1985	6 853	5 972	881		14	1 950	4 889						
1986	7 958	6 902	1 056		21	2 601	5 336						
1987	15 448	14 328	1 120		163	5 718	9 567						
1988	16 341	14 387	1 954		175	4 022	12 144						
1989	18 596	16 026	2 570		212	4 993	13 391	579	365	566	200	203	212
1990	19 827	15 403	3 895	529	210	5 807	13 810	651	425	646	229	231	232
1991	22 948	16 629	5 295	1 024	227	6 947	15 774	767	497	756	257	259	260
1992	28 676	18 469	7 639	2 568	235	9 166	19 275	1 022	643	994	337	324	318
1993	41 768	25 742	11 802	4 224	295	13 070	28 403	1 820	1 021	1 538	492	448	420
1994	55 867	31 916	14 767	9 184	269	17 249	38 349	2 568	1 326	1 988	601	533	487
1995	70 785	37 860	16 765	16 160	426	21 255	49 104	3 431	1 596	2 416	717	627	557
1996	82 952	44 410	18 011	20 531	456	22 783	59 713	4 418	1 861	2 862	800	714	616
1997	92 244	47 659	17 093	27 492	452	24 216	67 576	5 916	2 179	3 464	924	833	701
1998	92 699	45 027	16 161	31 511	422	23 966	68 311	7 198	2 466	3 904	1 046	918	763
1999	101 942	47 100	17 997	36 845	428	26 453	75 061	8 867	2 818	4 353	1 144	1 013	829
2000	107 457	46 220	18 151	43 086	397	27 769	79 291	10 982	3 239	4 897	1 259	1 107	911
2001	120 391	46 328	19 175	54 888	382	31 114	88 895	14 399	3 780	5 711	1 407	1 262	1 025
2002	123 923	37 519	19 461	66 943	341	32 103	91 479	18 483	4 406	6 518	1 544	1 381	1 134
2003	151 036	39 316	21 883	89 837	359	39 659	111 018	24 219	5 200	7 532	1 715	1 547	1 254
2004	181 314	34 278	22 728	124 308	349	47 695	133 270	31 996	6 317	8 730	1 878	1 696	1 388
2005	209 443	32 998	24 252	152 193	333	55 579	153 531	39 404	7 618	9 824	2 030	1 837	1 483
2006	244 291	25 480	27 055	191 756	347	65 220	178 724	47 121	8 925	10 901	2 169	1 979	1 602
2007	283 734	24 423	32 248	227 063	348	75 381	208 005	53 798	11 055	11 961	2 326	2 111	1 719
2008	281 238	18 473	32 898	229 867	309	74 044	206 885	59 538	12 658	12 781	2 437	2 197	1 802
2009	307 242	16 793	33 386	257 063	302	80 052	226 888	67 746	13 773	13 874	2 585	2 314	1 910
2010	360 912	16 087	35 207	309 618	312	88 870	271 730	78 118	15 220	15 379	2 776	2 483	2 060
2011	417 531	14 278	36 096	367 157	313	92 747	324 471	90 779	18 071	19 513	2 953	3 100	2 690

注： 本表数据来源为市场监督管理局。

Note: Data in this table are provided by Market Supervision Administration of Shenzhen Municipality.

1-8 深圳市市场主体情况表
MAIN MARKET OF SHENZHEN
（2011）

单位：万（美）元 ((USD) 10 000 yuan)

项目	Item	期末实有 Final Actual Amount							
		户数（户）Units	第一产业 Primary Industry	第二产业 Secondary Industry	第三产业 Tertiary Industry	注册资本金 Registered Funds	第一产业 Primary Industry	第二产业 Secondary Industry	第三产业 Tertiary Industry
企业总数	**Total number of enterprises**	**417 531**	**313**	**92 747**	**324 471**				
内资企业	Domestic-funded Enterprises	**14 278**	**50**	**1 974**	**12 254**	**19 401 174**	**82 760**	**2 662 562**	**16 655 852**
国有企业	State-owned	2 536	13	326	2 197	2 557 676	4 063	377 298	2 176 315
集体企业	Collective-owned	394	4	72	318	108 978	598	6 266	102 114
股份合作企业	Cooperative Shares Enterprises	663	2	11	650	717 942	3 909	35 899	678 134
有限责任公司	Limited Liability Corporations	10 051	30	1 488	8 533	12 783 999	35 113	1 933 267	10 815 619
股份有限公司	Share-holding Corporations Ltd.	590	1	65	524	3 213 183	39 077	305 036	2 869 070
其他企业	Other Enterprises	44		12	32	19 396		4 796	14 600
外资企业	**Foreign-funded Enterprises**	**36 096**	**18**	**13 213**	**23 765**	**5 975 991**	**2 712**	**3 384 495**	**2 588 784**
有限责任公司	Limited Liability Corporations	29 927	18	12 214	17 695	5 613 256	2 712	3 159 244	2 451 300
股份有限公司	Share-holding Corporations Ltd.	332		72	260	362 735		225 251	137 484
合伙企业	Cooperative Enterprises								
其他企业	Other Enterprises								
常驻代表机构	Permanent Representative Office	5 786		3	5 783				
承包勘探机构	Contracted and Exploration Office	51		24	27				
私营企业	**Private Enterprises**	**367 157**	**244**	**77 860**	**277 184**	**136 886 802**	**167 265**	**25 752 803**	**105 140 713**
独资企业	Solely Owned Enterprises	41 823	14	6 477	34 898	245 548	81	57 136	185 944
合伙企业	Joint Venture	1 302		20	1 282	21 825 197		909	21 824 288
有限责任公司	Limited Liability Corporations	320 187	222	70 924	237 666	94 323 702	139 578	22 092 034	66 895 638
股份有限公司	Share-holding Limited Companies	3 845	8	439	3 338	20 492 355	27 606	3 602 724	16 234 843
个体工商户	**Individual businesses**	**476 858**	**166**	**14 623**	**462 069**	**922 536**	**963**	**64 152**	**857 421**

注： 1、外资企业单位为“万美元”。
Note: The unit of Foreign-funded Enterprises is 10 000 USD.
2、本表数据来源为市场监督管理局。
Data in this table are provided by Market Supervision Administration of Shenzhen Municipality.

1-8 续表 continued

项目	Item	本期登记 Registration of the Current Period							
		户数（户） Units	第一产业 Primary Industry	第二产业 Secondary Industry	第三产业 Tertiary Industry	注册资本金 Registered Funds	第一产业 Primary Industry	第二产业 Secondary Industry	第三产业 Tertiary Industry
企业总数	**Total number of enterprises**	**75 297**	**29**	**8 743**	**66 525**				
内资企业	Domestic-funded Enterprises	**402**		**35**	**367**	**148 141**		**3 050**	**145 091**
国有企业	State-owned	26		1	25	10			10
集体企业	Collective-owned	10		1	9				
股份合作企业	Cooperative Shares Enterprises	15			15	10 000			10 000
有限责任公司	Limited Liability Corporations	307		29	278	48 001		3 050	44 951
股份有限公司	Share-holding Corporations Ltd.	42		3	39	90 100			90 100
其他企业	Other Enterprises	2		1	1	30			30
外资企业	**Foreign-funded Enterprises**	**3 584**		**992**	**2 592**	**251 223**		**81 785**	**169 438**
有限责任公司	Limited Liability Corporations	3 368		990	2 378	248 175		81 785	166 390
股份有限公司	Share-holding Corporations Ltd.	1			1	3 048			3 048
合伙企业	Cooperative Enterprises								
其他企业	Other Enterprises								
常驻代表机构	Permanent Representative Office	212			212				
承包勘探机构	Contracted and Exploration Office	3		2	1				
私营企业	**Private Enterprises**	**71 311**	**29**	**7 716**	**63 566**	**28 628 889**	**7 840**	**816 691**	**27 804 358**
独资企业	Solely Owned Enterprises	2 567		375	2 192	20 006		5 600	14 406
合伙企业	Joint Venture	609			609	18 201 862			18 201 862
有限责任公司	Limited Liability Corporations	67 713	29	7 297	60 387	9 700 826	7 840	763 261	8 929 725
股份有限公司	Share-holding Limited Companies	422		44	378	706 195		47 830	658 365
个体工商户	**Individual businesses**	**97 522**	**15**	**729**	**96 778**	**241 142**	**107**	**4 022**	**237 013**

主要统计指标解释

行政区划 指国家对行政区域的划分。根据有关法规规定，我国的行政区域划分如下：(1)全国分为省、自治区、直辖市；(2)省、自治区分为自治州、县、自治县、市；(3)自治州分为县、自治县、市；(4)县、自治县分为乡、民族乡、镇；(5)直辖市和较大的市分为区、县；(6)国家在必要时设立的特别行政区。

平均增长速度 平均增长速度表明社会经济现象在一个较长的时期内逐期平均增长变化的程度，它不能根据各个环比增长速度直接求得，但与平均发展速度之间存在着一定的数量关系：平均增长速度＝平均发展速度－1。

平均发展速度是一种根据环比发展速度计算的序时平均数,由于各时期对比的基础不同，所以计算平均发展速度不能采用一般的序时平均数的计算方法，计算方法分为水平法和累计法。水平法，又称几何平均法，即将环比发展速度按连乘法用几何平均数公式计算。累计法，也称方程法，根据一段时期内各年发展水平总和与基期水平的关系，列出方程式计算平均发展速度。水平法着重考虑最后一年所达到的发展水平；累计法着重考虑整个时期累计发展水平的总量。

国民经济行业分类 自2003年定期报表开始使用新的《国民经济行业分类》（GB/T4754－2002）。该分类是由国家统计局组织修订，经国家质量监督检验检疫总局批准，于2002年5月10日发布实施。这次修订是在1994年分类标准的基础上，参照联合国《全部经济活动的国际标准产业分类》（ISIC/Rev.3）进行的。修订后的《国民经济行业分类》（GB/T4754－2002）共有门类20个，大类95个，中类396个，小类913个。新增门类4个，大类增加3个，中类增加28个，小类增加67个。

企业(单位)登记注册类型 是以在工商行政管理机关登记注册的各类企业为划分对象，以工商行政管理部门对企业登记注册的类型为依据，将企业登记注册类型分为内资企业、港澳台商投资企业和外商投资企业三大类。内资企业包括国有企业、集体企业、股份合作企业、联营企业、有限责任公司、股份有限公司、私营公司和其他企业；港澳台商投资企业和外商投资企业分别包括合资经营企业、合作经营企业、独资经营企业和股份有限公司。对不在工商行政管理部门进行登记注册的行政机关、事业单位和社会团体，主要按其经费来源和管理方式进行划分。

国有企业 指企业全部资产归国家所有，并按《中华人民共和国企业法人登记管理条例》规定登记注册的非公司制的经济组织。不包括有限责任公司中的国有独资公司。

集体企业 指企业资产归集体所有，并按《中华人民共和国企业法人登记管理条例》规定登记注册的经济组织。

股份合作企业 指以合作制为基础，由企业职工共同出资入股，吸收一定比例的社会资产投资组建，实行自主经营，自负盈亏，共同劳动，民主管理，按劳分配与按股分红相结合的一种集体经济组织。

联营企业 指两个及两个以上相同或不同所有制性质的企业法人或事业单位法人，按自愿、平等、互利的原则，共同投资组成的经济组织。联营企业包括国有联营企业、集体联营企业、国有与集体联营企业和其他联营企业。

有限责任公司 指根据《中华人民共和国公司登记管理条例》规定登记注册，由两个以上、五十个以下的股东共同出资，每个股东以其所认缴的出资额对公司承担有限责任，公司以其全部资产对其债务承担责任的经济组织。有限责任公司包括国有独资公司以及其他有限责任公司。

股份有限公司 指根据《中华人民共和国公司登记管理条例》规定登记注册，其全部注册资本由等额股份构成并通过发行股票筹集资本，股东以其认购的股份对公司承担有限责任，公司以其全部资产对其债务承担责任的经济组织。

私营企业 指由自然人投资设立或由自然人控股，以雇佣劳动为基础的营利性经济组织。包括按照《公司法》、《合伙企业法》、《私营企业暂行条例》规定登记注册的私营有限责任公司、私营股份有限公司、私营合伙企业和私营独资企业。

其他企业 指上述企业之外的其他内资经济组织。

外资企业 指依照《中华人民共和国外资企业法》及有关法律的规定，在中国内地由外国投资者全额投资设立的企业。

Explanatory Notes on Main Statistical Indicators

Divisions of Administrative Areas refers to the division of administrative areas by the State. The relative laws stipulate that 1) the whole country is divided into provinces, autonomous regions and municipalities directly under the Central Government; 2) provinces and autonomous regions are further divided into autonomous prefectures, counties, autonomous counties and cities; 3) autonomous prefectures are further divided into counties, autonomous counties and cities; 4) counties and autonomous counties are further divided into townships, ethnic townships and towns; 5) municipalities directly under the Central Government and large cities are divided into districts and counties, 6) the State shall, when necessary, establish special administrative regions.

Average Annual Growth Rate shows the average growth rate of social and economic development during a longer period. It can not be directly calculated by chain based growth rate. The relation is:

Average Annual Growth Rate = Average Speed of Development － 1

Average speed of development is the time series average of speed which calculated by chain based. Because the reference bases during the different periods are not same, average speed of development can not be calculated by the general method. Level approach and accumulative approach for calculating average speed of development rate are applied. The "level approach", or the method of calculating the geometric average, is derived by the formula of geometric average of the chain–based speeds of development, or comparing the level of the last year of the interval with that of the beginning year; the other is called the "accumulative approach" or the "algebraic average", "equation" method, which is derived by the summation of the actual figure of each year in the interval divided by the figure in the base year. The level approach focuses on the level of the last year, while the accumulative approach emphasizes the aggregate development in the duration.

Industrial Classification of the National Economy The new Industrial Classification of the National Economy (GB/T 4754–2002) is introduced starting from the compilation of 2003 annual statistics. The revision, based on the 1994 classification, was organized by the National Bureau of Statistics taking into consideration of the International Standards of the Industrial Classification of All Economic Activities (ISIC/Rev.3) of the United Nations. The new Classification was promulgated by the National Administration of Quality Supervision, Inspection and Quarantine on May 10, 2002. The revised version of the Industrial Classification of the National Economy (GB/T 4754–2002) is composed of 20 major divisions, 95 divisions, 396 major groups and 913 groups, of which 4 major divisions, 3 divisions, 28 major groups and 67 groups are new respectively.

Registration Status of Enterprises Enterprises are classified into 3 categories, namely domestic–funded enterprises, enterprises with investment from Hong Kong, Macau and Taiwan, and enterprises with foreign investment, according to the registration status of an enterprise in industrial and commercial administration agencies. Domestic–funded enterprises include State–owned enterprises, collective–owned enterprises, cooperative enterprises, joint ownership enterprises, limited liability corporations, share–holding corporations Ltd., private enterprises and other enterprises. Included in the enterprises with investment from Hong Kong, Macau and Taiwan and enterprises with foreign investment are joint–venture enterprises, cooperative enterprises, sole investment enterprises and share–holding corporations Ltd. For government agencies, institutions and social organizations which are not registered in industrial and commercial administration agencies, they are classified mainly by their sources of funding and manner of management.

State-owned Enterprises refer to non–corporation economic units where the entire assets are owned by the State and which have been registered in accordance with the Regulation of the People's Republic of China on the Management of Registration of Corporate Enterprises. Not included from this category are solely State–funded corporations in the limited liability corporations.

Collective-owned Enterprises refer to economic units where the assets are owned collectively and which have been registered in accordance with the Regulation of the People's Republic of China on the Management of Registration of Corporate Enterprises.

Cooperative Enterprises refer to a form of collective economic units (enterprises) where capitals come mainly from employees as their shares, with certain proportion of capital from the outside, where production is organized on the basis of independent operation, independent accounting for profits and losses, joint work, democratic management, and a distribution system that integrates remuneration according to work with dividend according to capital share.

Joint Ownership Enterprises refer to economic units established by two or more corporate enterprises or corporate institutions of the same or different ownership, through joint investment on the basis of voluntary participation, equality, and mutual benefits. They include State joint ownership enterprises; collective joint ownership enterprises; joint State–collective enterprises; and other joint ownership enterprises.

Limited Liability Corporations refer to economic units established with investment from 2–50 investors and registered in accordance with the Regulation of the People's Republic of China on the Management of Registration of Corporations, each investor bearing limited liability to the corporation depending on its share of investment, and the corporation bearing liability to its debt to the maximum of its total assets. Limited liability corporations include solely State–funded limited liability corporations and other limited liability corporations.

Share-holding Corporations Ltd. refer to economic units registered in accordance with the Regulation of the People's Republic of China on the Management of Registration of Corporations, with total registered capital divided into equal shares and raised through issuing stocks. Each investor bears limited liability to the corporation depending on the holding of shares, and the corporation bears liability to its debt to the maximum of its total assets.

Private Enterprises refer to profit–making economic units invested and established by natural persons, or controlled by natural persons using employed labour. Included in this category are private limited liability corporations, private share–holding corporations Ltd., private partnership enterprises and private–funded enterprises registered in accordance with the Company Law, the Law on Partnership Business and Interim Regulations on Private Enterprises .

Other Domestic-funded Enterprises refer to domestic–funded economic units other than those mentioned above.

Enterprises with Sole (exclusive) Foreign Investment refer to enterprises established in the mainland of China with exclusive investment from foreign investors in accordance with the Law of the People's Republic of China on Wholly Foreign–owned Enterprises and other relevant laws.

Share–holding Corporations Ltd. with Foreign Investment refer to share–holding corporations Ltd. established with the approval from the former Ministry of Foreign Trade and Economic Relations in line with relevant State regulations, where the share of investment from foreign investors exceeds 25% of the total registered capital of the corporation. In case the share of foreign investment is less than 25% of the total registered capital, the enterprise is to be classified as domestic–funded share–holding corporation Ltd.

02 第二部分 国民经济核算

NATIONAL ECONOMIC ACCOUNTING

CHAPTER

2-1 本市生产总值
GROSS DOMESTIC PRODUCT
(1979-2011)

单位：万元　　　　(10 000 yuan)

年份 Year	本市生产总值 Gross Domestic Product	第一产业 Primary Industry	第二产业 Secondary Industry	工业 Industry	建筑业 Construction	第三产业 Tertiary Industry
1979	19 638	7 273	4 017	2 313	1 704	8 348
1980	27 012	7 803	7 036	3 726	3 310	12 173
1981	49 576	13 343	16 019	8 311	7 708	20 214
1982	82 573	18 960	31 439	9 540	21 899	32 174
1983	131 212	22 614	55 848	22 466	33 382	52 750
1984	234 161	25 932	106 606	51 802	54 804	101 623
1985	390 222	26 111	163 586	102 137	61 449	200 525
1986	416 451	32 907	163 185	106 606	56 579	220 359
1987	559 015	46 519	220 463	164 445	56 018	292 033
1988	869 807	57 005	359 230	274 787	84 443	453 572
1989	1 156 565	68 615	505 361	400 579	104 782	582 589
1990	1 716 665	70 220	769 319	644 947	124 372	877 126
1991	2 366 630	80 836	1 126 084	928 846	197 238	1 159 710
1992	3 173 194	105 914	1 522 432	1 176 087	346 345	1 544 848
1993	4 531 445	108 615	2 420 214	1 810 085	610 129	2 002 616
1994	6 346 711	134 152	3 357 972	2 671 299	686 673	2 854 587
1995	8 424 833	124 122	4 221 435	3 370 548	850 887	4 079 276
1996	10 484 421	148 796	5 065 924	4 186 130	879 794	5 269 701
1997	12 974 208	147 660	6 174 083	5 193 120	980 963	6 652 465
1998	15 347 272	151 764	7 434 976	6 315 047	1 119 929	7 760 532
1999	18 040 176	150 445	9 005 486	7 801 018	1 204 468	8 884 245
2000	21 874 515	155 656	10 860 852	9 627 492	1 233 360	10 858 007
2001	24 824 874	160 413	12 297 665	11 053 418	1 244 247	12 366 796
2002	29 695 184	166 587	14 647 171	13 367 060	1 280 111	14 881 426
2003	35 857 235	142 048	18 174 235	16 724 227	1 450 008	17 540 952
2004	42 821 428	123 264	22 112 353	20 597 743	1 514 610	20 585 811
2005	49 509 078	97 385	26 425 255	24 925 775	1 499 480	22 986 438
2006	58 135 624	69 675	30 600 890	28 971 777	1 629 113	27 465 059
2007	68 015 706	69 412	34 165 740	32 418 834	1 746 906	33 780 554
2008	77 867 920	82 896	38 604 708	36 630 065	1 974 643	39 180 316
2009	82 013 176	66 894	38 270 762	35 930 470	2 340 292	43 675 520
2010	95 815 101	64 670	45 233 688	42 332 251	2 901 437	50 516 743
2011	115 055 298	65 541	53 433 220	49 950 963	3 482 257	61 556 537

注：　本表按当年价格计算。2004年开始，本市生产总值按国民经济行业分类标准（GB/T4754-2002）核算。
Note: The data in this table are calculated at current prices. Since 2004,GDP has been calculated according to National Economy Classification(GB/T475-2002).

2-1 续表 continued

年 份 Year	其中：交通运输、仓储和邮政业 Transportation,Storage and Post Services	批发和零售业 Wholesale and Retail Sales	住宿和餐饮业 Hotels and Catering Services	金融业 Financial Intermediation	房地产 Real Estate	人均GDP(元) Gross Domestic Product Per Capita(yuan)
1979	1 175	3 111	1 050	1 586	467	606
1980	1 798	4 301	1 452	2 325	688	835
1981	2 908	7 104	2 398	3 883	1 152	1 417
1982	4 890	10 758	3 631	6 274	1 850	2 023
1983	7 715	16 868	5 694	11 183	3 181	2 512
1984	14 866	29 948	10 108	22 865	6 301	3 504
1985	25 519	55 943	18 882	46 522	14 759	4 809
1986	35 475	59 200	21 278	50 620	15 420	4 584
1987	54 144	71 776	30 897	62 962	17 347	5 349
1988	71 317	114 899	41 883	119 543	35 016	6 477
1989	90 993	117 160	42 744	150 856	53 831	6 710
1990	112 692	152 877	51 823	240 157	91 396	8 724
1991	147 651	239 760	59 056	266 849	155 372	11 997
1992	166 595	333 580	84 904	332 492	236 652	12 827
1993	190 248	449 485	144 272	405 899	328 708	15 005
1994	245 271	583 961	288 170	596 275	472 171	16 954
1995	400 524	779 177	405 147	887 865	673 506	19 550
1996	497 713	1 128 234	432 463	1 118 350	842 883	22 498
1997	481 983	1 339 511	478 192	1 562 531	955 661	25 675
1998	536 162	1 532 951	538 158	1 809 703	1 062 525	27 701
1999	610 210	1 822 078	573 446	1 965 044	1 193 283	29 747
2000	756 738	2 271 487	613 559	2 215 391	1 585 464	32 800
2001	819 819	2 618 467	633 105	2 393 224	1 818 950	34 822
2002	1 009 667	3 174 034	728 976	2 487 213	2 348 995	40 369
2003	1 249 987	3 901 304	713 120	2 620 765	3 184 157	47 029
2004	1 848 718	4 601 916	841 186	2 730 843	4 110 367	54 236
2005	2 156 867	5 202 044	971 905	3 056 820	4 449 012	60 801
2006	2 507 328	5 738 239	1 166 653	4 626 637	5 202 636	68 441
2007	2 909 418	6 608 000	1 262 695	7 657 042	6 130 153	76 273
2008	2 984 966	7 729 584	1 655 958	9 693 615	4 900 481	83 431
2009	3 091 788	8 497 909	1 710 181	11 106 230	6 120 112	84 147
2010	3 798 473	10 328 511	2 037 950	13 005 762	6 281 653	94 296
2011	4 374 804	12 564 105	2 350 390	15 636 334	8 934 692	110 421

注：　本表第三产业分行业增加值按国民经济行业分类标准（GB/T4757-2002）核算。
Note: Tertiary Industry in the table are grouped by National Economy Classification(GB/T475-2002)

2-2 本市生产总值三次产业构成
COMPOSITION OF GROSS DOMESTIC PRODUCT BY THREE INDUSTRIES
（1979-2011）

单位：% (%)

年 份 Year	本市生产总值 Gross Domestic Product	第一产业 Primary Industry	第二产业 Secondary Industry			第三产业 Tertiary Industry
				工业 Industry	建筑业 Construction	
1979	100	37.0	20.5	11.8	8.7	42.5
1980	100	28.9	26.0	13.8	12.2	45.1
1981	100	26.9	32.3	16.8	15.5	40.8
1982	100	22.9	38.1	11.6	26.5	39.0
1983	100	17.2	42.6	17.1	25.5	40.2
1984	100	11.1	45.5	22.1	23.4	43.4
1985	100	6.7	41.9	26.2	15.7	51.4
1986	100	7.9	39.2	25.6	13.6	52.9
1987	100	8.3	39.4	29.4	10.0	52.3
1988	100	6.6	41.3	31.6	9.7	52.1
1989	100	5.9	43.7	34.6	9.1	50.4
1990	100	4.1	44.8	37.6	7.2	51.1
1991	100	3.4	47.6	39.3	8.3	49.0
1992	100	3.3	48.0	37.1	10.9	48.7
1993	100	2.4	53.4	39.9	13.5	44.2
1994	100	2.1	52.9	42.1	10.8	45.0
1995	100	1.5	50.1	40.0	10.1	48.4
1996	100	1.4	48.3	39.9	8.4	50.3
1997	100	1.1	47.6	40.0	7.6	51.3
1998	100	1.0	48.4	41.1	7.3	50.6
1999	100	0.8	49.9	43.2	6.7	49.3
2000	100	0.7	49.7	44.0	5.7	49.6
2001	100	0.7	49.5	44.5	5.0	49.8
2002	100	0.6	49.3	45.0	4.3	50.1
2003	100	0.4	50.7	46.6	4.1	48.9
2004	100	0.3	51.6	48.1	3.5	48.1
2005	100	0.2	53.4	50.4	3.0	46.4
2006	100	0.1	52.6	49.8	2.8	47.3
2007	100	0.1	50.2	47.6	2.6	49.7
2008	100	0.1	49.6	47.1	2.5	50.3
2009	100	0.1	46.7	43.8	2.9	53.2
2010	100	0.1	47.2	44.2	3.0	52.7
2011	100	0.1	46.4	43.4	3.0	53.5

2-3 本市生产总值指数

INDICES OF GROSS DOMESTIC PRODUCT

（1980-2011）

（以1979年为100） （1979=100）

年 份 Year	本市生产总值 Gross Domestic Product	第一产业 Primary Industry	第二产业 Secondary Industry	工业 Industry	建筑业 Construction	第三产业 Tertiary Industry	人均GDP Gross Domestic Product Per Capita
1980	162.7	103.0	175.8	163.3	197.0	209.5	163.0
1981	250.2	132.0	445.6	406.5	512.1	307.9	231.8
1982	396.4	182.2	730.5	415.5	1 266.1	504.9	314.7
1983	627.5	192.8	1 181.7	869.2	1 713.0	873.5	389.3
1984	1 003.3	198.8	2 347.6	2 003.6	2 932.6	1 392.7	486.6
1985	1 249.4	196.8	4 011.2	4 383.4	3 378.4	1 550.9	499.1
1986	1 283.1	231.8	4 269.3	4 825.1	3 324.3	1 537.1	457.7
1987	1 609.0	242.0	5 767.9	7 226.5	3 287.7	1 882.1	499.0
1988	2 186.6	225.1	8 306.0	10 603.7	4 398.9	2 547.1	527.7
1989	2 595.5	280.0	11 472.9	15 030.4	5 423.9	2 678.4	488.0
1990	3 439.1	298.5	16 760.4	22 789.5	6 508.7	3 286.1	566.4
1991	4 677.1	312.8	23 700.4	31 743.9	10 023.4	4 358.6	688.2
1992	6 229.9	313.7	30 607.2	38 297.6	17 530.9	6 090.4	731.0
1993	8 155.5	316.0	42 975.4	52 846.0	26 192.0	7 448.8	783.9
1994	10 677.8	298.4	58 131.1	74 928.7	29 569.3	9 463.8	827.9
1995	13 220.5	292.0	70 843.7	92 642.5	33 777.8	12 015.5	890.5
1996	15 492.8	297.6	82 475.8	110 244.6	35 259.1	14 230.3	964.9
1997	18 103.5	297.3	95 820.1	129 316.9	38 863.6	16 784.5	1 039.9
1998	20 861.0	304.8	111 553.5	151 218.1	44 109.5	19 136.4	1 092.9
1999	23 936.1	326.1	129 288.0	176 713.4	48 648.0	21 709.3	1 145.6
2000	27 688.0	336.3	152 186.1	212 486.7	49 653.6	24 600.4	1 205.1
2001	31 660.3	358.2	173 737.4	245 677.9	51 029.4	28 203.0	1 289.1
2002	36 671.2	380.2	204 425.1	292 815.9	53 214.6	32 187.2	1 447.0
2003	43 706.9	323.8	255 881.6	370 866.4	58 684.2	36 520.0	1 663.9
2004	51 264.6	270.4	309 273.6	455 543.4	57 627.5	41 482.2	1 884.7
2005	58 991.9	215.1	363 773.2	541 351.4	57 689.9	46 558.8	2 102.9
2006	68 764.0	149.4	423 164.6	632 621.5	61 995.3	54 492.0	2 349.8
2007	78 965.9	137.9	483 306.5	726 488.4	63 798.4	62 995.6	2 570.4
2008	88 532.5	125.9	540 583.6	816 681.7	64 102.7	70 841.4	2 753.4
2009	97 962.7	106.3	589 634.9	885 720.4	78 891.7	79 672.5	2 917.5
2010	109 880.3	97.1	672 582.1	1 008 434.9	93 328.2	87 735.1	3 138.9
2011	120 922.2	90.8	752 118.7	1 128 946.3	102 665.8	95 228.3	3 368.5
年平均增长率 Average Annual Growth Rate	**24.8**	**-0.3**	**32.2**	**33.9**	**24.2**	**23.9**	**11.6**

注： 本表按可比价格计算。
Note: Data in this table are calculated at constant prices.

2-4 本市生产总值指数

INDICES OF GROSS DOMESTIC PRODUCT

（1980-2011）

（以上年为100） (Preceding Year=100)

年 份 Year	本市生产总值 Gross Domestic Product	第一产业 Primary Industry	第二产业 Secondary Industry	工业 Industry	建筑业 Construction	第三产业 Tertiary Industry	人均GDP Gross Domestic Product Per Capita
1980	162.7	103.0	175.8	163.3	197.0	209.5	163.0
1981	153.8	128.2	253.5	248.9	259.9	146.9	142.2
1982	158.4	138.0	163.9	102.2	247.2	164.0	135.8
1983	158.3	105.8	161.8	209.2	135.3	173.0	123.7
1984	159.9	103.1	198.7	230.5	171.2	159.4	125.0
1985	124.5	99.0	170.9	218.8	115.2	111.4	102.6
1986	102.7	117.8	106.4	110.1	98.4	99.1	91.7
1987	125.4	104.4	135.1	149.8	98.9	122.4	109.0
1988	135.9	93.0	144.0	146.7	133.8	135.3	105.8
1989	118.7	124.4	138.1	141.7	123.3	105.2	92.5
1990	132.5	106.6	146.1	151.6	120.0	122.7	116.1
1991	136.0	104.8	141.4	139.3	154.0	132.6	121.5
1992	133.2	100.3	129.1	120.6	174.9	139.7	106.2
1993	130.9	100.7	140.4	138.0	149.4	122.3	107.2
1994	130.9	94.4	135.3	141.8	112.9	127.1	105.6
1995	123.8	97.9	121.9	123.6	114.2	127.0	107.6
1996	117.2	101.9	116.4	119.0	104.4	118.4	108.4
1997	116.9	99.9	116.2	117.3	110.2	117.9	107.8
1998	115.2	102.5	116.4	116.9	113.5	114.0	105.1
1999	114.7	107.0	115.9	116.9	110.3	113.4	104.8
2000	115.7	103.1	117.7	120.2	102.1	113.3	105.2
2001	114.3	106.5	114.2	115.6	102.8	114.6	107.0
2002	115.8	106.1	117.7	119.2	104.3	114.1	112.3
2003	119.2	85.2	125.2	126.7	110.3	113.5	115.0
2004	117.3	83.5	120.9	122.8	98.2	113.6	113.3
2005	115.1	79.6	117.6	118.8	100.1	112.2	111.6
2006	116.6	69.5	116.3	116.9	107.5	117.0	111.7
2007	114.8	92.3	114.2	114.8	102.9	115.6	109.4
2008	112.1	91.3	111.9	112.4	100.5	112.5	107.1
2009	110.7	84.4	109.1	108.5	123.1	112.5	106.0
2010	112.2	91.4	114.1	113.9	118.3	110.1	107.6
2011	110.0	93.5	111.8	112.0	110.0	108.5	107.3

注： 1、本表按可比价格计算。
Note: Data in this table are calculated at constant prices.
2、2011年由于国家统计局在我市开展房屋租赁业调查试点，涉及核算方法调整，因此本表2011年数据按上年同口径计算。
The data of 2011 in this table are calculated at the same caliber of last year, because of accounting method adjustments by National Bureau of Statistics survey pilot to carry out the rental industry in the city.

2-5 三次产业贡献率

SHARE OF THE CONTRIBUTIONS OF THE THREE STRATA OF INDUSTRY

（1980-2011）

单位：%　　　　(%)

年 份 Year	本市生产总值 Gross Domestic Product	第一产业 Primary Industry	第二产业 Secondary Industry	#工业 Industry	建筑业 Construction	第三产业 Tertiary Industry
1980	100	1.9	12.3	6.5	5.8	85.8
1981	100	13.5	31.4	17.8	13.6	55.1
1982	100	14.0	19.8	0.4	19.4	66.2
1983	100	1.9	19.8	12.6	7.2	78.3
1984	100	0.6	31.6	19.3	12.3	67.8
1985	100	-0.3	68.7	61.9	6.8	31.6
1986	100	42.3	77.8	83.9	-6.1	-20.1
1987	100	1.3	46.7	47.2	-0.5	52.0
1988	100	-1.2	44.7	37.4	7.3	56.5
1989	100	5.5	78.8	69.3	9.5	15.7
1990	100	0.9	63.7	58.9	4.8	35.4
1991	100	0.5	57.0	46.3	10.7	42.5
1992	100	…	45.2	27.0	18.2	54.8
1993	100	0.1	65.3	48.4	16.9	34.6
1994	100	-0.3	61.1	56.1	5.0	39.2
1995	100	-0.1	50.8	44.6	6.2	49.3
1996	100	0.1	52.1	49.6	2.5	47.8
1997	100	…	52.0	46.8	5.2	48.0
1998	100	0.1	58.0	50.9	7.1	41.9
1999	100	0.3	58.6	53.1	5.5	41.1
2000	100	0.1	62.1	61.1	1.0	37.8
2001	100	0.3	49.0	47.9	1.1	50.7
2002	100	0.3	55.3	54.0	1.3	44.4
2003	100	-0.5	66.1	63.6	2.5	34.4
2004	100	-0.5	63.8	64.3	-0.5	36.7
2005	100	-0.4	63.7	63.7	0	36.7
2006	100	-0.4	52.6	51.2	1.4	47.8
2007	100	-0.1	51.0	50.5	0.5	49.1
2008	100	-0.1	51.8	51.7	0.1	48.3
2009	100	-0.1	45.0	40.2	4.8	55.1
2010	100	…	60.2	56.5	3.7	39.8
2011	100	…	54.4	51.4	3.0	45.6

注： 1、本表按可比价格计算。
Note: The data in this table are calculated at constant prices.
2、产业贡献率指各产业增加值增量与GDP增量之比。
Industrial contribution rate refers to the proportion of the increment of every industrial value added to the increment of GDP.

2-6 三次产业拉动力

CONTRIBUTION OF THE THREE STRATA OF INDUSTRY

（1980-2011）

单位：百分点 (percentage points)

年 份 Year	本市生产总值 Gross Domestic Product	第一产业 Primary Industry	第二产业 Secondary Industry	#工业 Industry	建筑业 Construction	第三产业 Tertiary Industry
1980	62.7	1.2	7.7	4.1	3.6	53.8
1981	53.8	7.3	16.9	9.6	7.3	29.6
1982	58.4	8.2	11.5	0.2	11.3	38.7
1983	58.3	1.1	11.5	7.3	4.2	45.7
1984	59.9	0.4	18.9	11.6	7.3	40.6
1985	24.5	-0.1	16.8	15.2	1.6	7.8
1986	2.7	1.1	2.1	2.3	-0.2	-0.5
1987	25.4	0.3	11.9	12.0	-0.1	13.2
1988	35.9	-0.4	16.0	13.4	2.6	20.3
1989	18.7	1.0	14.7	13.0	1.7	3.0
1990	32.5	0.3	20.7	19.1	1.6	11.5
1991	36.0	0.2	20.5	16.7	3.8	15.3
1992	33.2	…	15.0	9.0	6.0	18.2
1993	30.9	…	20.2	15.0	5.2	10.7
1994	30.9	-0.1	18.9	17.4	1.5	12.1
1995	23.8	…	12.1	10.6	1.5	11.7
1996	17.2	…	9.0	8.5	0.5	8.2
1997	16.9	…	8.8	7.9	0.9	8.1
1998	15.2	…	8.8	7.8	1.0	6.4
1999	14.7	…	8.6	7.8	0.8	6.1
2000	15.7	…	9.7	9.6	0.1	6.0
2001	14.3	…	7.0	6.9	0.1	7.3
2002	15.8	…	8.8	8.5	0.3	7.0
2003	19.2	-0.1	12.7	12.2	0.5	6.6
2004	17.3	-0.1	11.0	11.1	-0.1	6.4
2005	15.1	-0.1	9.6	9.6	0	5.6
2006	16.6	-0.1	8.7	8.5	0.2	8.0
2007	14.8	…	7.5	7.5	0	7.3
2008	12.1	…	6.3	6.3	0	5.8
2009	10.7	…	4.8	4.3	0.5	5.9
2010	12.2	…	7.3	6.9	0.4	4.9
2011	10.0	…	5.4	5.1	0.3	4.6

注： 1、本表按可比价格计算。
Note: The data in this table are calculated at constant prices.
2、产业拉动指GDP增长速度与各产业贡献率之乘积。
Industrial pulling rate is the growth rate of GDP multiplying industrial contribution rate.

2-7 深圳市各行业增加值

VALUE ADDED OF SHENZHEN DIVERSIFIED BY INDUSTRIES

（2007−2011）

单位：万元 （10 000 yuan）

指标名称	Item	2007	2008	2009	2010	2011
合计	**Total**	**68 015 706**	**77 867 920**	**82 013 176**	**95 815 101**	**115 055 298**
第一产业	Primary Industry	69 412	82 896	66 894	64 670	65 541
第二产业	Secondary Industry	34 165 740	38 604 708	38 270 762	45 233 688	53 433 220
工　业	Industry	32 418 834	36 630 065	35 930 470	42 332 251	49 950 963
建筑业	Construction	1 746 906	1 974 643	2 340 292	2 901 437	3 482 257
第三产业	Tertiary Industry	33 780 554	39 180 316	43 675 520	50 516 743	61 556 537
交通运输、仓储和邮政业	Transportation,Storage and Post Services	2 909 418	2 984 966	3 091 788	3 798 473	4 374 804
信息传输、计算机服务和软件业	Information Transfer,Computer and Software Services	2 332 350	3 204 540	3 542 979	4 157 802	5 109 386
批发和零售业	Wholesale and Retail Sales	6 608 000	7 729 584	8 497 909	10 328 511	12 564 105
住宿和餐饮业	Hotels and Catering Services	1 262 695	1 655 958	1 710 181	2 037 950	2 350 390
金融业	Financial Intermediation	7 657 042	9 693 615	11 106 230	13 005 762	15 636 334
房地产业	Real Estate	6 130 153	4 900 481	6 120 112	6 281 653	8 934 692
租赁和商务服务业	Leasing Industry and Commercial Services	1 897 015	2 467 593	2 686 542	3 003 860	3 347 408
科学研究、技术服务和地质勘查业	Scientific Research,Technical Services and Geological Prospecting	646 840	1 104 963	1 185 823	1 387 052	1 833 020
水利、环境和公共设施管理业	Water Conservancy,Environment Management and Public Amenities	291 263	413 492	413 890	445 452	539 355
居民服务和其他服务业	Resident Services and Other Services	785 196	1 218 975	1 076 135	1 087 752	1 320 598
教育	Education	740 121	887 295	1 000 738	1 285 089	1 413 128
卫生、社会保障和社会福利业	Health Care,Social Insurance and Welfare	608 970	701 322	817 004	942 727	1 064 081
文化、体育和娱乐业	Culture ,Sports and Entertainment	576 795	681 070	743 678	832 193	926 941
公共管理和社会组织	Public Services and Social Organizations	1 334 696	1 536 462	1 682 511	1 922 467	2 142 295

2-8 深圳市各行业增加值比重

PROPORTION OF VALUE ADDED OF SHENZHEN BY INDUSTRIES

（2007—2011）

单位：% (%)

指标名称	Item	2007	2008	2009	2010	2011
合计	**Total**	**100.0**	**100.0**	**100.0**	**100.0**	**100.0**
第一产业	Primary Industry	0.1	0.1	0.1	0.1	0.1
第二产业	Secondary Industry	50.2	49.6	46.7	47.2	46.4
工业	Industry	47.6	47.1	43.8	44.2	43.4
建筑业	Construction	2.6	2.5	2.9	3.0	3.0
第三产业	Tertiary Industry	49.7	50.3	53.2	52.7	53.5
交通运输、仓储和邮政业	Transportation,Storage and Post Services	4.3	3.8	3.8	4.0	3.8
信息传输、计算机服务和软件业	Information Transfer,Computer and Software Services	3.4	4.1	4.3	4.3	4.4
批发和零售业	Wholesale and Retail Sales	9.7	9.9	10.4	10.8	10.9
住宿和餐饮业	Hotels and Catering Services	1.9	2.1	2.1	2.1	2.0
金融业	Financial Intermediation	11.3	12.5	13.5	13.6	13.6
房地产业	Real Estate	9.0	6.3	7.5	6.6	7.8
租赁和商务服务业	Leasing Industry and Commercial Services	2.8	3.2	3.3	3.1	2.9
科学研究、技术服务和地质勘查业	Scientific Research,Technical Services and Geological Prospecting	1.0	1.4	1.4	1.4	1.6
水利、环境和公共设施管理业	Water Conservancy,Environment Management and Public Amenities	0.4	0.5	0.5	0.5	0.5
居民服务和其他服务业	Resident Services and Other Services	1.2	1.6	1.3	1.1	1.2
教育	Education	1.1	1.1	1.2	1.3	1.2
卫生、社会保障和社会福利业	Health Care,Social Insurance and Welfare	0.9	0.9	1.0	1.0	0.9
文化、体育和娱乐业	Culture ,Sports and Entertainment	0.7	0.9	0.9	0.9	0.8
公共管理和社会组织	Public Services and Social Organizations	2.0	2.0	2.0	2.0	1.9

注： 本表按当年价计算。
Note: Data of this table are calculated at current prices.

2-9 深圳市各行业增加值增长率

GROWTH RATE OF VALUE ADDED OF SHENZHEN DIVERSIFIED BY INDUSTRIES

（2007-2011）

单位：%　　　　　　　　　　　　　　　　　　　　　　　　　　　　　　　　　　　　（%）

年　份	Year	2007	2008	2009	2010	2011
合计	**Total**	**14.8**	**12.1**	**10.7**	**12.2**	**10.0**
第一产业	Primary Industry	-7.7	-8.7	-15.6	-8.6	-6.5
第二产业	Secondary Industry	14.2	11.9	9.1	14.1	11.8
工　业	Industry	14.8	12.4	8.5	13.9	12.0
建筑业	Construction	2.9	0.5	23.1	18.3	10.0
第三产业	Tertiary Industry	15.6	12.5	12.5	10.1	8.5
交通运输、仓储和邮政业	Transportation,Storage and Postal Services	11.4	1.7	2.5	20.6	9.7
信息传输、计算机服务和软件业	Information Transfer,Computer and Software Services	19.5	30.8	11.6	10.1	15.0
批发和零售业	Wholesale and Retail Sales	10.6	10.2	11.5	15.3	11.0
住宿和餐饮业	Hotels and Catering Services	4.6	18.9	4.2	14.3	8.1
金融业	Financial Intermediation	50.2	19.2	16.5	11.2	8.5
房地产业	Real Estate	7.0	-12.0	28.6	-5.0	0.6
租赁和商务服务业	Leasing Industry and Commercial Services	5.9	28.6	9.4	9.0	8.2
科学研究、技术服务和地质勘查业	Scientific Research,Technical Services and Geological Prospecting	-9.6	50.3	5.4	6.9	18.9
水利、环境和公共设施管理业	Water Conservancy,Environment Management and Public Amenities	5.2	40.4	-0.1	4.9	12.2
居民服务和其他服务业	Resident Services and Other Services	-2.9	31.1	-8.2	6.7	11.5
教育	Education	5.8	16.0	12.8	28.4	7.9
卫生、社会保障和社会福利业	Health Care,Social Insurance and Welfare	2.8	12.1	13.3	10.3	7.5
文化、体育和娱乐业	Culture ,Sports and Entertainment	7.8	14.8	11.2	10.1	9.5
公共管理和社会组织	Public Services and Social Organizations	13.6	13.9	-2.0	9.0	5.7

注：　1、本表按可比价格计算。
Note: Data in this table are calculated at constant prices.
　2、2011年由于国家统计局在我市开展房屋租赁业调查试点，涉及核算方法调整，因此本表2011年数据按上年同口径计算。
The data of 2011 in this table are calculated at the same caliber of last year, because of accounting method adjustments by National Bureau of Statistics survey pilot to carry out the rental industry in the city.

2-10 各行业增加值构成项目

COMPONENTS OF VALUE ADDED BY SECTOR

（2011）

单位：万元 (10000 yuan)

行业	Sector	本市生产总值 Gross Domestic Product	劳动者报酬 Laborers' Remun-eration	生产税净额 Net Taxes on Production	固定资产折旧 Depreciation of Fixed Assets	营业盈余 Operating Surplus
合计	**Total**	**115 055 298**	**50 304 708**	**21 387 965**	**11 494 936**	**31 867 689**
第一产业	Primary Industry	65 541	31 460	－7 735	9 962	31 854
第二产业	Secondary Industry	53 433 220	24 880 305	10 835 004	4 612 449	13 105 462
工业	Industry	49 950 963	23 229 037	10 003 652	4 418 880	12 299 394
建筑业	Construction	3 482 257	1 651 268	831 352	193 569	806 068
第三产业	Tertiary Industry	61 556 537	25 392 943	10 560 696	6 872 525	18 730 373
交通运输、仓储和邮政业	Transport, Storage and Postal Services	4 374 804	1 778 324	390 588	1 004 751	1 201 141
信息传输、计算机服务和软件业	Information Transmission, Computer Services and Software	5 109 386	1 348 082	235 296	490 623	3 035 385
批发和零售业	Wholesale and Retail Trade	12 564 105	3 947 695	6 225 013	494 822	1 896 575
住宿和餐饮业	Hotels and Catering Services	2 350 390	1 823 038	198 472	199 042	129 838
金融业	Financial Intermediation	15 636 334	3 774 213	1 442 746	369 546	10 049 829
房地产业	Real Estate	8 934 692	3 200 398	1 345 028	3 098 721	1 290 545
租赁和商务服务业	Leasing and Business Services	3 347 408	2 229 141	290 641	380 969	446 657
科学研究、技术服务和地质勘查业	Scientific Research, Technical Services and Geological Prospecting	1 833 020	1 076 724	190 938	111 936	453 422
水利、环境和公共设施管理业	Management of Water Conservancy, Environment and Public Facilities	539 355	318 739	36 256	106 744	77 616
居民服务和其他服务业	Services to Households and Other Services	1 320 598	1 223 326	32 263	58 393	6 616
教育	Education	1 413 128	1 283 629	13 725	113 712	2 062
卫生、社会保障和社会福利业	Health Care, Social Security and Social Welfare	1 064 081	941 058	12 571	89 826	20 626
文化、体育和娱乐业	Culture, Sports and Recreation	926 941	480 150	130 152	196 578	120 061
公共管理和社会组织	Public Administration and Social Organizations	2 142 295	1 968 426	17 007	156 862	

注： 本表按当年价格计算。

Note: Data of this table are calculated at current prices。

2-11 支出法本市生产总值

GROSS DOMESTIC PRODUCT BY EXPENDITURE APPROACH

（1992-2011）

单位：万元　(10000 yuan)

年　份Year	支出法本市生产总值 (万元) Gross Domestic Product by Expenditure Approach (10 000 million yuan)	最终消费Final Consumption Expenditure	资本形成总额 Gross Capital Formation	货物和服务净流出 Net Exports of Goods and Services	最终消费率 (消费率)(%) Final Consumption Rate (%)	资本形成率 (投资率)(%) Capital Formation Rate (%)
1992	3 173 194	1 158 215	1 526 307	488 672	36.5	48.1
1993	4 531 445	1 617 614	2 213 934	699 897	35.7	48.9
1994	6 346 711	2 093 226	3 017 863	1 235 622	33.0	47.6
1995	8 424 833	2 742 676	3 804 542	1 877 615	32.6	45.2
1996	10 484 421	3 507 440	4 640 491	2 336 490	33.5	44.3
1997	12 974 208	4 505 396	5 359 184	3 109 628	34.7	41.3
1998	15 347 272	5 428 294	6 259 278	3 659 700	35.4	40.8
1999	18 040 176	6 470 653	7 370 863	4 198 660	35.9	40.9
2000	21 874 515	8 613 333	8 650 841	4 610 341	39.4	39.5
2001	24 824 874	10 796 286	9 395 196	4 633 392	43.5	37.8
2002	29 695 184	13 754 155	10 966 553	4 974 476	46.3	36.9
2003	35 857 235	17 012 523	13 302 226	5 542 486	47.4	37.1
2004	42 821 428	20 460 613	16 210 006	6 150 809	47.8	37.9
2005	49 509 078	17 951 987	20 673 753	10 883 338	36.3	41.8
2006	58 135 624	21 154 977	22 775 100	14 205 547	36.4	39.2
2007	68 015 706	24 967 129	24 216 107	18 832 470	36.7	35.6
2008	77 867 920	29 201 616	25 454 037	23 212 267	37.5	32.7
2009	82 013 176	33 868 024	25 437 628	22 707 524	41.3	31.0
2010	95 815 101	39 751 969	28 980 966	27 082 166	41.5	30.2
2011	115 055 298	47 145 838	34 594 086	33 315 374	41.0	30.1

注：　本表按当年价格计算。
Note: Data of this table are calculated at current prices.

2-12 深圳市各区生产总值

SHENZHEN'S GROSS DOMESTIC PRODUCT BY DISTRICT

（2000-2011）

单位：万元 (10000 yuan)

年 份Year	全市Total	福田区Futian	罗湖区Luohu	盐田区Yantian	南山区Nanshan
2000	21 874 515	5 027 506	2 937 569	506 406	5 035 461
2001	24 824 874	5 656 978	3 175 776	609 770	5 710 571
2002	29 695 184	6 688 282	3 717 578	801 778	6 771 890
2003	35 857 235	7 972 713	4 271 370	1 039 501	8 285 677
2004	42 821 428	9 210 878	4 894 426	1 238 610	9 849 216
2005	49 509 078	10 340 815	5 301 055	1 474 060	11 363 967
2006	58 135 624	11 647 097	5 933 161	1 721 439	12 665 819
2007	68 015 706	13 133 597	7 108 138	2 021 615	14 658 195
2008	77 867 920	15 204 504	8 162 693	2 264 261	16 713 631
2009	82 013 176	16 231 305	8 702 289	2 510 191	17 205 470
2010	95 815 101	18 553 516	10 276 679	2 820 603	20 028 401
2011	115 055 298	20 990 882	12 098 360	3 256 064	24 421 712

注： 本表按当年价格计算。
Note: Data of this table are calculated at current prices。

2-12 续表 continued

宝安区（含光明新区）Baoan (Include Guangming)	宝安区（不含光明新区）Baoan(Exclude Guangming)	光明新区Guangming	龙岗区（含坪山新区）Longgang(Include Pingshan)	龙岗区（不含坪山新区）Longgang(Exclude Pingshan)	坪山新区Pingshan
4 681 824			3 685 749		
5 309 682			4 362 097		
6 484 846			5 230 810		
7 847 425			6 440 549		
9 775 229			7 853 069		
11 736 821			9 292 360		
15 252 352			10 915 756		
18 240 558			12 853 603		
20 868 748	19 007 885	1 860 863	14 654 083		
22 065 323	19 946 323	2 119 000	15 298 598	13 684 992	1 613 606
26 164 770	23 421 209	2 743 561	17 971 132	15 783 884	2 187 248
32 704 151	28 882 861	3 821 290	21 584 129	18 815 837	2 768 292

2-13 深圳市各区生产总值发展速度

GROWTH RATE OF SHENZHEN'S GDP

（2001-2011）

单位：%　　　　(%)

年 份 Year	全市 Total	福田区 Futian	罗湖区 Luohu	盐田区 Yantian	南山区 Nanshan
2001	114.3	113.4	111.3	116.5	115.1
2002	115.8	113.7	111.8	126.6	115.6
2003	119.2	116.5	111.5	127.0	121.7
2004	117.3	112.9	111.4	116.5	117.1
2005	115.1	110.9	107.8	118.5	114.8
2006	116.6	114.0	113.4	116.2	112.7
2007	114.8	112.7	112.9	116.0	110.6
2008	112.1	110.3	109.1	110.9	112.1
2009	110.7	110.1	107.6	110.1	111.3
2010	112.2	110.6	108.5	110.3	112.0
2011	110.0	108.5	108.2	110.0	111.6

注： 本表按可比价格计算。
Note: Data in this table are calculated at constant prices.

宝安区（含光明新区）Baoan (Include Guangming)	宝安区（不含光明新区）Baoan (Exclude Guangming)	光明新区 Guangming	龙岗区（含坪山新区）Longgang (Include Pingshan)	龙岗区（不含坪山新区）Longgang (Exclude Pingshan)	坪山新区 Pingshan
114.3			120.4		
118.7			116.9		
120.4			122.3		
122.9			120.1		
119.1			118.6		
121.0			119.2		
118.2			118.5		
113.3			114.2		
112.1			110.8		
114.9	114.0	128.0	111.8	111.5	127.5
114.5	113.2	128.5	111.8	111.5	114.5

2-14 各区分行业增加值

VALUE ADDED OF SECTOR BY DISTRICT

（2011）

单位：万元　　　　(10 000 yuan)

行　业	Sector	福田区 Futian	罗湖区 Luohu	盐田区 Yantian	南山区 Nanshan
合计	**Total**	**20 990 882**	**12 098 360**	**3 256 064**	**24 421 712**
第一产业	Primary Industry	6 448	1 285	589	15 404
农林牧渔业	Farming,Forestry,Animal Husbandry and Fishery	6 448	1 285	589	15 404
第二产业	Secondary Industry	1 777 318	1 079 430	749 391	14 727 492
工业	Industry	1 460 123	895 002	571 189	14 200 969
建筑业	Construction	317 195	184 428	178 202	526 523
第三产业	Tertiary Industry	19 207 116	11 017 645	2 506 084	9 678 816
交通运输、仓储和邮政业	Transport,Storage and Postal Services	766 126	545 553	929 433	1 108 021
批发和零售业	Wholesale and Retail Trade	4 214 603	2 081 492	257 632	1 509 362
住宿和餐饮业	Hotels and Catering Services	413 821	325 792	50 439	291 222
金融业	Financial Intermediation	7 700 637	4 704 803	256 965	1 138 538
房地产业	Real Estate	1 233 509	1 157 144	383 143	1 631 885
其他服务业	Other Services	4 878 420	2 202 861	628 472	3 999 788

注：　本表按当年价格计算。
Note: Date of this table are calculated at curret prices.

2-14 续表 continued

宝安区（含光明新区）Baoan (Include Guangming)	宝安区（不含光明新区）Baoan (Exclude Guangming)	光明新区 Guangming	龙岗区（含坪山新区）Longgang (Include Pingshan)	龙岗区（不含坪山新区）Longgang (Exclude Pingshan)	坪山新区 Pingshan
32 704 151	**28 882 861**	**3 821 290**	**21 584 129**	**18 815 837**	**2 768 292**
19 468	8 761	10 707	22 347	10 504	11 843
19 468	8 761	10 707	22 347	10 504	11 843
20 721 631	18 038 590	2 683 041	14 377 958	12 360 193	2 017 765
19 623 856	17 224 115	2 399 741	13 199 824	11 404 808	1 795 016
1 097 775	814 475	283 300	1 178 134	955 385	222 749
11 963 052	10 835 510	1 127 542	7 183 824	6 445 140	738 684
761 394	675 823	85 571	264 277	231 186	33 091
2 970 441	2 700 487	269 954	1 530 575	1 376 441	154 134
860 413	765 829	94 584	408 703	362 216	46 487
1 164 425	1 085 879	78 546	670 966	604 146	66 820
2 611 832	2 313 026	298 806	1 917 179	1 679 296	237 883
3 594 547	3 294 466	300 081	2 392 124	2 191 855	200 269

2-15 各区分行业增加值发展速度

GROWTH RATE OF VALUE ADDRD OF SECTOR BY DISTRICT

（2011）

单位：%　　　　(%)

行业	Sector	福田区 Futian	罗湖区 Luohu	盐田区 Yantian	南山区 Nanshan
本市生产总值	**Gross Domestic Product**	**108.5**	**108.2**	**110.0**	**111.6**
第一产业	Primary Industry	87.2	67.6	99.8	98.8
农林牧渔业	Farming,Forestry,Animal Husbandry and Fishery	87.2	67.6	99.8	98.8
第二产业	Secondary Industry	96.2	110.1	106.4	112.7
工业	Industry	96.2	111.1	110.2	113.2
建筑业	Construction	96.3	105.4	93.6	100.6
第三产业	Tertiary Industry	109.9	108.0	111.2	110.0
交通运输、仓储和邮政业	Transport,Storage and Postal Services	111.4	109.0	113.5	110.7
批发和零售业	Wholesale and Retail Trade	110.6	110.7	110.5	112.7
住宿和餐饮业	Hotels and Catering Services	103.1	103.4	103.0	104.6
金融业	Financial Intermediation	108.4	108.2	108.6	110.1
房地产业	Real Estate	108.1	100.5	106.6	104.5
其他服务业	Other Services	112.5	110.6	112.8	111.6

注：　本表按可比价格计算。
Note: Data in this table are calculated at constant prices.

2-15 续表 continued

宝安区（含光明新区）Baoan (Include Guangming)			龙岗区（含坪山新区）Longgang (Include Pingshan)		
	宝安区（不含光明新区）Baoan (Exclude Guangming)	光明新区 Guangming		龙岗区（不含坪山新区）Longgang (Exclude Pingshan)	坪山新区 Pingshan
114.5	**113.2**	**128.5**	**111.8**	**111.5**	**114.5**
89.5	77.9	97.0	101.2	101.5	101.0
89.5	77.9	97.0	101.2	101.5	101.0
117.5	115.7	131.7	114.3	114.2	115.4
117.5	115.6	133.8	114.1	114.0	115.0
116.9	117.4	115.6	116.8	116.3	118.8
109.0	108.8	111.2	106.7	106.2	111.6
110.4	111.3	104.0	101.5	101.4	102.0
111.2	110.6	117.6	111.7	111.0	118.0
103.6	103.1	107.6	104.0	103.6	107.5
110.6	110.6	110.8	109.6	109.5	110.6
105.1	105.1	105.2	100.6	100.2	106.5
110.6	110.5	112.0	108.2	107.8	112.7

主要统计指标解释

国内（地区）生产总值 指按市场价格计算的一个国家（或地区）所有常住单位在一定时期内生产活动的最终成果。国内（地区）生产总值有三种计算方法，即生产法、收入法和支出法。三种方法分别从不同的方面反映国内生产总值及其构成。

增加值 指常住单位生产过程创造的新增价值和固定资产的转移价值。它可以按生产法计算，也可以按收入法计算，按生产法计算，它等于总产出减去中间投入；按收入法计算，它等于劳动者报酬、生产税净额、固定资产折旧和营业盈余之和。

劳动者报酬 指劳动者因从事生产活动所获得的全部报酬。包括劳动者获得的各种形式的工资、奖金和津贴，既有货币形式的，也有实物形式的，还包括劳动者所享受的公费医疗和医药卫生费、上下班交通补贴、单位支付的社会保险费、住房公积金等。对于个体经济来说，其所有者所获得的劳动报酬和经营利润不易区分，这两部分统一作为劳动者报酬处理。

生产税净额 指生产税减生产补贴后的差额。生产税指政府对生产单位从事生产、销售和经营活动以及因从事生产活动使用某些生产要素（如固定资产、土地、劳动力）所征收的各种税、附加费和规费。生产补贴与生产税相反，指政府对生产单位的单方面转移支付，因此视为负生产税，包括政策性亏损补贴、价格补贴等。

固定资产折旧 指一定时期内为弥补固定资产损耗按照规定的固定资产折旧率提取的固定资产折旧，或按国民经济核算统一规定的折旧率虚拟计算的固定资产折旧。它反映了固定资产在当期生产中的转移价值。各类企业和企业化管理的事业单位的固定资产折旧是指实际计提的折旧费；不计提折旧的政府机关、非企业化管理的事业单位和居民住房的固定资产折旧是按照统一规定的折旧率和固定资产原值计算的虚拟折旧。原则上，固定资产折旧应按固定资产的重置价值计算，但是目前我国尚不具备对全社会固定资产进行重估价的基础，所以暂时还不能采用这种办法。

营业盈余 指常住单位创造的增加值扣除劳动者报酬、生产税净额和固定资产折旧后的余额。它相当于企业的营业利润加上生产税补贴，但要扣除从利润中开支的工资和福利等。

支出法国内（地区）生产总值 指一个国家（或地区）所有常住单位在一定时期内用于最终消费、资本形成总额，以及货物和服务净出口的总额，它反映本期生产的国内生产总值的使用情况。

最终消费 指常住单位在一定时期内对于货物和服务的全部最终消费支出，也就是常住单位为满足物质、文化和精神生活的需要，从本国经济领土和国外购买的货物和服务的支出，不包括非常住单位在本国经济领土内的消费支出。最终消费分为居民消费和政府消费。

居民消费 指常住居民对货物和服务的全部最终消费支出。它除了常住居民直接以货币形式购买货物和服务的消费之外，还包括以其他方式获得的货物和服务的消费，即单位以实物报酬及实物转移的形式提供给劳动者的货物和服务；居民生产并由居民自己消费的货物和服务，其中的服务仅指居民的自有住房服务和付酬的家庭服务；金融机构提供的金融媒介服务；保险公司提供的保险服务。

政府消费 指政府部门为全社会提供公共服务的消费支出和免费或以较低价格向居民提供的消费货物和服务净支出。前者等于政府服务的产出价值减去政府单位所获得的经营收入后的价值，政府服务的产出价值等于它的经常性业务支出加上固定资产折旧；后者等于政府部门免费或以较低价格向住户提供的货物和服务的市场价值减去向居民收取的价值。

资本形成总额 指常住单位在一定时期内获得的减处置的固定资产加存货的净变动额，包括固定资本形成总额和存货增加。

固定资本形成总额 指生产者在一定时期内获得的固定资产减处置的固定资产的价值总额。固定资产是通过生产活动生产出来的，其使用年限在一年以上，单位价值在规定标准以上的资产，不包括自然资产。固定资本形成总额分有形固定资本形成总额和无形固定资本形成总额。有形固定资本形成总额包括一定时期内完成的建筑工程、安装工程、设备工器具购置（减处置）价值以及土地改良、新增役、种、奶、毛、娱乐用牲畜和新增经济林木价值。无形固定资本形成总额包括矿藏的勘探、计算机软件等获得减处置。

存货增加 指常住单位存货实物量变动的市场价值，即期末价值减期初价值的差额，再扣除当期由于价格变动而产生的持有收益。存货增加可以是正值，也可以是负值；正值表示存货增加，负值表示存货减少。它包括生产单位购进的原材料、燃料和储备物资等存货，以及生产单位生产的产成品、在制品存货等。

货物和服务净流出 指货物和服务流出减货物和服务流入的差额。流出包括常住单位向非常住单位出售或无偿转让的各种货物和服务的价值；流入包括常住单位从非常住单位购买或无偿得到的各种货物和服务价值。由于服务活动的提供与使用同时发生，因此服务的流入流出业务并不发生出入境现象，一般把常住单位从非常住单位得到的服务作为流入，常住单位向非常住单位提供的服务作为流出。

三次产业 根据社会生产活动历史发展的顺序对产业结构的划分，产品直接取自自然界的部门称为第一产业，初级产品进行再加工的部门称为第二产业，为生产和消费提供各种服务的部门称为第三产业。它是世界上通用的产业结构分类，但各国的划分不尽一致。我国的三次产业划分是：

第一产业是指农、林、牧、渔业。

第二产业是指采矿业，制造业，电力、燃气及水的生产和供应业，建筑业。

第三产业是指除第一、二产业以外的其他行业。第三产业包括：交通运输、仓储和邮政业，信息传输、计算机服务和软件业，批发和零售业，住宿和餐饮业，金融业，房地产业，租赁和商务服务业，科学研究、技术服务和地质勘查业，水利、环境和公共设施管理业，居民服务和其他服务业，教育，卫生、社会保障和社会福利业，文化、体育和娱乐业，公共管理和社会组织，国际组织。

Explanatory Notes on Main Statistical Indicators

Gross Domestic (Regional) Product refers to the final products at market prices produced by all resident units in a country (or a region) during a certain period of time. It is calculated with three approaches, i.e. production approach, income approach and expenditure approach, which reflect gross domestic product and its composition from different aspects.

Value-added refers to value newly created in the process of production by resident units and the transfer value of fixed assets. It can be calculated by both production approach and income approach. In terms of production approach, it is the total output minus intermediate input. In terms of income approach, it is the summation of laborers' remuneration, net taxes on production, depreciation of fixed assets and operating surplus.

Laborers' Remuneration refers to the whole payment of various forms earned by laborers from productive activities they are engaged in, including wages, bonuses and allowances earned in monetary form and in kind, as well as free medical services provided to the laborers and the medicine expenses, traffic subsidies, and social insurance fee and housing fund paid by the laborers' working units for them. In terms of individual economy, since laborers' remuneration is not easily distinguished from the operating profit, both are treated as laborers' remuneration.

Net Taxes on Production refers to the residual of the taxes on production minus the subsidies on production. The taxes on production refers to the various taxes, extra charges and fees levied on the production units on their production, sale and business activities as well as on some factors of production, such as fixed assets, land and labor force, used in the production activities they are engaged in. In contrast to the taxes on production, the subsidies on production refer to the unilateral transfer of part of the 〖BF〗government' s〖BFQ〗 revenue to the production units and are therefore regarded as negative taxes on production. They include subsidies on the loss due to implementation of government policies and price subsidies, etc.

Depreciation of Fixed Assets refers to the depreciation of fixed assets of a given period, drawn in accordance with the stipulated depreciation rate for the purpose of compensating the wear loss of the fixed assets or the depreciation of fixed assets calculated in a fictitious way in accordance with the stipulated unified depreciation rate in the national economic accounting system. It reflects the value of transfer of the fixed assets in the production of the current period. The depreciation of fixed assets in various enterprises and institutions managed as enterprises refers to the depreciation expenses actually drawn and calculated as part of the cost. In government agencies and institutions not managed as enterprises which do not draw the depreciation expenses, as well as for the houses of residents, the depreciation of fixed assets is the imputed depreciation, which is calculated in accordance with the stipulated unified depreciation rate and the original value of the fixed assets. In principle, the depreciation of fixed assets should be calculated on the basis of the repurchase value of the fixed assets. However, there is no actual condition to reevaluate all the fixed assets in China. Therefore, the above–mentioned methods are temporarily adopted at present.

Operating Surplus refers to the balance of the value–added created by the resident units deducting the laborers' remuneration, net taxes on production and the depreciation of fixed assets. It is equivalent to the business profit of the enterprises plus subsidies on production, but the wages and welfare expenses paid from the profits should be deducted.

Gross Domestic (Regional) Product Calculated by Expenditure Approach refers to total expenditure on final consumption, total capital formation and net exports of goods and services by resident units of a country in a certain period of time. It reflects the use of gross domestic product produced in the current period.

Final Consumption refers to the total expenditure of resident units on final consumption of goods and services in a certain period, namely the expenditure of the resident units for purchases of goods and services from domestic economic territory and abroad to meet the requirements of material, cultural and spiritual life. It excludes the expenditure of nonresident units on consumption in the economic territory of the country. The final consumption is classified into household consumption and government consumption.

Resident Consumption refers to the total expenditure of residents on the final consumption of goods and services. In addition to the consumption of goods and services paid for in monetary form by the residents, the expenditure on goods and services obtained by the residents in other ways is also included in the resident consumption, which includes: (a) goods and services provided to the residents by the units in the form of payment in kind and transfer in kind; (b) goods and services produced and consumed by the residents themselves, where services refer only to services related to residential buildings owned by the residents and paid services for the households; (c) services of financial intermediary provided by financial institutions; and (d) insurance services provided by insurance companies.

Government Consumption refers to the expenditure on the consumption of public services provided by the government to the whole society and the net expenditure on goods and services provided by the government for residents free of charge or at low prices. The former equals the output value of the government services minus the value of operating income obtained by the government departments. The latter equals the market value of goods and services provided by the government free of charge or at low prices for residents minus the value charged by the government on households.

Total Capital Formation refers to the net value of change within a certain period calculated as fixed assets acquired minus those disposed plus inventory, which includes total fixed assets formation and increase in inventory.

Total Fixed Capital Formation refers to the value of fixed assets acquired minus the value of fixed assets disposed within a certain period, where fixed assets refer to assets produced through productive activities with a term of use of over one year and a unit price above designated standards, excluding natural assets. Total fixed capital formation can be classified into total tangible assets formation and total intangible assets formation. Total tangible assets formation includes the value of the construction projects, installation projects completed and the equipment, apparatus and instruments purchased as well as the value of land improved, the value of draught animals, breeding stock, milk, wool and recreational animals and newly–increased economic forest in a certain period. Total intangible assets formation includes value acquired through the prospecting of minerals, computer software, and other operations minus the disposal of them.

Increase in Inventory refers to the market value of the change in inventory in resident units, i.e. the difference in value between the beginning and the end of the period minus benefits aquired through the posession of inventory that have appreciated during the period. The increase in inventory can be positive or negative. A positive value indicates the increase in stock while a negative value indicates the decrease in stock. The inventory includes the raw materials, fuels and reserve materials purchased by the production units as well as the inventory of finished products, semi–finished products and work in progress, etc.

Net Outflow of Goods and Services refers to the difference between the outflow of goods and services andthe inflow of goods and services. The outflow includes the value of various goods and services sold or gratuitously transferred by resident units to nonresident units. The inflow includes the value of various goods and services purchased or gratuitously acquired by resident units from non—resident units. As the provision of services and the use of them happen simultaneously, the inflow and outflow of services do not involve border crossing. The acquisition of services by the resident units from nonresident units is usually treated as inflow while the provision of services by the resident units for nonresident units is usually treated as outflow.

Three Industries are the classification of industrial structure according to the historical sequence of development of social production. Primary industry refers to direct extraction of natural resources; secondary industry involves processing of primary products; and tertiary industry provides services of various kinds for production and consumption. Such classification is a common practice in the world, though grouping varies to some extent from country to country. In China the three industries are defined as follows:

Primary industry refers to farming, forestry, animal husbandry and fishery.

Secondary industry refers to mining, manufacturing, production and supply of electric power, water and gas, and construction.

Tertiary industry refers to all other industries not included in primary or secondary industry, including transport, storage and post, information transmission, computer services and software, wholesale and retail trades, hotels and catering services, financial intermediation, real estate, leasing and business services, scientific research, technical services, and geological prospecting, management of water conservancy, environment and public facilities, services to households and other services, education, health care, social security and social welfare, culture, sports and recreation, public administration and social organizations, and international organizations. ns, and international organizations.

03 第三部分 人口和劳动力

POPULATION AND LABOR FORCE

CHAPTER

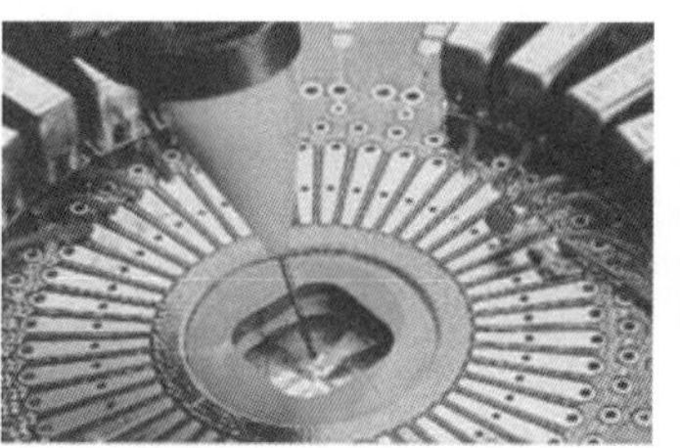

3-1 户数、人口、出生、死亡及自然增长
HOUSEHOLDS， POPULATION，BIRTH， DEATH AND NATURAL GROWTH
（1979-2011）

年 份 Year	年末户籍人口户数(万户) Households with Residence Registration (year-end) (10 000 households)	年末常住人口数 (万人) Year-end Permanent Population (10 000 persons)	户籍人口 Registered Population	非户籍人口 Non-registered Population
1979	7.62	31.41	31.26	0.15
1980	7.82	33.29	32.09	1.20
1981	8.20	36.69	33.39	3.30
1982	8.61	44.95	35.45	9.50
1983	9.25	59.52	40.52	19.00
1984	10.32	74.13	43.52	30.61
1985	11.27	88.15	47.86	40.29
1986	12.41	93.56	51.45	42.11
1987	13.88	105.44	55.60	49.84
1988	15.30	120.14	60.14	60.00
1989	16.51	141.60	64.82	76.78
1990	18.19	167.78	68.65	99.13
1991	19.56	226.76	73.22	153.54
1992	21.81	268.02	80.22	187.80
1993	24.32	335.97	87.69	248.28
1994	26.74	412.71	93.97	318.74
1995	28.67	449.15	99.16	349.99
1996	30.35	482.89	103.38	379.51
1997	32.15	527.75	109.46	418.29
1998	34.07	580.33	114.60	465.73
1999	36.15	632.56	119.85	512.71
2000	38.87	701.24	124.92	576.32
2001	41.14	724.57	132.04	592.53
2002	44.73	746.62	139.45	607.17
2003	47.55	778.27	150.93	627.34
2004	52.04	800.80	165.13	635.67
2005	57.01	827.75	181.93	645.82
2006	61.37	871.10	196.83	674.27
2007	64.88	912.37	212.38	699.99
2008	67.10	954.28	228.07	726.21
2009	69.81	995.01	241.45	753.56
2010	71.44	1 037.20	251.03	786.17
2011	74.54	1 046.74	267.90	778.85

注： 自2004年起，深圳市全面实现农村城市化后，已不存在“农业户”及“农业人口”。
Note: From 2004, the indices, agricultural household and agricultural population have been cancelled because of urbanization in Shenzhen.

3-1 续表 1 continued

年 份 Year	在年末户籍人口中 Among Population with Residence Registration at the Year-end		户籍户平均每户人口(人) Average Persons Per Household with Residence Registration (person)	年平均人口(万人) Average Annual Population (10 000 persons)	
	男性(万人) Male (10 000 persons)	女性(万人) Female (10 000 persons)		按常住人口计算 Permanent Population	按户籍人口计算 Population with Residence Registration
1979	14.26	17.00	4.10		
1980	14.69	17.40	4.10	32.35	31.68
1981	15.51	17.88	4.07	34.99	32.74
1982	16.67	18.78	4.12	40.82	34.42
1983	20.50	20.02	4.38	52.24	37.99
1984	22.01	21.51	4.22	66.83	42.02
1985	24.32	23.54	4.25	81.14	45.69
1986	26.13	25.32	4.15	90.86	49.66
1987	28.22	27.38	4.01	99.50	53.53
1988	30.49	29.64	3.93	112.79	57.87
1989	32.89	31.93	3.93	130.87	62.48
1990	34.92	33.73	3.77	154.69	66.74
1991	37.27	35.95	3.74	197.27	70.94
1992	41.19	39.03	3.68	247.39	76.72
1993	45.25	42.44	3.61	302.00	83.96
1994	48.62	45.35	3.51	374.34	90.83
1995	51.37	47.80	3.46	430.93	96.57
1996	53.64	49.75	3.41	466.02	101.27
1997	56.79	52.66	3.40	505.32	106.64
1998	59.73	54.87	3.36	554.04	112.03
1999	62.69	57.16	3.32	606.45	117.22
2000	65.21	59.71	3.21	666.90	122.39
2001	69.47	62.57	3.21	712.91	128.48
2002	73.59	65.86	3.12	735.60	135.75
2003	79.72	71.21	3.17	762.45	145.19
2004	87.58	77.55	3.17	789.54	158.03
2005	96.69	85.24	3.19	814.28	173.53
2006	104.75	92.08	3.21	849.42	189.38
2007	112.98	99.40	3.27	891.74	204.60
2008	121.22	106.85	3.40	933.33	220.22
2009	128.38	113.07	3.46	974.65	234.76
2010	133.21	117.82	3.51	1 016.11	246.24
2011	141.61	126.29	3.59	1 041.97	259.47

年 份 Year	出生人口数 (人) Population of Birth (person)	出生率 (‰) Birth Rate (‰)	死亡人口数 (人) Population of Death (person)	死亡率 (‰) Death Rate (‰)	自然增长 人数(人) Population of Natural Growth(person)	自然增长率 (‰) Natural Growth Rate (‰)
1979	7 962	24.60	1 856	5.70	6 106	18.90
1980	6 775	21.40	1 773	5.60	5 002	15.80
1981	7 544	23.00	1 732	5.30	5 812	17.80
1982	6 974	20.30	1 707	5.00	5 267	15.30
1983	5 295	13.90	1 793	4.70	3 502	9.20
1984	5 005	11.50	1 606	3.69	3 399	8.09
1985	5 606	12.27	1 533	3.36	4 073	8.91
1986	6 143	12.37	1 794	3.61	4 349	8.76
1987	6 399	11.95	1 822	3.40	4 577	8.55
1988	8 290	14.32	1 720	2.97	6 570	11.35
1989	8 615	13.79	1 713	2.74	6 902	11.05
1990	10 755	16.11	1 859	2.79	8 896	13.33
1991	11 408	16.08	1 607	2.27	9 801	13.81
1992	11 277	14.07	1 840	2.40	9 437	11.67
1993	12 054	14.36	1 619	1.93	10 435	12.43
1994	12 509	13.77	1 590	1.75	10 919	12.02
1995	12 776	13.23	1 719	1.78	11 057	11.45
1996	13 170	13.00	2 116	2.09	11 054	10.91
1997	13 447	12.64	2 268	2.13	11 179	10.51
1998	13 049	11.65	2 341	2.09	10 708	9.56
1999	14 745	12.58	3 479	2.97	11 266	9.61
2000	17 967	14.68	3 120	2.55	14 847	12.13
2001	18 060	14.06	2 223	1.73	15 837	12.33
2002	22 536	16.60	1 978	1.46	20 558	15.14
2003	*15 986	10.63	2 301	1.53	13 685	9.10
2004	19 749	11.58	2 335	1.37	17 414	10.21
2005	24 407	12.64	2 717	1.41	21 690	11.23
2006	26 407	12.53	2 316	1.10	24 091	11.44
2007	34 358	14.54	2 570	1.09	31 788	13.45
2008	36 762	14.12	2 551	0.98	34 211	13.14
2009	37 098	13.70	2 323	0.86	34 775	12.84
2010	40 342	14.50	2 552	0.92	37 790	13.58
2011	41 805	15.42	2 974	1.10	38 831	14.32

注： 自2003年起“出生人口数”、“出生率”、“死亡人口数”、“死亡率”、“自然增长人数”、“自然增长率”按市计生办口径统计。
Note: Since 2003, Population of Birth, Birth Rate, Population of Death, Death Rate, Population of Natural Growth and Natural Growth and Natural Growth Rate are calculated by the statistical coverage from Shenzhen Family Planning Office.

3-2 人口指数

INDICES OF POPULATION

（1980-2011）

单位：%　　　　(%)

年份 Year	以1979年为100 1979=100			以上年为100 Preceding Year=100		
	年末常住人口 Permanent Population (Year-end)	户籍人口 Registered Population	非户籍人口 Non-registered Population	年末常住人口 Permanent Population (Year-end)	户籍人口 Registered Population	非户籍人口 Non-registered Population
1980	106.0	102.7	800.0	106.0	102.7	800.0
1981	116.8	106.8	2 200.0	110.2	104.1	275.0
1982	143.1	113.4	6 333.3	122.5	106.2	287.9
1983	189.5	129.6	12 666.7	132.4	114.3	200.0
1984	236.0	139.2	20 406.7	124.5	107.4	161.1
1985	280.6	153.1	26 860.0	118.9	110.0	131.6
1986	297.9	164.6	28 073.3	106.1	107.5	104.5
1987	335.7	177.9	33 226.7	112.7	108.1	118.4
1988	382.5	192.4	40 000.0	113.9	108.2	120.4
1989	450.8	207.4	51 186.7	117.9	107.8	128.0
1990	534.2	219.6	66 086.7	118.5	105.9	129.1
1991	721.9	234.2	102 360.0	135.2	106.7	154.9
1992	853.3	256.6	125 200.0	118.2	109.6	122.3
1993	1 069.6	280.5	165 520.0	125.4	109.3	132.2
1994	1 313.9	300.6	212 493.3	122.8	107.2	128.4
1995	1 430.0	317.2	233 326.7	108.8	105.5	109.8
1996	1 537.4	330.7	253 006.7	107.5	104.3	108.4
1997	1 680.2	350.2	278 860.0	109.3	105.9	110.2
1998	1 847.6	366.6	310 486.7	110.0	104.7	111.3
1999	2 013.9	383.4	341 806.7	109.0	104.6	110.1
2000	2 232.5	399.6	384 213.3	110.9	104.2	112.4
2001	2 306.8	422.4	395 020.0	103.3	105.7	102.8
2002	2 377.0	446.1	404 780.0	103.0	105.6	102.5
2003	2 477.8	482.8	418 226.7	104.2	108.2	103.3
2004	2 549.5	528.2	423 780.0	102.9	109.4	101.3
2005	2 635.3	582.0	430 546.7	103.4	110.2	101.6
2006	2 772.3	629.7	449 490.8	105.2	108.2	104.4
2007	2 902.6	679.4	466 571.5	104.7	107.9	103.8
2008	3 036.1	729.7	483 834.6	104.6	107.4	103.7
2009	3 166.7	772.8	502 220.3	104.3	105.9	103.8
2010	3 299.7	803.7	523 815.8	104.2	104.0	104.3
2011	3 329.4	857.5	519 101.5	100.9	106.7	99.1
年平均增长率 Average Annual Growth Rate	**11.6**	**6.9**	**30.6**			

3-3 户籍人口计划生育情况

FAMILY PLANNING OF REGISTERED POPULATION

（2011）

指标名称 Item		全市合计 Total	福田区 Futian	罗湖区 Luohu	盐田区 Yantian	南山区 Nanshan	宝安区 Baoan	龙岗区 Longgang	光明新区	坪山新区
节育率(%)	Coverage of under Contraception(%)	89.47	89.05	88.14	86.43	90.72	90.80	88.10	90.66	88.17
计划生育率(%)	Birth Control Rate(%)	98.60	98.46	98.55	99.67	98.70	97.90	99.78	97.74	97.64
一孩率(%)	One-child Rate(%)	91.54	90.76	91.02	91.15	92.94	91.00	92.67	85.37	89.68
独生子女领证人数 (人)	Number of Couples with One-child Certificate(person)	156 768	45 334	22 551	4 251	43 085	20 340	14 458	4 678	2 071
独生子女领证 率(%)	Coverage of One-child Certificate(%)	24.45	29.19	22.23	39.42	26.39	18.97	17.28	40.03	26.54
已婚育龄妇女 人数(人)	Married Women at Child-bearing Age(person)	641 169	155 295	101 466	10 785	163 267	107 206	83 663	11 685	7 802

3-4 各区年末常住人口数

PERMANENT POPULATION AT THE YEAR-END BY DISTRICT

（2006-2011）

单位：万人

区别 District		2006	2007	2008	2009	2010	2011
全市	**Total**	**871.10**	**912.37**	**954.28**	**995.01**	**1 037.20**	**1 046.74**
福田区	Futian	120.24	123.36	126.56	129.85	131.96	132.52
罗湖区	Luohu	87.29	88.55	89.83	91.13	92.45	93.10
盐田区	Yantian	21.44	21.31	21.17	21.04	20.91	21.10
南山区	Nanshan	94.55	98.22	102.03	105.99	108.94	109.99
宝安区（含光明新区）	Baoan (Include Guangming)	353.24	376.93	400.90	424.37	450.51	454.84
#宝安区（不含光明新区）	Baoan (Exclude Guangming)		338.57	360.92	382.78	402.36	406.14
光明新区	Guangming		38.36	39.98	41.59	48.15	48.69
龙岗区（含坪山新区）	Longgang (Include Pingshan)	194.34	204.01	213.78	222.63	232.43	235.19
#龙岗区（不含坪山新区）	Longgang (Exclude Pingshan)			192.99	201.53	201.51	203.91
坪山新区	Pingshan			20.79	21.10	30.92	31.28

注：以按照国家、省要求，各地根据2005年全国1%人口抽样调查及2010年第六次全国人口普查数据，对2006-2009年数据进行回调。此为初步回调数据，仅供参考使用。

Note: According to national and provincial requirements, data in 2006-2009 were adjusted on the basis of the 2005 National 1% Population Sample Survey and 2010(the sixth)National Population Census. Therefore, this is the initial callback data just for reference.

3-5 按行业分的社会劳动者人数

NUMBER OF EMPLOYED GROUPED BY SECTOR

（2011）

单位：人 （person）

项 目	Item	年末社会劳动者合计 Total Employed (year-end)	在岗职工 Staff and Workers	私营个体劳动者 Urban Self-Employment	镇村劳动者 Laborers of Town and Village	其 他劳动者 Others
总 计	**Total**	**7 645 422**	**2 614 288**	**4 083 522**	**924 848**	**22 764**
按隶属关系分	**By Administrative Relationship**					
1.中央属	Central Goverment	194 878	192 962			1 916
2.广东省属	Guangdong	27 815	27 593			222
3.深圳市属	Shenzhen	5 044 537	954 185	4 083 522		6 830
4.其 他	Others	2 378 192	1 439 548		924 848	13 796
按三次产业分	**Grouped by Industry**					
第一产业	Primary Industry	3 217	2 497	617	32	71
第二产业	Secondary Industry	3 829 108	1 384 457	1 521 476	913 181	9 994
第三产业	Tertiary Industry	3 813 097	1 227 334	2 561 429	11 635	12 699
按国民经济行业分	**Grouped by Sector**					
1.农、林、牧、渔业	Agriculture, Forestry, Animal Husbandry and Fishery	3 217	2 497	617	32	71
2.采矿业	Mining	1 134	1 063	60	10	1
3.制造业	Manufacturing	3 583 267	1 218 650	1 450 463	910 088	4 066
4.电力、煤气及水的生产和供应业	Production and Distribution of Electricity,Gas and Water	22 662	19 687	729	2 208	38
5.建筑业	Construction	222 045	145 057	70 224	875	5 889
6.交通运输、仓储和邮政业	Transportation, Storage and Post Services	294 429	195 464	95 770	1 843	1 352
7.信息传输、计算机服务和软件业	Information Transmission, Computer Service and Software	183 177	51 941	129 695	1 190	351
8.批发和零售业	Wholesale and Retail Trades	1 509 714	154 588	1 349 750	3 674	1 702
9.住宿和餐饮业	Hotels and Catering Services	278 154	75 784	200 790	1 166	414
10.金融业	Financial Intermediation	142 368	125 162	14 520	163	2 523
11.房地产业	Real Estate	242 690	129 492	112 403	237	558
12.租赁和商务服务业	Leasing and Business Services	438 525	116 187	320 895	380	1 063
13.科学研究、技术服务和地质勘查业	Scientific Research, Technical Services and Geological Prospecting	147 972	54 312	92 687	78	895
14.水利、环境和公共设施管理业	Management of Water Conservancy, Environment and Public Facilities	25 112	17 769	7 278		65
15.居民服务和其他服务业	Services to Households and Other Services	236 133	19 594	215 219	1 269	51
16.教育	Education	99 587	86 452	8 967	1 518	2 650
17.卫生、社会保障和社会福利业	Health Care, Social Security and Social Welfare	59 671	57 091	2 061	82	437
18.文化、体育和娱乐业	Culture, Sports and Entertainment	27 832	16 128	11 394	35	275
19.公共管理和社会组织	Public Services and Social Organizations	127 733	127 370			363
20.国际组织	International Organizations					

3-6　社会劳动者人数

NUMBER OF EMPLOYED

（1979-2011）

单位：万人　　　　　　　　　　　　　　　　　　　　　　　　　　　　（10 000 persons）

年　份 Year	年末社会劳动者合计 Total Employed (year-end)	# 在岗职工 Staff and Workers	国有单位 State-owned Units	城镇集体单位 Urban Collective-owned Units	其他单位 Other Ownership Units	# 私营个体劳动者 Urban Self-Employment	# 镇村劳动者 Laborers of Town and Village
1979	13.95	4.02	3.37	0.65		0.41	9.52
1980	14.89	4.86	4.05	0.81		0.38	9.65
1981	15.36	5.31	4.51	0.80		0.13	9.92
1982	18.49	8.28	7.00	1.28		0.11	10.17
1983	22.37	12.57	10.10	1.22	1.25	0.22	9.58
1984	27.26	18.33	14.14	2.15	2.04	0.50	8.43
1985	32.61	22.66	16.84	2.60	3.22	0.64	9.31
1986	36.04	25.88	18.97	2.68	4.23	0.93	9.23
1987	44.30	32.29	22.04	3.55	6.70	1.10	10.91
1988	54.53	41.74	28.04	4.53	9.17	1.69	11.10
1989	93.65	48.24	30.34	4.85	13.05	2.19	43.22
1990	109.22	55.41	33.85	5.25	16.31	3.36	50.45
1991	149.32	64.89	38.77	6.76	19.36	4.87	79.56
1992	175.97	71.10	38.85	7.99	24.26	12.33	92.54
1993	220.81	78.11	41.45	5.42	31.24	38.84	103.86
1994	273.00	82.29	38.71	8.28	35.30	54.63	135.73
1995	298.51	88.75	40.17	10.75	37.83	72.17	137.12
1996	322.12	89.13	41.07	9.53	38.53	87.14	145.42
1997	353.53	91.18	40.92	8.69	41.57	103.59	158.55
1998	390.33	91.93	33.75	4.25	53.93	114.79	183.32
1999	426.89	92.52	32.94	4.17	55.41	120.86	213.22
2000	474.97	93.36	31.00	3.84	58.52	139.88	240.91
2001	491.30	94.88	31.31	3.72	59.85	152.68	242.94
2002	509.74	101.76	29.62	2.57	69.57	166.88	240.22
2003	535.89	108.20	30.10	2.36	75.74	187.72	239.00
2004	562.17	135.88	31.94	1.66	102.28	204.16	220.97
2005	576.26	165.38	35.85	2.81	126.72	210.87	198.71
2006	609.76	184.25	39.85	1.57	142.83	250.77	172.78
2007	647.11	193.04	40.03	1.50	151.51	279.83	172.20
2008	682.35	198.35	41.31	1.36	155.68	301.97	179.98
2009	723.61	220.16	42.89	1.30	175.97	326.52	175.12
2010	758.14	251.09	46.56	1.54	202.99	376.60	128.53
2011	764.54	261.43	48.92	1.63	210.88	408.35	92.48

3-7 社会劳动者人数指数

INDICES OF NUMBER OF EMPLOYED

(1980-2011)

以上年为100 (preceding year=100)

年 份 Year	年末社会劳动者合计 Total Employed (year-end)	# 在岗职工 Staff and Workers	国有单位 State-owned Units	城镇集体单位 Urban Collective-owned Units	其他单位 Other Ownership Units	# 私营个体劳动者 Urban Self-Employment	# 镇村劳动者 Laborers of Town and Village
1980	106.7	120.9	120.2	124.6		92.7	101.4
1981	103.2	109.3	111.4	98.8		34.2	102.8
1982	120.4	155.9	155.2	160.0		84.6	102.5
1983	121.0	151.8	144.3	95.3		200.0	94.2
1984	121.9	145.8	140.0	176.2	163.2	227.3	88.0
1985	119.6	123.6	119.1	120.9	157.8	128.0	110.4
1986	110.5	114.2	112.6	103.1	131.4	145.3	99.1
1987	122.9	124.8	116.2	132.5	158.4	118.3	118.2
1988	123.1	129.3	127.2	127.6	136.9	153.6	101.7
1989	171.7	115.6	108.2	107.1	142.3	129.6	389.4
1990	116.6	114.9	111.6	108.2	125.0	153.4	116.7
1991	136.7	117.1	114.5	128.8	118.7	144.9	57.7
1992	117.8	109.6	100.2	118.2	125.3	253.2	116.3
1993	125.5	109.9	106.7	67.8	128.8	315.0	112.2
1994	123.6	105.4	93.4	152.8	113.0	140.7	130.7
1995	109.3	107.9	103.8	129.8	107.2	132.1	101.0
1996	107.9	100.4	102.2	88.7	101.9	120.7	106.1
1997	109.8	102.3	99.6	91.2	107.9	118.9	109.0
1998	110.4	102.3	84.6	49.2	130.7	110.8	115.6
1999	109.4	100.6	97.6	98.1	102.7	105.3	116.3
2000	111.3	100.9	94.1	92.1	105.6	115.7	113.0
2001	103.4	101.6	101.0	96.9	102.3	109.2	100.8
2002	103.8	107.2	94.6	69.1	116.2	109.3	98.9
2003	105.1	106.3	101.6	91.8	108.9	112.5	99.5
2004	104.9	116.4	103.2	69.2	123.2	108.8	92.5
2005	102.5	121.7	112.2	169.3	123.9	103.3	89.9
2006	105.8	111.4	111.2	55.9	112.7	118.9	87.0
2007	106.1	104.8	100.5	95.5	106.1	111.6	99.7
2008	105.4	102.8	103.2	90.7	102.8	107.9	104.5
2009	106.0	111.0	103.8	95.6	113.0	108.1	97.3
2010	104.8	114.0	108.6	118.5	115.4	115.3	73.4
2011	100.8	104.1	105.1	105.8	103.9	108.4	71.9
年平均增长率(%) Average Annual GrowthRate (%)	**13.3**	**13.7**	**8.7**	**2.9**	**19.7**	**24.1**	**7.4**

3-8 分经济类型和行业城镇单位从业人员年末人数

NUMBER OF EMPLOYED PERSONS IN URBAN UNITS AT THE YEAR-END BY OWNERSHIP AND SECTOR（2011）

单位：万人 (10 000 persons)

项目	Item	从业人员 Employed Persons	国有单位 State-owned Units	城镇集体单位 Urban Colle-ctive-owned Units	其他单位 Other Types of Owner-ship	在岗职工 Fully Employed Staff and Workers	国有单位 State-owned Units	城镇集体单位 Urban Colle-ctive-owned Units	其他单位 Other Types of Owner-ship
合　计	**Total**	**2 637 052**	**493 460**	**16 449**	**2 127 143**	**2 614 288**	**489 164**	**16 334**	**2 108 790**
按企业、事业和机关分	**Grouped by Enterprises, Institutions and Agencies**								
企业	Enterprises	2 362 068	224 544	15 690	2 121 834	2 342 388	222 500	15 580	2 104 308
事业	Institutions	153 988	151 993	233	1 762	152 080	150 090	233	1 757
机关	Agencies	116 576	116 573		3	116 239	116 236		3
民营非盈利组织	Private Non-profit Organizations	2 889		83	2 806	2 062		78	1 984
其他	Others	1 531	350	443	738	1 519	338	443	738
按国民经济行业分	**Grouped by Economic Sector**								
农、林、牧、渔业	Agriculture, Forestry, Animal Husbandry and Fishery	2 568	993	46	1 529	2 497	993	46	1 458
采矿业	Mining	1 064			1 064	1 063			1 063
制造业	Manufacturing	1 222 716	7 017	2 976	1 212 723	1 218 650	7 014	2 949	1 208 687
电力、燃气及水的生产和供应业	Production and Distribution of Electricity,Gas and Water	19 725	1 068	269	18 388	19 687	1 062	269	18 356
建筑业	Construction	150 946	31 420	828	118 698	145 057	30 791	828	113 438
交通运输、仓储和邮政业	Transportation, Storage and Post Services	196 816	42 173	168	154 475	195 464	41 644	167	153 653
信息传输、计算机服务和软件业	Information Transmission, Computer Service and Software	52 292	6 433		45 859	51 941	6 432		45 509
批发和零售业	Wholesale and Retail Trades	156 290	7 852	360	148 078	154 588	7 841	354	146 393
住宿和餐饮业	Hotels and Catering Services	76 198	7 898	407	67 893	75 784	7 843	407	67 534
金融业	Financial Intermediation	127 685	28 726		98 959	125 162	28 345		96 817
房地产业	Real Estate	130 050	12 357	2 380	115 313	129 492	12 339	2 380	114 773
租赁和商务服务业	Leasing and Business Services	117 250	66 607	3 148	47 495	116 187	66 548	3 148	46 491
科学研究、技术服务和地质勘查业	Scientific Research, Technical Services and Geological Prospecting	55 207	14 944		40 263	54 312	14 681		39 631
水利、环境和公共设施管理业	Management of Water Conservancy, Environment and Public Facilities	17 834	6 478	417	10 939	17 769	6 452	417	10 900
居民服务和其他服务业	Services to Households and Other Services	19 645	2 094	1 130	16 421	19 594	2 089	1 130	16 375
教育	Education	89 102	67 346	3 836	17 920	86 452	66 043	3 760	16 649
卫生、社会保障和社会福利业	Health Care, Social Security and Social Welfare	57 528	52 887	420	4 221	57 091	52 493	420	4 178
文化、体育和娱乐业	Culture, Sports and Entertainment	16 403	9 539	22	6 842	16 128	9 282	22	6 824
公共管理和社会组织	Public Services and Social Organizations	127 733	127 628	42	63	127 370	127 272	37	61
按产业分	**Grouped by Industry**								
第一产业	Primary Industry	2 568	993	46	1 529	2 497	993	46	1 458
第二产业	Secondary Industry	1 394 451	39 505	4 073	1 350 873	1 384 457	38 867	4 046	1 341 544
第三产业	Tertiary Industry	1 240 033	452 962	12 330	774 741	1 227 334	449 304	12 242	765 788

3-9 各区城镇单位分行业在岗职工年末人数

NUMBER OF FULLY EMPLOYED STAFF AND WORKERS IN URBAN UNITS AT THE YEAR-END BY SECTOR AND BY CITY （2011）

单位：万人 (10 000 persons)

区别	District	合计 Total	农、林、牧、渔业 Agriculture, Forestry, Animal Husbandry and Fishery	采矿业 Mining	制造业 Manufa-cturing	电力、燃气及水的生产和供应业 Production and Distribution of Electricity,Gas and Water	建筑业 Constru-ction	交通运输、仓储和邮政业 Transportation, Storage and Post Services	信息传输、计算机服务和软件业 Information Transmission, Computer Service and Software	批发和零售业 Wholesale and Retail Trades	住宿和餐饮业 Hotels and Catering Services
福田区	Futian	665 956	674		81 764	9 559	66 726	85 765	22 037	70 643	24 139
罗湖区	Luohu	380 757	911		43 990	4 738	48 183	25 702	5 901	53 673	32 838
盐田区	Yantian	70 389			33 218	12	3 368	11 013	287	2 935	572
南山区	Nanshan	530 568	224	1 063	340 461	2 651	21 181	15 245	23 603	20 136	12 257
宝安区（含光明新区）	Baoan (Include Guangming)	486 361	476		345 506	1 034	2 787	36 688	111	2 891	5 200
#宝安区（不含光明新区）	Baoan (Exclude Guangming)	326 825	180		204 131	613	2 292	36 647		2 683	3 695
光明新区	Guangming	159 536	296		141 375	421	495	41	111	208	1 505
龙岗区（含坪山新区）	Longgang (Include Pingshan)	480 257	212		373 711	1 693	2 812	21 051	2	4 310	778
#龙岗区（不含坪山新区）	Longgang (Exclude Pingshan)	333 127	132		241 647	1 426	2 488	21 051		1 543	778
坪山新区	Pingshan	147 130	80		132 064	267	324		2	2 767	

3-9 续表 continued

区 别 District		金融业 Financial Intermediation	房地产业 Real Estate	租赁和商务服务业 Leasing and Business Services	科学研究、技术服务和地质勘查业 Scientific Research, Technical Services and Geological Prospecting	水利、环境和公共设施管理业 Management of Water Conservancy, Environment and Public Facilities	居民服务和其他服务业 Services to Households and Other Services	教育 Education	卫生、社会保障和社会福利业 Health Care, Social Security and Social Welfare	文化、体育和娱乐业 Culture, Sports and Entertainment	公共管理和社会组织 Public Services and Social Organizations
福田区	Futian	88 271	61 134	35 474	26 113	4 355	11 464	19 033	15 460	7 907	35 438
罗湖区	Luohu	36 714	29 576	31 455	6 109	3 155	3 626	12 915	9 903	1 617	29 751
盐田区	Yantian		2 841	2 235	2 885	3 663	296	1 941	1 087	646	3 390
南山区	Nanshan	177	20 641	14 038	16 325	4 829	2 383	13 973	6 766	3 121	11 494
宝安区（含光明新区）	Baoan (Include Guangming)		11 619	16 341	1 669	1 452	1 263	25 128	11 539	2 657	20 000
#宝安区（不含光明新区）	Baoan (Exclude Guangming)		10 489	12 941	1 618	1 411	163	22 681	9 559	2 206	15 516
光明新区	Guangming		1 130	3 400	51	41	1 100	2 447	1 980	451	4 484
龙岗区（含坪山新区）	Longgang (Include Pingshan)		3 681	16 644	1 211	315	562	13 462	12 336	180	27 297
#龙岗区（不含坪山新区）	Longgang (Exclude Pingshan)		3 137	13 869	1 190	303	395	10 118	11 122	158	23 770
坪山新区	Pingshan		544	2 775	21	12	167	3 344	1 214	22	3 527

3-10 各区城镇单位从业人员和在岗职工

NUMBER OF EMPLOYED PERSONS AND OF FULLY EMPLOYED STAFF AND WORKERS IN URBAN UNITS BY DISTRICT（2011）

单位：万人 (10 000 persons)

区 别	District	从业人员 Employed Persons				在岗职工 Fully Employed Staff and Workers			
		合计 Total	国有单位 State-owned Units	城镇集体单位 Urban Collective-owned Units	其他单位 Other Types of Ownership	合计 Total	国有单位 State-owned Units	城镇集体单位 Urban Collective-owned Units	其他单位 Other Types of Ownership
年末人数	**Year-end Number**	**263.71**	**49.35**	**1.64**	**212.71**	**261.43**	**48.92**	**1.63**	**210.88**
福田区	Futian	67.52	14.21	0.11	53.20	66.60	14.11	0.11	52.38
罗湖区	Luohu	38.60	12.93	0.18	25.48	38.08	12.78	0.18	25.11
盐田区	Yantian	7.08	0.88	0.02	6.17	7.04	0.87	0.02	6.15
南山区	Nanshan	53.45	5.59	0.13	47.74	53.06	5.49	0.13	47.44
宝安区（含光明新区）	Baoan (Include Guangming)	48.79	7.02	0.53	41.24	48.64	7.02	0.53	41.09
#宝安区（不含光明新区）	Baoan (Exclude Guangming)	32.78	6.07	0.23	26.48	32.68	6.07	0.23	26.39
光明新区	Guangming	16.01	0.95	0.30	14.76	15.95	0.95	0.30	14.70
龙岗区（含坪山新区）	Longgang (Include Pingshan)	48.27	8.71	0.67	38.88	48.03	8.65	0.66	38.72
#龙岗区（不含坪山新区）	Longgang (Exclude Pingshan)	33.52	8.00	0.27	25.26	33.31	7.93	0.26	25.12
坪山新区	Pingshan	14.74	0.71	0.41	13.62	14.71	0.71	0.40	13.60

主要统计指标解释

总人口　指一定时点、一定地区范围内有生命的个人的总和。按不同的统计范围可分为常住人口和户籍人口；统计时点通常为每年12月31日24时。

出生率　也称粗出生率。指某一人口在一定时期（通常为一年）内活产婴儿数与同期总人口的生存人口数（或同期平均总人口、年中人口数）之比。通常以千分比表示。本资料中的出生率指年出生率，其计算公式为：

$$出生率=\frac{年出生人数}{年平均人数}\times 1000‰$$

式中：出生人数指活产婴儿，即胎儿脱离母体时(不管怀孕月数)，有过呼吸或其他生命现象。年平均人数指年初、年底人口数的平均数，也可用年中人口数代替。

死亡率　也称粗死亡率。指一定时期（通常为一年）内全部死亡人数与同期平均总人口之比，反映该时期人口的死亡强度。通常以千分比表示。本资料中的死亡率指年死亡率，其计算公式为：

$$死亡率=\frac{年死亡人数}{年平均人数}\times 1000‰$$

自然增长率　指一定时期（通常为一年）内人口自然增加数（出生人口减死亡人口）与同期平均总人口之比。通常以千分比表示。计算公式为：

$$人口自然增长率=\frac{本年出生人数-本年死亡人数}{年平均人数}\times 1000‰$$

$$=人口出生率-人口死亡率$$

Explanatory Notes on Main Statistical Indicators

Total Population refers to the total number of people alive within a given area at a certain point of time. It can be divided into the permanent population and the population with residence registration according to different statistical coverage. The reference time of the statistics on total population is usually taken at midnight of December 31.

Birth Rate (or Crude Birth Rate) refers to the ratio of the number of births to the average population (or mid–period population) during a certain period of time (usually a year), expressed in ‰. Birth rate in the chapter refers to annual birth rate. The following formula is used:

$$\text{Birth Rate} = \frac{\text{Number of Births}}{\text{Annual Average Population}} \times 1000‰$$

Number of births in the formula refers to live births, i.e. when a baby has breathed or showed any vital phenomena regardless of the length of pregnancy.

Annual average population is the average of the number of population at the beginning of the year and that at the end of the year. Sometimes it is substituted by the mid–year population.

Death Rate (or Crude Death Rate) refers to the ratio of the number of deaths to the average population (or mid–period population) during a certain period of time (usually a year), expressed in ‰. Death rate in the chapter refers to annual death rate. The following formula is used:

$$\text{Death Rate} = \frac{\text{Number of Deaths}}{\text{Annual Average Population}} \times 1000‰$$

Natural Growth Rate of Population refers to the ratio of natural increase in population (number of births minus number of deaths) in a certain period of time (usually a year) to the average population (or mid–period population) of the same period, expressed in ‰. The following formula is applied:

$$\begin{matrix}\text{Natural Growth} \\ \text{Rate of Population}\end{matrix} = \frac{\text{Number of Births - Number of Deaths}}{\text{Annual Average Population}} \times 1000‰$$

Natural Growth Rate of Population = Birth Rate–Death Rate

04 第四部分

工业、能源

INDUSTRY AND ENERGY

CHAPTER

4-1 工业总产值

GROSS OUTPUT VALUE OF INDUSTRY

（1979-2011）

单位：万元 （10 000 yuan）

年 份 Year	按当年价格计算 Calculated At Current Prices		
	总 计 Total	轻工业 Light Industry	重工业 Heavy Industry
1979	7 128	6 307	821
1980	10 632	9 265	1 367
1981	26 692	25 172	1 520
1982	38 833	34 453	4 380
1983	75 993	61 513	14 480
1984	172 132	137 698	34 434
1985	246 662	194 108	52 554
1986	340 227	266 318	73 909
1987	558 311	433 738	124 573
1988	1 012 739	779 258	233 481
1989	1 477 470	1 080 785	396 685
1990	2 202 180	1 657 859	544 321
1991	3 153 966	2 233 705	920 261
1992	4 347 007	2 971 348	1 375 659
1993	6 896 969	4 655 394	2 241 575
1994	11 014 065	6 351 224	4 662 841
1995	12 922 075	7 008 231	5 913 844
1996	15 305 964	8 580 027	6 725 937
1997	18 175 704	10 151 182	8 024 522
1998	21 573 817	11 141 650	10 432 167
1999	24 435 849	12 381 928	12 053 921
2000	30 715 227	13 731 333	16 983 894
2001	37 476 713	13 861 331	23 615 382
2002	46 823 584	15 832 485	30 991 099
2003	67 976 472	21 459 058	46 517 414
2004	85 888 321	24 175 842	61 712 479
2005	101 745 351	27 406 557	74 338 794
2006	122 784 801	29 658 032	93 126 769
2007	143 647 764	35 687 488	107 960 276
2008	162 837 576	44 451 550	118 386 026
2009	158 286 329	39 239 987	119 046 342
2010	188 796 600	46 801 421	141 995 179
2011	212 730 916	53 500 744	159 230 172

4-2 规模以上工业总产值

GROSS OUTPUT VALUE OF INDUSTRY ABOVE DESIGNATED SIZE

(1979-2011)

单位：万元 (10 000 yuan)

年 份 Year	按当年价格计算 Calculated At Current Prices		
	总 计 Total	轻工业 Light Industry	重工业 Heavy Industry
1979	6 061	5 240	821
1980	8 444	7 077	1 367
1981	24 282	22 762	1 520
1982	36 212	31 832	4 380
1983	72 041	57 561	14 480
1984	166 803	132 369	34 434
1985	241 213	188 659	52 554
1986	330 454	256 545	73 909
1987	547 722	423 150	124 572
1988	993 775	760 294	233 481
1989	1 440 533	1 044 386	396 147
1990	2 104 696	1 570 896	533 800
1991	3 077 749	2 156 668	921 081
1992	4 198 920	2 824 688	1 374 232
1993	6 550 051	4 336 788	2 213 263
1994	9 939 113	5 267 202	4 671 911
1995	11 106 974	5 582 798	5 524 176
1996	12 992 240	6 413 707	6 578 533
1997	15 175 861	7 317 890	7 857 971
1998	20 519 485	10 140 217	10 379 268
1999	23 006 355	11 168 372	11 837 983
2000	29 502 786	13 189 308	16 313 478
2001	36 141 861	12 926 934	23 214 927
2002	43 180 816	14 600 754	28 580 062
2003	63 514 355	19 950 280	43 564 075
2004	80 205 911	23 798 450	56 407 461
2005	98 675 451	26 579 636	72 095 815
2006	119 286 001	28 812 915	90 473 086
2007	139 580 064	34 676 919	104 903 145
2008	158 601 076	43 295 066	115 306 010
2009	154 162 429	38 217 652	115 944 777
2010	185 268 200	45 926 755	139 341 446
2011	204 307 516	51 382 302	152 925 214

注： 1979-1997年为镇及镇以上工业总产值，1998年及以后为规模以上工业总产值。

Note: Data in 1979-1997 are gross output value of industry of town level and above. Data from 1998 are gross output value of industry above designated size.

4-3 工业总产值指数
INDICES OF GROSS OUTPUT VALUE OF INDUSTRY
（1980-2011）

单位：%　　　　(%)

年 份 Year	以1979年为100 1979=100			以上年为100 Preceding Year=100		
	总 计 Total	轻工业 Light Industry	重工业 Heavy Industry	总 计 Total	轻工业 Light Industry	重工业 Heavy Industry
1980	149.1	146.9	166.4	149.1	146.9	166.4
1981	374.5	399.1	185.1	251.1	271.7	111.3
1982	544.8	546.3	533.3	145.5	136.9	288.1
1983	1 066.1	975.3	1 763.0	195.7	178.5	330.6
1984	2 414.8	2 183.3	4 192.3	226.5	223.9	237.8
1985	3 822.9	3 546.2	5 947.9	158.3	162.4	141.9
1986	5 127.8	4 709.1	8 342.4	134.1	132.8	140.3
1987	8 232.7	7 423.6	14 445.2	160.5	157.6	173.2
1988	12 725.1	11 081.7	25 344.1	154.6	149.3	175.5
1989	18 775.8	15 304.8	45 427.3	147.6	138.1	179.2
1990	26 154.7	21 366.8	62 917.8	139.3	139.6	138.5
1991	35 570.3	27 917.5	94 332.5	136.0	130.7	149.9
1992	49 762.9	36 754.6	149 647.1	139.9	131.6	158.6
1993	69 369.5	51 746.5	204 686.9	139.4	140.8	136.8
1994	96 076.8	65 852.8	328 150.6	138.5	127.3	160.3
1995	125 566.2	74 317.5	519 077.6	130.7	112.9	158.2
1996	147 520.2	87 562.1	607 906.0	117.5	117.8	117.1
1997	174 661.2	105 004.8	709 515.2	118.4	119.9	116.7
1998	209 347.8	108 626.3	982 733.9	119.9	103.4	138.5
1999	264 799.8	140 119.8	1 222 150.2	126.5	129.0	124.4
2000	322 447.1	163 856.4	1 540 179.8	121.8	116.9	126.0
2001	379 520.2	177 948.1	1 885 180.1	117.7	108.6	122.4
2002	483 888.3	229 019.2	2 394 178.7	127.5	128.7	127.0
2003	647 442.5	278 487.3	3 349 456.0	133.8	121.6	139.9
2004	808 655.7	330 842.9	4 186 820.0	124.9	118.8	125.0
2005	970 471.9	379 956.2	5 109 350.0	120.0	114.8	122.0
2006	1 192 710.0	418 711.7	6 519 530.6	122.9	110.2	127.6
2007	1 418 132.2	512 084.4	7 680 007.0	118.9	122.3	117.8
2008	1 613 834.4	646 250.5	8 263 687.5	113.8	126.2	107.6
2009	1 646 111.1	590 026.7	8 974 364.6	102.0	91.3	108.6
2010	1 932 534.4	693 871.4	10 508 981.0	117.4	117.6	117.1
2011	2 139 315.6	770 891.1	11 622 933.0	110.7	111.1	110.6
年平均增长率 Aveuage Annual Growth Rate	**36.6**	**32.3**	**44.0**			

注：　本表按可比口径计算。
Note: Data in this table are calculated at comparable scope.

4-4 规模以上工业总产值指数

INDICES OF GROSS OUTPUT VALUE OF INDUSTRY ABOVE DESIGNATED SIZE

（1980–2011）

单位：%　　　　　　　　　　　　　　　　　　　　　　　　　　　　　　（%）

年份 Year	以1979年为100 1979=100			以上年为100 Preceding Year=100		
	总计 Total	轻工业 Light Industry	重工业 Heavy Industry	总计 Total	轻工业 Light Industry	重工业 Heavy Industry
1980	139.3	135.1	166.4	139.3	135.1	166.4
1981	400.6	434.4	185.1	287.6	321.6	111.3
1982	597.4	607.5	533.3	149.1	139.8	288.1
1983	1 188.5	1 098.5	1 763.0	198.9	180.8	330.6
1984	2 751.8	2 526.0	4 192.3	231.5	230.0	237.8
1985	4 396.3	4 153.2	5 947.9	159.8	164.4	141.9
1986	5 856.9	5 467.4	8 342.4	133.2	131.6	140.3
1987	9 497.8	8 722.3	14 445.2	162.2	159.5	173.2
1988	14 684.2	13 013.3	25 344.1	154.6	149.2	175.5
1989	21 527.8	17 781.8	45 426.6	146.6	136.6	179.2
1990	29 487.0	25 150.3	57 154.3	137.0	141.4	125.8
1991	40 721.5	32 307.8	94 394.4	138.1	128.5	165.2
1992	56 969.4	42 674.4	148 169.0	139.9	132.1	157.0
1993	77 820.2	58 701.0	199 797.4	136.6	137.6	134.8
1994	101 944.5	66 431.7	328 509.6	131.0	113.2	164.4
1995	126 921.1	70 603.5	486 216.8	124.5	106.3	148.0
1996	150 648.1	80 713.1	596 820.2	118.7	114.3	122.7
1997	177 140.0	95 637.7	697 109.7	117.6	118.5	116.8
1998	209 910.9	95 446.4	966 891.2	118.5	99.8	138.7
1999	262 808.4	122 457.7	1 188 309.3	125.2	128.3	122.9
2000	326 933.6	154 051.8	1 463 997.1	124.4	125.8	123.2
2001	384 800.8	167 300.3	1 791 932.5	117.7	108.6	122.4
2002	484 464.2	212 806.0	2 245 291.4	125.9	127.2	125.3
2003	651 604.3	258 559.3	3 165 860.9	134.5	121.5	141.0
2004	813 202.2	304 841.4	3 982 653.0	124.8	117.9	125.8
2005	984 787.9	336 849.7	5 002 212.2	121.1	110.5	125.6
2006	1 187 654.2	374 240.0	6 192 738.7	120.6	111.1	123.8
2007	1 397 869.0	420 271.5	7 394 130.0	117.7	112.3	119.4
2008	1 522 279.3	510 209.6	7 756 442.4	108.9	121.4	104.9
2009	1 537 502.1	521 434.2	7 802 981.1	101.0	102.2	100.6
2010	1 735 839.9	564 713.2	8 926 610.4	112.9	108.3	114.4
2011	1 914 631.4	595 772.4	9 997 803.6	110.3	105.5	112.0
年平均增长率 **Aveuage Annual Growth Rate**	**36.1**	**31.2**	**43.3**			

注：　本表按可比口径计算。
Note: Data in this table are calculated at comparable scope.

4-5 规模以上工业企业职工平均人数

AVERAGE ANNUAL NUMBER OF STAFF AND WORKERS IN INDUSTRIAL ENTERPRISES ABOVE DESIGNATED SIZE（2011）

单位：人 （person）

项 目	Item	全 市 Total
总 计	**Total**	**3 410 948**
一、按登记注册类型分	**Grouped by Registration**	
1. 内资企业	Domestic Investment Enterprise	1 229 386
国有企业	State-owned	35 746
集体企业	Collective-owned	59 541
股份合作企业	Cooperative Shares Enterprise	185
联营企业	Joint owned	9 638
有限责任公司	Companies Limited with Liabilities	227 141
股份有限公司	Companies Limited by Shares	256 709
私营企业	Private	617 084
其他企业	Others	23 342
2. 港、澳、台投资企业	Funded by Entrepreneur from Hongkong,Macao and Taiwan	1 222 941
3. 外商投资企业	Foreign Funded	958 621
二、按轻、重工业分	**Grouped by Light and Heavy Industry**	
1. 轻工业	Light Industry	1 181 370
2. 重工业	Heavy Industry	2 229 578
三、按企业规模分	**Grouped by Size of Enterprises**	
1. 大型企业	Large Enterprises	1 356 578
2. 中型企业	Medium-sized Enterprises	1 347 549
3. 小型企业	Small Enterprises	706 821
四、按工业行业大类分	**Grouped by Sector**	
煤炭开采和洗选业	Mining and Washing of Coal	
石油和天然气开采业	Extraction of Petroleum and Natural Gas	1 337
黑色金属矿采选业	Mining and Processing of Ferrous Metal Ores	
有色金属矿采选业	Mining and Processing of Nonferrous Metal Ores	
非金属矿采选业	Mining and Processing of Nonmetal Ores	
其他采矿业	Mining and Processing of Other Ores	
农副食品加工业	Processing of Food from Agricultural Products	8 724
食品制造业	Manufacture of Foods	18 776
饮料制造业	Manufacture of Beverages	10 356

项 目	Item	全 市 Total
烟草制品业	Manufacture of Tobacco	1 174
纺织业	Manufacture of Textile	41 669
纺织服装、鞋、帽制造业	Manufacture of Textile Wearing Apparel,Footware and Caps	104 182
皮革、毛皮、羽毛（绒）及其制品业	Manufacture of Leather, Fur, Feather and Related Products	47 170
木材加工及木、竹、藤、棕、草制品业	Processing of Timber, Manufacture of Wood, Bamboo, Rattan, Palm Fiber & Straw Products	4 167
家具制造业	Manufacture of Furniture	51 072
造纸及纸制品业	Manufacture of Paper and Paper Products	43 917
印刷业和记录媒介的复制	Printing and Record Medium Reproduction	41 821
文教体育用品制造业	Manufacture of Cultural, Educational and Sports Articles	111 704
石油加工、炼焦及核燃料加工业	Processing of Petroleum, Coking and Nuclear Fuel Processing	391
化学原料及化学制品制造业	Manufacture of Raw Chemical Materials and Chemical Products	26 454
医药制造业	Manufacture of Medicines	13 613
化学纤维制造业	Manufacture of Chemical Fibers	1 122
橡胶制品业	Manufacture of Rubber	21 530
塑料制品业	Manufacture of Plastics	201 442
非金属矿物制品业	Manufacture of Non—metallic Mineral Products	62 839
黑色金属冶炼及压延加工业	Smelting and Pressing of Ferrous Metals	1 715
有色金属冶炼及压延加工业	Smelting and Pressing of Nonferrous Metals	8 938
金属制品业	Manufacture of Metal Products	106 405
通用设备制造业	Manufacture of General—purpose Machinery	56 278
专用设备制造业	Manufacture of Special—purpose Machinery	118 767
交通运输设备制造业	Manufacture of Transport Equipment	88 135
电气机械及器材制造业	Manufacture of Electrical Machinery and Equipment	468 126
通信设备、计算机及其他电子设备制造业	Manufacture of Communication Equipment, Computers and Other Electronic Equipment	1 529 141
仪器仪表及文化、办公用机械制造业	Manufacture of Measuring Instrument and Machinery for Cultural Activity and Office Work	128 421
工艺品及其他制造业	Manufacture of Artwork and Other Manufacturing	58 727
废弃资源和废旧材料回收工业	Recycling and Disposal of Waste	355
电力、热力的生产和供应业	Production and Supply of Electric Power and Heat Power	24 924
燃气生产和供应业	Production and Supply of Gas	371
水的生产和供应业	Production and Supply of Water	7 185

4-6 规模以上工业总产值构成

COMPOSITION OF GROSS OUTPUT VALUE OF INDUSTRY ABOVE DESIGNATED SIZE（2011）

单位：%　　　　(%)

项　目	Item	全　市 Total
总　　计	**Total**	**100**
一、按登记注册类型分	**Grouped by Registration**	
1.内资企业	Domestic Investment Enterprise	40.3
国有企业	State-owned	3.2
集体企业	Collective-owned	0.4
股份合作企业	Cooperative Shares Enterprise	
联营企业	Joint owned	0.1
有限责任公司	Companies Limited with Liabilities	12.3
股份有限公司	Companies Limited by Shares	10.3
私营企业	Private	13.3
其他内资企业	Others	0.5
2.港、澳、台投资企业	Funded by Entrepreneur from Hongkong,Macao and Taiwan	24.9
3.外商投资企业	Foreign Funded	34.8
二、按轻、重工业分	**Grouped by Light and Heavy Industry**	
1.轻工业	Light Industry	25.1
2.重工业	Heavy Industry	74.9
三、按企业规模分	**Grouped by Size of Enterprises**	
1.大型企业	Large Enterprises	52.1
2.中型企业	Medium-sized Enterprises	33.1
3.小型企业	Small Enterprises	14.8
四、按工业行业大类分	**Grouped by Sector**	
煤炭开采和洗选业	Mining and Washing of Coal	
石油和天然气开采业	Extraction of Petroleum and Natural Gas	2.2
黑色金属矿采选业	Mining and Processing of Ferrous Metal Ores	
有色金属矿采选业	Mining and Processing of Nonferrous Metal Ores	
非金属矿采选业	Mining and Processing of Nonmetal Ores	
其他采矿业	Mining and Processing of Other Ores	
农副食品加工业	Processing of Food from Agricultural Products	0.8
食品制造业	Manufacture of Foods	0.3
饮料制造业	Manufacture of Beverages	0.4

4-6 续表 continued

项　目	Item	全　市 Total
烟草制品业	Manufacture of Tobacco	0.3
纺织业	Manufacture of Textile	0.5
纺织服装、鞋、帽制造业	Manufacture of Textile Wearing Apparel,Footware and Caps	0.9
皮革、毛皮、羽毛（绒）及其制品业	Manufacture of Leather, Fur, Feather and Related Products	0.7
木材加工及木、竹、藤、棕、草制品业	Processing of Timber, Manufacture of Wood, Bamboo, Rattan, Palm Fiber & Straw Products	0.1
家具制造业	Manufacture of Furniture	0.7
造纸及纸制品业	Manufacture of Paper and Paper Products	0.7
印刷业和记录媒介的复制	Printing and Record Medium Reproduction	0.7
文教体育用品制造业	Manufacture of Cultural, Educational and Sports Articles	0.6
石油加工、炼焦及核燃料加工业	Processing of Petroleum, Coking and Nuclear Fuel Processing	0.1
化学原料及化学制品制造业	Manufacture of Raw Chemical Materials and Chemical Products	1.1
医药制造业	Manufacture of Medicines	0.8
化学纤维制造业	Manufacture of Chemical Fibers	
橡胶制品业	Manufacture of Rubber	0.3
塑料制品业	Manufacture of Plastics	2.5
非金属矿物制品业	Manufacture of Non−metallic Mineral Products	1.0
黑色金属冶炼及压延加工业	Smelting and Pressing of Ferrous Metals	0.2
有色金属冶炼及压延加工业	Smelting and Pressing of Nonferrous Metals	1.0
金属制品业	Manufacture of Metal Products	2.1
通用设备制造业	Manufacture of General−purpose Machinery	1.1
专用设备制造业	Manufacture of Special−purpose Machinery	2.2
交通运输设备制造业	Manufacture of Transport Equipment	1.6
电气机械及器材制造业	Manufacture of Electrical Machinery and Equipment	7.9
通信设备、计算机及其他电子设备制造业	Manufacture of Communication Equipment, Computers and Other Electronic Equipment	56.7
仪器仪表及文化、办公用机械制造业	Manufacture of Measuring Instrument and Machinery for Cultural Activity and Office Work	2.9
工艺品及其他制造业	Manufacture of Artwork and Other Manufacturing	5.4
废弃资源和废旧材料回收工业	Recycling and Disposal of Waste	
电力、热力的生产和供应业	Production and Supply of Electric Power and Heat Power	3.6
燃气生产和供应业	Production and Supply of Gas	0.3
水的生产和供应业	Production and Supply of Water	0.4

4-7 规模以上工业企业主要指标

MAIN INDICATORS OF INDUSTRIAL ENTERPRISES ABOVE DESIGNATED SIZE

（2011）

单位：万元　　　　(10 000 yuan)

类　别	Item	企业单位数（个） Number of Enterprises (unit)	工业总产值（当年价格） Gross Industrial Output Value (at current prices)
总　计	**Total**	**5 692**	**204 307 516**
一、按登记注册类型分	**Grouped by Registration**		
1．内资企业	Domestic Investment Enterprise	2 946	82 254 092
国有企业	State-owned	37	6 602 681
集体企业	Collective-owned	50	848 830
股份合作企业	Cooperative Shares Enterprise	3	82 095
联营企业	Joint owned	14	254 448
有限责任公司	Companies Limited with Liabilities	334	25 147 294
股份有限公司	Companies Limited by Shares	155	21 006 802
私营企业	Private	2 308	27 273 196
其他内资企业	Others	45	1 038 746
2．港、澳、台投资企业	Funded by Entrepreneur from Hongkong,Macao and Taiwan	1 959	50 919 900
3．外商投资企业	Foreign Funded	787	71 133 524
二、按轻、重工业分	**Grouped by Light and Heavy Industry**		
1．轻工业	Light Industry	2 373	51 382 302
2．重工业	Heavy Industry	3 319	152 925 214
三、按企业规模分	**Grouped by Size of Enterprises**		
1．大型企业	Large Enterprises	158	106 400 249
2．中型企业	Medium-sized Enterprises	1 614	67 664 232
3．小型企业	Small Enterprises	3 920	30 243 035
四、按工业行业大类分	**Grouped by Sector**		
煤炭开采和洗选业	Mining and Washing of Coal		
石油和天然气开采业	Extraction of Petroleum and Natural Gas	4	4 446 184
黑色金属矿采选业	Mining and Processing of Ferrous Metal Ores		
有色金属矿采选业	Mining and Processing of Nonferrous Metal Ores		
非金属矿采选业	Mining and Processing of Nonmetal Ores		
其他采矿业	Mining and Processing of Other Ores		
农副食品加工业	Processing of Food from Agricultural Products	30	1 547 886
食品制造业	Manufacture of Foods	38	531 013
饮料制造业	Manufacture of Beverages	15	775 370

工业销售产值(当年价格) Sales Value of Industry (Current Prices)	工业增加值(当年价生产法) Value Added of Industry (Current Prices Production Approach)	应收帐款净额 Net Value of Debts Receivable	资产合计 Total Asset
200 352 823	**53 592 481**	**37 938 991**	**173 933 494**
79 820 308	25 140 215	16 862 154	87 872 660
6 564 583	2 161 914	222 254	8 861 660
848 483	360 250	41 213	308 848
91 425	−19 129	39 261	143 120
272 100	94 349	68 020	843 728
24 837 988	8 055 883	6 826 412	27 469 033
19 641 046	8 305 136	4 886 615	29 542 065
26 705 851	5 655 041	4 701 622	19 883 599
858 832	526 771	76 757	820 607
49 659 912	15 572 762	9 853 206	42 203 525
70 872 603	12 879 504	11 223 631	43 857 309
50 311 676	12 401 350	8 319 778	44 871 407
150 041 147	41 191 131	29 619 213	129 062 087
104 709 220	26 268 237	20 282 277	83 470 235
65 571 778	20 121 959	11 726 831	65 683 888
30 071 825	7 202 285	5 929 883	24 779 371
4 377 836	4 147 149	41 726	2 906 104
1 620 871	280 911	82 647	1 065 682
502 493	183 645	101 821	678 437
795 987	212 739	46 246	548 564

注： 本章中，工业增加值系采用生产法计算。即：工业增加值=工业总产值-中间投入+本年应交增值税。
Note: The data of Value-added of industry in this chapter is calculated by production approach. Value-added of industry = gross industrial output - industrial intermediate input + valued-added tax.

单位：万元　　　　　　　　　　　　　　　　　　　　　　　　　　　　（10 000 yuan）

类　　别 Item		企业单位数（个） Number of Enterprises (unit)
烟草制品业	Manufacture of Tobacco	2
纺织业	Manufacture of Textile	64
纺织服装、鞋、帽制造业	Manufacture of Textile Wearing Apparel,Footware and Caps	200
皮革、毛皮、羽毛（绒）及其制品业	Manufacture of Leather, Fur, Feather and Related Products	56
木材加工及木、竹、藤、棕、草制品业	Processing of Timber, Manufacture of Wood, Bamboo, Rattan, Palm Fiber & Straw Products	26
家具制造业	Manufacture of Furniture	125
造纸及纸制品业	Manufacture of Paper and Paper Products	162
印刷业和记录媒介的复制	Printing and Record Medium Reproduction	135
文教体育用品制造业	Manufacture of Cultural, Educational and Sports Articles	127
石油加工、炼焦及核燃料加工业	Processing of Petroleum, Coking and Nuclear Fuel Processing	8
化学原料及化学制品制造业	Manufacture of Raw Chemical Materials and Chemical Products	171
医药制造业	Manufacture of Medicines	39
化学纤维制造业	Manufacture of Chemical Fibers	4
橡胶制品业	Manufacture of Rubber	54
塑料制品业	Manufacture of Plastics	453
非金属矿物制品业	Manufacture of Non-metallic Mineral Products	114
黑色金属冶炼及压延加工业	Smelting and Pressing of Ferrous Metals	13
有色金属冶炼及压延加工业	Smelting and Pressing of Nonferrous Metals	43
金属制品业	Manufacture of Metal Products	357
通用设备制造业	Manufacture of General-purpose Machinery	176
专用设备制造业	Manufacture of Special-purpose Machinery	305
交通运输设备制造业	Manufacture of Transport Equipment	110
电气机械及器材制造业	Manufacture of Electrical Machinery and Equipment	870
通信设备、计算机及其他电子设备制造业	Manufacture of Communication Equipment, Computers and Other Electronic Equipment	1 546
仪器仪表及文化、办公用机械制造业	Manufacture of Measuring Instrument and Machinery for Cultural Activity and Office Work	200
工艺品及其他制造业	Manufacture of Artwork and Other Manufacturing	200
废弃资源和废旧材料回收工业	Recycling and Disposal of Waste	2
电力、热力的生产和供应业	Production and Supply of Electric Power and Heat Power	18
燃气生产和供应业	Production and Supply of Gas	1
水的生产和供应业	Production and Supply of Water	24

工业总产值 (当年价格) Gross Industrial Output Value (at current prices)	工业销售产值 (当年价格) Sales Value of Industry (Current Prices)	工业增加值 (当年价生产法) Value Added of Industry (Current Prices Production Approach)	应收帐款净额 Net Value of Debts Receivable	资产合计 Total Asset
553 269	552 388	435 821	29 785	482 459
980 539	970 498	230 055	121 265	789 702
1 900 897	1 736 110	870 572	255 094	1 443 731
1 336 965	1 335 290	638 487	499 195	1 206 787
124 774	134 152	23 335	30 502	124 369
1 373 194	1 406 303	314 138	168 589	1 297 065
1 496 022	1 485 135	307 857	293 260	1 261 563
1 474 708	1 455 657	452 001	387 506	1 803 368
1 255 320	1 215 544	409 716	225 368	969 397
212 640	430 532	−88 440	27 434	339 094
2 249 020	2 250 043	476 429	542 570	2 328 959
1 729 602	1 555 587	747 137	233 788	2 888 020
20 035	23 068	6 052	3 019	11 852
592 374	568 551	149 233	91 414	745 472
5 016 272	5 035 293	1 379 632	1 025 658	4 000 103
2 053 503	2 035 096	677 600	491 520	2 555 788
476 402	475 011	78 644	50 497	299 778
2 045 714	2 062 040	301 430	204 978	928 940
4 384 932	4 183 592	1 345 683	857 119	3 842 899
2 155 529	2 160 190	766 554	421 100	1 952 986
4 572 757	4 351 502	1 531 113	989 712	6 032 483
3 341 775	3 272 724	899 581	717 165	4 516 274
16 079 369	15 803 916	4 027 162	3 230 144	14 037 929
115 897 925	113 306 332	26 788 697	23 484 315	85 666 884
5 874 481	5 723 054	1 989 505	1 140 454	4 155 966
11 021 031	10 769 598	1 079 992	1 609 016	6 467 944
13 132	13 461	2 308	558	9 783
7 255 017	7 251 285	2 248 657	370 135	13 817 026
680 070	680 492	256 744	26 131	869 767
839 795	813 192	422 342	139 260	3 888 319

单位：万元 （10 000 yuan）

类　　别	Item	负债合计 Total Liabilities	主营业务收入 Prime Operating Revenue	主营业务成本 Prime Operating Cost
总　　计	**Total**	**105 469 862**	**205 558 513**	**173 011 155**
一、按登记注册类型分	**Grouped by Registration**			
1.内资企业	Domestic Investment Enterprise	52 075 694	82 803 899	64 027 431
国有企业	State-owned	5 162 738	6 568 179	5 569 948
集体企业	Collective-owned	199 094	855 678	751 617
股份合作企业	Cooperative Shares Enterprise	99 930	91 823	67 214
联营企业	Joint owned	239 376	277 265	230 899
有限责任公司	Companies Limited with Liabilities	18 412 130	27 169 360	18 290 080
股份有限公司	Companies Limited by Shares	15 441 706	19 830 775	14 940 565
私营企业	Private	11 899 909	27 061 198	23 359 412
其他内资企业	Others	620 811	949 621	817 696
2.港、澳、台投资企业	Funded by Entrepreneur from Hongkong,Macao and Taiwan	26 587 513	51 656 082	43 095 049
3.外商投资企业	Foreign Funded	26 806 655	71 098 532	65 888 675
二、按轻、重工业分	**Grouped by Light and Heavy Industry**			
1.轻工业	Light Industry	24 842 267	51 279 402	43 735 076
2.重工业	Heavy Industry	80 627 595	154 279 111	129 276 079
三、按企业规模分	**Grouped by Size of Enterprises**			
1.大型企业	Large Enterprises	51 823 097	106 581 645	90 609 932
2.中型企业	Medium-sized Enterprises	38 410 341	68 346 137	55 810 373
3.小型企业	Small Enterprises	15 236 425	30 630 731	26 590 850
四、按工业行业大类分	**Grouped by Sector**			
煤炭开采和洗选业	Mining and Washing of Coal			
石油和天然气开采业	Extraction of Petroleum and Natural Gas	2 833 908	5 892 871	2 669 322
黑色金属矿采选业	Mining and Processing of Ferrous Metal Ores			
有色金属矿采选业	Mining and Processing of Nonferrous Metal Ores			
非金属矿采选业	Mining and Processing of Nonmetal Ores			
其他采矿业	Mining and Processing of Other Ores			
农副食品加工业	Processing of Food from Agricultural Products	671 443	1 661 656	1 547 549
食品制造业	Manufacture of Foods	420 386	504 177	391 118
饮料制造业	Manufacture of Beverages	283 551	855 121	633 205

4-7 续表 2 continued

营业费用 Prime Operating Expense	主营业务税金及附加 Sales Tax and Extra Charges	管理费用 Management Expenses	财务费用 Financial Expenses	利润总额 Total Profits	利税总额 Total Pre-tax Profits
7 236 435	**1 418 435**	**11 157 805**	**1 549 846**	**13 177 472**	**22 505 470**
5 017 883	778 466	6 871 100	1 427 389	5 561 038	11 520 904
42 659	267 897	105 510	161 483	498 042	1 192 957
7 070	609	60 572	2 389	15 570	17 412
3 958	232	8 610	2 073	10 457	10 705
11 347	765	15 452	2 160	190 135	199 832
2 390 757	246 571	3 538 265	749 995	1 860 571	4 714 869
1 785 636	184 620	1 701 837	306 112	1 568 815	3 376 719
746 403	75 800	1 390 980	197 206	1 373 660	1 957 147
30 053	1 972	49 874	5 971	43 788	51 263
1 231 703	476 995	2 039 005	198 606	5 271 996	6 807 648
986 849	162 974	2 247 700	−76 149	2 344 438	4 176 918
2 217 763	419 439	2 486 913	290 415	3 059 188	4 613 951
5 018 672	998 996	8 670 892	1 259 431	10 118 284	17 891 519
4 723 600	504 682	6 453 837	793 997	4 885 827	10 961 647
1 663 551	800 071	3 049 084	520 344	7 066 583	9 585 745
849 284	113 682	1 654 884	235 505	1 225 062	1 958 078
8 159	339 503	73 580	28 543	2 793 157	3 490 349
50 352	1 671	34 995	−11 709	52 177	149 868
49 118	2 802	37 047	2 145	20 867	40 666
116 197	21 495	25 393	621	46 673	107 193

单位：万元 （10 000 yuan）

类别	Item	负债合计 Total Liabilities
烟草制品业	Manufacture of Tobacco	69 281
纺织业	Manufacture of Textile	370 136
纺织服装、鞋、帽制造业	Manufacture of Textile Wearing Apparel,Footware and Caps	748 508
皮革、毛皮、羽毛（绒）及其制品业	Manufacture of Leather, Fur, Feather and Related Products	84 906
木材加工及木、竹、藤、棕、草制品业	Processing of Timber, Manufacture of Wood, Bamboo, Rattan, Palm Fiber & Straw Products	105 750
家具制造业	Manufacture of Furniture	718 383
造纸及纸制品业	Manufacture of Paper and Paper Products	617 404
印刷业和记录媒介的复制	Printing and Record Medium Reproduction	969 254
文教体育用品制造业	Manufacture of Cultural, Educational and Sports Articles	615 804
石油加工、炼焦及核燃料加工业	Processing of Petroleum, Coking and Nuclear Fuel Processing	165 672
化学原料及化学制品制造业	Manufacture of Raw Chemical Materials and Chemical Products	1 037 688
医药制造业	Manufacture of Medicines	828 526
化学纤维制造业	Manufacture of Chemical Fibers	3 377
橡胶制品业	Manufacture of Rubber	393 035
塑料制品业	Manufacture of Plastics	2 097 296
非金属矿物制品业	Manufacture of Non-metallic Mineral Products	1 416 762
黑色金属冶炼及压延加工业	Smelting and Pressing of Ferrous Metals	244 403
有色金属冶炼及压延加工业	Smelting and Pressing of Nonferrous Metals	806 888
金属制品业	Manufacture of Metal Products	1 968 132
通用设备制造业	Manufacture of General-purpose Machinery	948 445
专用设备制造业	Manufacture of Special-purpose Machinery	2 891 054
交通运输设备制造业	Manufacture of Transport Equipment	3 311 858
电气机械及器材制造业	Manufacture of Electrical Machinery and Equipment	7 869 356
通信设备、计算机及其他电子设备制造业	Manufacture of Communication Equipment, Computers and Other Electronic Equipment	54 618 665
仪器仪表及文化、办公用机械制造业	Manufacture of Measuring Instrument and Machinery for Cultural Activity and Office Work	2 162 080
工艺品及其他制造业	Manufacture of Artwork and Other Manufacturing	4 764 573
废弃资源和废旧材料回收加工业	Recycling and Disposal of Waste	1 458
电力、热力的生产和供应业	Production and Supply of Electric Power and Heat Power	9 091 733
燃气生产和供应业	Production and Supply of Gas	464 384
水的生产和供应业	Production and Supply of Water	1 875 763

主营业务收入 Prime Operating Revenue	主营业务成本 Prime Operating Cost	销售费用 Prime Operating Expense	主营业务税金及附加 Sales Tax and Extra Charges	管理费用 Management Expenses	财务费用 Financial Expenses	利润总额 Total Profits	利税总额 Total Pre-tax Profits
539 321	179 919	12 954	246 192	16 462	−970	84 776	400 556
985 615	798 417	74 975	3 948	67 979	3 808	50 448	70 535
1 778 764	1 293 821	143 896	12 402	127 467	6 787	163 725	227 125
1 345 091	994 313	51 859	7 006	65 284	−3 652	252 784	335 863
136 910	120 591	2 843	412	7 050	2 875	3 328	5 307
1 395 996	1 168 347	67 695	5 499	73 439	11 536	65 883	104 299
1 488 215	1 335 511	40 973	3 377	72 591	6 900	55 020	80 290
1 463 130	1 156 901	48 660	5 883	108 962	13 168	146 219	197 647
1 240 671	1 138 465	15 975	4 528	83 418	1 685	−1 490	15 642
431 744	296 629	34 718	14 314	22 120	−2 045	59 404	93 266
2 282 882	1 879 838	116 362	7 939	130 290	8 686	179 865	250 905
1 528 373	890 744	212 779	13 930	125 029	−14 238	331 450	450 808
23 649	19 671	414	106	2 165	58	1 911	2 869
587 478	520 942	15 859	3 587	39 098	6 914	53 703	67 572
4 997 807	4 409 789	102 023	15 586	294 676	29 183	165 863	277 313
2 080 460	1 689 238	49 277	14 380	110 185	10 444	185 051	237 046
475 846	424 407	6 166	163	6 922	7 849	21 313	25 312
2 074 281	1 896 647	9 684	3 215	74 181	8 501	174 003	193 483
4 192 837	3 568 704	120 752	19 137	219 495	11 668	270 990	371 017
2 179 860	1 831 892	64 544	9 310	125 175	7 944	147 138	206 063
4 368 240	3 323 864	289 745	25 474	439 889	40 828	380 720	531 366
3 158 353	2 680 190	98 663	10 083	199 994	49 416	234 101	289 580
15 814 052	13 876 398	388 118	43 147	869 979	109 844	995 048	1 273 356
116 103 854	99 324 597	4 660 910	515 165	7 027 691	756 470	4 420 232	10 492 521
5 723 741	4 957 255	222 021	16 705	305 061	19 420	318 697	415 178
11 586 257	10 800 859	128 906	13 074	168 009	90 550	355 431	459 609
13 462	12 591	112	53	472	−16	255	789
7 180 279	6 226 935	378	25 903	68 372	272 995	830 382	1 255 020
627 907	492 956	578	4 268	16 804	7 063	152 858	192 583
839 613	459 530	30 770	8 178	118 531	66 575	165 490	194 474

4-8 规模以上工业企业主要经济效益指标（一）

MAIN INDICATORS ON ECONOMIC BENEFIT OF INDUSTRIAL ENTERPRISES ABOVE DESIGNATED SIZE（2011）

指 标 名 称	Item	产品销售率(%) Sales Rate of Products (%)	成本费用利润率(%) After-Tax Profits/Cost(%)	流动资产周转率(次) Turnover Times of Circulating Funds(time)	全员劳动生产率(元/人) Overall Industrial Labor Productivity (yuan/person)
总 计	**Total**	**98.06**	**6.83**	**1.73**	**139 873.51**
一、按登记注册类型分	**Grouped by Registration**				
1. 内资企业	Domestic Investment Enterprise	97.04	7.19	1.35	195 244.46
国有企业	State-owned	99.42	8.47	3.50	569 524.98
集体企业	Collective-owned	99.96	1.89	5.96	36 050.96
股份合作企业	Cooperative Shares Enterprise	111.36	12.78	1.93	1 732 216.22
联营企业	Joint owned	106.94	73.17	1.09	66 903.92
有限责任公司	Companies Limited with Liabilities	98.77	7.45	1.34	419 161.80
股份有限公司	Companies Limited by Shares	93.50	8.37	0.89	273 672.60
私营企业	Private	97.92	5.35	1.73	80 005.93
其他内资企业	Others	82.68	4.85	1.74	74 000.94
2. 港、澳、台投资企业	Funded by Entrepreneur from Hongkong,Macao and Taiwan	97.53	11.32	1.80	108 728.71
3. 外商投资企业	Foreign Funded	99.63	3.40	2.46	108 595.24
二、按轻、重工业分	**Grouped by Light and Heavy Industry**				
1. 轻工业	Light Industry	97.92	6.28	1.61	85 789.19
2. 重工业	Heavy Industry	98.11	7.02	1.77	168 530.78
三、按企业规模分	**Grouped by Size of Enterprises**				
1. 大型企业	Large Enterprises	98.41	4.76	1.79	182 760.96
2. 中型企业	Medium-sized Enterprises	96.91	11.58	1.69	128 321.23
3. 小型企业	Small Enterprises	99.43	4.18	1.64	79 585.43
四、按工业行业大类分	**Grouped by Sector**				
煤炭开采和洗选业	Mining and Washing of Coal				
石油和天然气开采业	Extraction of Petroleum and Natural Gas	98.46	100.49	23.42	29 628 504.11
黑色金属矿采选业	Mining and Processing of Ferrous Metal Ores				
有色金属矿采选业	Mining and Processing of Nonferrous Metal Ores				
非金属矿采选业	Mining and Processing of Nonmetal Ores				
其他采矿业	Mining and Processing of Other Ores				
农副食品加工业	Processing of Food from Agricultural Products	104.72	3.22	1.88	261 936.04
食品制造业	Manufacture of Foods	94.63	4.35	1.39	76 634.00
饮料制造业	Manufacture of Beverages	102.66	6.02	2.90	198 022.40

指　标　名　称	Item	产品销售率(%) Sales Rate of Products (%)	成本费用利润率(%) After-Tax Profits/Cost (%)	流动资产周转率(次) Turnover Times of Circulating Funds(time)	全员劳动生产率(元/人) Overall Industrial Labor Productivity (yuan/person)
烟草制品业	Manufacture of Tobacco	99.84	40.69	1.51	3 673 611.58
纺织业	Manufacture of Textile	98.98	5.34	1.80	67 360.87
纺织服装、鞋、帽制造业	Manufacture of Textile Wearing Apparel,Footware and Caps	91.33	10.42	1.60	64 719.15
皮革、毛皮、羽毛（绒）及其制品业	Manufacture of Leather, Fur, Feather and Related Products	99.87	22.82	1.59	108 478.69
木材加工及木、竹、藤、棕、草制	Processing of Timber, Manufacture of Wood, Bamboo, Rattan, Palm Fiber & Straw Products	107.52	2.50	1.35	45 128.39
家具制造业	Manufacture of Furniture	102.41	4.99	1.56	62 833.45
造纸及纸制品业	Manufacture of Paper and Paper Products	99.27	3.78	1.69	64 850.29
印刷业和记录媒介的复制	Printing and Record Medium Reproduction	98.71	11.01	1.30	110 152.08
文教体育用品制造业	Manufacture of Cultural, Educational and Sports Articles	96.83	−0.12	1.76	32 119.98
石油加工、炼焦及核燃料加工业	Processing of Petroleum, Coking and Nuclear Fuel Processing	202.47	16.90	1.61	3 815 242.97
化学原料及化学制品制造业	Manufacture of Raw Chemical Materials and Chemical Products	100.05	8.42	1.36	171 740.00
医药制造业	Manufacture of Medicines	89.94	27.30	0.75	475 056.20
化学纤维制造业	Manufacture of Chemical Fibers	115.14	8.57	2.74	77 887.70
橡胶制品业	Manufacture of Rubber	95.98	9.21	1.49	50 041.80
塑料制品业	Manufacture of Plastics	100.38	3.43	1.88	64 444.51
非金属矿物制品业	Manufacture of Non−metallic Mineral Products	99.10	9.95	1.34	92 725.06
黑色金属冶炼及压延加工业	Smelting and Pressing of Ferrous Metals	99.71	4.79	2.21	293 422.74
有色金属冶炼及压延加工业	Smelting and Pressing of Nonferrous Metals	100.80	8.75	2.59	321 477.96
金属制品业	Manufacture of Metal Products	95.41	6.91	1.60	88 525.82
通用设备制造业	Manufacture of General−purpose Machinery	100.22	7.25	1.46	89 579.59
专用设备制造业	Manufacture of Special−purpose Machinery	95.16	9.30	1.18	108 840.33
交通运输设备制造业	Manufacture of Transport Equipment	97.93	7.73	1.20	88 077.72
电气机械及器材制造业	Manufacture of Electrical Machinery and Equipment	98.29	6.53	1.63	68 287.30
通信设备、计算机及其他电子设备制	Manufacture of Communication Equipment, Computers and Other Electronic Equipment	97.76	3.95	1.74	163 116.93
仪器仪表及文化、办公用机械制造业	Manufacture of Measuring Instrument and Machinery for Cultural Activity and Office.Work	97.42	5.79	1.77	79 076.32
工艺品及其他制造业	Manufacture of Artwork and Other Manufacturing	97.72	3.18	1.99	116 045.43
废弃资源和废旧材料回收工业	Recycling and Disposal of Waste	102.51	1.94	2.61	43 690.14
电力、热力的生产和供应业	Production and Supply of Electric Power and Heat Power	99.95	12.64	1.97	894 105.68
燃气生产和供应业	Production and Supply of Gas	100.06	29.54	2.07	6 353 126.68
水的生产和供应业	Production and Supply of Water	96.83	24.50	0.76	594 162.84

4-8 规模以上工业企业主要经济效益指标（二）

MAIN INDICATORS ON ECONOMIC BENEFIT OF INDUSTRIAL ENTERPRISES ABOVE DESIGNATED SIZE（2011）

指 标 名 称	Item	资产负债率(%) Rate of Liabilities to Capital(%)	总资产贡献率(%) Ratio of Total Assets to Industrial Output Value(%)	资本保值增值率（%） Assets Liability Ratio(%)	经济效益综合指数（%） Comprehensive Index(%)
总　　计	**Total**	**60.64**	**13.72**	**79.78**	**188.98**
一、按登记注册类型分	**Grouped by Registration**				
1．内资企业	Domestic Investment Enterprise	59.26	14.06	128.56	227.60
国有企业	State-owned	58.26	15.42	110.14	481.13
集体企业	Collective-owned	64.46	6.15	84.47	134.76
股份合作企业	Cooperative Shares Enterprise	69.82	9.15	55.75	1 165.76
联营企业	Joint owned	28.37	23.98	99.84	421.53
有限责任公司	Companies Limited with Liabilities	67.03	18.21	97.37	365.63
股份有限公司	Companies Limited by Shares	52.27	12.04	180.59	279.82
私营企业	Private	59.85	10.75	120.76	147.18
其他内资企业	Others	75.65	6.63	99.32	124.45
2．港、澳、台投资企业	Funded by Entrepreneur from Hongkong,Macao and Taiwan	63.00	16.70	81.73	192.79
3．外商投资企业	Foreign Funded	61.12	10.17	43.41	152.82
二、按轻、重工业分	**Grouped by Light and Heavy Industry**				
1．轻工业	Light Industry	55.36	11.17	99.93	152.44
2．重工业	Heavy Industry	62.47	14.60	73.74	207.79
三、按企业规模分	**Grouped by Size of Enterprises**				
1．大型企业	Large Enterprises	62.09	13.76	64.20	205.36
2．中型企业	Medium-sized Enterprises	58.48	15.54	107.56	207.07
3．小型企业	Small Enterprises	61.49	8.72	85.18	132.88
四、按工业行业大类分	**Grouped by Sector**				
煤炭开采和洗选业	Mining and Washing of Coal				
石油和天然气开采业	Extraction of Petroleum and Natural Gas	97.52	120.06	149.15	18 825.35
黑色金属矿采选业	Mining and Processing of Ferrous Metal Ores				
有色金属矿采选业	Mining and Processing of Nonferrous Metal Ores				
非金属矿采选业	Mining and Processing of Nonmetal Ores				
其他采矿业	Mining and Processing of Other Ores				
农副食品加工业	Processing of Food from Agricultural Products	63.01	15.23	41.17	248.71
食品制造业	Manufacture of Foods	61.96	6.40	90.95	124.94
饮料制造业	Manufacture of Beverages	51.69	19.77	75.25	246.76

4-8(二) 续表 continued

指 标 名 称	Item	资产负债率(%) Rate of Liabilities to Capital(%)	总资产贡献率(%) Ratio of Total Assets to Industrial Output Value(%)	资本保值增值率（%）Assets Liability Ratio(%)	经济效益综合指数（%）Comprehensive Index(%)
烟草制品业	Manufacture of Tobacco	14.36	83.22	107.05	2 603.86
纺织业	Manufacture of Textile	46.87	9.50	120.29	141.91
纺织服装、鞋、帽制造业	Manufacture of Textile Wearing Apparel,Footware and Caps	51.85	16.11	77.92	161.60
皮革、毛皮、羽毛（绒）及其制品业	Manufacture of Leather, Fur, Feather and Related Products	7.04	27.98	125.87	278.04
木材加工及木、竹、藤、棕、草制品业	Processing of Timber, Manufacture of Wood, Bamboo, Rattan, Palm Fiber & Straw Products	85.03	5.83	67.89	89.14
家具制造业	Manufacture of Furniture	55.39	8.56	112.53	130.50
造纸及纸制品业	Manufacture of Paper and Paper Products	48.94	6.74	87.25	123.22
印刷业和记录媒介的复制	Printing and Record Medium Reproduction	53.75	11.59	65.73	178.86
文教体育用品制造业	Manufacture of Cultural, Educational and Sports Articles	63.52	1.87	88.02	75.70
石油加工、炼焦及核燃料加工业	Processing of Petroleum, Coking and Nuclear Fuel Processing	48.86	27.66	86.39	2 497.93
化学原料及化学制品制造业	Manufacture of Raw Chemical Materials and Chemical Products	44.56	11.36	163.30	222.50
医药制造业	Manufacture of Medicines	28.69	15.86	142.63	480.53
化学纤维制造业	Manufacture of Chemical Fibers	28.49	24.22	125.06	205.55
橡胶制品业	Manufacture of Rubber	52.72	9.72	164.50	147.04
塑料制品业	Manufacture of Plastics	52.43	7.40	94.72	124.93
非金属矿物制品业	Manufacture of Non-metallic Mineral Products	55.43	9.87	80.68	162.98
黑色金属冶炼及压延加工业	Smelting and Pressing of Ferrous Metals	81.53	10.22	83.32	266.94
有色金属冶炼及压延加工业	Smelting and Pressing of Nonferrous Metals	86.86	21.67	69.03	320.73
金属制品业	Manufacture of Metal Products	51.21	10.24	95.93	155.05
通用设备制造业	Manufacture of General-purpose Machinery	48.56	11.15	129.78	163.24
专用设备制造业	Manufacture of Special-purpose Machinery	47.92	9.58	126.25	175.98
交通运输设备制造业	Manufacture of Transport Equipment	73.33	7.64	115.81	145.42
电气机械及器材制造业	Manufacture of Electrical Machinery and Equipment	56.06	9.84	94.43	139.55
通信设备、计算机及其他电子设备制造业	Manufacture of Communication Equipment, Computers and Other Electronic Equipment	63.76	12.77	62.79	187.34
仪器仪表及文化、办公用机械制造业	Manufacture of Measuring Instrument and Machinery for Cultural Activity and Office Work	52.02	10.57	93.72	147.11
工艺品及其他制造业	Manufacture of Artwork and Other Manufacturing	73.66	8.47	106.66	153.13
废弃资源和废旧材料回收工业	Recycling and Disposal of Waste	14.90	8.07	129.76	131.34
电力、热力的生产和供应业	Production and Supply of Electric Power and Heat Power	65.80	11.26	98.64	667.03
燃气生产和供应业	Production and Supply of Gas	53.39	24.20	108.50	4 069.51
水的生产和供应业	Production and Supply of Water	48.24	7.70	104.14	516.93

4-9 规模以上国有工业企业主要经济指标

MAIN ECONOMIC INDICATORS OF STATE-HOLDING INDUSTRIAL ENTERPRISES ABOVE DESIGNATED SIZE（2011）

单位：万元 （10 000 yuan）

项 目	Item	企业单位数(个) Number of Enterprises (unit)	工业总产值(当年价) Gross Industrial Output Value (at current prices)
全市总计	**Total**	**37**	**6 602 681**
按轻重工业分	Grouped by Light and Heavy Industries		
轻工业	Light Industry	16	835 974
重工业	Heavy Industry	21	5 766 707
按企业规模分	Grouped by Size of Enterprises		
大型企业	Large Enterprises	2	4 391 425
中型企业	Medium-sized Enterprises	13	1 457 561
小型企业	Small Enterprises	22	753 695
按行业分	Grouped by Sector		
煤炭开采和洗选业	Mining and Washing of Coal		
石油和天然气开采业	Extraction of Petroleum and Natural Gas	1	145 452
黑色金属矿采选业	Mining and Processing of Ferrous Metal Ores		
有色金属矿采选业	Mining and Processing of Nonferrous Metal Ores		
非金属矿采选业	Mining and Processing of Nonmetal Ores		
其他矿采选业	Mining and Processing of Other Ores		
农副食品加工业	Processing of Food from Agricultural Products		
食品制造业	Manufacture of Foods		
饮料制造业	Manufacture of Beverages		
烟草制品业	Manufacture of Tobacco	1	487 338
纺织业	Manufacture of Textile	1	2 505
纺织服装、鞋、帽制造业	Manufacture of Textile Wearing Apparel,Footware and Caps		
皮革、毛皮、羽毛(绒)及其制品业	Manufacture of Leather, Fur, Feather and Related Products		
木材加工及木、竹、藤、棕、草制品业	Processing of Timber, Manufacture of Wood, Bamboo, Rattan, Palm Fiber & Straw Products		
家具制造业	Manufacture of Furniture		
造纸及纸制品业	Manufacture of Paper and Paper Products	1	22 197
印刷业和记录媒介的复制	Printing and Record Medium Reproduction	5	74 799
文教体育用品制造业	Manufacture of Cultural, Educational and Sports Articles		
石油加工、炼焦及核燃料加工业	Processing of Petroleum, Coking and Nuclear Fuel Processing		
化学原料及化学制品制造业	Manufacture of Raw Chemical Materials and Chemical Products	1	5 403
医药制造业	Manufacture of Medicines	1	144 008
化学纤维制造业	Manufacture of Chemical Fibers		
橡胶制品业	Manufacture of Rubber		
塑料制品业	Manufacture of Plastics	2	27 828
非金属矿物制品业	Manufacture of Non-metallic Mineral Products		
黑色金属冶炼及压延加工业	Smelting and Pressing of Ferrous Metals		
有色金属冶炼及压延加工业	Smelting and Pressing of Nonferrous Metals		
金属制品业	Manufacture of Metal Products	2	31 375
通用设备制造业	Manufacture of General purpose Machinery	1	89 357
专用设备制造业	Manufacture of Special-purpose Machinery		
交通运输设备制造业	Manufacture of Transport Equipment		
电气机械及器材制造业	Manufacture of Electrical Machinery and Equipment	2	10 377
通信设备、计算机及其他电子设备制造业	Manufacture of Communication Equipment, Computers and Other Electronic Equipment	7	225 366
仪器仪表及文化、办公用机械制造业	Manufacture of Measuring Instrument and Machinery for Cultural Activity and Office Work		
工艺品及其他制造业	Manufacture of Artwork and Other Manufacturing		
废弃资源和废旧材料回收加工业	Recycling and Disposal of Waste		
电力、热力的生产和供应业	Production and Supply of Electric Power and Heat Power	5	5 231 550
燃气生产和供应业	Production and Supply of Gas		
水的生产和供应业	Production and Supply of Water	7	105 126

4-9 续表 continued

工业增加值 Value-added of Industry	资产总计 Total Assets	流动资产合计 Total Working Capital	固定资产净值 Net Value of Fixed Assets	主营业务收入 Principal Business Revenue	主营业务税金及附加 Tax and Other Charges on Principal Business	利润总额 Total Profits	利税总额 Total Pre-tax Profits	本年应交增值税 Value-added Tax Payable in Current Year	全部从业人员年平均人数(人) Annual Average Number of Employed Persons (persons)
2 161 914	**8 861 660**	**1 879 084**	**5 918 919**	**6 568 179**	**267 897**	**498 042**	**1 192 957**	**403 724**	**35 746**
559 616	1 053 015	651 326	263 377	814 945	248 750	98 359	432 176	84 983	5 258
1 602 298	7 808 645	1 227 758	5 655 542	5 753 234	19 147	399 683	760 781	318 741	30 488
1 023 941	4 509 533	357 287	3 460 809	4 391 425	228	120 017	332 955	189 520	23 171
786 276	3 345 296	1 194 774	1 845 857	1 435 232	259 396	310 313	745 256	175 516	9 031
351 697	1 006 831	327 023	612 253	741 522	8 273	67 712	114 746	38 688	3 544
144 881	74 596	65 787	4 801	145 452	3 482	21 999	25 481		240
406 001	419 854	319 345	95 064	485 852	246 192	70 718	382 039	65 130	591
1 080	2 384	2 107	64	2 997	30	114	294	150	120
2 755	16 079	11 430	1 686	22 197	69	879	1 525	576	260
39 119	90 583	70 075	17 763	70 116	448	9 849	14 053	3 756	1 227
975	3 748	3 051	181	7 565	50	868	1 336	418	62
63 044	110 496	81 847	20 661	139 231	1 278	22 060	33 230	9 892	1 210
6 311	126 336	44 445	939	26 988	50	3 010	3 165	93	459
2 549	16 078	14 719	1 344	31 303	7	60	154	87	234
20 805	62 922	49 427	12 932	89 357	228	3 754	5 099	1 117	3 535
4 903	15 334	9 217	5 383	10 373	95	58	153		371
48 210	277 762	153 979	67 661	216 876	461	1 770	7 811	5 572	4 599
1 373 664	7 231 869	887 133	5 562 301	5 225 320	14 774	368 165	717 582	311 453	20 988
47 617	413 619	166 522	128 139	94 552	733	−5 262	1 035	5 480	1 850

4-10 规模以上集体工业企业主要经济指标

MAIN ECONOMIC INDICATORS OF COLLECTIVE-OWNED INDUSTRIAL ENTERPRISES ABOVE DESIGNATED SIZE （2011）

单位：万元 （10 000 yuan）

项　目	Item	企业单位数(个) Number of Enterprises (unit)	工业总产值(当年价) Gross Industrial Output Value (at current prices)
全市总计	**Total**	**50**	**848 830**
按轻重工业分	Grouped by Light and Heavy Industries		
轻工业	Light Industry	31	654 791
重工业	Heavy Industry	19	194 039
按企业规模分	Grouped by Size of Enterprises		
大型企业	Large Enterprises		
中型企业	Medium-sized Enterprises	19	541 640
小型企业	Small Enterprises	31	307 190
按行业分	Grouped by Sector		
煤炭开采和洗选业	Mining and Washing of Coal		
石油和天然气开采业	Extraction of Petroleum and Natural Gas		
黑色金属矿采选业	Mining and Processing of Ferrous Metal Ores		
有色金属矿采选业	Mining and Processing of Nonferrous Metal Ores		
非金属矿采选业	Mining and Processing of Nonmetal Ores		
其他矿采选业	Mining and Processing of Other Ores		
农副食品加工业	Processing of Food from Agricultural Products		
食品制造业	Manufacture of Foods		
饮料制造业	Manufacture of Beverages		
烟草制品业	Manufacture of Tobacco		
纺织业	Manufacture of Textile	3	80 714
纺织服装、鞋、帽制造业	Manufacture of Textile Wearing Apparel,Footware and Caps	4	62 585
皮革、毛皮、羽毛(绒)及其制品业	Manufacture of Leather, Fur, Feather and Related Products	1	4 775
木材加工及木、竹、藤、棕、草制品业	Processing of Timber, Manufacture of Wood, Bamboo, Rattan, Palm Fiber & Straw Products		
家具制造业	Manufacture of Furniture		
造纸及纸制品业	Manufacture of Paper and Paper Products	3	59 958
印刷业和记录媒介的复制	Printing and Record Medium Reproduction		
文教体育用品制造业	Manufacture of Cultural, Educational and Sports Articles	4	47 332
石油加工、炼焦及核燃料加工业	Processing of Petroleum, Coking and Nuclear Fuel Processing		
化学原料及化学制品制造业	Manufacture of Raw Chemical Materials and Chemical Products		
医药制造业	Manufacture of Medicines		
化学纤维制造业	Manufacture of Chemical Fibers		
橡胶制品业	Manufacture of Rubber		
塑料制品业	Manufacture of Plastics	12	189 720
非金属矿物制品业	Manufacture of Non-metallic Mineral Products	1	13 964
黑色金属冶炼及压延加工业	Smelting and Pressing of Ferrous Metals		
有色金属冶炼及压延加工业	Smelting and Pressing of Nonferrous Metals		
金属制品业	Manufacture of Metal Products	2	10 207
通用设备制造业	Manufacture of General-purpose Machinery	2	8 979
专用设备制造业	Manufacture of Special-purpose Machinery	1	12 040
交通运输设备制造业	Manufacture of Transport Equipment		
电气机械及器材制造业	Manufacture of Electrical Machinery and Equipment	9	252 922
通信设备、计算机及其他电子设备制造业	Manufacture of Communication Equipment, Computers and Other Electronic Equipment	5	48 889
仪器仪表及文化、办公用机械制造业	Manufacture of Measuring Instrument and Machinery for Cultural Activity and Office Work	3	56 745
工艺品及其他制造业	Manufacture of Artwork and Other Manufacturing		
废弃资源和废旧材料回收加工业	Recycling and Disposal of Waste		
电力、热力的生产和供应业	Production and Supply of Electric Power and Heat Power		
燃气生产和供应业	Production and Supply of Gas		
水的生产和供应业	Production and Supply of Water		

4-10 续表 continued

工业增加值 Value-added of Industry	资产总计 Total Assets	流动资产合计 Total Working Capital	固定资产净值 Net Value of Fixed Assets	主营业务收入 Principal Business Revenue	主营业务税金及附加 Tax and Other Charges on Principal Business	利润总额 Total Profits	利税总额 Total Pre-tax Profits	本年应交增值税 Value-added Tax Payable in Current Year	全部从业人员年平均人数(人) Annual Average Number of Employed Persons (persons)
360 250	**308 848**	**143 591**	**88 121**	**855 678**	**609**	**15 570**	**17 412**	**1 097**	**59 541**
296 077	207 579	82 260	73 164	665 057	579	10 362	11 894	817	46 528
64 173	101 269	61 331	14 957	190 621	30	5 208	5 518	280	13 013
274 541	226 456	94 138	66 636	550 637	464	7 915	9 290	775	40 615
85 709	82 392	49 453	21 485	305 041	145	7 655	8 122	322	18 926
28 644	31 861	9 729	10 148	89 563	43	1 984	2 178	16	8 243
26 157	18 707	8 080	6 383	62 585		627	627		7 391
1 201	4 451	2 026	597	5 086		−214	−214		2 496
15 389	26 747	9 848	12 776	59 958	73	1 991	2 195	132	1 465
16 642	24 434	15 924	8 475	47 201	281	1 431	1 721	9	4 907
70 479	75 549	17 220	26 877	192 840	12	3 900	4 058	145	13 260
1 769	13 031	6 147	6 671	15 138	93	−598	118	623	321
2 590	6 661	3 676	127	10 617		9	9		1 481
2 186	595	595		9 092		396	396		962
10 993	3 690	650	3 040	12 040		666	666		2 200
162 713	82 314	52 880	10 622	249 660	93	2 579	2 727	55	13 420
9 870	17 601	14 462	2 142	45 237	14	2 131	2 263	117	1 587
11 617	3 207	2 354	263	56 661		668	668		1 808

4-11 规模以上股份合作工业企业主要经济指标

MAIN ECONOMIC INDICATORS OF SHARE-HOLDING COOPERATIVE INDUSTRIAL ENTERPRISES ABOVE DESIGNATED SIZE（2011）

单位：万元 （10 000 yuan）

项　目	Item	企业单位数（个） Number of Enterprises (unit)	工业总产值（当年价） Gross Industrial Output Value (at current prices)
全市总计	**Total**	**3**	**82 095**
按轻重工业分	Grouped by Light and Heavy Industries		
轻工业	Light Industry	2	73 415
重工业	Heavy Industry	1	8 680
按企业规模分	Grouped by Size of Enterprises		
大型企业	Large Enterprises		
中型企业	Medium-sized Enterprises		
小型企业	Small Enterprises	3	82 095
按行业分	Grouped by Sector		
煤炭开采和洗选业	Mining and Washing of Coal		
石油和天然气开采业	Extraction of Petroleum and Natural Gas		
黑色金属矿采选业	Mining and Processing of Ferrous Metal Ores		
有色金属矿采选业	Mining and Processing of Nonferrous Metal Ores		
非金属矿采选业	Mining and Processing of Nonmetal Ores		
其他矿采选业	Mining and Processing of Other Ores		
农副食品加工业	Processing of Food from Agricultural Products		
食品制造业	Manufacture of Foods		
饮料制造业	Manufacture of Beverages		
烟草制品业	Manufacture of Tobacco		
纺织业	Manufacture of Textile		
纺织服装、鞋、帽制造业	Manufacture of Textile Wearing Apparel,Footware and Caps		
皮革、毛皮、羽毛(绒)及其制品业	Manufacture of Leather, Fur, Feather and Related Products		
木材加工及木、竹、藤、棕、草制品业	Processing of Timber, Manufacture of Wood, Bamboo, Rattan, Palm Fiber & Straw Products		
家具制造业	Manufacture of Furniture		
造纸及纸制品业	Manufacture of Paper and Paper Products		
印刷业和记录媒介的复制	Printing and Record Medium Reproduction	1	71 102
文教体育用品制造业	Manufacture of Cultural, Educational and Sports Articles		
石油加工、炼焦及核燃料加工业	Processing of Petroleum, Coking and Nuclear Fuel Processing		
化学原料及化学制品制造业	Manufacture of Raw Chemical Materials and Chemical Products		
医药制造业	Manufacture of Medicines		
化学纤维制造业	Manufacture of Chemical Fibers		
橡胶制品业	Manufacture of Rubber		
塑料制品业	Manufacture of Plastics		
非金属矿物制品业	Manufacture of Non-metallic Mineral Products	1	8 680
黑色金属冶炼及压延加工业	Smelting and Pressing of Ferrous Metals		
有色金属冶炼及压延加工业	Smelting and Pressing of Nonferrous Metals		
金属制品业	Manufacture of Metal Products		
通用设备制造业	Manufacture of General-purpose Machinery		
专用设备制造业	Manufacture of Special-purpose Machinery		
交通运输设备制造业	Manufacture of Transport Equipment		
电气机械及器材制造业	Manufacture of Electrical Machinery and Equipment	1	2 313
通信设备、计算机及其他电子设备制造业	Manufacture of Communication Equipment, Computers and Other Electronic Equipment		
仪器仪表及文化、办公用机械制造业	Manufacture of Measuring Instrument and Machinery for Cultural Activity and Office Work		
工艺品及其他制造业	Manufacture of Artwork and Other Manufacturing		
废弃资源和废旧材料回收加工业	Recycling and Disposal of Waste		
电力、热力的生产和供应业	Production and Supply of Electric Power and Heat Power		
燃气生产和供应业	Production and Supply of Gas		
水的生产和供应业	Production and Supply of Water		

4-11 续表 continued

工业增加值 Value-added of Industry	资产总计 Total Assets	流动资产合计 Total Working Capital	固定资产净值 Net Value of Fixed Assets	主营业务收入 Principal Business Revenue	主营业务税金及附加 Tax and Other Charges on Principal Business	利润总额 Total Profits	利税总额 Total Pre-tax Profits	本年应交增值税 Value-added Tax Payable in Current Year	全部从业人员年平均人数(人) Annual Average Number of Employed Persons (persons)
-19 129	**143 120**	**47 546**	**18 076**	**91 823**	**232**	**10 457**	**10 705**	**17**	**185**
-20 465	135 047	40 050	17 663	82 912	229	10 177	10 417	11	40
1 336	8 073	7 496	413	8 911	3	280	288	6	145
-19 129	143 120	47 546	18 076	91 823	232	10 457	10 705	17	185
-20 942	131 658	36 719	17 663	80 578	218	10 072	10 291		
1 335	8 073	7 497	413	8 912	3	280	288	6	145
478	3 389	3 330		2 333	11	105	126	11	40

4-12 规模以上股份制工业企业主要经济指标

MAIN ECONOMIC INDICATORS OF SHARE-HOLDING INDUSTRIAL ENTERPRISES ABOVE DESIGNATED SIZE（2011）

单位：万元 （10 000 yuan）

项 目	Item	企业单位数（个）Number of Enterprises (unit)	工业总产值（当年价）Gross Industrial Output Value (at current prices)
全市总计	**Total**	**2 715**	**72 837 412**
按轻重工业分	Grouped by Light and Heavy Industries		
轻工业	Light Industry	1 028	18 601 681
重工业	Heavy Industry	1 687	54 235 731
按企业规模分	Grouped by Size of Enterprises		
大型企业	Large Enterprises	42	37 008 484
中型企业	Medium-sized Enterprises	597	21 437 403
小型企业	Small Enterprises	2 076	14 391 525
按行业分	Grouped by Sector		
煤炭开采和洗选业	Mining and Washing of Coal		
石油和天然气开采业	Extraction of Petroleum and Natural Gas		
黑色金属矿采选业	Mining and Processing of Ferrous Metal Ores		
有色金属矿采选业	Mining and Processing of Nonferrous Metal Ores		
非金属矿采选业	Mining and Processing of Nonmetal Ores		
其他矿采选业	Mining and Processing of Other Ores		
农副食品加工业	Processing of Food from Agricultural Products	15	327 821
食品制造业	Manufacture of Foods	11	159 559
饮料制造业	Manufacture of Beverages	4	37 877
烟草制品业	Manufacture of Tobacco	1	65 932
纺织业	Manufacture of Textile	22	206 601
纺织服装、鞋、帽制造业	Manufacture of Textile Wearing Apparel,Footware and Caps	67	704 207
皮革、毛皮、羽毛(绒)及其制品业	Manufacture of Leather, Fur, Feather and Related Products	19	203 323
木材加工及木、竹、藤、棕、草制品业	Processing of Timber, Manufacture of Wood, Bamboo, Rattan, Palm Fiber & Straw Products	18	87 304
家具制造业	Manufacture of Furniture	62	601 952
造纸及纸制品业	Manufacture of Paper and Paper Products	83	683 893
印刷业和记录媒介的复制	Printing and Record Medium Reproduction	68	525 713
文教体育用品制造业	Manufacture of Cultural, Educational and Sports Articles	23	155 471
石油加工、炼焦及核燃料加工业	Processing of Petroleum, Coking and Nuclear Fuel Processing	2	16 868
化学原料及化学制品制造业	Manufacture of Raw Chemical Materials and Chemical Products	94	910 207
医药制造业	Manufacture of Medicines	19	923 025
化学纤维制造业	Manufacture of Chemical Fibers	3	17 214
橡胶制品业	Manufacture of Rubber	21	91 715
塑料制品业	Manufacture of Plastics	186	1 289 500
非金属矿物制品业	Manufacture of Non-metallic Mineral Products	67	739 461
黑色金属冶炼及压延加工业	Smelting and Pressing of Ferrous Metals	5	235 052
有色金属冶炼及压延加工业	Smelting and Pressing of Nonferrous Metals	17	1 461 434
金属制品业	Manufacture of Metal Products	181	1 270 862
通用设备制造业	Manufacture of General-purpose Machinery	92	764 835
专用设备制造业	Manufacture of Special-purpose Machinery	149	2 070 469
交通运输设备制造业	Manufacture of Transport Equipment	29	824 315
电气机械及器材制造业	Manufacture of Electrical Machinery and Equipment	448	6 110 255
通信设备、计算机及其他电子设备制造业	Manufacture of Communication Equipment, Computers and Other Electronic Equipment	787	43 919 603
仪器仪表及文化、办公用机械制造业	Manufacture of Measuring Instrument and Machinery for Cultural Activity and Office Work	73	1 259 475
工艺品及其他制造业	Manufacture of Artwork and Other Manufacturing	128	6 403 431
废弃资源和废旧材料回收加工业	Recycling and Disposal of Waste	1	8 533
电力、热力的生产和供应业	Production and Supply of Electric Power and Heat Power	7	612 600
燃气生产和供应业	Production and Supply of Gas		
水的生产和供应业	Production and Supply of Water	13	148 905

4-12 续表 continued

工业增加值 Value-added of Industry	资产总计 Total Assets	流动资产合计 Total Working Capital	固定资产净值 Net Value of Fixed Assets	主营业务收入 Principal Business Revenue	主营业务税金及附加 Tax and Other Charges on Principal Business	利润总额 Total Profits	利税总额 Total Pre-tax Profits	本年应交增值税 Value-added Tax Payable in Current Year	全部从业人员年平均人数(人) Annual Average Number of Employed Persons (persons)
21 832 464	**76 464 156**	**57 927 000**	**9 317 119**	**73 499 325**	**504 810**	**4 776 998**	**10 004 686**	**4 717 348**	**1 083 141**
3 441 068	16 300 440	12 301 241	1 628 994	18 508 905	54 834	1 047 202	1 469 105	363 121	345 712
18 391 396	60 163 716	45 625 759	7 688 125	54 990 420	449 976	3 729 796	8 535 581	4 354 227	737 429
13 373 022	41 228 467	33 762 194	3 040 864	38 063 617	385 125	2 397 412	6 778 865	3 996 201	355 775
5 044 077	22 741 394	14 473 786	4 846 331	20 792 667	74 444	1 730 968	2 219 635	410 656	413 475
3 415 365	12 494 295	9 691 020	1 429 924	14 643 041	45 241	648 618	1 006 186	310 491	313 891
58 639	196 425	136 362	37 987	347 812	87	9 511	10 212	613	2 687
37 813	224 931	76 486	17 335	150 017	506	4 834	11 696	6 305	8 200
10 546	39 728	25 568	6 819	60 054	134	1 422	2 627	1 071	1 209
29 820	62 604	38 727	21 739	53 469		14 059	18 517	3 976	583
24 124	261 265	176 761	25 052	271 156	1 557	30 915	44 777	12 304	6 824
335 554	526 049	402 762	57 595	653 415	5 137	51 283	83 227	26 752	25 506
54 864	80 484	64 349	12 136	203 540	649	2 372	7 914	4 524	10 131
13 134	93 476	73 668	5 163	96 688	239	3 642	5 155	1 269	2 184
134 022	518 618	374 005	63 303	597 592	2 257	28 695	47 363	16 390	20 316
150 991	560 498	374 107	67 995	676 784	1 892	39 456	54 301	12 922	17 036
179 561	671 660	393 375	136 935	519 804	2 507	57 306	79 239	19 382	15 250
66 789	112 346	97 803	12 347	158 268	565	1 026	4 299	2 669	7 348
−7 016	4 362	3 635	727	16 878	56	455	1 004	492	109
246 317	1 081 888	740 694	83 213	926 554	3 460	91 351	128 142	33 272	12 564
373 733	1 899 080	1 388 068	83 231	782 163	6 408	195 139	243 173	39 657	5 335
5 200	9 905	7 324	2 581	20 443	96	1 867	2 202	239	1 050
32 806	434 372	158 564	63 340	94 216	675	44 887	48 168	2 559	3 397
341 220	1 064 021	751 289	203 346	1 266 541	3 380	51 996	82 796	27 355	44 264
276 707	1 156 540	712 577	265 393	729 363	8 539	107 697	127 629	11 313	15 608
21 136	162 784	110 768	28 249	234 279	88	−6 261	−5 677	481	786
201 395	441 675	383 081	21 903	1 461 068	2 278	144 007	155 666	9 381	2 868
375 210	1 192 040	844 277	165 604	1 269 361	6 009	58 189	95 647	31 348	39 189
240 230	796 662	647 044	66 560	710 897	3 125	64 845	90 895	22 921	19 939
739 827	3 021 264	2 146 343	406 394	1 988 035	15 158	355 747	459 813	88 365	53 364
201 769	786 528	570 314	82 523	806 366	2 884	70 467	87 746	14 304	14 526
1 543 696	5 529 580	4 071 327	612 013	5 971 741	19 390	374 206	523 725	129 460	153 861
14 866 778	46 551 638	38 192 187	3 548 655	45 061 645	402 553	2 637 191	7 139 082	4 098 827	536 195
356 254	1 630 893	1 230 875	400 018	1 147 830	5 826	116 530	151 753	29 336	27 168
527 806	3 153 265	2 749 863	403 402	6 530 708	4 514	110 882	155 977	40 382	32 568
744	7 007	3 784	3 223	8 863	10	260	384	114	25
324 175	3 917 269	930 290	2 986 979	546 235	3 870	103 255	129 582	22 458	1 256
68 620	275 299	50 723	224 576	137 540	961	9 767	17 652	6 907	1 795

4-13 规模以上“三资”工业企业主要经济指标

MAIN ECONOMIC INDICATORS OF FOREIGN-FUNDED INDUSTRIAL ENTERPRISES ABOVE DESIGNATED SIZE（2011）

单位：万元 （10 000 yuan）

项 目	Item	企业单位数（个）Number of Enterprises (unit)	工业总产值（当年价）Gross Industrial Output Value (at current prices)
全市总计	**Total**	**2 746**	**122 053 424**
按轻重工业分	Grouped by Light and Heavy Industries		
轻工业	Light Industry	1 239	30 431 370
重工业	Heavy Industry	1 507	91 622 054
按企业规模分	Grouped by Size of Enterprises		
大型企业	Large Enterprises	113	64 939 027
中型企业	Medium-sized Enterprises	955	43 188 089
小型企业	Small Enterprises	1 678	13 926 308
按行业分	Grouped by Sector		
煤炭开采和洗选业	Mining and Washing of Coal		
石油和天然气开采业	Extraction of Petroleum and Natural Gas	3	4 300 732
黑色金属矿采选业	Mining and Processing of Ferrous Metal Ores		
有色金属矿采选业	Mining and Processing of Nonferrous Metal Ores		
非金属矿采选业	Mining and Processing of Nonmetal Ores		
其他矿采选业	Mining and Processing of Other Ores		
农副食品加工业	Processing of Food from Agricultural Products	15	1 220 065
食品制造业	Manufacture of Foods	26	362 146
饮料制造业	Manufacture of Beverages	11	737 492
烟草制品业	Manufacture of Tobacco		
纺织业	Manufacture of Textile	36	615 447
纺织服装、鞋、帽制造业	Manufacture of Textile Wearing Apparel,Footware and Caps	124	1 097 322
皮革、毛皮、羽毛(绒)及其制品业	Manufacture of Leather, Fur, Feather and Related Products	34	1 100 688
木材加工及木、竹、藤、棕、草制品业	Processing of Timber, Manufacture of Wood, Bamboo, Rattan, Palm Fiber & Straw Products	8	37 470
家具制造业	Manufacture of Furniture	60	746 323
造纸及纸制品业	Manufacture of Paper and Paper Products	73	724 808
印刷业和记录媒介的复制	Printing and Record Medium Reproduction	54	768 045
文教体育用品制造业	Manufacture of Cultural, Educational and Sports Articles	98	1 042 495
石油加工、炼焦及核燃料加工业	Processing of Petroleum, Coking and Nuclear Fuel Processing	5	188 593
化学原料及化学制品制造业	Manufacture of Raw Chemical Materials and Chemical Products	71	1 310 440
医药制造业	Manufacture of Medicines	18	636 902
化学纤维制造业	Manufacture of Chemical Fibers	1	2 821
橡胶制品业	Manufacture of Rubber	33	500 659
塑料制品业	Manufacture of Plastics	243	3 385 606
非金属矿物制品业	Manufacture of Non-metallic Mineral Products	40	1 252 276
黑色金属冶炼及压延加工业	Smelting and Pressing of Ferrous Metals	8	241 350
有色金属冶炼及压延加工业	Smelting and Pressing of Nonferrous Metals	26	584 281
金属制品业	Manufacture of Metal Products	169	3 054 664
通用设备制造业	Manufacture of General-purpose Machinery	77	1 258 989
专用设备制造业	Manufacture of Special-purpose Machinery	148	2 453 426
交通运输设备制造业	Manufacture of Transport Equipment	79	2 510 454
电气机械及器材制造业	Manufacture of Electrical Machinery and Equipment	380	9 285 319
通信设备、计算机及其他电子设备制造业	Manufacture of Communication Equipment, Computers and Other Electronic Equipment	704	70 823 410
仪器仪表及文化、办公用机械制造业	Manufacture of Measuring Instrument and Machinery for Cultural Activity and Office Work	120	4 521 233
工艺品及其他制造业	Manufacture of Artwork and Other Manufacturing	71	4 610 974
废弃资源和废旧材料回收加工业	Recycling and Disposal of Waste	1	4 599
电力、热力的生产和供应业	Production and Supply of Electric Power and Heat Power	6	1 410 867
燃气生产和供应业	Production and Supply of Gas	1	680 070
水的生产和供应业	Production and Supply of Water	3	583 458

工业增加值 Value-added of Industry	资产总计 Total Assets	流动资产合计 Total Working Capital	固定资产净值 Net Value of Fixed Assets	主营业务收入 Principal Business Revenue	主营业务税金及附加 Tax and Other Charges on Principal Business	利润总额 Total Profits	利税总额 Total Pre-tax Profits	本年应交增值税 Value-added Tax Payable in Current Year	全部从业人员年平均人数(人) Annual Average Number of Employed Persons (persons)
28 452 266	**86 060 834**	**57 662 879**	**18 494 409**	**122 754 614**	**639 969**	**7 616 434**	**10 984 566**	**2 715 447**	**2 181 562**
7 881 368	26 711 600	18 434 184	3 892 154	30 492 057	113 358	1 854 145	2 635 704	660 142	761 115
20 570 898	59 349 234	39 228 695	14 602 255	92 262 557	526 611	5 762 289	8 348 862	2 055 305	1 420 447
11 853 500	37 046 290	25 371 762	7 419 635	64 063 331	119 203	2 212 618	3 692 028	1 356 935	975 132
13 440 720	38 367 612	24 049 728	9 444 471	44 637 695	463 012	4 931 694	6 505 347	1 106 477	862 248
3 158 046	10 646 932	8 241 389	1 630 303	14 053 588	57 754	472 122	787 191	252 035	344 182
4 002 268	2 831 508	185 845	2 645 545	5 747 419	336 020	2 771 158	3 464 868	357 689	1 097
222 272	869 256	745 735	90 929	1 313 845	1 584	42 666	139 656	95 407	6 037
137 895	434 983	273 845	54 619	341 548	2 242	15 927	28 398	9 725	10 055
202 194	508 837	269 037	196 453	795 067	21 361	45 251	104 566	37 303	9 147
130 350	445 553	312 682	106 690	587 994	2 248	13 756	18 947	2 943	25 455
499 016	882 917	686 588	123 802	1 026 672	7 088	111 047	140 796	22 657	69 876
573 800	1 099 420	759 086	62 369	1 108 286	6 261	250 143	323 607	64 528	33 826
10 201	30 893	27 389	3 045	40 223	173	−315	153	294	1 983
172 780	772 938	519 294	157 399	775 227	3 159	37 010	56 128	15 959	29 826
137 649	654 236	482 598	120 651	723 599	1 326	12 599	21 944	8 005	24 829
244 123	880 491	605 380	190 389	758 508	2 642	68 475	92 804	21 679	23 978
317 047	828 098	585 521	183 568	1 024 859	3 681	−4 349	9 221	9 726	97 248
−78 438	330 763	260 545	69 631	406 969	14 234	58 916	91 505	18 323	227
223 442	1 231 046	922 279	157 744	1 325 849	4 246	87 170	120 611	29 194	13 369
297 111	829 758	548 161	162 316	582 430	5 968	107 848	165 450	49 383	6 742
852	1 946	1 306	639	3 205	9	44	667	614	72
116 426	311 101	236 833	62 310	493 262	2 912	8 816	19 404	7 657	18 133
938 843	2 614 146	1 769 023	630 933	3 397 171	12 097	102 240	182 198	67 819	139 287
389 258	1 342 439	796 935	366 411	1 278 563	5 521	70 494	99 420	22 787	45 203
57 508	136 994	104 703	26 140	241 567	75	27 573	30 988	3 340	929
100 035	487 265	417 260	38 434	613 213	938	29 996	37 818	6 883	6 070
960 124	2 617 761	1 741 128	588 345	2 867 614	13 070	212 336	274 223	48 330	64 937
488 906	1 052 096	760 819	172 471	1 340 426	5 783	76 283	106 438	24 271	30 849
761 783	2 959 470	1 503 952	1 137 509	2 332 675	10 136	22 094	67 644	34 626	61 859
696 051	3 726 402	2 052 144	981 639	2 342 715	7 167	163 547	201 705	30 593	73 294
2 175 198	8 052 864	5 363 658	1 473 497	9 148 105	22 683	580 092	700 931	97 401	286 810
11 392 760	37 575 305	27 655 369	6 544 746	69 961 065	109 935	1 587 679	3 142 487	1 442 098	969 730
1 617 189	2 499 361	1 973 437	336 498	4 481 236	10 822	200 523	261 691	49 953	97 956
551 574	3 314 611	3 077 254	129 768	5 048 925	8 560	244 546	303 627	50 486	25 869
1 565	2 777	1 372	1 384	4 599	43	−5	405	367	330
550 818	2 667 888	1 826 527	598 741	1 408 724	7 259	358 965	407 855	41 631	2 680
256 744	869 767	303 673	538 138	627 906	4 268	152 859	192 583	35 457	371
304 922	3 197 944	893 501	541 656	605 148	6 458	161 050	175 828	8 319	3 488

4-14 规模以上私营工业企业主要经济指标

MAIN ECONOMIC INDICATORS OF PRIVATE INDUSTRIAL ENTERPRISES ABOVE DESIGNATED SIZE（2011）

单位：万元 （10 000 yuan）

项　目	Item	企业单位数（个）Number of Enterprises (unit)	工业总产值（当年价）Gross Industrial Output Value (at current prices)
全市总计	**Total**	**2 308**	**27 273 196**
按轻重工业分	Grouped by Light and Heavy Industries		
轻工业	Light Industry	903	12 546 105
重工业	Heavy Industry	1 405	14 727 091
按企业规模分	Grouped by Size of Enterprises		
大型企业	Large Enterprises	12	1 981 089
中型企业	Medium-sized Enterprises	432	13 657 383
小型企业	Small Enterprises	1 864	11 634 724
按行业分	Grouped by Sector		
煤炭开采和洗选业	Mining and Washing of Coal		
石油和天然气开采业	Extraction of Petroleum and Natural Gas		
黑色金属矿采选业	Mining and Processing of Ferrous Metal Ores		
有色金属矿采选业	Mining and Processing of Nonferrous Metal Ores		
非金属矿采选业	Mining and Processing of Nonmetal Ores		
其他矿采选业	Mining and Processing of Other Ores		
农副食品加工业	Processing of Food from Agricultural Products	9	103 454
食品制造业	Manufacture of Foods	10	77 425
饮料制造业	Manufacture of Beverages	3	22 605
烟草制品业	Manufacture of Tobacco		
纺织业	Manufacture of Textile	21	196 697
纺织服装、鞋、帽制造业	Manufacture of Textile Wearing Apparel,Footware and Caps	58	489 338
皮革、毛皮、羽毛(绒)及其制品业	Manufacture of Leather, Fur, Feather and Related Products	21	231 502
木材加工及木、竹、藤、棕、草制品业	Processing of Timber, Manufacture of Wood, Bamboo, Rattan, Palm Fiber & Straw Products	17	83 341
家具制造业	Manufacture of Furniture	59	518 213
造纸及纸制品业	Manufacture of Paper and Paper Products	79	606 768
印刷业和记录媒介的复制	Printing and Record Medium Reproduction	68	394 628
文教体育用品制造业	Manufacture of Cultural, Educational and Sports Articles	23	155 471
石油加工、炼焦及核燃料加工业	Processing of Petroleum, Coking and Nuclear Fuel Processing	2	18 940
化学原料及化学制品制造业	Manufacture of Raw Chemical Materials and Chemical Products	80	585 552
医药制造业	Manufacture of Medicines	8	290 240
化学纤维制造业	Manufacture of Chemical Fibers	3	17 214
橡胶制品业	Manufacture of Rubber	20	89 340
塑料制品业	Manufacture of Plastics	169	1 067 441
非金属矿物制品业	Manufacture of Non-metallic Mineral Products	48	291 108
黑色金属冶炼及压延加工业	Smelting and Pressing of Ferrous Metals	3	59 350
有色金属冶炼及压延加工业	Smelting and Pressing of Nonferrous Metals	15	1 380 906
金属制品业	Manufacture of Metal Products	154	939 119
通用设备制造业	Manufacture of General-purpose Machinery	84	502 431
专用设备制造业	Manufacture of Special-purpose Machinery	128	929 095
交通运输设备制造业	Manufacture of Transport Equipment	22	283 764
电气机械及器材制造业	Manufacture of Electrical Machinery and Equipment	382	3 787 391
通信设备、计算机及其他电子设备制造业	Manufacture of Communication Equipment, Computers and Other Electronic Equipment	661	7 860 386
仪器仪表及文化、办公用机械制造业	Manufacture of Measuring Instrument and Machinery for Cultural Activity and Office Work	45	659 972
工艺品及其他制造业	Manufacture of Artwork and Other Manufacturing	115	5 629 353
废弃资源和废旧材料回收加工业	Recycling and Disposal of Waste		
电力、热力的生产和供应业	Production and Supply of Electric Power and Heat Power		
燃气生产和供应业	Production and Supply of Gas		
水的生产和供应业	Production and Supply of Water	1	2 152

4-14 续表 continued

工业增加值 Value-added of Industry	资产总计 Total Assets	流动资产合计 Total Working Capital	固定资产净值 Net Value of Fixed Assets	主营业务收入 Principal Business Revenue	主营业务税金及附加 Tax and Other Charges on Principal Business	利润总额 Total Profits	利税总额 Total Pre-tax Profits	本年应交增值税 Value-added Tax Payable in Current Year	全部从业人员年平均人数(人) Annual Average Number of Employed Persons (persons)
5 655 041	**19 883 599**	**15 687 254**	**2 188 002**	**27 061 198**	**75 800**	**1 373 660**	**1 957 147**	**505 722**	**617 084**
2 132 665	8 545 438	6 943 524	826 326	12 527 627	29 948	498 321	723 733	194 522	252 433
3 522 376	11 338 161	8 743 730	1 361 676	14 533 571	45 852	875 339	1 233 414	311 200	364 651
338 406	1 407 075	989 701	196 701	1 886 039	5 422	126 699	170 712	38 522	46 909
2 742 988	10 168 634	7 953 104	1 072 010	13 400 750	37 453	895 333	1 163 795	230 659	287 316
2 573 647	8 307 890	6 744 449	919 291	11 774 409	32 925	351 628	622 640	236 541	282 859
29 303	42 003	36 021	4 691	112 000	46	1 861	2 286	379	1 027
25 131	82 080	67 577	6 090	78 740	298	332	2 173	1 544	6 641
6 566	21 147	13 723	3 409	38 653	40	139	465	286	993
30 118	256 149	173 448	23 249	261 927	1 511	30 755	44 216	11 949	6 607
224 832	343 690	286 032	43 714	459 034	2 839	24 910	48 745	20 942	22 200
63 486	102 916	84 548	14 362	231 719	745	2 855	12 470	8 502	10 848
12 370	92 459	72 695	5 119	92 726	233	3 591	5 045	1 217	2 149
112 001	420 063	297 357	58 084	508 481	1 634	16 969	28 565	9 951	17 804
123 631	352 304	269 717	58 038	587 812	1 669	22 552	33 434	9 186	15 474
126 543	382 195	260 172	111 435	398 736	1 597	26 729	40 214	11 867	14 345
66 789	112 346	97 802	12 347	158 268	565	1 026	4 299	2 669	7 348
−7 877	5 541	5 233	308	19 667	44	383	1 312	886	125
123 541	438 250	352 369	42 334	588 825	1 814	35 193	51 555	14 499	9 516
36 670	935 310	871 429	11 676	291 699	3 476	78 157	82 790	1 156	1 856
5 200	9 905	7 324	2 581	20 443	96	1 867	2 202	239	1 050
32 282	150 200	63 870	61 509	91 841	586	3 129	6 043	2 320	3 281
276 193	770 903	565 551	157 124	1 047 432	2 735	36 581	59 493	20 112	37 135
81 857	321 033	234 606	49 818	295 868	919	20 462	27 083	5 571	8 675
9 797	77 574	48 316	8 892	59 482	60	364	904	481	362
188 032	397 640	351 226	14 280	1 380 895	2 050	137 632	147 289	7 608	2 644
281 644	670 774	554 446	81 331	941 831	3 381	21 384	50 055	25 181	30 570
171 216	405 380	320 213	54 023	461 095	1 672	19 613	33 297	12 008	16 069
296 183	1 100 840	855 265	133 296	894 043	4 509	108 700	148 250	34 692	30 121
80 559	235 579	169 558	17 286	293 906	1 455	25 347	33 087	6 282	6 124
988 714	3 086 813	2 346 267	326 468	3 648 100	11 577	219 191	307 034	75 925	104 586
1 691 759	5 804 658	4 523 146	725 237	7 829 921	23 928	393 867	591 295	173 173	214 830
243 047	779 387	580 271	81 328	577 515	2 559	53 062	68 246	12 579	16 428
335 065	2 479 360	2 175 440	76 505	5 688 387	3 762	86 480	124 772	34 518	28 238
389	7 100	3 632	3 468	2 152		529	528		38

4-15 规模以上大中型工业企业主要经济指标

MAIN ECONOMIC INDICATORS OF LARGE AND MEDIUM-SIZED INDUSTRIAL ENTERPRISES ABOVE DESIGNATED SIZE（2011）

单位：万元　　　　（10 000 yuan）

项目	Item	企业单位数(个) Number of Enterprises (unit)	工业总产值(当年价) Gross Industrial Output Value (at current prices)
全市总计	**Total**	**1 772**	**174 064 481**
按轻重工业分	Grouped by Light and Heavy Industries		
轻工业	Light Industry	759	38 531 366
重工业	Heavy Industry	1 013	135 533 115
按企业规模分	Grouped by Size of Enterprises		
大型企业	Large Enterprises	158	106 400 248
中型企业	Medium-sized Enterprises	1 614	67 664 233
小型企业	Small Enterprises		
按行业分	Grouped by Sector		
煤炭开采和洗选业	Mining and Washing of Coal		
石油和天然气开采业	Extraction of Petroleum and Natural Gas	1	4 272 023
黑色金属矿采选业	Mining and Processing of Ferrous Metal Ores		
有色金属矿采选业	Mining and Processing of Nonferrous Metal Ores		
非金属矿采选业	Mining and Processing of Nonmetal Ores		
其他矿采选业	Mining and Processing of Other Ores		
农副食品加工业	Processing of Food from Agricultural Products	10	1 151 762
食品制造业	Manufacture of Foods	17	426 948
饮料制造业	Manufacture of Beverages	8	648 294
烟草制品业	Manufacture of Tobacco	2	553 269
纺织业	Manufacture of Textile	20	751 707
纺织服装、鞋、帽制造业	Manufacture of Textile Wearing Apparel,Footware and Caps	55	1 117 883
皮革、毛皮、羽毛(绒)及其制品业	Manufacture of Leather, Fur, Feather and Related Products	19	1 176 305
木材加工及木、竹、藤、棕、草制品业	Processing of Timber, Manufacture of Wood, Bamboo, Rattan, Palm Fiber & Straw Products	3	29 742
家具制造业	Manufacture of Furniture	36	863 374
造纸及纸制品业	Manufacture of Paper and Paper Products	27	707 388
印刷业和记录媒介的复制	Printing and Record Medium Reproduction	39	947 656
文教体育用品制造业	Manufacture of Cultural, Educational and Sports Articles	56	892 651
石油加工、炼焦及核燃料加工业	Processing of Petroleum, Coking and Nuclear Fuel Processing		
化学原料及化学制品制造业	Manufacture of Raw Chemical Materials and Chemical Products	19	965 167
医药制造业	Manufacture of Medicines	14	1 468 675
化学纤维制造业	Manufacture of Chemical Fibers	1	11 883
橡胶制品业	Manufacture of Rubber	10	385 866
塑料制品业	Manufacture of Plastics	109	3 087 996
非金属矿物制品业	Manufacture of Non-metallic Mineral Products	32	1 531 780
黑色金属冶炼及压延加工业	Smelting and Pressing of Ferrous Metals	1	72 715
有色金属冶炼及压延加工业	Smelting and Pressing of Nonferrous Metals	8	1 670 100
金属制品业	Manufacture of Metal Products	71	2 267 521
通用设备制造业	Manufacture of General-purpose Machinery	34	1 335 975
专用设备制造业	Manufacture of Special-purpose Machinery	86	3 361 077
交通运输设备制造业	Manufacture of Transport Equipment	41	2 914 956
电气机械及器材制造业	Manufacture of Electrical Machinery and Equipment	294	11 460 526
通信设备、计算机及其他电子设备制造业	Manufacture of Communication Equipment, Computers and Other Electronic Equipment	616	109 454 008
仪器仪表及文化、办公用机械制造业	Manufacture of Measuring Instrument and Machinery for Cultural Activity and Office Work	82	5 004 394
工艺品及其他制造业	Manufacture of Artwork and Other Manufacturing	46	7 571 557
废弃资源和废旧材料回收加工业	Recycling and Disposal of Waste		
电力、热力的生产和供应业	Production and Supply of Electric Power and Heat Power	8	6 635 092
燃气生产和供应业	Production and Supply of Gas	1	680 070
水的生产和供应业	Production and Supply of Water	6	646 121

4-15 续表 continued

工业增加值 Value-added of Industry	资产总计 Total Assets	流动资产合计 Total Working Capital	固定资产净值 Net Value of Fixed Assets	主营业务收入 Principal Business Revenue	主营业务税金及附加 Tax and Other Charges on Principal Business	利润总额 Total Profits	利税总额 Total Pre-tax Profits	本年应交增值税 Value-added Tax Payable in Current Year	全部从业人员年平均人数(人) Annual Average Number of Employed Persons (persons)
46 390 196	**149 154 122**	**100 146 889**	**30 283 860**	**174 927 782**	**1 304 753**	**11 952 410**	**20 547 392**	**7 255 733**	**2 704 127**
9 625 152	35 284 835	24 317 243	4 654 500	38 244 377	381 978	2 706 507	4 012 676	915 681	856 759
36 765 044	113 869 287	75 829 646	25 629 360	136 683 405	922 775	9 245 903	16 534 716	6 340 052	1 847 368
26 268 237	83 470 235	59 636 655	13 931 378	106 581 645	504 682	4 885 827	10 961 647	5 544 549	1 356 578
20 121 959	65 683 887	40 510 234	16 352 482	68 346 137	800 071	7 066 583	9 585 745	1 711 184	1 347 549
3 973 672	2 800 837	166 989	2 633 849	5 718 710	335 167	2 760 476	3 453 332	357 689	863
274 470	690 611	542 347	102 233	1 223 179	1 479	43 688	140 256	95 089	6 208
148 121	448 467	219 356	60 932	390 682	2 134	19 505	35 605	13 414	14 890
175 083	386 332	196 044	150 782	723 053	17 896	40 931	93 046	33 574	9 072
435 821	482 459	358 073	116 803	539 321	246 192	84 776	400 556	69 106	1 174
197 092	604 813	403 666	112 225	763 045	3 283	46 441	62 701	12 842	34 359
556 739	995 780	721 708	149 794	1 053 081	8 360	141 370	179 277	29 546	61 428
576 183	1 112 771	760 569	69 986	1 184 815	6 465	252 555	332 794	71 101	38 328
2 107	26 496	21 285	3 280	29 356	93	−186	13	107	1 042
208 272	949 096	633 398	170 704	880 091	4 062	56 933	88 046	27 041	32 299
175 932	673 350	428 283	110 386	703 671	1 351	31 790	41 503	8 358	26 203
302 398	1 185 079	750 460	230 284	923 595	3 493	97 418	128 706	27 763	26 746
275 759	758 220	540 861	168 707	881 432	3 259	−2 141	7 183	5 956	86 252
233 809	1 115 697	782 744	106 124	956 604	3 404	95 843	129 740	30 493	13 503
595 916	2 434 912	1 760 009	174 086	1 254 564	11 038	301 922	393 671	78 780	9 643
4 011	7 145	4 928	2 216	14 405	73	1 542	1 615		950
81 992	234 377	176 232	48 054	377 795	2 485	5 371	13 557	5 700	14 415
960 006	2 749 844	1 724 265	652 720	3 083 583	11 315	132 073	211 779	68 351	142 386
531 029	1 847 174	1 055 449	545 935	1 555 072	12 807	147 063	186 100	25 597	52 089
1 077	45 806	35 288	6 542	72 715	24	−3 009	−2 807	178	330
273 693	757 976	661 550	38 401	1 696 364	2 336	158 312	169 569	8 921	5 674
712 522	2 390 452	1 477 767	565 597	2 226 862	11 541	223 083	271 196	36 424	59 973
465 601	1 232 939	928 471	170 117	1 310 877	5 238	89 557	122 739	27 875	34 063
1 159 641	4 787 244	2 743 049	1 369 311	3 172 598	18 508	309 313	416 665	87 827	78 733
761 140	4 156 060	2 334 647	1 026 834	2 730 471	8 544	213 387	254 647	32 377	76 895
2 916 175	11 148 322	7 369 360	1 806 037	11 189 663	32 601	857 214	1 061 252	170 467	355 231
25 340 517	80 874 662	62 766 047	9 711 288	109 600 633	496 174	4 204 968	10 122 860	5 420 545	1 355 744
1 749 766	3 477 162	2 646 536	426 424	4 838 634	13 077	261 202	335 143	60 776	104 329
688 407	4 180 395	3 731 396	168 561	7 968 826	9 974	289 013	366 454	67 243	32 390
2 016 396	12 161 110	2 853 442	8 207 237	6 575 887	21 131	781 558	1 161 254	335 373	23 655
256 745	869 767	303 675	538 138	627 907	4 267	152 859	192 584	35 456	371
340 104	3 568 767	1 048 995	640 273	660 291	6 982	157 583	176 356	11 764	4 889

4-16 规模以上分行业工业增加值和增长速度

VALUE-ADDED AND GROWTH RATES OF INDUSTRY ABOVE DESIGNATED SIZE BY SECTOR（2011）

行业	Sector	工业增加值(万元) Value-added of Industry (10000 yuan)	2011比2010增长(%) Growth Rate in 2011 over 2010 (%)
总计	**Total**	**53 592 481**	**12.6**
煤炭开采和洗选业	Mining and Washing of Coal		
石油和天然气开采业	Extraction of Petroleum and Natural Gas	4 147 149	-6.0
黑色金属矿采选业	Mining and Processing of Ferrous Metal Ores		
有色金属矿采选业	Mining and Processing of Nonferrous Metal Ores		
非金属矿采选业	Mining and Processing of Nonmetal Ores		
其他矿采选业	Mining and Processing of Other Ores		
农副食品加工业	Processing of Food from Agricultural Products	280 911	8.8
食品制造业	Manufacture of Foods	183 645	9.4
饮料制造业	Manufacture of Beverages	212 739	12.5
烟草制品业	Manufacture of Tobacco	435 821	12.5
纺织业	Manufacture of Textile	230 055	-3.7
纺织服装、鞋、帽制造业	Manufacture of Textile Wearing Apparel,Footware and Caps	870 572	0.5
皮革、毛皮、羽毛(绒)及其制品业	Manufacture of Leather, Fur, Feather and Related Products	638 487	-8.8
木材加工及木、竹、藤、棕、草制品业	Processing of Timber, Manufacture of Wood, Bamboo, Rattan, Palm Fiber & Straw Products	23 335	-16.3
家具制造业	Manufacture of Furniture	314 138	2.3
造纸及纸制品业	Manufacture of Paper and Paper Products	307 857	3.0
印刷业和记录媒介的复制	Printing and Record Medium Reproduction	452 001	9.2
文教体育用品制造业	Manufacture of Cultural, Educational and Sports Articles	409 716	-5.8
石油加工、炼焦及核燃料加工业	Processing of Petroleum, Coking and Nuclear Fuel Processing	-88 440	22.9
化学原料及化学制品制造业	Manufacture of Raw Chemical Materials and Chemical Products	476 429	5.5
医药制造业	Manufacture of Medicines	747 137	-4.5
化学纤维制造业	Manufacture of Chemical Fibers	6 052	0.6
橡胶制品业	Manufacture of Rubber	149 233	26.3
塑料制品业	Manufacture of Plastics	1 379 632	2.6
非金属矿物制品业	Manufacture of Non-metallic Mineral Products	677 600	20.8
黑色金属冶炼及压延加工业	Smelting and Pressing of Ferrous Metals	78 644	48.5
有色金属冶炼及压延加工业	Smelting and Pressing of Nonferrous Metals	301 430	57.4
金属制品业	Manufacture of Metal Products	1 345 683	12.3
通用设备制造业	Manufacture of General-purpose Machinery	766 554	0.2
专用设备制造业	Manufacture of Special-purpose Machinery	1 531 113	8.0
交通运输设备制造业	Manufacture of Transport Equipment	899 581	8.2
电气机械及器材制造业	Manufacture of Electrical Machinery and Equipment	4 027 162	-1.5
通信设备、计算机及其他电子设备制造业	Manufacture of Communication Equipment, Computers and Other Electronic Equipment	26 788 697	20.0
仪器仪表及文化、办公用机械制造业	Manufacture of Measuring Instrument and Machinery for Cultural Activity and Office Work	1 989 505	5.6
工艺品及其他制造业	Manufacture of Artwork and Other Manufacturing	1 079 992	19.3
废弃资源和废旧材料回收加工业	Recycling and Disposal of Waste	2 308	46.7
电力、热力的生产和供应业	Production and Supply of Electric Power and Heat Power	2 248 657	13.4
燃气生产和供应业	Production and Supply of Gas	256 745	-3.7
水的生产和供应业	Production and Supply of Water	422 343	4.5

4-17 主要工业产品产量

PRODUCTION OF MAIN INDUSTRIAL PRODUCTS

（1979-2011）

年 份 Year	自来水 生产量 (万立方米) Tap Water (10 000 cu.m)	发电量 (万千瓦小时) Electricity (10 000 kwh)	小麦粉 (吨) Flour (ton)	啤 酒 (吨) Beer (ton)	卷 烟 (万支) Cigarettes (10 000 pieces)	化学纤维 (吨) Chemical Fiber (ton)	布 (万米) Cloth (10 000 m)
1979		609					
1980		437					
1981		608					
1982		1 152					
1983		1 322					
1984		1 261			27 570		
1985		1 012			45 500		
1986	7 051	3 130			52 225		
1987	8 617	4 408			75 000	3 731	280
1988	13 060	2 508	16 794		252 255	4 190	925
1989	19 962	1 124	17 285		303 825	4 451	380
1990	19 736	31 065	21 155		380 820	5 050	631
1991	24 446	107 727	35 151		430 000	7 694	1 872
1992	23 785	195 007	44 302	57 256	442 500	7 637	30 484
1993	30 335	416 568	72 252	76 715	472 575	14 194	3 907
1994	43 425	1 739 463	75 536	82 128	472 915	19 768	2 674
1995	50 151	1 652 038	92 977	101 425	522 800	22 348	4 413
1996	53 691	1 873 881	219 700	125 302	594 120	17 576	106
1997	60 408	1 960 433	273 300	131 346	629 205	20 243	2 375
1998	62 585	2 150 147	250 000	152 279	756 095	13 271	1 716
1999	66 816	2 380 518	287 400	150 880	943 600	14 543	3 200
2000	75 547	2 618 545	229 000	250 417	1 044 490	14 368	2 356
2001	93 047	2 737 802	360 000	275 180	1 145 465	13 805	1 940
2002	113 315	3 515 696	346 000	334 590	1 175 810	13 821	2 247
2003	123 709	4 846 256	328 200	396 150	1 207 066	14 281	1 317
2004	119 510	5 220 982	313 300	477 766	1 277 700	15 083	2 697
2005	148 221	5 685 750	350 325	581 161	1 373 606	8 497	3 885
2006	141 218	5 472 103	351 289	574 554	1 454 359	4 913	2 210
2007	148 349	5 578 728	360 171	561 371	1 605 650	8 382	2 857
2008	150 221	5 844 154	368 498	473 027	1 656 000	1 115	2 541
2009	137 824	5 677 546	339 457	524 696	1 753 150	2 284	464
2010	153 218	5 778 497	324 406	597 184	1 817 025	7 627	1 904
2011	155 802	6 784 694	306 664	653 279	1 877 085	3 310	716

注： 卷烟产品产量计算单位改为“万支”。
Note: The unit of cigavette production has changed to 10 000 pieces.

4-17 续表 1 continued

年 份 Year	印染布 (万米) Printed and Dyed Fabric (10 000 m)	服 装 (万件) Garments (10 000 pieces)	塑料制品 (吨) Plastic Products (ton)	成品钢材 (吨) Rolled Steel Products (ton)
1979				
1980				
1981				
1982				
1983				
1984	4 321	649	16 419	
1985	5 271	1 004		
1986	5 731	7 988	16 419	47 556
1987	6 655	8 008	28 572	35 400
1988	6 708	12 828	44 359	10 020
1989	8 344	9 931	73 945	41 667
1990	9 212	29 333	103 779	56 481
1991	14 869	16 437	233 094	65 073
1992	16 161	18 857	244 000	61 300
1993	22 918	27 026	290 508	60 599
1994	7 627	36 314	375 757	86 538
1995	20 991	25 938	449 183	93 090
1996	22 543	38 196	411 132	100 000
1997	18 522	32 089	387 692	73 501
1998	20 191	32 119	256 327	81 635
1999	16 670	25 667	378 099	194 138
2000	13 614	24 242	464 617	218 925
2001	13 338	14 509	722 024	265 434
2002	14 082	14 344	611 619	399 560
2003	15 502	18 559	669 683	487 097
2004	12 873	17 536	644 751	503 000
2005	11 351	25 281	760 206	380 968
2006	8 917	32 104	1 276 641	413 405
2007	3 531	31 611	1 119 397	403 888
2008	1 865	31 711	1 296 995	123 135
2009	1 322	35 441	1 396 805	
2010	1 593	27 217	1 190 914	
2011	498	19 212	1 337 546	

年 份 Year	平板玻璃 (万重量箱) Plate Glass (10 000 wt.cases)	铝材 (吨) Aluminium (ton)	自行车 (万辆) Bicycles (10 000 sets)	表 (万只) Watches (10 000 units)	照相机 (万架) Cameras (10 000 sets)	电风扇 (万台) Electric Fans (10 000 sets)	电话机 (万部) Telephone Sets (10 000 units)
1979							
1980							
1981							
1982							
1983							
1984			2.03	339.68		0.57	9.77
1985			4.31	3 447.58		40.87	123.22
1986		5 566	14.13	11 020.66	160.15	66.60	144.75
1987	58	6 805	41.29	11 688.16	44.24	248.01	498.94
1988	186	6 808	60.39	11 014.49	348.25	368.60	815.76
1989	230	7 399	82.01	8 318.00	159.96	323.31	926.10
1990	207	10 799	128.20	10 060.00	519.95	379.30	1 019.21
1991	238	14 361	257.78	9 646.00	423.12	407.58	1 360.80
1992	269	18 985	272.08	17 593.65	813.76	152.73	1 461.59
1993	265	21 540	288.41	22 875.39	1 247.89	433.59	2 292.50
1994	259	19 618	238.94	27 344.89	1 277.61	1 132.43	2 592.38
1995	272	19 633	215.56	24 542.05	252.57	907.35	3 902.49
1996	272	25 356	140.52	28 667.91	1 636.74	818.76	4 080.80
1997	385	23 874	123.38	16 629.66	1 531.48	845.18	4 506.65
1998	238	19 632	156.96	12 665.44	2 346.95	650.48	2 741.97
1999	273	24 408	210.99	11 593.89	1 551.80	544.74	2 711.82
2000	288	27 271	239.60	9 126.00	942.83	901.04	2 809.58
2001	217	29 379	172.66	7 908.37	642.03	753.09	2 965.67
2002	317	46 746	319.67	7 575.78	312.83	1 129.22	4 091.29
2003	322	56 805	636.70	7 100.70	428.95	1 202.76	4 947.64
2004	367	43 274	586.47	5 790.44	341.25	1 127.19	4 894.31
2005	725	43 823	665.75	7 183.60	1 207.88	958.54	6 579.87
2006	634	61 578	742.84	8 021.58	1 082.41	1 425.82	7 444.34
2007	940	6 1606	593.53	7 003.35	880.47	1 403.87	7 055.94
2008	1 009	7 7847	615.28	6 438.34	887.06	1 559.63	6 283.11
2009	759	48 087	398.60	7 991.26	793.86	1 457.34	5 312.90
2010	349	53 653	486.50	8 515.91	785.71	1 393.28	5 559.25
2011	669	35 014	438.43	7 155.89	631.57	1 975.53	3 229.52

4-17 续表 3 continued

年 份 Year	微型计算机 (台) Micro Computers (unit)	打印机 (万部) Printer (10 000 units)	电视机 (万台) TV Sets (10 000 sets)	#彩 电 Color TV Sets	玻壳 (万只) Bulb (10 000 units)	录放音机 (万台) Radio Cassette Players (10 000 units)	电子计算器 (万台) Calculators (10 000 units)
1979							
1980							2.06
1981			6.59	0.70		31.95	0.48
1982			3.40	0.62		41.44	3.73
1983	71.00		3.23	1.23		54.22	3.73
1984	4 357		18.98	18.25		219.92	162.81
1985	1 575		48.10	48.10		324.02	196.60
1986	6 617		75.80	61.39		451.17	189.90
1987	2 728		128.09	101.64		1 707.40	581.58
1988	2 788		182.06	155.90		1 303.73	1 505.22
1989	15 955		157.22	137.38		2 361.00	2 014.00
1990	17 622		259.06	228.67		3 135.00	1 791.00
1991	62 440		308.90	288.08		3 260.00	2 520.00
1992	31 357		301.06	272.12		2 934.00	2 226.81
1993	27 836		317.48	269.33		4 083.47	2 906.56
1994	51 877		274.53	251.42		4 828.24	3 214.58
1995	194 131	194.84	418.12	373.50	413.60	2 270.12	2 313.90
1996	312 687	193.06	587.69	540.62	1 122.82	3 195.43	1 546.18
1997	568 681	433.50	549.29	519.63	754.76	2 568.46	1 703.52
1998	464 614	584.76	515.86	491.85	438.48	1 310.19	1 080.08
1999	834 476	315.68	972.54	834.13	1 306.27	1 066.56	351.17
2000	1 074 486	507.62	914.10	753.97	933.78	1 076.07	439.52
2001	1 642 151	695.00	876.81	659.50	877.54	773.55	729.34
2002	3 076 052	469.20	1 610.97	1 297.35	950.00	799.45	308.35
2003	4 866 723	570.30	2 510.18	1 820.33	1 081.85	553.11	423.85
2004	7 350 491	592.73	2 486.56	1 857.02	978.45	441.71	721.61
2005	11 435 877	984.50	2 041.10	1 964.43	1 587.48	502.22	1 137.90
2006	13 633 633	835.33	2 517.85	2 071.14	1 793.13	556.41	5 749.09
2007	8 947 600	1 041.78	1 992.10	1 803.85	2 005.00	564.97	1 875.82
2008	9 662 828	1 452.97	2 112.46	2 003.47	2 255.86	421.34	1 843.95
2009	18 023 372	1 493.84	1 910.03	1 910.03	866.26		1 158.70
2010	34 032 969	1 973.98	2 043.61	2 043.61			1 233.82
2011	41 718 350	1 810.97	2 203.07	2 203.07			971.7

4-17 续表 4 continued

年 份 Year	电子元件 (万只) Electronic Units (10 000 units)	硬盘机 (万部) Hard Drives (10 000 units)	软磁盘 (万片) Floppy Disks (10 000 pieces)	集成电路 (万块) Semiconductor Integrated Circuit (10 000 units)	程控交换机 (万线) Telephone Exchanges (10 000 lines)	微电机 (万只) Microcurrent Motor (10 000 units)
1979						
1980						
1981						
1982						
1983						
1984						
1985						
1986	15 584					
1987	7 823					
1988	73 316					
1989	112 921			513		
1990	309 649		5 633	998		
1991	332 657		10 287	1 357		
1992	522 291		13 714	1 164		201
1993	708 147		15 809	1 520	105.30	874
1994	1 561 900		23 434	2 263	209.70	187
1995	9 681 839	199.47	29 630	14 558	269.13	4 707
1996	1 403 557	440.86	24 000	22 471	331.74	357
1997	1 491 620	841.39	17 130	14 346	647.35	439
1998	1 390 107	770.54	12 222	23 976	1 515.69	291
1999	262 057	699.36	12 766	64 232	1 962.38	524
2000	527 216	867.07	12 754	87 598	3 535.33	511
2001	746 630	1 116.60	11 616	96 122	2 994.30	6 071
2002	1 334 537	480.04	26 295	134 966	1 856.47	2 295
2003	1 294 335	766.60	24 930	182 340	2 919.57	2 556
2004	549 722	831.71	8 906	255 504	1 976.65	1 367
2005	2 600 991	2 267.05	5 437	268 006	2 644.04	7 372
2006	10 104 734	2 035.33	1 123	604 302	1 625.75	27 602
2007	11 445 606	3 746.12	8 685	619 532	1 747.76	26 454
2008	9 138 530	5 225.41	13 085	828 381	1 960.98	
2009	10 557 452	5 509.84	5 500	737 265	1 745.46	14 854
2010	21 862 763	6 866.21	7 118	1 240 820	1 526.23	32 486
2011	21 382 825	7 149.85	6 348	1 589 988	2 155.78	42 525

4-18　全社会能耗水平

ENERGY CONSUMPTION LEVEL OF THE WHOLE SOCIETY

（2005－2011）

年　份 Year	单位GDP能耗 Energy Consumption per Unit of GDP		单位工业增加值能耗 Energy Consumption per Unit of Value-added of Industry		单位GDP电耗 Electricity Consumption per Unit of GDP	
	指标值 （吨标准煤/万元） Equivalent value (ton of SCE/ 10 000 yuan)	上升或下降 Change （±%)	指标值 （吨标准煤/万元） Equivalent value (ton of SCE/ 10 000 yuan)	上升或下降 Change （±%)	指标值 （千瓦时/万元） Equivalent value (Kwh/10 000 yuan)	上升或下降 Change （±%)
2005	0.593		0.598		889.10	
2006	0.576	−2.81	0.572	−3.04	844.10	−5.06
2007	0.560	−2.76	0.551	−3.76	848.80	0.54
2008	0.544	−2.90	0.530	−4.46	785.50	−7.46
2009	0.529	−2.76	0.511	−3.59	712.37	−9.33
2010	0.513	−2.94	0.492	−3.72	720.33	1.12
2011	0.472	−4.39		−24.02		−4.69

4-19 主要能源按工业行业分组消费量

CONSUMPTION OF ENERGY BY SECTOR

（2011）

单位：吨 （ton）

项 目	Item	原 煤 Coal	原 油 Crude Oil	汽 油 Gasoline	煤 油 Kerosene
全部工业企业	**Total Consumption**	**5 181 095.77**	**110 955.94**	**98 253.72**	**2 019.69**
一、按轻重工业分	**Grouped by Light and Heavy Industry**				
（一）轻工业	Light Industry	15 984.99		35 262.49	1 021.24
（二）重工业	Heavy Industry	5 165 110.78	110 955.94	62 991.23	998.45
二、按工业行业大类分	**Grouped by Sector**				
（一）采矿业	Mining		110 955.94	55.90	
煤炭开采和洗选业	Mining and Washing of Coal				
石油和天然气开采业	Extraction of Petroleum and Natural Gas		110 955.94	55.90	
黑色金属矿采选业	Mining and Processing of Ferrous Metal Ores				
有色金属矿采选业	Mining and Processing of Nonferrous Metal Ores				
非金属矿采选业	Mining and Processing of Nonmetal Ores				
其他采矿业	Mining and Processing of Other Ores				
（二）制造业	Manufacturing	57 663.77		95 566.26	2 019.69
农副食品加工业	Processing of Food from Agricultural Products			324.58	
食品制造业	Manufacture of Foods	258.00		288.81	
饮料制造业	Manufacture of Beverages			551.92	
烟草制品业	Manufacture of Tobacco			120.72	
纺织业	Manufacture of Textile			1 423.14	
纺织服装、鞋、帽制造业	Manufacture of Textile Wearing Apparel,Footware and Caps			3 013.91	
皮革、毛皮、羽毛（绒）及其制品业	Manufacture of Leather, Fur, Feather and Related Products			682.56	
木材加工及木、竹、藤、棕、草制品业	Processing of Timber, Manufacture of Wood, Bamboo, Rattan, Palm Fiber & Straw Products	33.00		179.74	
家具制造业	Manufacture of Furniture			1 723.59	3.87
造纸及纸制品业	Manufacture of Paper and Paper Products	11 983.69		1 834.15	17.27
印刷业和记录媒介的复制	Printing and Record Medium Reproduction			2 565.15	1.20

4-19 续表 1 continued

项 目	Item	原煤 Coal	原油 Crude Oil	汽油 Gasoline	煤油 Kerosene
文教体育用品制造业	Manufacture of Cultural, Educational and Sports Articles			1 195.34	
石油加工、炼焦及核燃料加工业	Processing of Petroleum, Coking and Nuclear Fuel Processing			107.08	
化学原料及化学制品制造业	Manufacture of Raw Chemical Materials and Chemical Products	4 831.00		5 731.65	597.41
医药制造业	Manufacture of Medicines			659.96	5.00
化学纤维制造业	Manufacture of Chemical Fibers	1 475.80		6.30	
橡胶制品业	Manufacture of Rubber			695.11	0.53
塑料制品业	Manufacture of Plastics	22 056.31		6 408.71	26.10
非金属矿物制品业	Manufacture of Non-metallic Mineral Products	12 817.57		1 428.60	4.08
黑色金属冶炼及压延加工业	Smelting and Pressing of Ferrous Metals	2 379.50		143.98	
有色金属冶炼及压延加工业	Smelting and Pressing of Nonferrous Metals			567.26	2.90
金属制品业	Manufacture of Metal Products	76.90		4 761.47	788.91
通用设备制造业	Manufacture of General-purpose Machinery			4 471.57	39.75
专用设备制造业	Manufacture of Special-purpose Machinery			5 132.36	0.38
交通运输设备制造业	Manufacture of Transport Equipment	1 727.00		6 969.08	
电气机械及器材制造业	Manufacture of Electrical Machinery and Equipment	25.00		14 007.53	144.94
通信设备、计算机及其他电子设备制造业	Manufacture of Communication Equipment, Computers and Other Electronic Equipment			25 898.57	135.78
仪器仪表及文化、办公用机械制造业	Manufacture of Measuring Instrument and Machinery for Cultural Activity and Office Work			2 549.11	214.86
工艺品及其他制造业	Handicraft Article and Other Manufacturing			2 098.77	36.71
废弃资源和废旧材料回收加工业	Recycling and Disposal of Waste			25.54	
（三）电力、煤气及水生产和供应业	Electric Power,Gas and Water Production and Supply	5 123 432.00		2 631.56	
电力、热力的生产和供应业	Production and Supply of Electric Power and Heat Power	5 123 432.00		1 334.80	
燃气生产和供应业	Production and Supply of Gas			163.40	
水的生产和供应业	Production and Supply of Water			1 133.36	

4-19 续表 2 continued

项　目	Item	柴 油 Oiesel Oil	燃料油 Fuel Oil	液化石油气 Liquefied Petroleum Gas	天然气 （万立方米） Natural Gas (10 000 cu.m)	电 力 （万千瓦时） Electricity (10 000 Kwh)
全部工业企业	**Total Consumption**	**269 985.25**	**63 197.82**	**35 203.03**	**282 281.44**	**4 519 634.23**
一、按轻重工业分	**Grouped by Light and Heavy Industry**					
（一）轻工业	Light Industry	105 356.80	34 326.81	20 573.89	5 697.26	1 652 308.74
（二）重工业	Heavy Industry	164 628.45	28 871.01	14 629.14	276 584.17	2 867 325.49
二、按工业行业大类分	Grouped by Sector					
（一）采矿业	Mining	48 234.00	6 673.00		11 500.00	1 212.87
煤炭开采和洗选业	Mining and Washing of Coal					
石油和天然气开采业	Extraction of Petroleum and Natural Gas	48 234.00	6 673.00		11 500.00	1 212.87
黑色金属矿采选业	Mining and Processing of Ferrous Metal Ores					
有色金属矿采选业	Mining and Processing of Nonferrous Metal Ores					
非金属矿采选业	Mining and Processing of Nonmetal Ores					
其他采矿业	Mining and Processing of Other Ores					
（二）制造业	Manufacturing	218 611.91	41 335.98	35 198.15	18 466.37	4 078 428.63
农副食品加工业	Processing of Food from Agricultural Products	6 024.58	829.64	42.00	7.65	49 975.31
食品制造业	Manufacture of Foods	7 151.03	4 009.68	725.87	555.31	37 891.22
饮料制造业	Manufacture of Beverages	2 336.74	8 689.35	149.10	1 376.96	34 307.91
烟草制品业	Manufacture of Tobacco	12.68			129.01	5 487.97
纺织业	Manufacture of Textile	4 493.98	2 387.47	849.51	171.41	46 236.46
纺织服装、鞋、帽制造业	Manufacture of Textile Wearing Apparel,Footware and Caps	7 931.15	477.27	37.00	102.04	79 747.74
皮革、毛皮、羽毛（绒）及其制品业	Manufacture of Leather, Fur, Feather and Related Products	1 279.43	223.55			23 986.07
木材加工及木、竹、藤、棕、草制品业	Processing of Timber, Manufacture of Wood, Bamboo, Rattan, Palm Fiber & Straw Products	607.90	11.10	28.00		9 979.10
	Manufacture of Furniture					
家具制造业	Manufacture of Paper and Paper Products	3 215.49		344.38	0.94	57 432.73
造纸及纸制品业	Printing and Record Medium Reproduction	8 036.18	2 507.16	184.69	96.87	71 060.72
印刷业和记录媒介的复制	Printing and Record Medium Reproduction	3 502.58	12.20	1 238.41	36.11	95 599.10

4-19 续表 3 continued

项 目	Item	柴 油 Oiesel Oil	燃料油 Fuel Oil	液化石油气 Liquefied Petroleum Gas	天然气（万立方米） Natural Gas (10 000 cu.m)	电 力（万千瓦时） Electricity (10 000 Kwh)
文教体育用品制造业	Manufacture of Cultural, Educational and Sports Articles	8 067.80	607.09	314.66	26.90	113 892.63
石油加工、炼焦及核燃料加工业	Processing of Petroleum, Coking and Nuclear Fuel Processing	244.98				4 956.05
化学原料及化学制品制造业	Manufacture of Raw Chemical Materials and Chemical Products	8 197.14	38.28	3 498.97	51.16	92 601.16
医药制造业	Manufacture of Medicines	3 778.15	145.03	45.00	180.51	49 556.29
化学纤维制造业	Manufacture of Chemical Fibers	9.80		67.59		1 876.42
橡胶制品业	Manufacture of Rubber	2 419.88	1 158.55	76.00	1 134.69	40 630.73
塑料制品业	Manufacture of Plastics	15 666.03	1 931.67	877.47	126.69	412 283.50
非金属矿物制品业	Manufacture of Non-metallic Mineral Products	13 281.57	11 253.08	714.97	8 367.09	148 878.86
黑色金属冶炼及压延加工业	Smelting and Pressing of Ferrous Metals	304.83				18 321.90
有色金属冶炼及压延加工业	Smelting and Pressing of Nonferrous Metals	4 400.21	866.00	1 340.94	43.31	33 399.72
金属制品业	Manufacture of Metal Products	14 176.18	753.07	7 113.71	1 102.36	205 995.56
通用设备制造业	Manufacture of General-purpose Machinery	2 973.84	10.74	1 202.63	536.15	87 335.06
专用设备制造业	Manufacture of Special-purpose Machinery	6 684.14	128.83	225.51	166.22	160 455.50
交通运输设备制造业	Manufacture of Transport Equipment	13 565.94	3 121.18	8 353.00	1 363.10	121 620.97
电气机械及器材制造业	Manufacture of Electrical Machinery and Equipment	24 339.83	150.37	3 493.76	1 597.84	588 464.33
通信设备、计算机及其他电子设备制造业	Manufacture of Communication Equipment, Computers and Other Electronic Equipment	37 749.30	1 940.70	2 991.54	1 221.65	1 300 494.21
仪器仪表及文化、办公用机械制造业	Manufacture of Measuring Instrument and Machinery for Cultural Activity and Office Work	13 883.23		190.85	70.72	120 931.65
工艺品及其他制造业	Manufacture of Artwork and Other Manufacturing	4 277.32	83.97	1 092.59	1.69	65 025.80
废弃资源和废旧材料回收加工业	Recycling and Disposal of Waste					3.96
（三）电力、煤气及水生产和供应业	Electric Power,Gas and Water Production and Supply	3 139.34	15 188.84	4.88	252 315.07	439 992.73
电力、热力的生产和供应业	Production and Supply of Electric Power and Heat Power	2 038.45	15 188.84		249 507.02	307 938.82
燃气生产和供应业	Production and Supply of Gas	228.03			2 808.05	10 393.90
水的生产和供应业	Production and Supply of Water	872.86		4.88		121 660.01

主要统计指标解释

工业　指从事自然资源的开采，对采掘品和农产品进行加工和再加工的物质生产部门。具体包括：(1)对自然资源的开采，如采矿、晒盐、森林采伐等（但不包括禽兽捕猎和水产捕捞）；(2)对农副产品的加工、再加工，如粮油加工、食品加工、轧花、缫丝、纺织、制革等；(3)对采掘品的加工、再加工，如炼铁、炼钢、化工生产、石油加工、机器制造、木材加工等，以及电力、自来水、煤气的生产和供应等；(4)对工业品的修理、翻新，如机器设备的修理、交通运输工具（包括小卧车）的修理等。

1984年以前农村的村及村以下办工业归属农业，1984年以后划归工业。

轻工业　指主要提供生活消费品和制作手工工具的工业。按其所使用的原料不同，可分为两大类：(1)以农产品为原料的轻工业，是指直接或间接以农产品为基本原料的轻工业。主要包括食品制造、饮料制造、烟草加工、纺织、缝纫、皮革和毛皮制作、造纸以及印刷等工业；(2)以非农产品为原料的轻工业，是指以工业品为原料的轻工业。主要包括文教体育用品、化学药品制造、合成纤维制造、日用化学制品、日用玻璃制品、日用金属制品、手工工具制造、医疗器械制造、文化和办公用机械制造等工业。

重工业　是指为国民经济各部门提供物质技术基础的主要生产资料的工业。按其生产性质和产品用途，可分为下列三类：(1)采掘（伐）工业，是指对自然资源的开采，包括石油开采、煤炭开采、金属矿开采、非金属矿开采和木材采伐等工业；(2)原材料工业，指向国民经济各部门提供基本材料、动力和燃料的工业。包括金属冶炼及加工、炼焦及焦炭化学、化工原料、水泥、人造板以及电力、石油和煤炭加工等工业；(3)加工工业，是指对工业原材料进行再加工制造的工业。包括装备国民经济各部门的机械设备制造工业、金属结构、水泥制品等工业，以及为农业提供的生产资料如化肥、农药等工业。　根据上述划分原则，修理业中以重工业产品为修理作业对象的划为重工业，反之划为轻工业。

工业总产值　是以货币表现的工业企业在一定时期内生产的已出售或可供出售工业产品总量，它反映一定时间内工业生产的总规模和总水平。它包括：在本企业内不再进行加工，经检验、包装入库（规定不需包装的产品除外）的成品价值，对外加工费收入，自制半成品、在产品期末期初差额价值。工业总产值采用“工厂法”计算，即以工业企业作为一个整体，按企业工业生产活动的最终成果来计算，企业内部不允许重复计算，不能把企业内部各个车间（分厂）生产的成果相加。但在企业之间、行业之间、地区之间存在着重复计算。

轻重工业总产值的划分也是按“工厂法”计算的，即一个工业企业在正常情况下生产的主要产品的性质属于轻工业，则该企业的全部总产值作为轻工业总产值；一个工业企业生产的主要产品的性质属于重工业，则该企业的全部总产值作为重工业总产值。

工业销售产值（当年价格）　是以货币形式表现的，工业企业在本年内销售的本企业生产的工业产品或提供工业性劳务价值的总价值量。工业销售产值包括的内容为：

1. 销售成品价值：指企业在报告期内实际销售（包括本期生产和非本期生产）的全部成品、半成品的总价值，即按报告期产品的实际销售数量乘以不含增值税（销项税额）的产品实际销售平均单价计算。销售成品价值中包括企业生产的自制设备及提供给本企业在建工程、其他非工业部门和生活福利部门等单位使用的成品价值，但不包括用订货者来料加工，并且只收取加工费的成品（半成品）价值。

2. 对外加工费收入：指企业在报告期内完成的对外承接的工业品加工（包括用定货者来料加工的产品）的加工费收入；对外工业品修理作业可收取的加工费收入和对内非工业部门提供的加工修理、设备安装等收入。对外加工费收入按不含增值税（销项税额）的价格计算。

对于以对外加工生产为主，对外加工费收入所占比重较大的企业，如果对外加工费收入出现跨年度支付的情况，为保证总产值生产口径计算的准确性，则应将对外加工费收入按实际情况调整，记录本年应实际收取的对外加工费收入。

工业增加值 是指工业行业在报告期内以货币表现的工业生产活动的最终成果，是企业全部生产活动的总成果扣除了在生产过程中消耗或转移的物质产品和劳务价值后的余额，是企业生产过程中新增加的价值。

计算工业增加值通常采用两种方法。

一是“生产法”，即从工业生产过程中产品和劳务价值形成的角度入手，剔除生产环节中间投入的价值，从而得到新增价值的方法。公式为：

工业增加值＝工业总产值－工业中间投入＋本期应交增值税

二是“收入法”，即从工业生产过程中创造的原始收入初次分配的角度，对工业生产活动最终成果进行核算的一种方法，其计算公式为：

工业增加值＝固定资产折旧＋劳动者报酬＋生产税净额＋营业盈余

应收账款净额 指企业因销售商品、产品、提供劳务等，应向购货单位或接受劳务单位收取款项。该指标根据会计“资产负债表”中“应收账款”项的年末数填报。

资产合计 指企业拥有或控制的能以货币计量的经济资源，包括各种财产、债权和其他权利。资产按其流动性(即资产的变现能力和支付能力)划分为：流动资产、长期投资、固定资产、无形资产、递延资产和其他资产。

负债合计 指企业所承担的能以货币计量，将以资产或劳务偿付的债务，偿还形式包括货币、资产或提供劳务。负债一般按偿还期长短分为流动负债和长期负债。

主营业务收入 是企业销售产品的销售收入和提供劳务等经营业务取得的业务收入。

主营业务成本 是指企业销售产品和提供劳务等主要经济业务的实际成本。

营业费用 指企业在销售商品过程中发生的各项费用以及为销售本企业商品而专设的销售机构（含销售网点、售后服务网点等）的经营费用。包括运输费、装卸费、包装费、保险费、广告费、业务费、差旅费、招待费、社保费等。

主营业务税金及附加 是指企业销售产品和提供劳务等主要经营业务应负担的城市维护建设税、消费税、资源税和教育费附加。

管理费用 指企业为组织和管理企业生产经营所发生的管理费用，包括企业的董事会和行政管理部门在企业经营管理中发生的，或者应当由企业统一负担的各项管理费用。包括行政管理部门职工工资、福利费、差旅费、办公费、会议费、印刷费、水电费、社保费、招待费、技术转让费等。

财务费用 指企业为筹集生产经营所需资金而发生的费用，包括企业生产经营期间发生的利息支出（减利息收入）、汇兑损失（减汇兑收益）以及相关的手续费等。

利润总额 指企业在生产经营过程中各种收入扣除各种耗费后的盈余，反映企业在报告期内实现的亏盈总额，包括营业利润、补贴收入、投资净收益和营业外收支净额。

利税总额 指企业利润总额、产品销售税金及附加和应交增值税之和。

成本费用利润率　是指工业企业投入生产成本及费用的经济效益，同时也反映企业降低成本所取得的经济效益。计算公式为：

$$成本费用利润率（\%）=\frac{利润总额}{成本费用总额}\times 100\%$$

成本费用总额为主营业务成本和营业费用、管理费用、财务费用三项期间费用。

流动资金周转率　是指一定时期内流动资产完成的周转次数，反映投入工业企业流动资金的周转速度，一般以一年时间内周转多少次表示。计算公式为：

$$流动资产周转率（次）=\frac{主营业务收入}{流动资产平均余额}$$

全员劳动生产率　是指反映企业的生产效率和劳动投入的经济效益。一般用平均每人一年创造的工业增加值表示。计算公式为：

$$全员劳动生产率（元/人）=\frac{工业增加值}{全部职工平均人数}\times 100\%$$

全部职工平均人数为企业在报告期内全部从业人员的平均人数，计算公式为：

$$全部从业人员年平均人数=\frac{1至12月全部从业人员平均人数之和}{12}$$

或：

$$全部从业人员年平均人数=\frac{1至12月各月月初、月末全部从业人员之和}{24}$$

资产负债率　是指反映企业经营风险的大小，反映企业利用债权人提供的资金从事经营活动的能力。计算公式为：

$$资产负债率（\%）=\frac{负债总计}{资产总计}\times 100\%$$

资产及负债均为报告期末数。

总资产贡献率　是指企业一定时期内全部资产获利能力，是企业经营业绩和管理水平的集中体现，是评价和考核企业盈利能力的核心指标。计算公式为：

$$总资产贡献率（\%）=\frac{利润总额+税金+利息支出}{平均资产总额}\times 100\%$$

税金总额为产品销售税金及附加与应交增值税之和，平均资产总额为期初、期末资产总计的算术平均值。

资本保值增值率　是反映企业净资产变动状况的一个重要指标，是企业发展能力的集中体现。它是指期末所有者权益总额与上年同期期末所有者权益总额的比率。计算公式为：

$$资本保值增值率（\%）=\frac{报告期期末所有者权益}{上年同期期末所有者权益}\times 100\%$$

所有者权益等于资产总计减负债总计。

单位国内生产总值能耗　指一定时期内，一个国家或地区每生产一个单位的国内生产总值所消耗的能源。计算公式为：

$$单位国内生产总值能耗=\frac{能源消费总量}{国内生产总值}$$

单位国内生产总值电耗　指一定时期内，一个国家或地区每生产一个单位的国内生产总值所消耗的电力。计算公式为：

$$单位国内生产总值电耗=\frac{全社会用电量}{国内生产总值}$$

单位工业增加值能耗　指一定时期内，一个国家或地区每生产一个单位的工业增加值所消耗的能源。计算公式为：

$$单位工业增加值能耗=\frac{工业能源消费量}{工业增加值}$$

Explanatory Notes on Main Statistical Indicators

Industry refers to the material production sector which is engaged in extraction of natural resources and processing and reprocessing of minerals and agricultural products, including (1) extraction of natural resources, such as mining, salt production, and logging (but excluding hunting and fishing); (2) processing and reprocessing of farm and sideline produces, such as rice husking, flour milling, wine making, oil pressing, cotton ginning, silk reeling, spinning and weaving, and leather making; (3) manufacture of industrial products, such as steel making, iron smelting, chemicals manufacturing, petroleum processing, machine building, timber processing; and production and supply of electricity, water and gas; (4) repair and renovation of industrial products, such as the repair of machinery and means of transport (including cars).

Prior to 1984, industrial enterprises run by villages and cooperative organizations under village were classified into agriculture. Since 1984, these enterprises have been grouped into industry.

Light Industry refers to the industry that produces consumer goods and hand tools. It consists of two categories, depending on the materials used:

(1) Industries using farm products as raw materials. These are branches of light industry which directly or indirectly use farm products as basic raw materials, including the manufacture of food and beverages, tobacco processing, textile, clothing, fur and leather manufacturing, paper making, printing, etc.

(2) Industries using non-farm products as raw materials. These are branches of light industry which use manufactured goods as raw materials, including the manufacture of cultural, educational and sports articles, chemicals, synthetic fiber, chemical products for daily use, glass products for daily use, metal products for daily use, hand tools, medical apparatus and instruments, and the manufacture of cultural and clerical machinery.

Heavy Industry refers to the industry which produces capital goods and provides various sectors of the national economy with necessary material and technical basis. It consists of the following three branches according to the purpose of production or the use of products:

(1) Mining, quarrying and logging industry refers to the industry that extracts natural resources, including extraction of petroleum, coal, metal and non-metal ores, and logging.

(2) Raw materials industry refers to the industry that provides various sectors of the national economy with raw materials, fuels and power. It includes smelting and processing of metals, coking and coke chemistry, chemical materials and building materials such as cement, plywood, and power, petroleum refining and coal dressing.

(3) Manufacturing industry refers to the industry that processes raw materials. It includes machine-building industry which equips sectors of the national economy, industries of metal structure and cement products, industries producing means of agricultural production, such as chemical fertilizers and pesticides.

According to the above principle of classification, repairing trades engaged primarily in repairing products of heavy industry are classified into heavy industry, while those engaged in repairing products of light industry are classified into light industry.

Gross Industrial Output Value refers to the total volume of industrial products sold or available for sale in monetary terms during a given period, which reflects the total achievements and overall scale of industrial production during a given period. It includes the value of the finished products in the enterprises, which are not to be further processed and have been inspected, packed and put in storage (where applicable), the income from external processing and the value gain of semi−finished products at the end of the reference period over the beginning. The gross industrial output value is calculated by the factory approach, i.e. the whole industrial enterprise is regarded as the basic accounting unit in calculating the gross industrial output value. No double calculations are to be made within the same enterprise and the output value of different workshops (branch factories) should not be added. However, this approach does not exclude the possibility of double calculations between enterprises, sectors and regions.

Output value of light and heavy industries is also classified by the factory approach. Under normal conditions, if the major products of an industrial enterprise belong to light industry products, the gross output value of that enterprise is classified wholly into light industry; the same principle applies to heavy industry.

Sales Value of Industry (Current Price) refers to the total value of industrial products sold or industrial services provided in monetary terms within the current year. It includes:

(1) Sales Value of Finished Products. Sale value of finished products refers to the total value of finished and semi−finished products sold within the reporting period (including those produced within and outside the period). It equals the actual sales volume of products sold within the reporting period timing the actual average sales price (excluding value added or sales tax). It includes the equipment made by the enterprise itself, as well as the finished products provided to the projects under construction, non−industrial departments and welfare department, and excludes the value of finished or semi−finished products of external processing with supplied materials that produces only processing charges.

(2) Income from External Processing refers to income from contracted external processing of industrial products (including processing of industrial products using materials from the clients), and the income from industrial repairing work provided to other units. Income from external processing is calculated using information from the item "products sales income" in the enterprise accounting at the prices excluding value−added tax.

For an enterprise whose main business is external processing and the charges of external processing constitute a large proportion of its income, in case of cross−year payment, the income of external processing charges shall be adjusted and the actual income of external processing charges of the current year shall be recorded to ensure the accuracy of the coverage of gross industrial output.

Value-added of Industry refers to the final results of industrial production of industrial enterprises in monetary terms during the reference period. It equals to the total achievements of all industrial production minus the goods and services consumed or transferred during the industrial production of enterprises, in other terms the newly added value during the industrial production of enterprises. It is calculated by the following two approaches:

a) The production approach. The value added is calculated by taking the value of industrial intermediate input out of the final value of products and labor services that comes from industrial production. The formula used is:

Value−added of industry = gross industrial output − industrial intermediate input + value−added tax

b) The income approach. It is calculation of the final value of industrial activities by approaching the primary distribution of the primary income of industrial production. The formula used is:

Value−added of industry = depreciation of fixed assets + remuneration of laborers + net production tax+ operating surplus

Account Receivable refers to accounts receivable from purchasers or receivers due to the delivery of goods, products or services. The index is recorded in accordance with the year−end figure of Account Receivable of the balance sheet.

Total Assets refer to all economic resources, in monetary terms that is owned or controlled by enterprises including properties, creditors' equity and other economic rights of all forms. Classified by the degree of equitability, total assets include circulating assets, long-term investment, fixed assets, intangible assets and deferred assets, and other assets.

Total Liabilities refer to payable liabilities of enterprises that have to be repaid in terms of money, assets or labor services. In terms of payment, it can be classified as liquid liabilities, long-term liabilities and deferred taxes,etc.

Prime Operating Revenue refers to the revenue from the principal business, including the sales of products and from rendering of industrial services by industrial enterprises.

Prime Operating Cost refers to the actual cost of products sold and industrial services provided by industrial enterprises.

Business Cost refers to the costs from sales of commodities and the operational costs of sales agencies (including sales stores and service centers, etc.), including the costs of transport, loading, packaging, advertising, business operation, travelling, reception, social security, etc.

Tax and Extra Charges on Principal Business refer to the tax on city maintenance and construction, consumption tax, resources tax and extra charges for education, which should be borne by the enterprises in selling products and providing industrial services.

Management Cost refers to the costs of organizing and managing enterprise operation, including the operational cost of the board of directors and the executive body in management that shall be borne by the enterprise. Management costs include staff wages, welfare, the costs of administration, meeting, printing, water and electricity, social security, reception, technology transfer, etc.

Financial Cost refers to the cost from raising fund for production and operation, including expenditure of interests, loss of momentary exchange and related charges.

Total Profits refer to the profits gained by the enterprises.

Total Pre-Tax Profits refers to the sum of total profits, sales tax as well as additional and payable value-added taxes.

Ratio of Profits to Industrial Costs refers to the ratio of profits realized in a given period to the total production costs of industrial enterprises in the same period, which also reflects the economic benefit attained by the enterprises from reduced costs. This ratio is calculated as follows:

$$\text{Ratio of Profits to Industrial Costs(\%)} = \left(\frac{\text{Total Profits}}{\text{Total Costs}}\right) \times 100\%$$

where Total costs are the sum of cost of products sold, marketing cost, management cost and financial cost.

Number of Times of Turnover of Circulating Funds refers to the number of times in which turnover of circulating funds is completed in a given period of time, which reflects the speed of the turnover of circulating funds. It is expressed as times of turnover within a year and is calculated as follows:

$$\begin{array}{c}\text{Number of Times of} \\ \text{Turnover of Circulating Funds}\end{array} = \left(\frac{\text{Sales Revenue of Products}}{\begin{array}{c}\text{Average Balance of Total Number of} \\ \text{Times of Turnover of Circulating Funds}\end{array}}\right) \times 100\%$$

Value-added Labor Productivity reflects the production efficiency of the enterprise and economic benefit of its labor input. It is usually expressed as the industrial value−added created by an average member of an industrial enterprise in a year. The formula used is:

$$\begin{matrix}\text{Value-added Labor Productivity}\\ \text{(yuan/person)}\end{matrix}=(\frac{\text{Value-added of Industry}}{\text{Average Number of Staff and Workers}})\times 100\%$$

Average Number of Staff and Workers refers to the average number of all employed persons by an industrial enterprise within the reference period. The formula used is:

$$\text{verage Number of Staff and Workers}=\frac{\text{Sum of Average Monthly Numbers from January to December}}{12}$$

Or

$$\begin{matrix}\text{verage Number of}\\ \text{Staff and Workers}\end{matrix}=\frac{\text{Sum of Average Numbers at the Beginning and End of Each Month from January to December}}{24}$$

Assets-Liability Ratio reflects both the operation risk and the capability of the enterprise in making use of the capital from the creditors. It is calculated as follows: where both assets and debts are figures at the end of the reference period.

$$\text{Assets-Liability Ratio(\%)}=(\frac{\text{Total Debts}}{\text{Total Assets}})\times 100\%$$

Ratio of Total Assets to Industrial Output Value refers to the profit−making capability of all assets of the enterprise. As a core indicator for the evaluation and assessment of the profit−making potential of the enterprise, it is a focused reflection of the performance and management efficiency of the enterprise. This ratio is calculated as follows: where Total Taxes are the sum of tax and extra charges on the sales of products and value−added tax payable; and Average Assets are the arithmetic mean of beginning assets and ending assets.

$$\begin{matrix}\text{Ratio of Total Assets to}\\ \text{Industrial Output Yalue}\end{matrix}=(\frac{\text{Total Profits}+\text{Total Taxes}+\text{Interst Expenditure}}{\text{Average Assets}})\times 100\%$$

Assets-Liability Ratio reflects both the operation risk and the capability of the enterprise in making use of the capital from the creditors. It is calculated as follows: where both assets and debts are figures at the end of the reference period.

$$\text{Assets-Liability Ratio(\%)}=(\frac{\text{Total Debts}}{\text{Total Assets}})\times 100\%$$

Ratio of Capital Maintenance and Appreciation is an important indicator of the changes of net assets of an enterprise and a focused reflection of the development capability of enterprises. It is the ratio of total creditors' equity at the end of the reference period to that of the same period of the previous year, calculated as follows:

$$\begin{matrix}\text{Ratio of Capital Maintenance}\\ \text{and Appreciatin}\end{matrix}=(\frac{\text{Total Creditors' Equity at the End of the Reference Period}}{\text{Total Creditors' Equity ofthe Same Period of the Previous Year}})\times 100\%$$

where Creditors' equity is equal to the total assets of the enterprise minus its total liabilities.

Energy Consumption per Unit of GDP refers to the energy consumption per unit of Gross Domestic Product in a country or the Gross Regional Product in a region in the same reference period. The formula is:

$$\begin{matrix}\text{Energy Consumption}\\ \text{per Unit of GDP}\end{matrix}=\frac{\text{Total Energy Consumption}}{\text{Cross Domestic Product}}$$

Electricity Consumption per Unit of GDP refers to the electricity consumption per unit of Gross Domestic Product in a country or the Gross Regional Product in a region in the same reference period. The formula is:

$$\begin{matrix}\text{Electricity Consumption}\\ \text{per Unitof GDP}\end{matrix}=\frac{\text{Total Electricity Consumption}}{\text{Cross Domestic Product}}$$

Energy Consumption per Unit of Industrial Value-added refers to the energy consumption per unit of industrial value—added in a country or region in the same reference period. The formula is:

$$\frac{\text{Energy Consumption}}{\text{Unit of Industrial Value - added}} = \frac{\text{Total Energy Consumption}}{\text{Industrial Value - added}}$$

05 第五部分

建筑业

COMSTRUCTION

CHAPTER

5-1 建筑企业主要经济指标

MAIN ECONOMIC INDICATORS ON CONSTRUCTION ENTERPRISES

（2008-2011）

指 标	Indicators	2008	2009	2010	2011
建筑业企业个数（个）	Number of Construction Enterprises(unit)	828	779	784	795
年末从业人员（万人）	Number of Year-end Employed Persons(10 000persons)	31.56	35.31	45.59	43.84
资产合计（亿元）	Total Assets(100 million yuan)	719.78	918.68	1 183.75	1 553.97
自有固定资产原价（亿元）	Fixed Assets Owned(original value)(100 million yuan)	113.78	125.81	133.41	150.66
自有机械设备台数（万台）	Number of Machinery and Equipment Owned(10 000 sets)	9.94	9.98	10.94	8.12
自有机械净值（亿元）	Net value of Machinery and Equipment Owned(100 million yuan)	26.53	34.26	31.87	29.15
自有机械设备总功率（万千瓦）	Total Power of Machiner and Equipment Owned(10 000 kw)	150.16	165.60	152.91	168.65
建筑业总产值（亿元）	Gross Output Value of Construction (100 million yuan)	925.14	1 180.58	1 452.42	1 942.29
# 建筑工程产值（亿元）	Output Value of Construction(100 million yuan)	813.63	1 041.48	1 271.55	1 702.16
安装工程产值（亿元）	Output Value of Installation(100 million yuan)	90.99	112.66	147.48	196.92
其他产值（亿元）	Others(100 million yuan)	20.53	26.44	33.39	43.21
本年固定资产折旧（亿元）	Depreciation of Fixed Assets in the year (100 million yuan)	8.61	8.66	9.85	9.43
本年应付工资总额（亿元）	Total Wages in the Year(100 million yuan)	79.33	90.88	114.24	141.91
本年应付福利费总额（亿元）	Total Welfare Expense in the year (100 million yuan)	4.66	3.77	5.18	
工程结算税金及附加（亿元）	Taxes and Extra Charges on Project Settle Accounts(100 million yuan)	37.34	40.41	52.88	68.78
管理费用中的税金（亿元）	Taxes in Management Expenses(100 million yuan)	1.21	1.88	1.66	1.78
管理费用中劳动失业保险费（亿元）	Labour and Unemployment-Pending Insurance in Management Expenses(100 million yuan)	3.10	1.97	2.80	
营业利润（亿元）	Operating Profit(100 million yuan)	28.10	39.61	53.97	81.13
房屋建筑施工面积（万平方米）	Floor Space of Buildings Under Construction (10 000 sq.m)	5 394.61	5 690.62	5 980.34	8 328.56
房屋建筑竣工面积（万平方米）	Floor Space of Buildings Completed(10 000 sq.m)	1 789.68	2 215.68	1 426.15	2 418.59
利润总额（亿元）	Total Profits(100 million yuan)	28.07	37.95	50.20	74.92
按总产值计算劳动生产率（元/人）	In Terms of Gross Output ValueOverall Labor Productivity(yuan/person)	278 302	301 201	312 156	414 954
产值利润率（%）	Ration of Profit to Gross Output Value(%)	3.04	3.21	3.46	3.86

5-2 建筑业总产值

GROSS OUTPUT VALUE OF CONSTRUCTION

（2008-2011）

单位：万元

指　标	Indicators	2008	2009	2010	2011
总　计	**Total**	**9 410 195**	**11 805 773**	**14 524 172**	**19 422 880**
按登记注册类型分组	**Grouped by Type of Registration**				
1、内资企业	Domestic Funded Enterprises	9 053 112	11 419 104	14 095 133	18 794 432
国有企业	State－owned Enterprises	1 827 082	1 917 930	2 965 474	3 833 621
集体企业	Collective-owned Enterprises	93 994	108 729	50 535	56 964
股份合作企业	Cooperative Operation with Share Holding	13 422			
联营企业	Joint Enterprises	132 508	153 794	204 268	327 857
国有联营企业	State-owned Joint	17 705	1 180	3 778	10 316
集体联营企业	Collective-owned Joint	18 853	6 033	21 666	19 050
国有与集体联营	State-owned and Collective-owned Joint	32 433	53 620	26 383	64 888
其他联营企业	Others	63 517	92 961	152 441	233 603
有限责任公司	Limited Liadility Companies	3 887 067	4 288 182	5 856 474	7 052 005
国有独资公司	State Exclusively Funded Companies	458 126	252 092	1 035 068	1 475 580
其他有限责任公司	Others	3 428 941	4 036 090	4 821 407	5 576 425
股份有限公司	Limited Share-holding Companies	1 170 688	1 510 786	1 777 156	2 711 311
私营企业	Private Enterprises	1 921 979	2 598 549	2 810 615	4 168 957
私营独资企业	Private Exclusively Funded Enterprises	17 142	29 481	38 298	70 125
私营合作企业	Private Partnership Enterprises	930	1 924	2 996	7 764
私营有限责任公司	Private Limited Liability Companies	1 832 495	2 494 588	2 684 002	3 808 721
私营股份有限公司	Private Limited Share-holding Companies	71 412	72 556	85 319	282 347
其他企业	Others	6 372	841 134	430 611	643 717
2、港、澳、台商投资企业	Enterprises Funded by Entrepreneurs from Hong Kong, Macao and Taiwan	260 263	377 063	404 544	589 747
3、外商投资企业	Foreign Funded Enterprises	96 820	9 006	24 495	38 701

5-3 分行业建筑业生产情况

STATISTICS ON CONSTRUCTION BY SECTOR

（2011）

单位：万元、万平方米 （10 000 yuan, 10 000 sq. m）

指 标	Indicators	总 计 Total	房屋和土木工程建筑业 Buildings and civil engineering construction	建筑安装业 Installation of Lines,Pipelines and Equipment	建筑装饰业 Architectural Decoration	其他建筑业 Others Construction
企业个数（个）	Number of Enterprise(unit)	795	309	240	199	47
#有工作量的企业个数	Number of Enterprises in Work	774	300	235	192	47
签订的合同额	Contractual Value	39 400 369.8	26 971 245.1	2 639 983.9	9 521 505.6	267 635.2
建筑业总产值	Gross Output Value of Construction	19 422 879.9	11 172 745.0	1 729 742.7	6 335 906.2	184 486.0
#装饰装修产值	Decorate and Materials Construction	6 331 720.7	567 738.8	373 640.3	5 389 798.9	542.7
#在外省完成的产值	Output Value of buildings Completed outside of Guangdong province	6 951 979.8	2 823 424.1	365 609.7	3 724 802.9	38 143.1
#建筑工程产值	Output Value of Contraction	17 021 558.3	10 338 712.1	666 994.2	5 908 129.2	107 722.8
安装工程产值	Output Value of Installation	1 969 246.3	547 928.7	1 013 642.3	367 272.8	40 402.5
其他产值	Others	432 075.3	286 104.2	49 106.2	60 504.2	36 360.7
竣工产值	Output Value of buildings Completed	9 277 380.5	4 312 998.2	778 913.6	4 058 502.1	126 966.6
房屋建筑施工面积	Floor Space of Buildings Under Construction	8 328.6	8 191.9	110.3	26.3	
#本年新开工面积	Floor Space of Newly-started Buildings in this Year	3 230.7	3 154.0	51.5	25.2	
#实行投标承包面积	Floor Space of Contracted Projects	5 405.3	5 383.0		22.3	
#本年新开工面积	Floor Space of Newly-started Buildings in this Year	2 702.8	2 682.4		20.4	
房屋建筑竣工面积	Floor Space of Buildings Completed	2 418.6	2 256.3	91.5	70.8	
自有施工机械设备年末总台数（台）	Number of Machinery and Equipment(year-end)(unit)	81 177	36 129	10 200	31 581	3 267
自有施工机械设备年末总功率（万千瓦）	Total Power of Machinery and Equipment(10 000 kw)	168.7	126.1	14.6	23.0	5.0
自有施工机械设备年末净值	Net Value of Machinery and Equipment	291 546.2	211 504.8	24 361.5	31 678.8	24 001.1
计算劳动生产率的平均人数（人）	Average Number of Employed Persons in Calculation of Labor Productivity(person)	468 073	281 731	37 664	142 743	5 935
全员劳动生产率（万元/人）	Overall Labor Productivity (10 000 yuan/person)	41.5	39.7	45.9	44.4	31.1

5-4 分登记注册类型建筑业生产情况

STATISTICS ON CONSTRUCTION BY TYPE OF REGISTRATION

（2011）

单位：万元、万平方米 （10 000 yuan, 10 000 sq. m）

指 标	Indicators	总 计 Total	内资企业 Domestic Funded	#国有 State-owned	#集体 Collctive Owned	港澳台商投资企业 Hong Kong,Macao and Taiwan Funded	外商投资企业股份有限公司 Foreign Funded Share-holding Corporations Ltd.
企业个数（个）	Number of Enterprise(unit)	795	766	73	10	26	3
#有工作量的企业个数	Number of Enterprises in Work	774	747	72	10	24	3
签订的合同额	Contractual Value	39 400 369.8	38 354 314.1	8 823 736.1	139 598.2	999 111.9	46 943.8
建筑业总产值	Gross Output Value of Construction	19 422 879.9	18 794 432.2	3 833 620.8	56 964.2	589 747.0	38 700.7
#装饰装修产值	Decorate and Materials Construction	6 331 720.7	6 094 633.4	558 195.8	8 880.0	199 634.5	37 452.8
#在外省完成的产值	Output Value of buildings Completed outside of Guangdong province	6 951 979.8	6 543 723.9	925 885.4		372 003.0	36 252.9
#建筑工程产值	Output Value of Contraction	17 021 558.3	16 509 287.6	3 466 799.5	50 693.4	474 817.9	37 452.8
安装工程产值	Output Value of Installation	1 969 246.3	1 855 625.4	293 501.7	1 994.6	112 373.0	1 247.9
其他产值	Others	432 075.3	429 519.2	73 319.6	4 276.2	2 556.1	
竣工产值	Output Value of buildings Completed	9 277 380.5	8 995 905.7	1 532 538.4	19 333.7	242 774.1	38 700.7
房屋建筑施工面积	Floor Space of Buildings Under Construction	8 328.6	8 000.0	2 402.5	25.1	328.6	
#本年新开工面积	Floor Space of Newly-started Buildings in this Year	3 230.7	3 019.3	1 073.2	1.7	211.4	
#实行投标承包面积	Floor Space of Contracted Projects through Biddimg	5 405.3	5 151.0	1 432.7	13.4	254.2	
#本年新开工面积	Floor Space of Newly-started Buildings in this Year	2 702.8	2 513.9	886.3	1.7	188.9	
房屋建筑竣工面积	Floor Space of Buildings Completed	2 418.6	2 329.2	382.4	8.3	89.4	
自有施工机械设备年末总台数（台）	Number of Machinery and Equipment(year-end)(unit)	81 177	79 597	5 999	1 166	1 560	20
自有施工机械设备年末总功率（万千瓦）	Total Power of Machinery and Equipment(10 000kw)	168.7	167.1	18.1	2.9	1.5	0.1
自有施工机械设备年末净值	Net Value of Machinery and Equipment	291 546.2	287 923.6	33 729.5	7 189.9	3 410.6	212.0
计算劳动生产率的平均人数（人）	Average Number of Employed Persons in Calculation of Labor Productivity(person)	468 073	463 945	86 580	3 061	3 797	331
全员劳动生产率（万元/人）	Overall Labor Productivity (10 000 yuan/person)	41.5	40.5	44.3	18.6	155.3	116.9

5-5 分行业建筑业财务状况

FINANCIAL CONDITIONS OF CONSTRUCTION BY SECTOR

(2011)

单位：万元 (10 000 yuan)

指 标	Indicators	总 计 Total	房屋和土木工程建筑业 Buildings and civil engineering construction	建筑安装业 Installation of Lines,Pipelines and Equipment	建筑装饰业 Architectural Decoration	其他建筑业 Others Construction
年末资产负债	**Asset and Liabilities at Year-end**					
流动资产	Circulating Assets	13 262 332.4	8 434 562.2	1 344 265.9	3 227 305.0	256 199.3
#存货	Inventory	2 575 351.3	1 875 223.7	269 463.5	372 055.5	58 608.6
固定资产总计	Fixed Assets	1 196 785.7	830 384.2	134 722.1	179 277.0	52 402.4
固定资产原价	Original Value of Fixed Assets	1 506 631.6	1 029 796.5	191 146.4	218 367.2	67 321.5
累计折旧	Accumulative Total Depreciation	641 691.9	450 003.0	80 755.9	79 766.4	31 166.6
#本年折旧	Depreciation Within the Year	94 268.0	61 641.8	14 934.2	13 847.6	3 844.4
在建工程	Project under Construction	254 276.8	201 094.5	16 511.4	23 888.1	12 782.8
资产总计	Total Assets	15 539 730.4	9 941 621.6	1 641 288.8	3 631 587.4	325 232.6
流动负债	Liquid Liabilities	9 834 907.8	6 789 094.1	822 347.1	2 028 665.1	194 801.5
长期负债	Long-term Liabilities	530 031.9	423 036.8	55 395.2	45 508.1	6 091.8
负债合计	Total Liabilities	10 516 587.2	7 220 292.0	878 764.4	2 216 637.5	200 893.3
所有者权益	Creditors' Equity	5 023 143.2	2 721 329.6	762 524.4	1 414 949.9	124 339.3
#实收资本	Actual Capital Hold	2 698 066.2	1 566 598.0	506 217.6	535 468.2	89 782.4
国家资本	State Capital	308 432.8	268 505.0	25 704.7	8 736.5	5 486.6
集体资本	Collective Capital	100 147.8	80 499.6	2 454.2	13 026.9	4 167.1
法人资本	Corporation Capital	1 315 779.8	817 021.3	192 101.0	270 648.6	36 008.9
个人资本	Individual Capital	927 124.3	371 239.5	275 815.2	235 949.8	44 119.8
港澳台资本	Capital from HongKong,Macao and Taiwan	41 296.2	28 360.0	9 829.8	3 106.4	
外商资本	Foreign Capital	5 285.3	972.6	312.7	4 000.0	
损益及分配	**Expenditure,Income and Distribution**					
工程结算收入	Revenue of Project Settlement Accounts	20 664 020.9	12 583 007.3	1 770 154.1	6 124 203.2	186 656.3
工程结算成本	Costs of Project Settlement Accounts	18 347 125.7	11 433 106.3	1 502 064.4	5 257 331.7	154 623.3
工程结算税金及附加	Taxes and Extra Charges on Project Settle Accounts	687 828.9	405 274.2	49 325.6	227 610.0	5 619.1
工程结算利润	Profits of Project Settlement Accounts	1 629 066.3	744 626.8	218 764.1	639 261.5	26 413.9
其他业务利润	Other Profits from Business	54 983.5	28 044.6	14 945.2	11 045.9	947.8
管理费用及财务费用	Management and Financial Expenditures	716 781.1	362 711.1	128 624.8	205 569.0	19 876.2
营业利润	Operating Surplus	811 266.3	375 691.2	77 161.4	354 401.6	4 012.1
利润总额	Total Profits	749 228.6	376 849.5	80 014.7	288 937.0	3 427.4
应交所得税	Income Taxes Payable	146 720.8	63 402.6	15 938.5	65 846.6	1 533.1

5-6 分登记注册类型建筑业财务状况

FINANCIAL CONDITIONS OF CONSTRUCTION BY TYPE OF REGISTRATION

（2011）

单位：万元 （10 000 yuan）

指 标	Indicators	总 计 Total	内资企业 Domestic Funded	#国有 State-owned	#集体 Collctive Owned	港澳台商投资企业 Hong Kong,Macao and Taiwan Funded	外商投资企业 Foreign Funded
年末资产负债	**Asset and Liabilities at Year-end**						
流动资产	Circulating Assets	13 262 332.4	12 772 197.2	2 267 471.3	68 943.7	464 898.3	25 236.9
#存货	Inventory	2 575 351.3	2 492 119.7	490 337.3	18 362.8	78 697.3	4 534.3
固定资产总计	Fixed Assets	1 196 785.7	1 180 201.1	164 152.3	8 252.6	14 344.0	2 240.6
固定资产原价	Original Value of Fixed Assets	1 506 631.6	1 480 234.8	280 444.0	10 837.3	23 117.7	3 279.1
累计折旧	Accumulative Total Depreciation	641 691.9	627 946.3	131 900.8	4 847.6	12 377.0	1 368.6
#本年折旧	Depreciation Within the Year	94 268.0	90 789.8	23 521.8	623.2	3 243.5	234.7
在建工程	Project Under Construction	254 276.8	253 412.9	13 886.5	1 916.2	863.9	
资产总计	Total Assets	15 539 730.4	14 902 610.4	2 526 677.2	87 162.3	604 549.0	32 571.0
流动负债	Liquid Liabilities	9 834 907.8	9 325 019.9	2 065 022.1	36 936.3	483 737.9	26 150.0
长期负债	Long-term Liabilities	530 031.9	529 725.0	63 661.0		306.9	
负债合计	Total Liabilities	10 516 587.2	10 005 694.3	2 133 023.6	36 936.3	484 742.9	26 150.0
所有者权益	Creditors'Equity	5 023 143.2	4 896 916.1	393 653.6	50 226.0	119 806.1	6 421.0
#实收资本	Actual Capital Hold	2 698 066.2	2 633 756.8	265 029.8	13 262.0	59 996.7	4 312.7
国家资本	State Capital	308 432.8	298 722.8	158 137.3		9 710.0	
集体资本	Collective Capital	100 147.8	99 442.8		12 637.0	705.0	
法人资本	Corporation Capital	1 315 779.8	1 308 209.3	105 919.9	625.0	7 570.5	
个人资本	Individual Capital	927 124.3	926 409.3			715.0	
港澳台资本	Capital from HongKong,Macao and Taiwan	41 296.2				41 296.2	
外商资本	Foreign Capital	5 285.3	972.6	972.6			4 312.7
损益及分配	**Expenditure,Income and Distribution**						
工程结算收入	Revenue of Project Settlement Accounts	20 664 020.9	20 014 315.4	4 501 057.9	54 737.8	608 511.7	41 193.8
工程结算成本	Costs of Project Settlement Accounts	18 347 125.7	17 751 343.9	4 172 197.9	33 392.4	561 338.6	34 443.2
工程结算税金及附加	Taxes and Extra Charges on Project Settle Accounts	687 828.9	670 617.6	136 221.6	2 020.2	15 715.1	1 496.2
工程结算利润	Profits of Project Settlement Accounts	1 629 066.3	1 592 353.9	192 638.4	19 325.2	31 458.0	5 254.4
其他业务利润	Other Profits from Business	54 983.5	52 708.1	7 023.8	0.9	1 675.1	600.3
管理费用及财务费用	Management and Financial Expenditures	716 781.1	697 320.8	91 529.9	10 568.0	16 928.9	2 531.4
营业利润	Operating Surplus	811 266.3	791 203.5	96 239.2	8 583.7	16 739.6	3 323.2
利润总额	Total Profits	749 228.6	728 981.0	100 248.7	8 579.3	16 924.9	3 322.7
应交所得税	Income Taxes Payable	146 720.8	143 695.8	9 560.1	357.5	2 248.3	776.7

5-7 分行业劳务分包建筑企业经营情况

MANAGENT SITUATIONS OF CONSTRUCTION ENTERPRISE OF SERVICE SUBCONTRACTING BY SECTOR（2011）

单位：万元 （10 000 yuan）

指 标	Indicators	总 计 Total	房屋和土木工程建筑业 Buildings and civil engineering construction	建筑安装业 Installation of Lines, Pipelines and Equipment	建筑装饰业 Architectural Decoration	其他建筑业 Others Construction
企业个数（个）	Number of Enterprise(unit)	28	7	8	5	8
#有工作量的企业个数	Number of Enterprises in Work	25	7	7	5	6
生产情况	**Production**					
建筑业总产值	Gross Output Value of Construction	28 006.2	4 790.0	12 691.3	948.8	9 576.1
计算建筑业劳动生产率的平均人数(人)	Average Number of Employed Persons in Calculation of Labor Productivity(person)	19 439	6 363	10 510	59	2 507
财务状况	**Finance**					
资产负债	Asset and Liabilities					
固定资产原价	Fixed Assets	1 713.1	214.6	998.7	265.9	233.9
本年折旧	Depreciation Within the Year	313.5	43.0	190.1	40.3	40.1
资产总计	Total Assets	72 935.9	14 512.3	55 139.5	784.2	2 499.9
负债合计	Total Liabilities	53 401.7	12 066.1	40 737.8	232.7	365.1
实收资本	Actual Capital Hold	16 076.3	2 320.3	11 280.0	628.0	1 848.0
损益及分配	Expenditure,Income and Distribution					
营业收入合计	Operating Revenue	51 109.4	35 524.9	5 344.3	834.2	9 406.0
#主营业务收入（工程结算收入）	Revenue of Project Settlement Accounts	51 108.8	35 524.9	5 343.7	834.2	9 406.0
主营业务成本（工程结算成本）	Costs of Project Settlement Accounts	45 843.7	33 570.8	2 610.3	709.8	8 952.8
主营业务税金及附加（工程结算税金及附加）	Taxes and Extra Charges on Project Settle Accounts	1 697.0	1 072.4	150.4	11.7	462.5
费用合计（营业费用、管理费用、财务费用）	Total Expenditures(expenditure for operating,management and finance)	2 262.6	798.7	782.9	220.2	460.8
营业利润	Operating Surplus	5 612.4	99.9	5 480.1	−107.3	139.7
利润总额	Total Profits	5 599.2	99.9	5 478.3	−107.3	128.3
从业人员劳动报酬	Laborers Remuneration of Employed Persons	42 601.5	32 317.2	1 895.0	160.4	8 228.9

5-8 总承包和专业承包建筑业企业生产情况

PRODUCTION SITUATIONS OF GENERAL AND SPECIALIZED CONTRACTTING CONSTRUCTION ENTERPRISE（2008-2011）

指 标	Indicators	2008	2009	2010	2011
企业个数（个）	Number of Enterprise(unit)	828	779	784	795
#有工作量的企业个数	Number of Enterprises in Work	774	774	781	774
签订的合同额（万元）	Contractual Value(10 000 yuan)	18 308 247.3	24 840 249.4	28 184 105.1	39 400 369.8
建筑业总产值 （万元）	Gross Output Value of Construction (10 000 yuan)	9 251 428.3	11 805 772.9	14 524 172.4	19 422 879.9
#装饰装修产值	Decorate and Materials Construction		3 676 345.4	4 954 747.7	6 331 720.7
#在外省完成的产值	Output Value of Buildings Completed outside of Guangdong province		3 355 721.2	4 376 053.9	6 951 979.8
#建筑工程产值	Output Value of Contraction	8 136 271.5	10 414 809.6	12 715 478.0	17 021 558.3
安装工程产值	Output Value of Installation	909 875.0	1 126 593.5	1 474 822.2	1 969 246.3
其他产值	Others	205 281.8	264 369.8	333 872.2	432 075.3
竣工产值（万元）	Output Value of buildings Completed (10 000 yuan)	5 507 011.4	6 402 464.2	7 526 821.0	9 277 380.5
房屋建筑施工面积（万平方米）	Floor Space of Buildings Under Construction (10 000 sq.m)	5 394.6	5 690.6	5 980.3	8 328.6
#本年新开工面积	Floor Space of Newly-started Buildings in this Year		2 046.1	2 443.0	3 230.7
#实行投标承包面积	Floor Space of Contracted Projects through Biddimg		3 827.5	4 189.5	5 405.3
#本年新开工面积	Floor Space of Newly-started Buildings in this Year		1 434.5	2 114.7	2 702.8
房屋建筑竣工面积（万平方米）	Floor Space of Buildings Completed (10 000 sq.m)	1 789.7	2 215.7	1 426.2	2 418.6
自有施工机械设备年末总台数（台）	Number of Machinery and Equipment (year-end)(unit)	99 430	99 813	109 371	81 177
自有施工机械设备年末总功率（万千瓦）	Total Power of Machinery and Equipment (10 000 kw)	150.2	165.6	152.9	168.7
自有施工机械设备年末净值（万元）	Net Value of Machinery and Equipment (10 000 yuan)	265 320.9	342 564.8	318 743.1	291 546.2
计算劳动生产率的平均人数（人）	Average Number of Employed Persons in Calculation of Labor Productivity(person)	332 424	391 956	465 286	468 073
全员劳动生产率（万元/人）	Overall Labor Productivity(10 000 yuan/person)	27.8	30.1	31.2	41.5

5-9 总承包和专业承包建筑业企业财务状况

FINANCIAL SITUATIONS OF GENERAL AND SPECIALIZED CONTRACTTING CONSTRUCTION ENTERPRISE（2008-2011）

单位：万元 （10 000 yuan）

指 标	Indicators	2008	2009	2010	2011
年末资产负债	**Asset and Liabilities at Year-end**				
流动资产	Circulating Assets	5 931 719.7	7 745 450.4	10 043 751.9	13 262 332.4
#存货	Inventory	1 256 078.9	1 600 173.6	2 055 168.5	2 575 351.3
长期投资	Long-term Investment	328 915.4	385 707.9	564 641.5	
固定资产总计	Fixed Assets	790 373.4	915 031.2	1 022 759.0	1 196 785.7
固定资产原价	Original Value of Fixed Assets	1 137 819.7	1 258 080.5	1 334 110.9	1 506 631.6
#生产经营费用	Used by Production		991 224.5	1 052 897.5	
累计折旧	Accumulative Total Depreciation	457 973.5	516 379.0	555 364.5	641 691.9
#本年折旧	Depreciation Within the Year	86 093.3	86 570.2	98 493.9	94 268.0
在建工程	Project Under Construction	83 356.8	147 786.1	190 522.2	254 276.8
无形及递延资产	Intangible and Deferred Assets	71 918.4	66 596.9	85 554.9	
其他资产	Other Assets		73 988.6	120 830.8	
资产总计	Total Assets	7 197 765.6	9 186 775.0	11 837 538.1	15 539 730.4
流动负债	Liquid Liabilities	4 550 970.7	5 900 635.9	7 417 427.3	9 834 907.8
长期负债	Long-term Liabilities	152 644.4	338 474.8	343 387.2	530 031.9
负债合计	Total Liabilities	4 703 615.1	6 239 110.7	7 760 814.5	10 516 587.2
所有者权益	Creditors' Equity	2 499 961.7	2 947 664.3	4 076 723.6	5 023 143.2
#实收资本	Actual Capital Hold	1 545 792.6	1 810 118.2	2 089 109.5	2 698 066.2
国家资本	State Capital		268 746.7	430 028.0	308 432.8
集体资本	Collective Capital		106 815.8	137 416.3	100 147.8
法人资本	Corporation Capital		732 081.2	755 073.2	1 315 779.8
个人资本	Individual Capital		643 755.5	708 702.5	927 124.3
港澳台资本	Capital from HongKong,Macao and Taiwan		55 408.7	51 549.2	41 296.2
外商资本	Foreign Capital		3 310.3	6 340.3	5 285.3
损益及分配	**Expenditure,Income and Distribution**				
工程结算收入	Revenue of Project Settlement Accounts	9 637 559.8	12 261 633.5	15 995 501.8	20 664 020.9
工程结算成本	Costs of Project Settlement Accounts		11 001 684.0	14 369 688.8	18 347 125.7
工程结算税金及附加	Taxes and Extra Charges on Project Settle Accounts	373 424.7	404 123.0	528 776.8	687 828.9
工程结算利润	Profits of Project Settlement Accounts	582 990.7	773 150.8	1 009 739.3	1 629 066.3
其他业务利润	Other Profits from Business		88 106.3	84 393.8	54 983.5
经营费用	Management Cost		82 675.7	86 856.4	
管理费用及财务费用	Management and Financial Expenditures	454 838.6	509 751.0	557 153.3	716 781.1
营业利润	Operating Surplus	280 953.9	396 117.3	539 723.6	811 266.3
利润总额	Total Profits	280 708.0	379 496.2	501 977.9	749 228.6
应交所得税	Income Taxes Payable		61 994.5	96 098.4	146 720.8

5-10 劳务分包建筑企业经营情况

MANAGENT SITUATIONS OF CONSTRUCTION ENTERPRISE OF SERVICE SUBCONTRACTING（2008-2011）

单位：万元 （10 000 yuan）

指 标	Indicators	2008	2009	2010	2011
企业个数（个）	Number of Enterprise(unit)	37	22	24	28
#有工作量的企业个数	Number of Enterprises in Work	20	14	20	25
生产情况	**Production**				
建筑业总产值	Gross Output Value of Construction	54 659.7	38 958.6	85 772.3	28 006.2
计算建筑业劳动生产率的平均人数	Average Number of Employed Persons in Calculation of Labor Productivity(person)	19 485.0	14 645.0	20 899.0	19 439.0
财务状况	**Finance**				
资产负债	Asset and Liabilities				
固定资产原价	Original Value of Fixed Assets	1 113.3	1 034.7	1 371.9	1 713.1
本年折旧	Depreciation Within the Year	201.0	186.1	246.4	313.5
资产总计	Total Assets	9 861.8	9 816.1	36 672.9	72 935.9
负债合计	Total Liabilities	3 092.8	4 942.3	28 398.5	53 401.7
实收资本	Actual Capital Hold	4 904.4	4 388.0	5 742.8	16 076.30
损益及分配	Expenditure,Income and Distribution				
营业收入合计	Operating Revenue	54 782.0	38 963.2	84 635.8	51 109.4
#主营业务收入（工程结算收入）	Revenue of Project Settlement Accounts	54 777.6	38 962.6	84 635.3	51 108.8
主营业务成本（工程结算成本）	Costs of Project Settlement Accounts	51 665.7	36 762.1	79 412.3	45 843.7
主营业务税金及附加（工程结算税金及附加）	Taxes and Extra Charges on Project Settle Accounts	166.4	174.9	1 143.3	1 697.0
费用合计（营业费用、管理费用、财务费用）	Total Expenditures(expenditure for operating, management and finance)	1 646.2	1 179.1	2 112.9	2 262.6
营业利润	Operating Surplus	1 543.6	858.3	2 537.1	5 612.4
利润总额	Total Profits	1 007.7	864.8	2 436.7	5 599.2
从业人员劳动报酬	Laborers Remuneration of Employed Persons	14 148.3	37 090.7	74 848.2	42 601.5

主要统计指标解释

建筑业总产值 是以货币表现的建筑业企业在一定时期内生产的建筑业产品和服务的总和。建筑业总产值包括三部分内容：

⑴建筑工程产值：指列入建筑工程预算内的各种工程价值。

⑵设备安装工程产值：指设备安装工程价值，但不包括设备本身的价值。

⑶其他产值：建筑业总产值中除建筑工程、安装工程以外的产值。包括房屋构筑物修理产值、非标准设备制造产值、总包企业向分包企业收取的管理费以及不能明确划分的施工活动所完成的产值。

①房屋构筑物修理产值：指房屋和构筑物的修理所完成的价值，但不包括被修理房屋构筑物的本身价值和生产设备的修理价值。

②非标准设备制造产值：指加工制造没有定型的非标准生产设备的加工费和原材料价值以及附属加工厂为本企业承建工程制作的非标准设备的价值。

房屋施工面积 指在报告期内施工的全部房屋建筑面积，它包括本期新开工的房屋面积、上期跨入本期继续施工的房屋面积、上期停缓建在本期恢复施工的房屋面积、本期竣工的房屋面积以及本期施工后又停缓建的房屋面积。

计算建筑业劳动生产率的平均人数 指建筑业企业(或单位)报告期实际拥有的、与建筑施工活动有关的人员的平均人数，包括参加本企业(或单位)建筑施工活动的非本企业(或单位)人员，但不包括企业内部社会服务性机构的人员以及由本企业支付工资但所从事的工作与本企业生产基本无关的人员。

利润总额 指企业在生产经营过程中各种收入扣除各种耗费后的盈余，反映企业在报告期内实现的亏盈总额，包括营业利润、补贴收入、投资净收益和营业外收支净额。

工程结算税金及附加 指因从事建筑业生产活动，取得工程价款结算收入而按规定应该交纳的营业税、城市维护建设税等以及随同营业税金一并计算交纳的教育费附加等。

管理费用中税金 指企业按规定从管理费用中支付的各种税金,包括房产税、土地使用税、车船使用税、印花税等。

利税总额=工程结算税金及附加+管理费用中税金+利润总额

建筑业全员劳动生产率=建筑业总产值÷计算建筑业劳动生产率的平均人数

Explanatory Notes on Main Statistical Indicators

Gross Output Value of Construction refers to the sum in monetary terms of construction products and services completed by construction enterprises during a given period of time. It includes:

(1) Output value of construction projects, which is the value of various projects covered by the project budgets;

(2)Output value of equipment installation projects refers to the value of the installation of equipment. It does not include the value of the equipment itself.

(3) Other output values, which are output values other than output value of construction projects and output value of installation projects, including output value of house and building repair, output value of non–standard equipment manufacture, management expenses received by overall contractor enterprises from subcontractor enterprises and output value completed in unclassified construction activities.

①Output value of house and building repair is the value created through the repairs of houses and buildings, excluding the value of houses or buildings being repaired and the value of the repair of production equipment.

②Output value of non–standard equipment manufacture is the value of non–standard production equipment with unique specifications (including raw materials and manufacturing costs), and equipment manufactured by subsidiary workshops for construction projects contracted by construction enterprises.

Floor Space of Buildings under Construction refers to the floor space of buildings under construction during the reference period, including newly started buildings, buildings started earlier and continued into the reference period, buildings suspended in preceding periods but resumed during the reference period, buildings completed during the reference period, and buildings started and then suspended during the reference period.

Average Number of Persons for Labor Productivity Calculation of the Construction Industry refers to the average number of persons actually employed in the construction enterprises (units) and engaged in related activities of construction in the reference period, including non–staff personnel engaged in the construction activities of the enterprises (units), but excluding personnel employed in social service institutions of the enterprises and those receiving remunerations therefrom but engaged in activities basically irrelevant to the production of the enterprises.

Total Profits refer to the surplus of various incomes in the production and operation of the enterprises after deducting all expenses. This reflects the total profits or losses realized by the enterprises in the reference period, including profits from operation, income from subsidies, net investment earnings and net income from activities other than operations.

Taxes and Extra Charges on Project Settlement Accounts refer to business tax, city maintenance and construction tax and extra charges for education calculated and paid with business tax, which should be borne by the enterprises obtaining project settlement incomes from the production activities of construction.

Taxes from Management Expenses refer to the taxes which should be borne by the enterprises from management expenses, including property tax, land use tax, vehicle and vessel use tax, and stamp tax.

Total Pre–tax Profits = Taxes and Extra Charges on Project Settlement Accounts + Taxes from Management Expenses + Total Profits

Overall Labor Productivity of Construction = Gross Output Value of Construction ÷ Average Number of Persons for Labor Productivity Calculation

06 第六部分

运输、邮电

TRANSPORT,POSTAL AND TELECOMMUNICATION SERVICES

CHAPTER

6-1 主要年份全社会客货运输（吞吐）量
PASSENGER AND FREIGHT TRAFFIC IN MAIN YEARS
（2007-2011）

项 目	Item	2007	2008	2009	2010	2011
一、货运量（万吨）	**Freight Traffic (10 000 tons)**	**13 678**	**19 568**	**22 367**	**26 175**	**28 901**
1. 铁路	Railways	325	401	480	390	414
2. 公路	Highways	9 274	14 981	17 621	19 847	21 685
3. 水运	Waterways	4 051	4 145	4 213	5 859	6 723
4. 民航	Civil Aviation	28	41	53	78	79
二、机场货物吞吐量（万吨）	**Cargo Handled at Airport (10 000 tons)**	**62**	**60**	**61**	**81**	**83**
三、货物周转量(万吨公里)	**Turnover Volume of Freight Traffic (10 000 ton-km)**	**7 941 500**	**10 941 600**	**11 366 400**	**16 541 600**	**19 556 900**
1. 铁路	Railways	19 000	21 600	25 300	21 100	21 900
2. 公路	Highways	702 800	2 328 300	2 747 800	3 199 100	3 778 800
3. 水运	Waterways	7 141 400	8 459 100	8 436 000	13 076 600	15 539 300
4. 民航	Civil Aviation	78 300	132 600	157 300	244 800	216 900
四、客运量(万人)	**Passenger Traffic (10 000 persons)**	**15 030**	**154 263**	**146 281**	**156 048**	**168 444**
1. 铁路	Railways	1 852	2 229	2 238	2 332	2 524
2. 公路	Highways	11 605	150 171	141 790	151 133	163 065
3. 水运	Waterways	247	242	202	271	311
4. 民航	Civil Aviation	1 326	1 621	2 051	2 312	2 545
五、机场旅客吞吐量(万人)	**Passenger Departing at Airport (10 000 persons)**	**2 062**	**2 140**	**2 449**	**2 671**	**2 825**
六、旅客周转量(万人公里)	**Turnover Volume of Passenger Traffic (10 000 person-km)**	**3 099 000**	**4 849 600**	**5 433 900**	**6 324 600**	**7 209 500**
1. 铁路	Railways	463 100	580 800	571 000	605 700	610 300
2. 公路	Highways	824 000	2 077 700	2 070 100	2 409 800	2 849 200
3. 水运	Waterways	10 800	10 200	8 200	11 300	12 600
4. 民航	Civil Aviation	1 801 100	2 180 900	2 784 600	3 297 800	3 737 400
七、港口	**Harbor**					
1. 泊位数(个)	Berths (unit)	159	165	168	172	172
#万吨级	10 000 Ton Class	62	64	67	69	69
2. 货物吞吐量(万吨)	Cargo Handled at Seaports (10 000 tons)	19 994	21 125	19 365	22 098	22 325
#蛇口港区	Shekou Seaport	5 427	6 137	5 960	6 614	6 592
赤湾港区	Chiwan Seaport	5 943	6 166	5 180	6 176	6 112
妈湾港区	Mawan Seaport	1 794	1 844	1 798	1 931	1 845
盐田港区	Yantian Seaport	5 432	5 242	4 690	5 430	5 555
内河港区	Neihe Seaport	99	87	93	112	78

注： 公路、水路运输量已按2008年全国专项调查同比口径相应调整。

Note: The data of highways and waterways have been adjusted accordingly by the National Special Investigation of 2008.

6-2 全社会客货运输和邮电业务量（一）

PASSENGER AND FREIGHT TRAFFIC，REVENUE FROM POSTAL AND TELECOMMUNICATIONS SERVICES（1979-2011）

年 份 Year	机场货邮行吞吐量 （万吨） Cargo Handled at Airport (10 000 tons)	机场旅客吞吐量 (万人) Passenger Departing at Airport (10 000 persons)	货运量 (万吨) Freight Traffic (10 000 tons)	货物周转量 (万吨公里) Turnover Volume of Freight Traffic (10 000 ton-km)	客运量 (万人) Passenger Traffic (10 000 persons)
1979					
1980					
1981					
1982					
1983					
1984					
1985					
1986			1 521	150 321	3 973
1987			1 627	141 355	4 268
1988			1 704	217 165	5 858
1989			1 383	357 633	6 349
1990			1 349	257 545	8 833
1991		2	1 486	435 662	6 400
1992	2	166	1 801	545 857	8 153
1993	4	255	2 050	743 878	10 218
1994	6	319	2 604	779 791	8 531
1995	8	412	3 542	2 228 384	8 261
1996	9	435	3 647	2 328 753	8 281
1997	10	444	3 853	2 317 664	8 515
1998	11	515	4 048	2 127 605	8 484
1999	16	525	4 274	1 974 500	8 754
2000	21	642	4 697	2 059 400	9 346
2001	25	777	5 147	2 044 300	9 868
2002	33	935	5 878	2 996 400	10 644
2003	41	1 084	6 761	3 702 400	10 452
2004	50	1 424	7 955	4 921 100	12 276
2005	55	1 574	9 807	6 046 000	12 901
2006	56	1 836	11 320	7 571 900	13 957
2007	62	2 062	13 678	7 941 500	15 030
2008	60	2 140	19 568	10 941 600	154 263
2009	61	2 449	22 367	11 366 400	146 281
2010	81	2 671	26 175	16 541 600	156 048
2011	83	2 825	28 901	19 556 900	168 444

6-2 全社会客货运输和邮电业务量（二）

PASSENGER AND FREIGHT TRAFFIC，REVENUE FROM POSTAL AND TELECOMMUNICATIONS SERVICES （1979-2011）

年 份 Year	旅客周转量 (万人公里) Turnover Volume of Passenger Traffic (10 000 person-km)	港口货物吞吐量 (万吨) Cargo Handled at Seaports (10 000 tons)	港口集装箱吞吐量 （万标箱） Cargo Handled at Seaports (10 000 TEU)	# 出口 Exports	邮电业务总量 (万元) Revenue from Postal and Telecommunications Services (10 000 yuan)
1979		10			138
1980		30			190
1981		70			340
1982		91			420
1983		141			567
1984		210			923
1985		327			1 761
1986	85 129	302			2 633
1987	140 598	485			4 880
1988	188 199	734	1		14 826
1989	217 832	956	2		21 293
1990	267 865	1 292	2		55 356
1991	186 682	1 563	5		84 927
1992	409 660	1 956	11		114 492
1993	477 794	2 541	13		174 045
1994	790 097	3 002	18	11	259 432
1995	820 721	3 080	28	16	368 945
1996	827 693	3 021	59	32	462 261
1997	828 352	3 357	115	63	610 111
1998	822 420	3 444	195	104	764 658
1999	865 400	4 663	299	158	982 686
2000	993 800	5 697	400	210	1 336 000
2001	1 117 500	6 643	508	266	1 419 000
2002	1 311 000	8 767	762	396	1 644 200
2003	1 451 500	11 220	1 065	552	1 980 300
2004	1 870 800	13 537	1 366	713	2 660 100
2005	2 288 700	15 351	1 620	841	3 208 000
2006	2 677 300	17 598	1 847	961	3 795 000
2007	3 099 000	19 994	2 110	1 101	5 135 400
2008	4 849 600	21 125	2 142	1 087	6 117 500
2009	5 433 900	19 365	1 825	937	6 765 200
2010	6 324 600	22 098	2 251	1 154	8 162 500
2011	7 209 500	22 325	2 257	1 169	3 562 600

注： 1、全社会货运量、全社会客运量已按2008年全国专项调查同比口径相应调整。
Note: The data of freight traffic and passenger traffic have been adjusted accordingly by the National Special Investigation of 2008.
2、邮电业务总量1989年以前按1980年不变价格计算，1990-2000年按1990年不变价格计算；2001-2009年按2000年不变价格计算；2011年按2010年不变价计算，2010年数据相应调整。
Note:Revenue from Postal and Telecommunications Services in 1989, calculated at 1980 constant prices; from 1990 to 2000 at 1990 constant prices; 2001-2009 at 2000 constant prices; 2011 calculated at 2010 constant prices, 2010 data has adjusted.

6-3 全社会客货运输和邮电业务量指数

INDICES OF PASSENGER AND FREIGHT TRAFFIC，REVENUE FROM POSTAL AND TELECOMMUNICATIONS SERVICES （1980-2011）

(以上年为100) (preceding year=100)

年 份 Year	货运量 Freight Traffic	货物周转量 Turnover Volume of Freight Traffic	客运量 Passenger Traffic	旅客周转量 Turnover Volume of Passenger Traffic	港口货物吞吐量 Cargo Handled at Seaports	邮电业务总量 Revenue from Postal and Telecommunications Services
1980					300.0	137.7
1981					233.3	178.9
1982					130.0	123.5
1983					154.9	135.0
1984					148.9	162.8
1985					155.7	190.8
1986					92.4	149.5
1987	107.0	94.0	93.1	165.2	160.6	185.3
1988	104.7	153.6	137.3	133.9	151.3	303.8
1989	81.2	164.7	108.4	115.7	130.2	143.6
1990	97.5	72.0	139.1	123.0	135.1	151.7
1991	110.2	169.2	72.5	69.7	121.0	153.4
1992	121.2	125.3	127.1	219.4	125.1	134.8
1993	113.8	136.3	125.6	116.6	129.9	152.0
1994	127.0	104.8	81.5	161.2	118.1	149.1
1995	136.0	285.8	96.8	103.9	102.6	142.2
1996	103.0	104.5	100.2	100.8	98.1	125.3
1997	105.6	99.5	102.8	100.1	111.1	132.0
1998	105.1	91.8	99.6	99.3	102.6	125.3
1999	105.6	92.8	103.2	105.2	135.4	128.5
2000	109.9	104.3	106.8	114.8	122.2	136.0
2001	109.6	99.3	105.6	112.4	116.6	106.2
2002	114.2	146.6	107.9	117.3	132.0	115.9
2003	115.0	123.6	98.2	110.7	128.0	120.4
2004	117.7	132.9	117.5	128.9	120.7	134.3
2005	123.3	122.8	105.1	122.3	113.4	120.6
2006	115.4	125.2	108.2	117.0	114.6	118.3
2007	121.5	112.6	107.7	115.8	113.6	123.4
2008	108.3	87.5	105.6	116.7	105.7	119.1
2009	114.3	103.9	94.8	112.1	91.7	110.6
2010	117.0	145.5	106.7	116.4	114.1	120.7
2011	110.4	118.2	107.9	114.0	101.0	121.3

6-4 全社会民用车辆和运输船舶拥有量
NUMBER OF CIVIL MOTOR VEHICLES AND TRANSPORT VESSELS OWNED
（2006-2011）

项 目	Item	2006	2007	2008	2009	2010	2011
民用车辆总计(辆)	**Total Civil Motor Vehicles (unit)**	**971 930**	**1 160 081**	**1 287 573**	**1 452 642**	**1 705 461**	**1 976 164**
一、民用汽车(辆)	Civil Automobile (unit)	936 369	1 124 520	1 252 747	1 419 015	1 669 674	1 939 653
1. 载客汽车(辆)	Buses and Cars (unit)	718 661	875 312	1 017 598	1 174 968	1 399 446	1 646 043
载客量(客位)	Number of Seats in Buses and Cars(seat)	5 605 555	6 914 963	8 018 676	9 259 052	11 056 623	13 020 200
#大型(辆)	Large Scales (unit)	23 297	26 000	26 954	28 081	30 759	36 754
载客量(客位)	Number of Seats(seat)	906 583	1 016 600	1 067 378	1 112 670	1 221 192	1 422 747
2. 普通载货汽车(辆)	Ordinary Trucks (unit)	189 054	201 616	203 007	234 385	259 531	281 679
载重量(吨位)	Capacity(ton)	1 097 513	1 173 405	1 213 982	1 402 123	1 554 591	1 678 806
#大型(辆)	Heavy (unit)	19 181	17 672	15 937	36 131	42 578	48 526
载重量(吨位)	Capacity (ton)	180 301	180 788	173 396	393 019	465 378	530 874
3. 专用载货汽车(辆)	Special Freight Trucks(unit)	1 647	1 700	1 700	1 700	1 700	
载重量(吨位)	Capacity (ton)	22 234	28 167	28 167	28 167	28 167	
4. 其他专用汽车(辆)	Other Special Motor Vehicles (unit)	189 054	194 745	161 819	7 962	10 697	11 711
5. 特种汽车(辆)	Particular Motor Vehicles	772	153	233			220
二、摩托车(辆)	Motorcycle(unit)	26 482	20 105	15 142	11 443	7 895	5 212
三、货挂车(辆)	Trailer Trucks(unit)	16 584	17 879	19 680	22 190	27 888	31 295
四、其他(辆)	Other (unit)					4	4
民用运输船舶总计(艘)	**Total Civil Transport Vessels (unit)**	**149**	**142**	**160**	**173**	**220**	**227**
一、机动船艘数(艘)	Motor Vessels (unit)	137	130	148	169	216	221
载客量(客位)	Number of Seats (seat)	3 121	3 349	3 561	4 385	3 602	3 801
净载重量(吨位)	Dead Weight Tonnage (ton)	1 539 066	1 434 039	1 636 325	2 627 231	3 125 599	3 458 702
总功率(千瓦)	Total Power (kw)	420 702	386 728	438 778	607 931	711 619	780 077
1. 客船艘数(艘)	Passenger Transport Vessels (unit)	13	15	16	15	15	17
载客量(客位)	Number of Seats (seat)	3 121	3 349	3 561	4 385	3 602	3 801
2. 货船艘数(艘)	Freight Transport Vessels (unit)	112	105	125	151	201	204
净载重量(吨位)	Dead Weight Tonnage (ton)	1 523 712	1 418 685	1 636 325	2 626 909	3 125 243	3 458 702
3. 拖船艘数(艘)	Tugboats (unit)	7	5	7	3	3	6
二、驳船艘数(艘)	Barges (unit)	12	12	12	4	4	4
净载重量(吨位)	Dead Weight Tonnage(ton)	25 280	25 280	28 880	10 000	10 000	10 000

6-5 主要年份邮电业务量

POSTAL AND TELECOMMUNICATIONS SERVICES IN MAIN YEARS

（2006-2011）

项 目	Item	2006	2007	2008	2009	2010	2011
邮电业务总量(万元)	Business Volume of Post and Telecommunications (10 000 yuan)	3 795 000	5 135 400	6 117 500	6 765 200	8 162 500	3 562 600
# 邮政业务量(万元)	Business Volume of Post(10 000 yuan)	136 900	150 419	218 600	258 900	280 700	381 000
函件(万件)	Mail (10 000 pcs)	13 955	16 899	16 991	15 251	14 910	1 579
特快专递(万件)	Express Mail (10 000 pcs)	1 098	1 320	1 650	1 824	2 212	146
包件(万件)	Parcels (10 000 pcs)	287	266	240	185	169	172
订销报纸期发数(万份)	Number of Newspapers Circulation (10 000pcs)	50.00	63.27	60.64	61.57	48.12	48.23
订销报纸累计份数(万份)	Total Copy of Newspapers (10 000 pcs)	16 032	14 562	12 067	12 275	10 361	1 031
订销杂志期发数(万份)	Number of Magazines Circulation (10 000 pcs)	62	55	51	52	51	51
订销杂志累计份数(万份)	Total Copy of Magazines (10 000 pcs)	1 072	758	773	761	823	754
电报(万份)	Telegrams (10 000 pcs)	2	1				
固定电话用户(户)	Number of Installed Telephone Subscribers (subscribers)	3 773 900	3 844 100	4 874 200	4 692 100	5 089 300	5 511 100
#住宅电话(户)	Residential (subscribers)	1 662 000	1 672 000	1 672 000	2 011 288	2 322 809	2 510 000
长话直拨有权用户(户)	Number of Direct Dialling Subscribers (subscribers)	2 784 943	2 999 000	3 029 800	3 089 560	3 212 142	3 420 000
#直拨国际港澳的(户)	International Direct Dialling Subscribers to Foreign Countries as Well as to Hongkong and Macao (subscribers)	922 550	878 500	845 800	898 700	907 687	970 000
移动电话用户(万户)	Number of Mobile Telephones Subscribers (10 000 subscribers)	1 494	1 844	1 862	1 856	2 009	2 313
市话通	Numder of Hand-free Telephone Subscrbers	1 304 000	800 000	810 000	29 000	12 700	12 700
互联网宽带网用户(户)	Internet Subscribers Nunber of Wide Band(subscriders)	1 389 900	1 893 200	2 055 000	2 475 800	2 615 000	2 805 200
邮政储蓄年末收储余额(万元)	Postal Saving Deposit Balance (10 000 yuan)	1 274 766	1 515 304	1 842 569	1 954 659	2 375 847	1 620 544
集邮业务(万枚)	Philately (10 000pcs)	1 800	1 800	1 764	1 655	1 300	1 911

注： 从2006年全市固定电话(户)中扣除了市话通。
Note: From 2006,the number of Installed Telephone Subscribers does not include Hand-free Telephone Subscribers.

6-6 主要年份邮电通讯设施
FACILITIES OF POST AND TELECOMMUNICATIONS IN MAIN YEARS
（2006-2011）

项 目	Item	2006	2007	2008	2009	2010	2011
邮政局、所(处)	Number of Post and Telecommunications Offices(Unit)	647	646	646	658	677	691
邮运邮路总条数(条)	Total Numder of Mail Routes (route)	179	211	212	212		70
邮路长度(单程)(公里)	Length of Postal Routes (km)	78 472	112 649	113 840	113 762		5 051
城市投递段道长度(单程)(公里)	Length of City Delivery Routes (km)	34 754	37 428	32 505	30 517		19 682
邮运汽车(辆)	Number of Postal Automobiles(Unit)	124	156	150	196	112	112
邮政汇款(亿元)	Postal Remittance(100 million yuan)	282.20	321.20	359.69	337.80	382.01	360.35
#非户籍人员汇款(亿元)	Remittance by Non-registered Population (100 million yuan)	192.50	233.72	276.15	268.79	316.05	291.88
全市固定电话交换机总容量(万门)	Total Capacity of Telephone Exchanges (10 000 lines)	482	486	534	643	650	650
邮电局汇票(万张)	Postal Orders (10 000 sheets)	2 040	2 065	2 122	2 037	2 178	1 923
全市移动电话交换机容量(万门)	Total Capacity of Mobile Telephone Exchanges (10 000 lines)	1 800	2 000	2 693	2 812	2 812	2 812
全市电话机总数(部)	Number of Telephone Sets(set)	5 077 900	4 852 800	4 874 200	4 692 000	4 638 904	5 511 100
#市话话机总数(部)	Number of Urban Telephone Sets(set)	2 497 431	2 400 000	2 400 000	2 400 000	2 400 000	240 000

6-7 全市铁路、民航、电信（生产）企业财务状况

FINANCIAL INDICATORS OF SHENZHEN RAILWAYS,CIVIL AVIATION AND POSTAL ENTERPRISES（2011）

单位：万元 （10 000 yuan）

指 标	Indicators	总 计 Total	1、铁路 Railways	2、民航 Civil Aviation	3、电信 Telecommu－nication
企业个数(个)	Number of Enterprises	22	5	7	10
资本金合计	Total Capital	2 074 605	1 220 490	533 397	320 718
流动资产合计	Circulating Funds	4 217 673	2 387 797	932 549	897 327
固定资产合计	Total Fixed Assets	9 029 971	3 417 014	3 369 273	2 243 684
固定资产原值合计	Total Original Value of Fixed Assets	12 779 661	4 397 701	4 056 327	4 325 633
累计折旧	Accumulated Depreciation of Fixed Assets	4 378 316	980 677	924 110	2 473 529
资产合计	Total Assets	23 214 278	14 118 723	5 548 886	3 546 669
流动负债合计	Liquid Liabilities	5 489 905	1 505 266	2 095 368	1 889 271
长期负债合计	Long-Term Liabilities	6 600 257	4 563 142	2 016 651	20 464
所有者权益合计	Creditors' Equity	11 158 964	8 020 225	1 531 366	1 607 373
营运业务收入	Business Revenue	8 159 159	1 588 362	3 287 627	3 283 170
营运业务成本	Business Cost	5 074 735	1 163 833	2 543 762	1 367 140
营运费用	Business Expenses	659 502	91	214 120	445 291
营运税金及附加	Business Taxes and Extra Charges	250 680	46 381	102 783	101 516
营运业务利润	Business Profits	2 645 431	377 820	426 713	1 840 898
管理费用	Management Expenses	383 597	113 579	128 270	141 748
#税金	Taxes	13 240	773	4 432	8 035
利润总额	Total Profits	1 749 693	240 105	305 337	1 204 251

6-8 全市港口（生产）企业财务状况

MAIN FINANCIAL INDICATORS OF TRANSPORT ENTERPRISES WITHIN TRANSPORT SYSTEM （2006-2011）

单位：万元 (10 000 yuan)

指 标	Indicators	2006	2007	2008	2009	2010	2011
企业个数(个)	Number of Enterprises	19	20	20	20	20	20
资本金合计	Total Capital	1 042 023	1 209 350	1 223 805	1 225 154	1 371 582	1 405 410
流动资产合计	Circulating Funds	939 825	997 802	924 118	821 918	1 057 719	1 220 278
固定资产合计	Total Fixed Assets	1 898 392	2 607 807	2 472 420	2 099 904	1 979 760	1 969 438
固定资产原值合计	Total Original Value of Fixed Assets	2 064 652	2 786 074	2 687 525	2 562 812	2 657 047	2 645 895
累计折旧	Accumulated Depreciation of Fixed Assets	466 280	517 668	344 759	662 585	679 829	729 631
资产合计	Total Assets	3 318 829	4 018 362	3 988 216	4 420 082	4 275 382	4 502 151
流动负债合计	Liquid Liabilities	618 228	1 141 934	1 280 114	881 572	1 205 652	1 327 924
长期负债合计	Long-Term Liabilities	894 362	1 029 047	598 627	1 075 162	710 164	779 970
所有者权益合计	Creditors' Equity	1 774 302	1 946 911	2 111 747	2 456 762	2 359 089	2 393 042
营运业务收入	Business Revenue	1 191 007	1 266 738	1 277 576	1 125 578	1 280 791	1 427 946
营运业务成本	Business Cost	541 081	575 045	700 091	571 976	682 140	846 924
营运费用	Business Expenses	5 639	4 000	5 600	5 724	6 060	5 878
营运税金及附加	Business Taxes and Extra Charges	29 056	33 305	28 626	27 300	29 957	33 893
营运业务利润	Business Profits	595 821	665 481	543 255	520 274	544 655	540 837
管理费用	Management Expenses	50 155	56 505	69 288	62 552	68 509	53 590
应交所得税	Income Tax	31 479	33 018	23 770	25 206	20 772	56 663
利润总额	Total Profits	558 882	611 100	498 364	471 153	510 348	520 328

6-9 全市水运（生产）企业财务状况

MAIN FINANCIAL INDICATORS OF ENTERPRISES WITHIN WATERWAYS SYSTEM

（2006-2011）

单位：万元 (10 000 yuan)

指 标	Indicators	2006	2007	2008	2009	2010	2011
企业个数(个)	Number of Enterprises	23	29	32	36	36	40
资本金合计	Total Capital	71 772	110 492	161 291	234 955	513 220	484 138
流动资产合计	Circulating Funds	101 908	207 756	293 595	267 765	368 303	362 428
固定资产合计	Total Fixed Assets	167 691	189 519	305 420	480 298	1 042 003	1 032 653
固定资产原值合计	Total Original Value of Fixed Assets	309 437	360 678	466 197	672 137	1 207 828	1 194 533
累计折旧	Accumulated Depreciation of Fixed Assets	143 033	108 434	172 638	198 672	275 207	1 138 527
资产合计	Total Assets	297 137	448 053	709 575	839 253	1 575 117	1 593 460
流动负债合计	Liquid Liabilities	77 579	160 068	274 546	188 774	248 974	282 474
长期负债合计	Long-Term Liabilities	2 723	15 745	63 618	205 131	519 637	511 150
所有者权益合计	Creditors' Equity	237 742	268 382	379 290	469 930	818 985	823 078
营运业务收入	Business Revenue	281 808	474 236	537 461	371 430	570 290	668 220
营运业务成本	Business Cost	225 560	346 551	341 251	306 004	426 974	528 182
营运费用	Business Expenses	2 466	4 429	3 423	1 132	4 262	2 022
营运税金及附加	Business Taxes and Extra Charges	6 940	9 997	11 282	8 619	13 430	15 923
营运业务利润	Business Profits	46 842	113 390	162 222	53 574	124 051	115 123
管理费用	Management Expenses	15 180	21 433	20 567	23 543	28 993	36 878
应交所得税	Income Tax	5 412	9 029	28 674	7 791	20 429	16 959
利润总额	Total Profits	37 550	145 149	148 250	49 273	95 018	75 824

6-10　全市年末公路通车里程到达数（按技术等级）

LENGTHS OF OPERATION MILEAGE BY THE END OF THE YEAR （GROUPED BY GRADE）

（1980-2011）

单位：公里　　　　(10 000 km)

年　份 Year	公路里程总计 Operation Mileage	高速公路 Express Way	一级公路 First Class Highways	二级公路 Second Class Highwsys	三级公路 Third Class Highwsys	四级公路 Fourth Class Highwsys	等外公路 Below Class IV Highways
1980	745.7			3.1	119.8	508.0	114.8
1981	736.1			14.0	103.1	504.2	114.8
1982	743.4			17.0	110.9	500.7	114.8
1983	745.2			17.0	152.0	461.4	114.8
1984	786.2			16.8	172.7	481.9	114.8
1985	790.8			18.7	194.1	463.2	114.8
1986	810.4			18.7	202.2	514.8	74.7
1987	802.6			18.7	267.3	454.0	62.6
1988	834.6			15.7	285.9	476.3	56.7
1989	836.9		12.9	13.6	278.8	474.9	56.7
1990	832.3		12.9	11.9	275.9	496.1	35.5
1991	827.2		56.2	11.9	236.1	487.5	35.5
1992	906.9		57.7	11.2	235.3	567.2	35.5
1993	916.6		81.2	11.2	220.8	567.9	35.5
1994	971.6	27.8	120.6	39.4	210.3	538.0	35.5
1995	1 103.3	109.9	202.1	68.3	184.5	503.0	35.5
1996	1 169.2	109.9	246.0	84.4	174.4	519.0	35.5
1997	1 214.3	133.2	267.2	87.7	176.5	514.2	35.5
1998	1 257.5	155.2	354.5	177.9	215.8	351.6	2.5
1999	1 343.5	175.5	401.1	195.0	213.9	355.0	3.0
2000	1 356.5	175.5	420.1	197.0	195.9	365.0	3.0
2001	1 360.5	185.9	524.7	257.0	179.9	213.0	
2002	1 510.0	196.1	575.4	281.9	254.9	201.7	
2003	1 539.9	202.9	590.0	282.0	255.0	210.0	
2004	1 540.3	202.9	588.0	280.0	259.9	209.5	
2005	1 579.9	244.5	588.0	280.0	257.9	209.5	
2006	1 929.5	268.0	859.6	366.1	273.9	161.9	
2007	1 938.0	269.4	867.3	350.8	283.8	166.7	
2008	1 619.1	340.3	702.8	258.8	217.2	100.0	
2009	1 619.1	340.3	702.8	258.8	217.2	100.0	
2010	1 617.4	339.9	690.8	269.9	216.8	100.0	
2011	1 617.7	340.2	690.8	269.9	216.8	100.0	

注：　从2008年开始，公路里程统计口径有调整。
Note: From 2008, the statistical coverage of operaton mileage have been adjusted.

主要统计指标解释

铁路营业里程 又称营业长度(包括正式营业和临时营业里程)，指办理客货运输业务的铁路正线总长度。凡是全线或部分建成双线及以上的线路，以第一线的实际长度计算；复线、站线、段管线、岔线和特殊用途线以及不计算运费的联络线都不计算营业里程。该指标可以反映铁路运输业基础设施的发展水平，也是计算客货周转量、运输密度和机车车辆运用效率等指标的基础资料。

公路通车里程 指在一定时期内实际达到《公路工程[WTBZ]技术标准JTJ01–88》规定的等级公路，并经公路主管部门正式验收交付使用的公路里程数。包括大中城市的郊区公路以及通过小城镇街道部分的公路里程和桥梁、渡口的长度，不包括大中城市的街道、厂矿、林区生产用道和农业生产用道的里程。两条或多条公路共同经由同一路段，只计算一次，不得重复计算里程长度。该指标可以反映公路建设的发展规模，也是计算运输网密度等指标的基础资料。

内河航道里程 也称内河通航里程，指在一定时期内，能通航运输船舶及排筏的天然河流、湖泊水库、运河及通航渠道的长度。包括全年季节性通航累计三个月以上的航道，不包括仅供零散流放竹、木排的河道。该指标可以反映内河水运网的规模、水平和发展情况。

民用航空航线里程 指民航运输定期班机飞行的航线长度的总和。航线长度按机场之间的距离计算，通常有两种计算方法：一是将每条航线长度相加称为重复计算航线里程；一是将两线或两条以上航线经过同一区段里程，只计算一次航线长度称为不重复计算航线里程。一般常用的是后者，该指标可以确切反映民航运输网的规模，是表明民航事业为国民经济服务和方便人民生活程度的主要指标。

货(客)运量 指在一定时期内，各种运输工具实际运送的货物(旅客)数量。该指标是反映运输业为国民经济和人民生活服务的数量指标，也是制定和检查运输生产计划、研究运输发展规模和速度的重要指标。货运按吨计算，客运按人计算。货物不论运输距离长短、货物类别，均按实际重量统计。旅客不论行程远近或票价多少，均按一人一次客运量统计；半价票、小孩票也按一人统计。

货物(旅客)周转量 指在一定时期内，由各种运输工具运送的货物(旅客)数量与其相应运输距离的乘积之总和。该指标可以反映运输业生产的总成果，也是编制和检查运输生产计划，计算运输效率、劳动生产率以及核算运输单位成本的主要基础资料。计算货物(旅客)周转量通常按发出站与到达站之间的最短距离，也就是计费距离计算。计算公式为：

货物（旅客）周转量=∑（货物（旅客）运输量×运输距离）

港口货物吞吐量 指经水运进出港区范围，并经过装卸的货物数量，包括邮件及办理托运手续的行李、包裹以及补给运输船舶的燃料、物料和淡水。货物吞吐量按货物流向分为进口、出口吞吐量，按货物交流性质分为外贸货物吞吐量和国内贸易货物吞吐量。货物吞吐量的货类构成及其流向，是衡量港口生产能力大小的重要指标。

民用汽车 指报告期末，在公安交通管理部门按照《机动车注册登记工作规范》，已注册登记领有民用车辆牌照的全部汽车数量。汽车统计的主要分类：根据汽车结构分为载客汽车、载货汽车及其他汽车；根据汽车所有者不同分为个人(私人)汽车、单位汽车；根据汽车的使用性质分为营运汽车、非营运汽车；根据汽车大小规格不同载客汽车分为大型、中型、小型和微型，载货汽车分为重型、中型、轻型和微型。

邮电业务总量 指以价值量形式表现的邮电通信企业为社会提供各类邮电通信服务的总数量。邮电业务量按专业分类包括函件、包件、汇票、报刊发行、邮政快件、特快专递、邮政储蓄、集邮、公众电报、用户电报、传真、长途电话、出租电路、无线寻呼、移动电话、分组交换数据通信、出租代维等。计算方法为各类产品乘以相应的平均单价(不变价)之和，再加上出租电路和设备、代用户维护电话交换机和线路等的服务收入。该指标综合反映了一定时期邮电业务发展的总成果，是研究邮电业务量构成和发展趋势的重要指标。计算公式为：

邮电业务总量=∑（各类邮电业务量×不变单价）+出租代维及其他业务收入 =邮政业务总量+通信业务总量

移动电话用户 指通过移动电话交换机进入移动电话网、占用移动电话号码的各类电话用户。包括签约用户和智能网预付费用户。一个移动电话号码统计为一户。

本地电话用户 指接入本地电信运营商固定电话网上的电话用户。包括：住宅用户、单位用户、公用电话用户等。按电话用户位置又分为城市电话用户和乡村电话用户。按通信手段又分为固定电话用户和无线市话用户。1997年以前，“城市（内）电话用户”是指接入县城及县以上城市的电话网上的电话用户；“乡（农）村电话用户”是指接入县邮电局农话台及县以下农村电话交换点，以县城为中心(除市话用户外)联通县、乡(镇)、行政村、村民小组的用户。从1997年起，电话用户数分组调整为以用户所在区域划分为“城市电话用户”和“乡村电话用户”，与过去的按市内电话和农村电话划分方法不同。

国际互联网总用户 包括互联网窄带拨号用户和互联网宽带接入用户。互联网窄带拨号用户又分为互联网注册拨号用户、互联网主叫电话记费用户、互联网上网卡用户等几种。互联网注册拨号用户指由基础电信运营商用户提供的，使用固定帐号上网的一种方式，由用户到运营商的营业厅或业务代理商处申请办理，获得拨号上网帐号及密码，用户根据该帐号及密码拨叫上网特服号，通过认证获得动态IP地址接入宽带互联网。互联网主叫电话记费用户指用户不需要到运营商的营业厅或业务代理商处申请办理，只需要拨打某一运营商已经开通的主叫特服号码即可上网，上网费用随主叫电话收取。互联网上网卡用户指使用上网卡上的帐号和密码认证，通过PSTN、N-ISDN等方式接入宽带互联网的用户。互联网宽带接入用户指采用分组交换网、DDN网、帧中继/ATM网以及模拟专线、数字专线等方式，不经过基础电信运营商的宽带IP城域网，直接接入宽带互联网节点的用户，不含XDSL、专线和LAN专线用户。

本地交换设备容量 指安装在电信运营企业内用于接续本地固定电话的电话交换机容量，包括现用和备用的人工或自动交换机的全部容量。包括局用交换机容量、接入网设备容量（含无线市话）和用户交换机容量。

移动电话交换机容量 指移动电话交换机根据一定话务模型和交换机处理能力计算出来的最大同时服务用户的数量。

Explanatory Notes on Main Statistical Indicators

Length of Railways in Operation refers to the total length of the trunk line under passenger and freight transportation (including both regular operations and temporary operations). In the case of wholly or partially double- or multi-track railways, calculation is based on the actual length of the first track, regardless of other tracks, station sidings, tracks under the charge of stations, branch lines, special-purpose lines and connecting lines. The length of railways in operation is an important indicator of the development of infrastructure for railway transport, as well as the foundation for the calculation of passenger-kilometers and freight ton-kilometers, traffic density and utilization efficiency of locomotives and carriages.

Length of Highways refers to the length of highways built in conformity with the grades specified by the Technical Standards JTJ01-88 for Highway Engineering, formally checked and accepted by highway authorities and put into use. The length of highways includes that of suburban highways at large and medium-sized cities and highways passing through streets at small cities and towns, as well as the span of bridges and ferries. However, it does not include the length of streets in large and medium-sized cities and highways built for production purposes at factories, mines, forest areas and agricultural areas. If two or more highways share the same segment, the length of the shared segment is only calculated for once and no duplication is allowed. The length of highways is an important indicator of the scale of development of highway construction, as well as the foundation for the calculation of transport network density and other indicators.

Length of Navigable Inland Waterways refers to the length of natural rivers, lakes, reservoirs, canals, and ditches open to navigation during a given period, which enables the transport by ships and rafts. This includes channels open to seasonal navigation for an accumulative period of over 3 months in a year, but excludes river courses used exclusively for wood or bamboo rafts on an irregular basis. This indicator reflects the scale, level and development situation of the inland waterway network.

Length of Civil Aviation Routes refers to the length of all routes for regular civil aviation flights. Calculation of route lengths is based on the distance between airports, usually in either of the following ways: duplicated calculation of route lengths, which directly sums up the length of every single air route; or singular calculation of route lengths, which calculates the same segments of aviation routes shared by two or more routes only once. In general practice, the latter is used, as it can precisely reflect the size of the civil aviation network and indicate the extent to which civil aviation serves the national economy and the needs of the people.

Freight (Passenger) Traffic refers to the volume of freight (passengers) transported with various means. This indicator provides a quantitative measure of how the transport industry serves the national economy and the needs of the people, as well as an important reference for drafting and checking production plans in the transport industry and for studying the scale and speed of development in the transport industry. Freight transport is calculated in tons and passenger traffic is calculated in the number of persons. Freight transport is calculated in the actual weight of goods regardless of traveling distances and types of freight; while passenger traffic is calculated as the number of individuals traveling once, regardless of traveling distances, ticket prices, whether the passengers are traveling with half-price tickets or child tickets.

Freight Ton-kilometers (Passenger-kilometers) refer to the sum of the products of the volume of transported cargo (passengers) multiplied by the transport distance. These are important indicators of the total achievements of the transport industry, as well as the major foundation for drafting and checking production plans in the transport industry and for calculating the efficiency, labor productivity and the cost of transport enterprises. Normally, the shortest distance between the departure station and the destination station (i.e. the payable distance) is the basis to calculate the freight ton–kilometers and passenger–kilometers on. These indicators are calculated as follows: Freight Ton–kilometers (Passenger–kilometers) = $\sum$(Freight (Passenger) Traffic $\times$Transport Distance)

Volume of Freight Handled in Ports refers to the volume of cargo passing in and out of the harbor area that undergoes the loading and unloading processes, including mails, checked baggage and bales, as well as fuel, material and fresh water supplies to ships. The volume of freight handled may be classified by direction of flow as import volume and export volume, or by nature of cargo as volume of freight for domestic trade and volume of freight for foreign trade. The classification of volume of freight handled and its direction of flow are important indicators of the production capacity of ports.

Possession of Civil Motor Vehicles refers to the total number of vehicles that are registered at transport management offices under the public security authorities and provided with civil vehicle licenses and tags according to the Work Standard for Motor Vehicles Registration at the end of the reference period. Major categories of vehicle are: passenger vehicles, freight vehicles and other vehicles in terms of structure; private vehicles and organization–owned vehicles in terms of ownership; commercial vehicles and non–commercial vehicles in terms of use; large, medium, small and mini passenger vehicles, and heavy, medium, light and mini trucks in terms of size.

Business Volume of Postal and Telecommunication Services refers to the total amount of postal and telecommunication services, expressed in value terms, provided by postal and telecommunication enterprises for the society. Postal and telecommunication services can be classified as letters, parcels, remittance, delivery of newspapers and magazines, fast mail service, express mail service, savings deposits, stamps for collection, public and individual telegraph service, facsimiles, long–distance telephone service, leasing of telephone lines, urban paging service, mobile telephone service, data communication through packet networks, network elements lease and maintenance, etc. To calculate the volume, the business volume of each product is multiplied by its average unit price (at constant prices), summed, and added to income from other services such as leasing of telephone lines and equipment, maintenance of telephone switchboards and lines on behalf of customers. This indicator reflects the overall achievements of postal and telecommunication services during a given period, and is an important reference for studying the composition of business volume and the development trend of postal and telecommunication services. This volume is calculated as follows:

Business Volume of Postal and Telecommunication Services = $\sum$(Business Volume of Each Product$\times$Constant Unit Price) + Income from Leasing, Maintenance, and Other Services = Business Volume of Postal Services + Business Volume of Telecommunication Services

Mobile Telephone Subscribers refer to persons who own mobile telephone numbers and are connected with the mobile telephone communication network through mobile telephone switchboards, including contracted subscribers and pre–paid subscribers for intelligent network. One mobile telephone number is calculated as one subscriber.

Local Telephone Subscribers refer to subscribers that are connected to the local telecommunication service provider through fix line network, including household subscribers, institutional subscribers and public telephones. They are also classified as urban subscribers and rural subscribers according to locations, or fixed–line subscribers and wireless subscribers according to the means of telecommunication. Before 1997, urban subscribers referred to those connected to urban telephone networks in county towns and cities, while rural subscribers referred to those connected to rural telephone stations at or below the county level, clustered around the county town (excluding urban subscribers), and further connected to the county, towns and townships, administrative villages and villagers' groups. Since 1997, the classification of telephone subscribers into urban telephone subscribers and rural telephone subscribers was modified on the basis of geographical location of the subscribers, which is different from the previous distinction between urban telephones and rural telephones.

Number of Internet Subscribers include both narrow-band dial-up users and broad-band access users of the internet. Narrow-band dial-up users are further classified into registered dial-up users, pay-per-calling users, and pre-pay card users. Registered dial-up service enables internet access through fixed accounts provided by basic telecommunication operators. Users of this service apply to the operators or their agents for accounts and passwords, with which they dial special numbers for internet connection and acquire dynamic IP addresses through authentification to gain access to the broad-band internet. Pay-per-calling service implies that instead of applying to the operators or their agents, users only need to dial a certain operator's special numbers to gain access to the internet and pay internet fees together with their calling fees. Pre-pay card users refer to those connected to the broad-band internet through PSTN and N-ISDN networks with accounts and passwords provided by the pre-pay cards. Broad-band access users (exclusive of XDSL and LAN users) refer to users directly connected to broad-band internet nodes through packet networks, DDN networks, frame relay/ATM networks, and special analog or digital lines, bypassing the broad-band IP MAN provided by basic telecommunication operators.

Capacity of Local Telephone Exchanges refers to the capacity of telephone exchanges installed in the offices of telecommunication service providers for communication between fixed telephones. It includes the capacity of both manual and automatic exchanges in use and for stand-by purpose. It consists of the capacity of office telephone exchanges, access network equipment (including wireless city call) and subscriber exchanges.

Capacity of Mobile Telephone Exchanges refers to the maximum number of subscribers that can be served simultaneously, calculated according to a certain calling model and the handling capacity of the mobile telephone exchanges.

07 第七部分

农业

AGRICULTURE

CHAPTER

7-1 农业总产值（按当年价格计算）

GROSS OUTPUT VALUE OF AGRICULTURE（AT CURRENT PRICES）

（1979-2011）

单位：万元　　　　（10 000 yuan）

年 份 Year	农业总产值 Gross Output Value of Agriculture	种植业 Planting	林 业 Forestry	牧 业 Animal Husbandry	渔 业 Fishery	农林牧渔服务业 Services of Farming,Forestry,Animal Husbandry and Fishery
1979	13 106	6 494	85	1 598	433	4 496
1980	16 938	6 913	69	2 186	1 084	6 686
1981	24 181	8 515	153	5 677	1 869	7 967
1982	26 929	9 402	281	7 540	2 744	6 962
1983	29 083	10 930	207	7 832	3 400	6 714
1984	40 416	13 931	912	10 346	7 895	7 332
1985	45 821	15 641	1 371	14 444	7 875	6 490
1986	49 552	18 947	1 259	17 132	10 956	1 258
1987	73 772	26 631	1 678	28 869	14 339	2 255
1988	99 404	32 296	1 315	42 202	19 852	3 739
1989	108 015	31 412	1 253	54 389	19 010	1 951
1990	119 205	37 622	1 716	52 550	24 043	3 274
1991	143 063	40 697	4 097	63 117	31 025	4 127
1992	185 297	57 458	5 637	81 532	36 334	4 335
1993	192 880	49 977	3 519	94 969	38 506	5 909
1994	224 776	54 363	2 334	110 150	52 322	5 607
1995	232 653	58 407	2 207	125 623	43 173	3 243
1996	273 246	70 642	2 989	141 464	52 080	6 071
1997	270 889	73 030	3 792	124 140	64 676	5 250
1998	298 174	79 738	6 773	139 244	65 967	6 452
1999	299 662	91 560	5 312	126 799	68 401	7 590
2000	311 359	95 289	5 560	128 417	72 522	9 571
2001	327 111	105 153	5 060	127 565	76 213	13 120
2002	340 757	115 021	4 790	135 377	76 279	9 290
2003	337 406	111 989	6 557	135 940	76 935	5 985
2004	299 939	96 930	6 409	102 689	88 516	5 395
2005	217 369	53 152	4 861	75 334	76 831	7 191
2006	180 017	38 280	3 930	66 538	59 615	11 654
2007	171 380	43 415	6 682	64 678	42 875	13 730
2008	187 859	45 786	5 474	69 383	53 131	14 084
2009	154 760	42 590	2 062	55 992	39 550	14 564
2010	150 467	48 707	1 606	43 734	38 918	17 502
2011	152 533	46 535	2 159	48 691	37 855	17 293

7-2 农业总产值构成

COMPOSITION OF GROSS OUTPUT VALUE OF AGRICULTURE

(1979-2011)

单位：% (%)

年 份 Year	总 计 Total	种植业 Planting	林 业 Forestry	牧 业 Animal Husbandry	渔 业 Fishery	农林牧渔服务业 Services of Farming,Forestry,Animal Husbandry and Fishery
1979	100.0	49.6	0.6	12.2	3.3	34.3
1980	100.0	40.8	0.4	12.9	6.4	39.5
1981	100.0	35.2	0.6	23.5	7.7	33.0
1982	100.0	34.9	1.0	28.0	10.2	25.9
1983	100.0	37.6	0.7	26.9	11.7	23.1
1984	100.0	34.5	2.3	25.6	19.5	18.1
1985	100.0	34.1	3.0	31.5	17.2	14.2
1986	100.0	38.2	2.6	34.6	22.1	2.5
1987	100.0	36.1	2.3	39.1	19.4	3.1
1988	100.0	32.5	1.3	42.5	20.0	3.7
1989	100.0	29.1	1.2	50.3	17.6	1.8
1990	100.0	31.6	1.4	44.1	20.2	2.7
1991	100.0	28.4	2.9	44.1	21.7	2.9
1992	100.0	31.0	3.0	44.0	19.6	2.4
1993	100.0	25.9	1.8	49.2	20.0	3.1
1994	100.0	24.2	1.0	49.0	23.3	2.5
1995	100.0	25.1	0.9	54.0	18.6	1.4
1996	100.0	25.9	1.1	51.8	19.0	2.2
1997	100.0	27.0	1.4	45.8	23.9	1.9
1998	100.0	26.7	2.3	46.7	22.1	2.2
1999	100.0	30.6	1.8	42.3	22.8	2.5
2000	100.0	30.6	1.8	41.2	23.3	3.1
2001	100.0	32.1	1.6	39.0	23.3	4.0
2002	100.0	33.8	1.4	39.7	22.4	2.7
2003	100.0	33.2	1.9	40.3	22.8	1.8
2004	100.0	32.3	2.1	34.2	29.5	1.8
2005	100.0	24.5	2.2	34.7	35.3	3.3
2006	100.0	21.3	2.2	37.0	33.1	6.5
2007	100.0	25.3	3.9	37.7	25.0	8.0
2008	100.0	24.4	2.9	36.9	28.3	7.5
2009	100.0	27.5	1.3	36.2	25.6	9.4
2010	100.0	32.4	1.1	29.1	25.9	11.5
2011	100.0	30.5	1.4	31.9	24.8	11.4

7-3 农业总产值及其指数

GROSS OUTPUT VALUE OF AGRICULTURE AND ITS INDICES

（1979-2011）

年 份 Year	农业总产值(万元) 当年价格 Gross Output Value of Agriculture (10 000yuan) At Current Prices	指数(%) 以上年为100 Index (%) Preceding Year=100
1979	13 106	
1980	16 938	85.4
1981	24 181	119.1
1982	26 929	108.1
1983	29 083	98.4
1984	40 416	102.3
1985	45 821	119.2
1986	49 552	116.5
1987	73 772	111.8
1988	99 404	119.4
1989	108 015	112.1
1990	119 205	115.2
1991	143 063	109.3
1992	185 297	99.2
1993	192 880	92.9
1994	224 776	96.1
1995	232 653	101.0
1996	273 246	114.2
1997	270 889	101.7
1998	298 174	104.3
1999	299 662	107.9
2000	311 359	102.4
2001	327 111	103.7
2002	340 757	107.0
2003	337 406	109.8
2004	299 939	111.7
2005	217 369	87.8
2006	180 017	75.3
2007	171 380	89.2
2008	187 859	84.0
2009	154 760	87.1
2010	150 467	92.2
2011	152 533	94.0

注： 2005年起国家统计报表制度中取消1990年不变价，增长速度按可比口径计算。

Note: Since 2005, the national statistical reporting system has cancelled the index, Gross Output Value of Agriculture (at 1990 constant prices),the growth rates are calculated at comparable coverage.

7-4 农作物播种面积
TOTAL SOWN AREAS OF FARM CROPS
（1979—2011）

单位：亩 （mu）

年 份 Year	一、农作物总播种面积 Total Sown Areas	1、粮食作物合计 Grain Crops	#薯类 Tubers	2、经济作物合计 Cash Crops	#花生 Peanuts
1979	953 300	758 100	55 095	165 800	107 148
1980	808 500	646 000	38 663	125 500	100 186
1981	728 400	576 000	27 457	119 200	96 606
1982	739 500	536 000	27 219	125 200	97 152
1983	711 300	536 400	27 700	95 103	65 700
1984	705 078	507 255	28 036	91 147	68 523
1985	625 716	379 247	22 690	85 356	61 095
1986	632 747	363 895	22 755	89 810	60 765
1987	617 290	331 531	24 911	84 466	57 508
1988	607 146	284 545	19 370	77 678	51 331
1989	591 309	280 930	18 897	71 134	51 120
1990	573 090	261 454	18 177	67 306	52 035
1991	523 174	194 055	19 529	63 530	49 146
1992	355 244	103 946	13 348	31 910	30 545
1993	191 711	21 361	6 711	12 118	9 579
1994	163 838	16 136	6 029	5 022	4 544
1995	164 870	16 970	6 814	5 031	3 965
1996	205 078	19 448	9 444	6 151	4 675
1997	175 250	14 907	7 183	5 386	3 854
1998	180 525	11 742	5 946	6 770	3 224
1999	177 372	10 354	5 381	5 616	2 680
2000	187 401	9 714	5 559	5 138	2 842
2001	184 038	8 023	5 194	4 098	2 568
2002	159 063	6 480	4 442	3 357	1 142
2003	164 363	4 679	2 490	1 227	807
2004	147 094	5 304	2 955	2 870	260
2005	106 167	1 572	815	310	300
2006	90 614	305	175	105	100
2007	95 596	290	240	236	220
2008	109 423	438	365	10764	20
2009	103 673	163	150	914	42
2010	96 090	151	136	67	41
2011	90 803	52	44	50	41

年　份 Year	3、其它作物 合　计 Other Crops	#蔬　菜 Vegetable	二、茶园面积 Area of Tea Plantations (year-end)	三、果园面积 Area of Orchards (year-end)	#柑桔橙 Citrus	#荔　枝 Litcji
1979	22 813	14 798		55 604	6 248	18 600
1980	28 802	15 712		56 701	8 169	19 760
1981	24 327	17 935		55 353	7 476	21 021
1982	68 296	44 020		56 040	6 331	25 399
1983	72 219	66 048		85 897	15 154	4 687
1984	98 843	86 037		85 567	11 204	39 384
1985	154 494	139 353		108 418	16 889	44 979
1986	172 688	160 467		168 790	38 698	70 782
1987	196 065	185 202		218 396	59 358	91 744
1988	240 104	223 191		236 876	69 972	100 912
1989	235 349	217 929		245 516	71 429	107 979
1990	240 865	231 308		256 110	72 632	109 477
1991	261 772	244 591		254 021	73 350	111 324
1992	217 456	201 422		227 207	60 844	104 390
1993	157 909	144 468		191 838	50 147	92 227
1994	142 640	133 284	460	188 411	44 124	97 613
1995	142 849	135 212	3 003	185 285	36 267	98 358
1996	179 479	167 063	2 976	195 926	32 532	111 332
1997	154 957	145 591	2 968	216 996	26 733	136 123
1998	162 013	153 026	2 440	215 058	26 240	136 006
1999	161 402	152 890	2 435	218 811	22 013	144 201
2000	172 549	166 916	2 355	224 820	19 551	152 804
2001	171 917	168 147	353	209 232	16 406	142 580
2002	149 226	147 278	348	191 031	9 949	130 896
2003	158 457	156 899	350	159 817	11 066	102 095
2004	138 920	137 887		150 523	6 830	109 407
2005	104 285	104 059		149 175	5 908	111 154
2006	90 204	89 478		127 809	2 249	100 771
2007	95 070	94 891	312	64 630	1 728	43 004
2008	98 221	98 023	350	46 273	1 088	32 882
2009	102 596	98 505	340	55 508	548	44 320
2010	95 872	95 371	340	53 567	629	43 279
2011	90 701	89 908	340	50 813	484	41 501

7-5 主要农业产品产量

YIELD OF MAJOR FARM CROPS

（1979-2011）

单位：吨 （ton）

年 份 Year	粮 食 Grain	# 稻 谷 Rice	# 薯 类 Tubers	花 生 Peanuts	蔬 菜 Vegetable	茶 叶 Tea	水 果 Fruits	# 柑桔橙 Citrus	# 荔 枝 Litcji
1979	132 584	127 559	4 285	6 877	8 639		2 401	157	742
1980	126 461	123 022	3 003	7 323	14 593		2 280	388	1 127
1981	116 489	114 070	2 310	8 641	22 772		3 245	284	1 534
1982	124 189	121 026	3 046	9 276	34 484		2 866	571	798
1983	126 977	122 936	3 906	5 761	74 251		3 575	1 105	839
1984	126 960	123 205	3 595	6 060	107 820		5 752	1 579	1 829
1985	94 465	90 106	4 026	5 208	162 898		6 420	1 726	1 559
1986	92 495	88 369	3 787	5 894	151 629		13 249	3 467	3 522
1987	85 534	80 110	5 081	5 634	159 937		18 180	5 368	1 336
1988	76 263	72 114	3 850	5 275	182 190		21 324	7 931	2 366
1989	82 215	77 928	3 974	5 777	193 367		23 928	10 910	1 293
1990	81 018	75 380	5 161	6 107	227 346		39 986	23 769	4 184
1991	59 138	52 847	5 418	6 284	238 716		52 392	35 195	2 855
1992	32 906	27 924	4 211	3 874	201 517		59 505	36 082	8 230
1993	6 950	3 838	2 077	1 315	151 421		45 807	31 968	2 791
1994	5 166	1 660	1 676	652	141 899	2	42 744	26 949	4 886
1995	4 887	1 848	1 700	613	147 171	4	40 914	22 973	5 674
1996	6 586	1 801	2 557	735	193 966	4	36 961	21 148	5 944
1997	4 990	954	1 793	595	169 683	5	39 775	21 509	7 546
1998	3 781	743	1 367	496	185 747	8	34 310	22 042	2 055
1999	3 412	555	1 235	444	183 517	9	43 183	19 662	13 516
2000	3 700	429	1 579	556	210 479	14	27 498	14 114	4 513
2001	3 966	248	2 331	548	194 849	11	24 835	10 571	5 250
2002	3 094	31	1 219	384	217185	12	35 279	7 085	18 393
2003	1 850	8	773	184	201 395	11	29 087	8 323	8 753
2004	2 028	6	936	98	162 788		28 028	5 334	14 486
2005	599	4	248	67	141 652		25 843	3 546	15 008
2006	59		49	6	111 509		12 793	839	7 852
2007	55		46	42	121 539		7 389	503	4 016
2008	110		92	4	114 086	3	4 520	487	2 076
2009	52		46	9	107 203	2	3 921	134	2 315
2010	49		42	8	110 739	2	3 179	163	1 952
2011	18		11	8	101 783	2	2 873	205	1 933

7-6 农作物亩产量

OUTPUT OF FARM CROPS PER MU

（1979-2011）

单位：千克 (kg)

年 份 Year	粮 食 Grain	薯 类 Tubers	花 生 Peanuts	蔬 菜 Vegetable	茶 叶 Tea	水 果 Fruits	柑桔橙 Citrus	荔 枝 Litchi
1979	175	78	64	584				
1980	196	78	73	929				
1981	202	84	89	1 269				
1982	232	112	95	783				
1983	237	141	87	1 124				
1984	251	128	88	1 253				
1985	249	178	85	1 169				
1986	254	166	97	945				
1987	258	204	98	864				
1988	268	199	103	816				
1989	293	210	113	887				
1990	310	284	117	983				
1991	305	277	128	976				
1992	317	315	127	1 000				
1993	325	309	137	1 048				
1994	340	302	107	1 064	4.76	467	786	50.1
1995	288	249	155	1 088	6.45	414	765	57.7
1996	339	271	157	1 161	6.06	345	799	53.4
1997	335	257	154	1 165	6.30	307	897	55.4
1998	322	230	154	1 214	3.40	456	840	15.1
1999	330	230	166	1 200	3.70	322	958	93.7
2000	381	284	196	1 261	5.94	122	722	29.5
2001	494	449	213	1 266	31.16	119	644	36.8
2002	477	274	336	1 475	34.48	185	712	140.5
2003	395	310	228	1 284	31.43	182	752	85.7
2004	382	317	377	1 181		186	781	132.4
2005	381	304	223	1 361		173	135	135.0
2006	193	280	60	1 246		100	370	77.9
2007	190	192	191	1 281	6.41	114	291	93.4
2008	251	252	200	1 164	8.57	98	448	63.1
2009	319	307	214	1 088	5.88	71	245	52.2
2010	325	309	195	1 161	5.88	59	259	45.0
2011	346	250	195	1 132	5.88	57	424	46.6

7-7 畜牧业、林业、渔业
ANIMAL HUSBANDRY, FORESTRY AND FISHERY
（1979-2011）

年 份 Year	畜 牧 业 Animal Husbandry				
	牛年末头数(头) Year-end Number of Cattle (head)	# 奶 牛 Milk Cows	牛奶产量 (吨) Milk Output (ton)	生猪饲养量 (万头) Raised Hogs (the whole year) (10 000 heads)	生猪年末存栏量(万头) Raised Hogs (Year-end) (10 000 heads)
1979	25 633	465	1 622	22.90	11.69
1980	24 451	2 365	2 876	15.58	8.42
1981	28 917	3 066	5 214	10.69	6.06
1982	31 301	3 233	6 852	15.61	8.51
1983	31 200	3 642	7 411	17.60	9.40
1984	30 716	4 506	9 830	18.59	8.89
1985	28 474	5 352	10 815	20.34	9.58
1986	27 685	6 204	12 837	25.41	12.29
1987	26 587	6 460	14 237	36.02	16.94
1988	24 759	6 764	13 720	52.20	21.90
1989	24 618	7 384	16 729	65.28	24.45
1990	24 105	7 715	18 887	59.37	22.58
1991	20 660	7 380	20 566	64.23	22.07
1992	16 451	7 059	20 592	61.36	20.89
1993	11 460	7 107	20 255	62.39	20.77
1994	9 780	7 235	20 080	64.49	23.38
1995	9 960	7 955	19 475	68.09	25.76
1996	9 509	8 152	20 420	75.61	27.35
1997	8 900	7 478	18 857	80.26	30.52
1998	8 625	7 575	19 851	89.36	30.09
1999	8 881	7 990	22 480	85.98	28.16
2000	9 808	9 094	24 926	93.02	26.88
2001	9 661	8 883	22 176	92.23	27.08
2002	9 740	9 285	22 802	96.11	31.42
2003	8 196	6 780	24 128	79.31	18.56
2004	8 579	8 511	22 018	63.17	12.49
2005	7 857	7 832	19 567	68.69	17.15
2006	8 009	7 980	18 727	60.66	13.73
2007	7 625	7 585	18 130	53.19	16.25
2008	6 772	5 681	16 150	48.36	15.92
2009	5 035	5 035	10 699	41.04	11.21
2010	6 487	6 479	15 000	29.37	6.93
2011	6 610	6 580	14 310	27.39	6.98

年 份 Year	畜 牧 业 Animal Husbandry					造林面积 (万亩) Areas of Forestation (10 000 mu)
	肉猪全年出栏量(万头) Slaughtered Fattened Hogs of the Year (10 000 heads)	家禽饲养量 (万只) Raised Poultry (10 000 heads)	# 出栏量 Slaughtered Fattened Poultry	鲜蛋(吨) Fresh eggs (ton)	当年出售肉类总产量(吨) Total Output of Meat Sold (ton)	
1979	11.21	99.59	69.71	57	6 726	1.84
1980	7.16	160.90	112.63	88	4 296	1.65
1981	4.63	321.84	257.42	119	2 778	1.38
1982	7.10	578.61	506.31	265	4 260	2.62
1983	8.20	786.79	586.40	1 352	4 920	2.37
1984	9.70	857.31	686.27	1 137	12 648	1.78
1985	10.76	1 305.20	944.32	1 085	22 932	16.85
1986	13.12	1 548.94	1 115.77	1 169	25 323	4.01
1987	19.08	1 955.78	1 371.76	805	33 935	15.38
1988	30.30	2 634.80	1 892.70	1 335	47 449	13.32
1989	40.83	3 101.80	2 291.00	1 212	65 300	5.33
1990	36.79	3 330.80	2 445.20	1 895	62 513	5.92
1991	42.16	3 522.27	2 964.39	3 462	79 022	13.10
1992	40.47	4 063.21	2 911.96	4 172	74 081	0.62
1993	41.62	3 534.32	2 668.70	2 472	77 254	0.15
1994	41.11	2 988.07	2 280.63	2 100	67 043	1.10
1995	42.33	2 635.46	2 015.59	2 120	70 277	1.85
1996	48.26	2 111.72	1 633.59	1 351	64 280	3.74
1997	49.74	2 142.36	2 142.36	1 333	65 911	6.27
1998	59.27	2 900.24	2 462.97	1 421	82 947	4.93
1999	57.82	3 090.74	2 616.25	1 130	77 608	3.44
2000	66.14	2 340.20	1 953.85	1 546	79 893	3.30
2001	65.15	2 503.53	1 871.64	922	73 495	2.63
2002	64.68	2 158.62	1 803.00	380	75 531	2.47
2003	60.74	1 698.14	1 515.24	289	66 730	4.96
2004	50.68	1 329.01	1 159.61	292	55 810	3.41
2005	51.55	1 156.99	999.48	110	46 846	3.05
2006	46.93	934.53	811.00	20	42 478	2.45
2007	37.94	866.48	679.75	1 176	32 016	7.35
2008	32.44	903.06	764.50	838	27 458	
2009	29.83	913.76	732.78	282	25 525	1.85
2010	22.44	703.03	568.39	406	18 992	1.87
2011	20.40	582.74	456.06	654	17 142	1.55

7-7 续表 2 continued

年 份 Year	渔 业 Fishery							
	水产品生产总量(吨) Total Output of Aquatic Products(ton)	1、海水产品 Seawater Aquatic Products	#鱼 类 Fish	2、淡水产品 Freshwater Aquatic Products	#鱼 类 Fish	养殖面积(万亩) Cultured Areas of Aquatic (10 000 mu)	1、海水面积 Seawater	2、淡水面积 Freshwater
1979	7 039	6 068		971				1.13
1980	7 667	5 315		2 352				3.27
1981	7 410	5 048		2 362				3.54
1982	10 406	6 128		4 278				4.24
1983	12 303							
1984	16 086							4.68
1985	16 762	4 485		12 277				8.84
1986	23 654	5 595	3 716	18 059		19.33	7.88	11.45
1987	26 889	17 363		9 526		21.16	13.40	7.76
1988	31 535	20 923	16 515	10 612	6 860	20.92	7.53	13.39
1989	32 148	20 153	16 454	11 995	11 995	21.36	14.18	7.18
1990	38 587	24 239	18 420	14 348	13 793	21.88	14.73	7.15
1991	41 740	12 076	8 402	29 664	29 664	16.91	7.81	9.10
1992	44 349	27 558	18 488	16 791	15 836	18.77	13.64	5.13
1993	31 104	11 527	8 423	19 577	19 577	11.77	5.90	5.87
1994	28 196	10 661	6 733	17 535	17 535			
1995	37 394	30 041	26 438	7 353	7 353			
1996	41 183	21 957	17 718	19 226	19 188	16.00	13.60	2.40
1997	55 569	47 687	32 229	7 882	7 773	13.47	10.82	2.65
1998	58 315	50 352	32 371	7 963	7 962	13.61	10.52	3.09
1999	59 764	52 410	34 888	7 354	7 334	11.19	8.16	3.03
2000	59 881	51 191	31 649	8 690	8 690	11.41	8.50	2.91
2001	65 784	56 566	32 850	9 218	9 218	10.84	7.20	3.64
2002	64 059	54 757	22 248	9 302	9 116	9.31	6.59	2.72
2003	85 324	77 506	50 446	7 818	7 610	8.81	6.89	1.92
2004	96 682	88 718	67 553	7 964	6 899	7.33	5.61	1.71
2005	81 764	74 560	55 435	7 204	7 038	7.19	5.84	1.35
2006	56 126	51 411	33 443	4 715	4 697	6.91	5.86	1.05
2007	34 068	31 173	21 708	2 895	2 765	4.67	3.93	0.74
2008	38 468	37 126	27 547	1 342	1 232	3.76	3.07	0.69
2009	30 329	28 544	17 391	1 785	1 714	3.03	2.62	0.41
2010	27 230	25 302	13 010	1 928	1 838	2.92	2.51	0.41
2011	24 929	23 488	13 795	1 441	1 306	2.92	2.51	0.41

主要统计指标解释

农林牧渔业总产值 是以货币表现的农林牧渔业的全部产品总量和对农林牧渔业生产活动进行的各种支持性服务活动的价值。它反映一定时期内农林牧渔业生产总规模和总成果，是观察农林牧渔业生产水平和发展速度，研究农林牧渔业内部比例关系、农林牧渔业与工业、农林牧渔业与国家建设、人民生活比例关系的重要指标，同时也是计算农林牧渔业劳动生产率和农林牧渔业增加值的基础资料。

农林牧渔业总产值的计算，一般采用“产品法”，即凡有产品产量的，都按单位产品价格乘产量的办法求得每种产品产量的产值，然后相加求得各业的产值，最后各业相加求出农林牧渔业总产值。

农作物播种面积 是指一定生产季节结束时实际播种或移植有农作物的面积。播种面积的大小，反映农作物的生产规模和耕地的利用程度。正确地核算播种面积，对于组织农业生产活动，计算农作物产量，研究农作物的种植结构和分布情况以及制定各项增产技术措施，都是非常必要的。

播种面积的统计年度，凡是能在本日历年度内（自1月1日至12月31日）收获的农作物（包括上年秋冬播和本年春播、夏播以及南方地区的晚秋播而在本年收获的全部作物）播种面积，都包括在内。

粮食产量 指全社会的产量。包括国有经济经营的、集体统一经营的和农民家庭经营的粮食产量，还包括工矿企业办的农场和其他生产单位的产量。粮食除包括稻谷、小麦、玉米、高粱、谷子及其他杂粮外，还包括薯类和豆类。其产量计算方法，豆类按去豆荚后的干豆计算；薯类(包括甘薯和马铃薯，不包括芋头和木薯)1963年以前按每4公斤鲜薯折1公斤粮食计算，从1964年开始改为按5公斤鲜薯折1公斤粮食计算。城市郊区作为蔬菜的薯类(如马铃薯等)按鲜品计算，并且不作粮食统计。其他粮食一律按脱粒后的原粮计算。1989年以前全国粮食产量数据主要靠全面报表取得，1989年开始使用抽样调查数据。

水产品产量 指人工养殖的水产品和天然生长的水产品的捕捞量。包括海水的鱼类、虾蟹类、贝类和藻类以及内陆水域的鱼类、虾蟹类和贝类，不包括淡水生植物。水产品产量是通过各级水产和统计部门逐级上报取得数据。1995年及以前，贝类中牡蛎按鲜肉计算；蚶、蛤、蛙按 5 斤鲜品折 1 斤计算。1996年以后则统一按鲜品计算。

耕地面积 年初可以用来种植农作物、经常进行耕锄的田地，除包括熟地、当年新开荒地、连续撂荒未满三年的耕地和当年的休闲地（轮歇地）外，还包括以种植农作物为主并附带种植桑树、茶树、果树和其他林木的土地，以及沿海、沿湖地区已围垦利用的“海涂”、“湖田”等面积。但不包括属于专业性的桑园、茶园、果木苗圃、林地、芦苇地、天然或人工草地面积。

Explanatory Notes on Main Statistical Indicators

Gross Output Value of Agriculture refers to the total volume of products of farming, forestry, animal husbandry, and fishery and the value of various services supporting the production of farming, forestry, animal husbandry and fishery in monetary terms, which reflects the total scale and total results of farming, forestry, animal husbandry and fishery production during a given period of time. It is an important indicator to observe the production level and development speed of farming, forestry, animal husbandry and fishery, to study the internal structure of farming, forestry, animal husbandry and fishery, and to review the proportionate relationship of farming, forestry, animal husbandry and fishery to industry, to national construction and to people' s life. It is also the foundation for calculating the labor productivity and value–added of farming, forestry, animal husbandry and fishery.

Generally, the gross output value of farming, forestry, animal husbandry and fishery is calculated with the production approach. Where applicable, the gross output value of each single product is obtained by multiplying the output of each product by its price. These values are then summed up to obtain the output value of each sector. The sum of output values of all sectors is the gross output value of farming, forestry, animal husbandry and fishery.

Area of Regularly Cultivated Land refers to farmland among the total land resources which is exclusively used for farming and is under regular cultivation with harvest in normal years. Included are currently cultivated land, land that has been abandoned or put in idle for less than 3 years and is available for recultivation at any time, newly–claimed land that has been put into cultivation for more than 3 years, and ditches, trenches, roads, and ridges with a width of less than 1 meter. Excluded under this category are steep slope land over 25 degrees under temporary cultivation, stretches or scattered plots temporarily claimed along river bends, lake sides or banks of reservoirs, as well as land that has been designated under the "Green for Grain" programmes of the state and provincial governments but is still temporarily under cultivation. Regularly cultivated land is classified into basic farmland and odd pieces of land used for cultivation.

Grain Output refers to the total output in the whole country including grains produced by State farms, collective units, rural households, as well as by farms affiliated to industrial and mining enterprises and other production units. Grain includes rice, wheat, corn, sorghum, millet and other miscellaneous grains as well as tubers and beans. Output of beans refers to dry beans without pods. The output of tubers (sweet potatoes and potatoes, not including taros and cassava) are converted into that of grain at the ratio 4:1, i.e. 4 kilograms of fresh tubers were equivalent to 1 kilogram of grain up to 1963. Since 1964 the ratio for conversion has been 5:1. Tubers supplied as vegetables (such as potatoes) in cities and suburbs are calculated as fresh vegetables and their output is not included in the output of grain. Output of all other grains refers to husked grain. Data on grain production before 1989 were obtained through the Comprehensive Statistical Reporting System. Since 1989, data from sample surveys are used.

Output of Aquatic Products refers to catches of both artificially cultured and naturally grown aquatic products, including fish, shrimps, crabs and shellfish in sea and inland water as well as seaweed. Freshwater plants are not included. Data on output of aquatic products are reported by aquatic product and statistical agencies level by level. Before 1995, among the shellfish, oyster was counted as fresh meat; 5 kilograms of ark shell, clams and frogs are equivalent to 1 kilogram of fresh aquatic products; they have all been counted as fresh aquatic products since 1996.

Cultivated Area (Area under cultivation) refers to farmland which is plowed constantly for growing crops, including cultivated land, newly cultivated land in the current year, farmland left without cultivation for less than three years and fallow land in the current year, rotation land, farmland with some mulberry trees, tea trees, fruit trees, and other trees and cultivated seashore land, lake land, and etc.. The land of mulberry plantation, tea plantation, orchards, nurseries of young plants, forest land, reed land, natural and man–made grassland are not included in cultivated land.

08 第八部分

固定资产投资

INVESTMENT IN FIXED ASSETS

CHAPTER

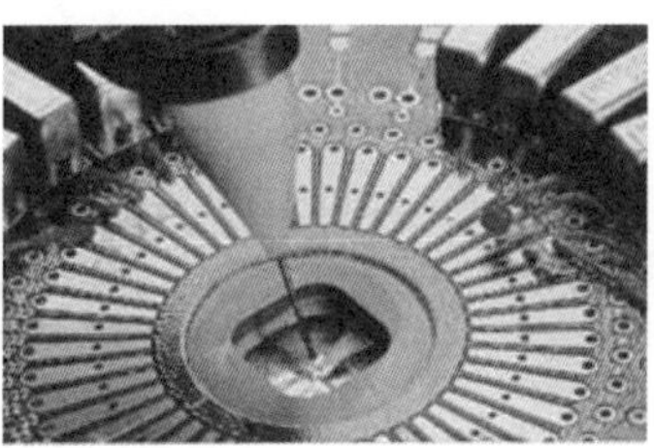

8-1 固定资产投资额

INVESTMENT IN FIXED ASSETS

（1979-2011）

单位：万元

年 份 Year	固定资产投资额 Investment in Fixed Assets	非房地产开发项目 Non-Real Estate Development	房地产开发项目 Real Estate Development
1979	5 938	5 938	
1980	13 801	13 801	
五五时期 The Fifth Five-year Plan Period	**19 739**	**19 739**	
1981	29 684	29 684	
1982	73 750	73 750	
1983	108 320	108 320	
1984	194 572	194 572	
1985	333 235	333 235	
六五时期 The Six Five-year Plan Period	**739 561**	**739 561**	
1986	248 551	248 551	
1987	285 193	285 193	
1988	436 191	436 191	
1989	499 919	499 919	
1990	623 380	511 380	112 000
七五时期 The Seventh Five-year Plan Period	**2 093 234**	**1 981 234**	**112 000**
1991	912 324	656 724	255 600
1992	1 782 322	1 067 422	714 900
1993	2 477 875	1 450 175	1 027 700
1994	2 819 413	1 514 813	1 304 600
1995	2 758 243	1 727 875	1 030 368
八五时期 The Eighth Five-year Plan Period	**10 750 177**	**6 417 009**	**4 333 168**
1996	3 275 270	2 027 019	1 248 251
1997	3 930 657	2 564 112	1 366 545
1998	4 803 901	3 129 047	1 674 854
1999	5 695 878	3 543 337	2 152 541
2000	6 196 993	3 587 299	2 609 694
九五时期 The Ninth Five-year Plan Period	**23 902 699**	**14 850 814**	**9 051 885**
2001	6 863 749	3 707 385	3 156 364
2002	7 881 459	3 997 014	3 884 445
2003	9 491 016	5 364 380	4 126 636
2004	10 925 571	6 583 139	4 342 432
2005	11 810 542	7 573 677	4 236 865
十五时期The Tenth Five-year Plan Period	**46 972 337**	**27 225 595**	**19 746 742**
2006	12 736 693	8 115 753	4 620 940
2007	13 450 037	8 839 615	4 610 422
2008	14 676 043	10 271 146	4 404 897
2009	17 091 514	12 716 924	4 374 590
2010	19 447 008	14 862 315	4 584 693
十一五时期The Eleventh Five-year Plan Period	**77 401 295**	**54 805 753**	**22 595 542**
2011	20 609 180	15 461 818	5 147 362
累计 Total	**182 488 222**	**121 501 523**	**60 986 699**

注： 非房地产开发项目包含基本建设、更新改造和其他投资项目。
Note: The index of Non-Real Estate development include capital construction,Technical Updates and Transformation and Others.

8-2 固定资产投资额指数
INDICES OF INVESTMENT IN FIXED ASSETS
（1980-2011）

（以上年为100） (preceding year=100)

年 份 Year	固定资产投资额 Investment in Fixed Assets	非房地产开发项目 Non-Real Estate Development	房地产开发项目 Real Estate Development
1980	232.4	232.4	
1981	215.1	215.1	
1982	248.5	248.5	
1983	146.9	146.9	
1984	179.6	179.6	
1985	171.3	171.3	
1986	74.6	74.6	
1987	114.7	114.7	
1988	152.9	152.9	
1989	114.6	114.6	
1990	124.7	124.7	
1991	146.4	128.4	228.2
1992	195.4	162.5	279.7
1993	139.0	135.9	143.8
1994	113.8	104.5	126.9
1995	97.8	114.1	79.0
1996	118.7	117.3	121.1
1997	120.0	126.5	109.5
1998	122.2	122.0	122.6
1999	118.6	113.2	128.5
2000	108.8	101.2	121.2
2001	110.8	103.3	120.9
2002	114.8	107.8	123.1
2003	120.4	134.2	106.2
2004	115.1	122.7	105.2
2005	108.1	115.0	97.6
2006	107.8	107.2	109.1
2007	105.6	108.9	99.8
2008	109.1	116.2	95.5
2009	116.5	123.8	99.3
2010	113.8	116.9	104.8
2011	106.0	104.0	112.3

8-3 新增固定资产

NEWLY INCREASED FIXED ASSETS

（1979–2011）

单位：万元

年 份 Year	固定资产投资额 Investment in Fixed Assets	非房地产开发项目 Non–Real Estate Development	房地产开发项目 Real Estate Development
1979	3 201	3 201	
1980	7 753	7 753	
五五时期 The Fifth Five-year Plan Period	**10 954**	**10 954**	
1981	19 032	19 032	
1982	42 369	42 369	
1983	81 902	81 902	
1984	149 020	149 020	
1985	190 359	190 359	
六五时期 The Six Five-year Plan Period	**482 682**	**482 682**	
1986	192 016	192 016	
1987	185 758	185 758	
1988	269 475	269 475	
1989	384 183	384 183	
1990	379 167	310 915	68 252
七五时期 The Seventh Five-year Plan Period	**1 410 599**	**1 342 347**	**68 252**
1991	573 793	490 199	83 594
1992	682 768	556 594	126 174
1993	1 010 590	798 022	212 568
1994	1 542 090	1 199 729	342 361
1995	1 634 350	981 780	652 570
八五时期 The Eighth Five-year Plan Period	**5 443 591**	**4 026 324**	**1 417 267**
1996	2 549 663	1 302 786	1 246 877
1997	2 997 015	1 952 308	1 044 707
1998	3 865 634	2 189 077	1 676 557
1999	4 556 303	2 661 567	1 894 736
2000	5 474 627	2 981 399	2 493 228
九五时期 The Ninth Five-year Plan Period	**19 443 242**	**11 087 137**	**8 356 105**
2001	5 378 592	2 651 070	2 727 522
2002	6 153 318	2 720 727	3 432 591
2003	5 527 718	2 454 025	3 073 693
2004	6 863 722	3 905 969	2 957 753
2005	8 870 417	4 610 708	4 259 709
十五时期The Tenth Five-year Plan Period	**32 793 767**	**16 342 499**	**16 451 268**
2006	7 476 770	3 913 902	3 562 868
2007	7 644 448	5 176 711	2 467 737
2008	6 827 922	3 897 679	2 930 243
2009	6 424 221	4 032 767	2 391 454
2010	8 258 270	5 950 452	2 307 818
十一五时期The Eleventh Five-year Plan Period	**36 631 631**	**22 971 511**	**13 660 120**
2011	13 103 117	11 304 379	1 798 738
累计 Total	**109 319 583**	**67 567 833**	**41 751 750**

8-4 固定资产投资额（按区域分）

INVESTMENT IN FIXED ASSETS（GROUPED BY DISTRICT）

（1998-2011）

单位：万元 （10 000 yuan）

年 份 Year	全 市 Total	福田区 Futian	罗湖区 Luohu	盐田区 Yantian	南山区 Nanshan	宝安区 Baoan	龙岗区 Longgang
1998	4 803 901	1 784 698	651 825	281 358	1 114 038	555 262	416 720
1999	5 695 878	2 074 046	852 818	358 135	1 214 324	669 676	526 879
2000	6 196 993	2 100 488	910 012	344 586	1 338 346	813 554	690 007
2001	6 863 749	2 306 192	831 700	481 386	1 465 527	973 073	805 871
2002	7 881 459	2 464 975	870 025	491 513	1 612 012	1 213 488	1 229 446
2003	9 491 016	2 559 087	969 324	547 965	1 923 414	1 803 186	1 688 040
2004	10 925 571	2 585 071	966 473	554 665	2 297 922	2 332 793	2 188 647
2005	11 810 542	2 050 132	833 150	526 389	2 653 832	2 903 705	2 843 334
2006	12 736 693	1 801 066	762 101	609 949	2 899 380	3 331 725	3 332 472
2007	13 450 037	1 701 123	707 931	708 264	2 691 670	3 841 235	3 799 814
2008	14 676 043	1 602 214	643 690	730 332	2 571 590	4 676 889	4 451 328
2009	17 091 514	1 683 418	683 182	872 004	2 705 194	5 846 894	5 300 822
2010	19 447 008	1 744 163	731 777	873 096	2 871 308	6 902 828	6 323 836
2011	20 609 180	1 737 597	756 050	850 994	2 860 146	7 608 192	6 796 201

8-5 固定资产投资额指数（按区域分）

INVESTMENT IN FIXED ASSETS（GROUPED BY DISTRICT）

（1999-2011）

以上年为100 （Preceding Year=100）

年 份 Year	全 市 Total	福田区 Futian	罗湖区 Luohu	盐田区 Yantian	南山区 Nanshan	宝安区 Baoan	龙岗区 Longgang
1999	118.6	116.2	130.8	127.3	109.0	120.6	126.4
2000	108.8	101.3	106.7	96.2	110.2	121.5	131.0
2001	110.8	109.8	91.4	139.7	109.5	119.6	116.8
2002	114.8	106.9	104.6	102.1	110.0	124.7	152.6
2003	120.4	103.8	111.4	111.5	119.3	148.6	137.3
2004	115.1	101.0	99.7	101.2	119.5	129.4	129.7
2005	108.1	79.3	86.2	94.9	115.5	124.5	129.9
2006	107.8	87.9	91.5	115.9	109.3	114.7	117.2
2007	105.6	94.5	92.9	116.1	92.8	115.3	114.0
2008	109.1	94.2	90.9	103.1	95.5	121.8	117.1
2009	116.5	105.1	106.1	119.4	105.2	125.0	119.1
2010	113.8	103.6	107.1	100.1	106.1	118.1	119.3
2011	106.0	99.6	103.3	97.5	99.6	110.2	107.5

8-6 固定资产投资额比重（按区域分）

INVESTMENT IN FIXED ASSETS（GROUPED BY DISTRICT）

（1998-2011）

单位：%　　　　(%)

年 份 Year	全 市 Total	福田区 Futian	罗湖区 Luohu	盐田区 Yantian	南山区 Nanshan	宝安区 Baoan	龙岗区 Longgang
1998	100	37.2	13.6	5.9	23.2	11.6	8.5
1999	100	36.4	15.0	6.3	21.3	11.8	9.2
2000	100	33.9	14.7	5.6	21.6	13.1	11.1
2001	100	33.6	12.1	7.0	21.4	14.2	11.7
2002	100	31.3	11.0	6.2	20.5	15.4	15.6
2003	100	27.0	10.2	5.8	20.3	19.0	17.7
2004	100	23.7	8.8	5.1	21.0	21.4	20.0
2005	100	17.4	7.1	4.5	22.5	24.4	24.1
2006	100	14.1	6.0	4.8	22.8	26.2	26.1
2007	100	12.6	5.3	5.3	20.0	28.6	28.2
2008	100	10.9	4.4	5.0	17.5	31.9	30.3
2009	100	9.9	4.0	5.1	15.8	34.2	31.0
2010	100	9.0	3.8	4.5	14.8	35.5	32.5
2011	100	8.4	3.7	4.1	13.9	36.9	33.0

8-7 固定资产投资额（按注册登记类型分）

INVESTMENT IN FIXED ASSETS（GROUPED BY REGISTRATION）

（1979-2011）

单位：万元 （10 000 yuan）

年 份 Year	固定资产投资额 Investment in fixed Assets	一、内资 Domestic Funded	1、国有 State-Owned	2、集体 Collective-Owned	3、其他 Others	二、港奥台商投资 Hong Kong Macao and Taiwan Funded	三、外商投资 Foreign Funded
1979	5 938	5 391	4 110	860	421	248	299
1980	13 801	8 409	6 845	924	640	3 579	1 813
1981	29 684	16 151	14 258	1 137	756	11 015	2 518
1982	73 750	54 612	51 482	2 709	421	16 323	2 815
1983	108 320	86 108	75 816	8 474	1 818	17 694	4 518
1984	194 572	168 074	140 588	23 696	3 790	17 340	9 158
1985	333 235	297 170	245 842	39 015	12 313	20 915	15 150
1986	248 551	125 166	72 584	32 840	19 742	98 200	25 185
1987	285 193	250 537	165 487	47 277	37 773	22 575	12 081
1988	436 191	401 717	294 817	49 678	57 222	23 514	10 960
1989	499 919	447 840	287 180	30 465	130 195	31 542	20 537
1990	623 380	487 758	301 877	25 914	159 967	83 548	52 074
1991	912 324	735 836	418 180	59 741	257 915	94 825	81 663
1992	1 782 322	1 349 003	568 761	223 405	556 837	254 846	178 473
1993	2 477 875	1 703 516	881 874	151 916	669 726	458 878	315 481
1994	2 819 413	1 846 715	1 087 544	119 369	639 802	556 818	415 880
1995	2 758 243	1 558 671	918 745	185 967	453 959	681 384	518 188
1996	3 275 270	1 901 137	1 187 634	262 762	450 741	758 385	615 748
1997	3 930 657	2 259 954	1 388 745	279 365	591 844	954 855	715 848
1998	4 803 901	3 036 128	1 684 184	381 675	970 269	951 888	815 885
1999	5 695 878	3 330 187	1 873 574	397 505	1 059 108	1 413 844	951 847
2000	6 196 993	3 360 574	1 983 878	404 647	972 049	1 781 835	1 054 584
2001	6 863 749	3 893 984	2 518 731	431 227	944 026	1 813 885	1 155 880
2002	7 881 459	4 365 422	2 618 368	482 987	1 264 067	2 158 160	1 357 877
2003	9 491 016	5 984 381	3 418 138	571 194	1 995 049	2 054 818	1 451 817
2004	10 925 571	7 305 407	3 838 617	415 432	3 051 358	1 983 450	1 636 714
2005	11 810 542	6 668 039	3 594 284	341 524	2 732 231	3 539 716	1 602 787
2006	12 736 693	7 785 744	3 596 112	235 900	3 953 732	3 439 316	1 511 633
2007	13 450 037	10 215 553	4 092 695	252 854	5 870 004	2 519 847	714 637
2008	14 676 043	11 960 565	4 895 884	350 265	6 714 416	1 863 138	852 340
2009	17 091 514	14 633 903	7 237 030	427 378	6 969 495	1 795 818	661 793
2010	19 447 008	16 154 888	8 197 032	442 385	7 515 471	2 376 101	916 019
2011	20 609 180	17 763 827	7 764 961	540 611	9 458 255	1 895 709	949 644
累计 Total	**182 488 222**	**130 162 367**	**65 425 857**	**7 221 098**	**57 515 412**	**33 694 009**	**18 631 846**

8-8 固定资产投资额（按国民经济行业分）

INVESTMENT IN FIXED ASSETS

（1979-2011）

单位：万元　　　　（10 000 yuan）

年 份 Year	合 计 Total	农、林、牧渔业 Agriculture, Forestry,Animal Husbandry and Fishery	采矿业 Mining	制造业 Manufacturing	电力、煤气及水的生产和供应业 Production and Distribution of Electricity,Gas and Water	建筑业 Construction	交通运输、仓储和邮政业 Transportation, Storage and Post Services
1979	5 938	976		914	768	125	210
1980	13 801	657		5 502	267	248	1 300
1981	29 684	717		6 270	311	107	314
1982	73 750	2 006		6 979	327	373	2 421
1983	108 320	642	1 350	12 721	520	1 261	5 627
1984	194 572	1 666	381	19 019	10 937	3 979	8 136
1985	333 235	3 740	1 140	44 108	15 702	9 682	17 730
1986	248 551	2 361	1 472	53 675	4 423	2 962	12 436
1987	285 193	3 153		51 266	7 568	1 827	13 871
1988	436 191	3 956		110 542	16 243	3 771	26 629
1989	499 919	3 507		117 117	16 081	27 549	51 206
1990	623 380	2 406		174 876	89 188	8 907	61 162
1991	912 324	3 441	1 218	143 202	92 008	3 334	93 946
1992	1 782 322	6 797	750	215 431	113 037	8 758	154 369
1993	2 477 875	10 015	400	185 472	173 144	41 103	187 473
1994	2 819 413	9 807		210 708	139 951	76 569	299 651
1995	2 758 243	5 853		220 538	172 412	41 884	249 416
1996	3 275 270	9 780		301 243	225 157	11 608	294 605
1997	3 930 657	13 981		499 175	199 653	23 626	398 958
1998	4 803 901	16 010		514 783	97 153	49 719	417 028
1999	5 695 878	27 308		827 523	62 005	59 999	282 095
2000	6 196 993	46 000		982 095	88 508	60 416	367 972
2001	6 863 749	18 961	18 232	921 987	225 730	1 860	308 935
2002	7 881 459	12 555	28 302	1 155 888	255 944	8 628	261 890
2003	9 491 016	39 351	14 200	1 322 534	300 911	142 764	823 019
2004	10 925 571	7 360	14 500	2 217 311	584 674	129 666	734 274
2005	11 810 542	2 200	25 480	2 573 646	1 145 628		1 265 170
2006	12 736 693		18 800	3 076 921	1 177 081		1 674 594
2007	13 450 037		4 128	3 299 384	867 973		2 477 602
2008	14 676 043	972		2 922 701	937 328		2 819 570
2009	17 091 514	612		2 585 970	1 270 305		3 936 762
2010	19 447 008	6 355		3 713 345	1 095 246		3 650 747
2011	20 609 180	560	89 697	3 735 060	874 776	35 300	3 362 286

单位：万元　　　　　　　　　　　　　　　　　　　　　　　　　　　　　　　　　　　　　(10 000 yuan)

年　份 Year	信息传输、计算机服务和软件业 Information Transmission, Computer Services and Software	批发和零售业 Wholesale and Retail Trades	住宿和餐饮业 Hotels and Catering Services	金融业 Financial Intermediation	房地产业 Real Estate	租赁和商务服务业 Leasing and Business Services
1979	76	293	196	36	860	
1980	200	706	470	77	924	198
1981	273	1 315	876	142	4 976	2 163
1982	374	4 538	3 025	263	14 171	3 898
1983	1 304	6 916	4 610	492	23 283	5 573
1984	1 885	14 521	9 680	1 728	68 750	3 601
1985	4 108	24 720	16 480	4 955	111 786	6 739
1986	2 881	11 747	7 831	7 178	72 621	4 135
1987	3 213	6 888	4 592	5 205	125 492	2 211
1988	6 169	13 451	8 967	245	159 157	6 771
1989	11 863	9 744	6 496	3 824	129 225	4 995
1990	14 169	4 956	3 304	227	183 965	3 952
1991	21 764	10 011	4 290	602	360 664	15 451
1992	35 763	15 894	6 812	510	1 015 721	15 009
1993	43 432	11 570	4 958	7 228	1 349 517	70 612
1994	69 421	16 283	6 979	8 335	1 549 057	56 036
1995	57 783	52 302	22 415	18 831	1 372 717	59 129
1996	68 252	86 951	21 738	25 269	1 684 223	50 300
1997	92 427	31 722	21 148	5 521	1 868 125	83 618
1998	96 613	45 386	13 590	2 700	2 456 547	85 012
1999	65 353	44 934	13 290	4 300	2 892 745	73 386
2000	85 249	93 452	12 302		3 235 320	62 707
2001	71 572	68 760	12 467		3 804 223	53 577
2002	60 672	72 290	6 534	12 201	4 767 812	34 236
2003	190 670	41 454	390	7 405	5 476 471	12 035
2004	274 577	113 253	25 358	8 368	5 333 539	20 958
2005	208 461	191 192	29 645	35 183	4 722 441	80 085
2006	130 074	122 476	68 756	16 012	5 081 415	97 864
2007	143 341	158 903	35 388	20 353	5 065 939	20 232
2008	102 947	158 967	79 945	87 431	5 332 191	25 067
2009	185 047	93 534	69 205	125 028	5 576 991	124 738
2010	399 191	97 562	56 945	268 366	5 683 900	129 478
2011	439 977	232 832	159 983	134 437	6 921 631	194 986

科学研究、技术服务和地质勘查业 Scientific Research,Technical Services and Geological Prospecting	水利、环境和公共设施管理业 Management of Water Conservancy, Environment and Public Facilities	居民服务和其他服务业 Services to Househdds and Other Services	教育 Education	卫生、社会保障和社会福利业 Health Care,Social Security and Welfare	文化、体育和娱乐业 Culture,Sports and Entertainment	公共管理和社会组织 Public Services and Social Organizations
115	451					918
163	742	49	178	152	520	1 448
335	8 112	541	346	179	1 018	1 689
473	14 788	975	889	430	9 070	8 750
632	21 185	1 393	800	909	9 202	11 250
1 611	13 566	900	6 550	1 845	11 447	14 751
1 623	25 416	1 685	6 476	5 135	14 250	17 550
1 994	15 778	1 034	8 417	2 400	18 028	18 269
3 210	18 945	553	4 555	2 124	13 033	16 347
4 095	25 516	1 693	4 660	3 072	10 442	29 340
4 196	19 649	1 249	10 501	3 746	46 549	32 422
4 197	19 119	988	7 284	2 978	25 935	15 767
8 100	61 600	3 863	10 378	15 133	41 972	22 565
7 413	64 934	3 752	11 543	11 175	61 041	34 363
8 265	269 784	17 653	11 164	17 390	45 541	22 336
9 486	219 584	14 009	15 189	17 801	45 443	54 354
10 585	244 839	14 782	25 420	25 368	66 758	96 811
14 605	215 867	12 575	36 422	26 595	73 602	116 478
11 696	369 717	10 905	69 645	34 224	80 337	116 179
12 603	642 082	8 253	84 941	59 412	75 140	126 929
18 361	914 870	3 346	93 427	59 706	119 484	133 746
25 653	672 651	2 677	94 846	57 998	92 867	216 280
42 027	812 146	1 394	101 440	53 614	161 057	185 767
25 896	702 155	1 559	115 296	39 970	144 006	175 625
18 851	511 305	797	128 813	27 734	245 927	186 385
35 088	805 325	440	143 475	67 599	222 613	187 193
23 347	881 581		122 200	76 925	170 055	257 303
20 124	816 526	233	117 027	43 507	163 889	111 394
23 591	525 399	5 025	82 554	70 585	166 525	483 115
183 067	1 242 672	17 890	64 773	88 256	309 706	302 560
165 492	1 630 780	21 466	114 297	216 342	408 172	566 773
314 390	2 624 514	1 679	297 274	220 735	536 523	350 758
166 843	2 953 149	7 515	441 901	205 028	418 773	234 446

8-9 固定资产投资额指数（按注册登记类型分）

INVESTMENT IN FIXED ASSETS（GROUPED BY REGISTRATION）

（1980-2011）

以上年为100 （Preceding Year=100）

年 份 Year	固定资产投资额 Investment in fixed Assets	一、内资 Domestic Funded	1、国有 State-Owned	2、集体 Collective-Owned	3、其他 Others	二、港澳台商投资 Hongkong Macao and Taiwan Funded	三、外商投资 Foreign Funded
1980	232.4	156.0	166.5	107.4	152.0	1 443.1	606.4
1981	215.1	192.1	208.3	123.1	118.1	307.8	138.9
1982	248.5	338.1	361.1	238.3	55.7	148.2	111.8
1983	146.9	157.7	147.3	312.8	431.8	108.4	160.5
1984	179.6	195.2	185.4	279.6	208.5	98.0	202.7
1985	171.3	176.8	174.9	164.6	324.9	120.6	165.4
1986	74.6	42.1	29.5	84.2	160.3	469.5	166.2
1987	114.7	200.2	228.0	144.0	191.3	23.0	48.0
1988	152.9	160.3	178.2	105.1	151.5	104.2	90.7
1989	114.6	111.5	97.4	61.3	227.5	134.1	187.4
1990	124.7	108.9	105.1	85.1	122.9	264.9	253.6
1991	146.4	150.9	138.5	230.5	161.2	113.5	156.8
1992	195.4	183.3	136.0	374.0	215.9	268.8	218.5
1993	139.0	126.3	155.1	68.0	120.3	180.1	176.8
1994	113.8	108.4	123.3	78.6	95.5	121.3	131.8
1995	97.8	84.4	84.5	155.8	71.0	122.4	124.6
1996	118.7	122.0	129.3	141.3	99.3	111.3	118.8
1997	120.0	118.9	116.9	106.3	131.3	125.9	116.3
1998	122.2	134.3	121.3	136.6	163.9	99.7	114.0
1999	118.6	109.7	111.2	104.1	109.2	148.5	116.7
2000	108.8	100.9	105.9	101.8	91.8	126.0	110.8
2001	110.8	115.9	127.0	106.6	97.1	101.8	109.6
2002	114.8	112.1	104.0	112.0	133.9	119.0	117.5
2003	120.4	137.1	130.5	118.3	157.8	95.2	106.9
2004	115.1	122.1	112.3	72.7	152.9	96.5	112.7
2005	108.1	91.3	93.6	82.2	89.5	178.5	97.9
2006	107.8	116.8	100.1	69.1	144.7	97.2	94.3
2007	105.6	131.2	113.8	107.2	148.5	73.3	47.3
2008	109.1	117.1	119.6	138.5	114.4	73.9	119.3
2009	116.5	122.4	147.8	122.0	103.8	96.4	77.6
2010	113.8	110.4	113.3	103.5	107.8	132.3	138.4
2011	106.0	110.0	94.7	122.2	125.9	79.8	103.7

8-10 固定资产投资额比重（按注册登记类型分）

INVESTMENT IN FIXED ASSETS（GROUPED BY REGISTRATION）

（1979-2011）

以上年为100 （Preceding Year=100）

年 份 Year	固定资产投资额 Investment in Fixed Assets	一、内资 Domestic Funded	1、国有 State-owned	2、集体 Collective-owned	3、其他 Others	二、港澳台商投资 Hongkong Macao and Taiwan Funded	三、外商投资 Foreign Funded
1979	100	90.8	69.2	14.5	7.1	4.2	5.0
1980	100	60.9	49.6	6.7	4.6	25.9	13.1
1981	100	54.4	48.0	3.8	2.5	37.1	8.5
1982	100	74.1	69.8	3.7	0.6	22.1	3.8
1983	100	79.5	70.0	7.8	1.7	16.3	4.2
1984	100	86.4	72.3	12.2	1.9	8.9	4.7
1985	100	89.2	73.8	11.7	3.7	6.3	4.5
1986	100	50.4	29.2	13.2	7.9	39.5	10.1
1987	100	87.8	58.0	16.6	13.2	7.9	4.2
1988	100	92.1	67.6	11.4	13.1	5.4	2.5
1989	100	89.6	57.4	6.1	26.0	6.3	4.1
1990	100	78.2	48.4	4.2	25.7	13.4	8.4
1991	100	80.7	45.8	6.5	28.3	10.4	9.0
1992	100	75.7	31.9	12.5	31.2	14.3	10.0
1993	100	68.7	35.6	6.1	27.0	18.5	12.7
1994	100	65.5	38.6	4.2	22.7	19.7	14.8
1995	100	56.5	33.3	6.7	16.5	24.7	18.8
1996	100	58.0	36.3	8.0	13.8	23.2	18.8
1997	100	57.5	35.3	7.1	15.1	24.3	18.2
1998	100	63.2	35.1	7.9	20.2	19.8	17.0
1999	100	58.5	32.9	7.0	18.6	24.8	16.7
2000	100	54.2	32.0	6.5	15.7	28.8	17.0
2001	100	56.7	36.7	6.3	13.8	26.4	16.8
2002	100	55.4	33.2	6.1	16.0	27.4	17.2
2003	100	63.1	36.0	6.0	21.0	21.7	15.3
2004	100	66.9	35.1	3.8	27.9	18.2	15.0
2005	100	56.5	30.4	2.9	23.1	30.0	13.6
2006	100	61.1	28.2	1.9	31.0	27.0	11.9
2007	100	76.0	30.4	1.9	43.6	18.7	5.3
2008	100	81.5	33.4	2.4	45.6	12.7	5.8
2009	100	85.6	42.3	2.5	40.8	10.5	3.9
2010	100	83.1	42.2	2.3	38.6	12.2	4.7
2011	100	86.2	37.7	2.6	45.9	9.2	4.6

8-11 固定资产投资财务拨款额

FINANCIAL APPROPRIATION OF INVESTMENT IN INVESTMENT IN FIXED ASSETS

（1990-2011）

单位：万元 （10 000 yuan）

年 份 Year	财务拨款额 Financial Appropriation	# 国家预算内资金 State Budgetary Appropriations	# 国内贷款 Domestic Loans	# 债券 Securities	# 利用外资 Foreign Investment	# 自筹资金 Self-Raising	# 其他资金 Others
1990	499 843	2 635	115 044		164 068	181 413	36 683
1991	586 178	2 000	192 603		123 358	211 958	56 259
1992	768 887	500	230 860		87 252	370 673	79 602
1993	1 239 162		246 153	21 049	156 054	673 895	142 011
1994	1 326 714		175 767	10 339	174 809	830 151	135 648
1995	1 390 619		167 510		230 560	909 593	82 956
1996	1 524 924		190 060		324 436	931 551	78 877
1997	2 029 449		157 498		522 576	1 287 817	61 558
1998	2 144 748	4 730	192 894		128 538	1 737 315	81 271
1999	2 543 350	48 750	294 627		224 075	1 847 630	128 268
2000	2 673 582	23 649	212 704		182 471	2 137 226	117 532
2001	2 792 446	65 777	361 639	1 003	133 277	2 176 172	54 578
2002	2 923 151	7 155	382 960		275 091	2 221 310	36 635
2003	4 106 574	5 758	575 824	12 679	304 191	3 122 514	85 608
2004	5 461 589	29 969	836 874	8 372	466 319	3 854 633	265 422
2005	6 523 298	122 562	1 168 344		723 298	4 365 455	143 639
2006	7 699 392	39 406	1 742 102	3 147	1 068 750	4 748 365	97 622
2007	7 625 452	75 661	2 260 603	6 224	1 147 060	3 767 578	368 326
2008	19 604 290	7 529	5 169 912	8 530	898 838	10 453 339	3 066 142
2009	22 228 999	103 243	5 859 884	11 700	575 875	11 314 575	4 363 722
2010	23 393 550	91 371	5 396 249	10 791	464 782	12 933 971	4 496 386
2011	25 475 927	46 837	5 696 200		285 628	15 724 903	3 722 359

注： 1990-2007年为基本建设财务拨款额，2008年及以后为固定资产投资财务拨款额。

Note: The data of Financial Approtriation were the Financial Approtriation of Capital Construction from 1990 to 2007, and which were the Financial Approtiation of investment in fixed from 2008.

8-12 各区按登记注册类型分固定资产投资

INVESTMENT IN FIXED ASSETS BY STATUS OF REGISTRATION AND DISTRICT

（2011）

单位：亿元 (100 million yuan)

地 区 District		总计 Total	一、内资 Funded	1、国有 State-owned	2、集体 Collective-owned	3、其他 Others	二、港澳台商投资 Hongkong Macao and Taiwan Funded	三、外商投资 Foreign Funded
全市总计	**Total**	**2 060.92**	**1 776.38**	**776.50**	**54.06**	**945.83**	**189.57**	**94.96**
福田区	Futian	173.76	149.93	92.41	3.34	54.18	21.98	1.85
罗湖区	Luohu	75.61	70.02	43.41	2.64	23.97	4.57	1.02
盐田区	Yantian	85.10	70.18	32.30	2.29	35.59	12.59	2.33
南山区	Nanshan	286.01	248.25	94.45	4.99	148.81	25.86	11.90
宝安区	Baoan	760.82	601.88	241.91	21.20	338.77	89.79	69.15
龙岗区	Longgang	679.62	636.12	272.02	19.60	344.51	34.78	8.72

8-13 各区按主要行业分固定资产投资
INVESTMENT IN FIXED ASSETS IN BY CITY AND SECTOR
（2011）

单位：亿元 (100 million yuan)

地 区	District	合计 Total	农、林、牧、渔业 Agriculture, Forestry, Animal Husbandry and Fishery	采矿业 Mining	制造业 Manufa-cturing	电力、燃气及水的生产和供应业 Production and Supply of Electricity, Gas and Water	建筑业 Construction	交通运输、仓储和邮政业 Transport, Storage and Post
全市总计	**Total**	**2 060.92**	**0.06**	**8.97**	**373.51**	**87.48**	**3.53**	**336.23**
福田区	Futian	173.76			10.54	2.38		10.20
罗湖区	Luohu	75.61						4.55
盐田区	Yantian	85.10			3.60			5.62
南山区	Nanshan	286.01			49.05	3.58	3.53	63.72
宝安区	Baoan	760.82	0.06		203.82	30.20		156.88
龙岗区	Longgang	679.62		8.97	106.50	51.32	0.00	95.26

8-13 续表1 continued

地 区 District		信息传输、计算机服务和软件业 Information Transmission, Computer Services and Software	批发和零售业 Wholesale and Retail Trades	住宿和餐饮业 Hotels and Catering Services	金融业 Financial Interme-diation	房地产业 Real Estate	租赁和商务服务业 Leasing and Business Services	科学研究、技术服务和地质勘查业务 Scientific Research, Technical Service and Geologic Prospecting
全市总计	**Total**	**44.00**	**23.28**	**16.00**	**13.44**	**692.16**	**19.50**	**16.68**
福田区	Futian	3.20	2.30		6.50	66.20		6.20
罗湖区	Luohu	2.30	2.50		2.90	60.62		
盐田区	Yantian					29.97		1.60
南山区	Nanshan	30.23	3.50			90.34	5.95	5.60
宝安区	Baoan	5.00	2.00	8.00	3.00	210.30	3.20	3.00
龙岗区	Longgang	3.27	12.98	8.00	1.04	234.73	10.35	0.28

8-13 续表2 continued

市 别 City		水利、环境和公共设施管理业 Management of Water Conservancy, Environment and Public Facilities	居民服务和其他服务业 Services to Households and Other Services	教育 Education	卫生、社会保障和社会福利业 Health, Social Security and Social Welfare	文化、体育和娱乐业 Culture, Sports and Entert-ainment	公共管理和社会组织 Public Management and Social Organization
全市总计	**Total**	**295.31**	**0.75**	**44.19**	**20.50**	**41.88**	**23.44**
福田区	Futian	44.41	0.75	1.58	8.50	2.50	8.50
罗湖区	Luohu	0.62		1.80	0.32		
盐田区	Yantian	27.96		4.95		8.20	3.20
南山区	Nanshan	2.84		6.85		14.32	6.50
宝安区	Baoan	100.15		20.85	5.96	5.20	3.20
龙岗区	Longgang	119.33		8.16	5.72	11.66	2.04

8-14 国有经济固定资产投资主要指标

MAIN INDICATORS OF INVESTMENT IN FIXED ASSETS OF STATE-OWNED ECONOMY（2010-2011）

单位：亿元 (100 million yuan)

项 目	Item	2010	2011
建设项目个数(个)	**Number of Projects(unit)**		
施工项目	Projects under Construction	893	785
全部建成投产项目	Projects Completed and Put into Use	392	382
投资总额	**Total Investment**	**819.70**	**776.50**
#住宅	Residential Buildings	9.74	8.25
按构成分	Grouped by Structure of Investment		
建筑安装工程	Construction and Installation	564.52	520.20
设备工具器具购置	Purchase of Equipment and Instruments	146.53	132.52
其他费用	Others	108.65	123.78
按建设性质分	Grouped by Type of Construction		
#新建	New Construction	683.98	652.36
扩建	Expansion	20.94	52.20
改建	Reconstruction	87.61	71.94
按资金来源分	Grouped by Source of Funds	832.06	786.23
国家预算内资金	State Budget	8.75	3.20
国内贷款	Domestic Loans	127.53	100.50
利用外资	Foreign Investment		
自筹资金	Self-raising Funds	613.77	603.80
其他资金	Others	69.65	78.73
新增固定资产	**Newly Increased Fixed Assets**	278.20	352.68
房屋建筑面积(万平方米)	**Floor Space of Buildings(10 000 sq.m)**		
施工面积	Floor Space under Construction	673.25	650.20
竣工面积	Floor Space Completed	97.14	105.21
#住宅	Residential Buildings	0.60	

注： 建设项目个数不含房地产开发部分。
Note: Number of projects exclude real estate development.

8-15 基础产业和基础设施完成投资额

COMPLETED INVESTMENT IN BASIC INDUSTRIES AND INFRASTRUCTURE

（2011）

单位：亿元 (100 million yuan)

项 目	Item	2011年
基础产业投资完成额	Completed Investment in Basic Industries	769.11
#基础设施投资	Investment in Infrastructure	763.02
（一）电力、燃气及水的生产和供应业	Production and Supply of Electric Power,Gas and Water	87.48
（二）交通运输、邮政业	Transport and Postal Services	336.23
#交通运输业	Transport Service	322.14
1、铁路运输业	Railway Transport	23.63
2、道路运输业	Road Transport	67.13
3、城市公共交通业	Urban Public Transport	120.75
4、水上运输业	Waterway Trarsport	13.85
5、航空运输业	Air Transport	96.22
6、管道运输业	Pipeline Transport	0.56
（三）信息传输、计算机服务和软件业	Information Trarismission,Computer Services and Software	44.00
（四）水利、环境和公共设施管理业	Management of Water Conservarcy,Environment and Public Facilities	295.31
#水利管理投资	Investment of Water Conservancy	13.91
1、防洪管理	Flood Prevention Management	1.89
2、水资源管理	Water Resources Management	8.53
3、其他水利管理	Other Water Conservacy	3.49
#能源产业投资	Investment of Energy Industry	75.19
1、煤炭开采和洗选业	Mining and Washing of Coal	
2、石油和天然气开采业	Extraction of Petroleum and Natual Gas	8.97
3、石油加工炼焦及核燃料加工业	Processing of Petroleum, Coking and Nuclear Fuel Processing	
4、电力、热力的生产和供应业	Production and Supply of Electric Power and Heat Power	61.73
5、燃气的生产和供应业	Production and Supply of Gas	4.49

8-16 各区固定资产投资财务拨款资金来源主要指标

MAIN INDICATORS OF SOURCES OF FUNDS FOR INVESTMENT BY DISTRICT

（2011）

单位：亿元 (100 million yuan)

市别	City	本年资金来源合计 Sources of Funds	国家预算内资金 State Budget	国内贷款 Domestic Loans	利用外资 Foreign Investment	自筹资金 Self-raising Fund	其他资金 Others
全市总计	**Total**	**2 547.59**	**4.68**	**569.62**	**28.56**	**1 572.49**	**372.24**
福田区	Futian	243.62	2.63	65.00	0.85	135.50	39.64
罗湖区	Luohu	168.52		30.35	3.20	81.68	53.29
盐田区	Yantian	113.35		5.20	1.50	62.89	43.76
南山区	Nanshan	362.85		258.62		95.20	9.03
宝安区	Baoan	869.22	1.60		16.80	685.20	165.62
龙岗区	Longgang	790.03	0.45	210.45	6.21	512.02	60.90

8-17 各区按构成和建设性质分城镇固定资产投资

INVESTMENT IN FIXED ASSETS IN URBAN AREA BY COMPOSITION OF FUNDS, TYPE OF CONSTRUCTION AND DISTRICT（2011）

单位：亿元 (100 million yuan)

市 别 City		投资额 Total Investment	按构成分 By Composition of Funds			按建设性质分 By Type of Construction			
			建筑安装工程 Construction and Installation	设备、工器具购置 Purchase of Equipment and Instruments	其他费用 Others	#新建 New Construction	#扩建 Expansion	#改建 Recons-truction	其他 Others
全市总计	**Total**	**2 060.92**	**1 375.15**	**366.43**	**319.34**	**1 717.78**	**47.96**	**286.43**	**8.75**
福田区	Futian	173.76	109.79	58.13	5.84	132.84	2.54	31.58	6.80
罗湖区	Luohu	75.61	66.41	2.64	6.56	65.95	2.58	5.80	1.28
盐田区	Yantian	85.10	55.93	12.52	16.65	79.51	3.80	1.79	
南山区	Nanshan	286.01	191.28	52.49	42.24	278.41	4.98	2.62	
宝安区	Baoan	760.82	500.28	145.86	114.68	598.94	30.52	130.85	0.51
龙岗区	Longgang	679.62	451.46	94.79	133.37	562.13	3.54	113.79	0.16

8-18 房屋施工建筑面积

FLOOR SPACE OF BUILDINGS UNDER CONSTRUCTION

（1979-2011）

单位：万平方米

年 份 Year	合 计 Total	非房地产开发项目 Non-Real Estate Development	房地产开发项目 Real Estate Development
1979	29.26	29.26	
1980	52.36	52.36	
1981	96.88	96.88	
1982	250.71	250.71	
1983	368.40	368.40	
1984	644.59	644.59	
1985	1 030.94	1 030.94	
1986	940.39	771.29	
1987	887.21	642.48	
1988	1 161.77	888.29	
1989	1 088.02	926.36	
1990	848.65	408.71	304.62
1991	1 257.19	533.66	467.82
1992	1 813.80	532.45	950.06
1993	2 319.40	566.70	1 396.44
1994	2 733.59	704.15	1 298.82
1995	2 733.59	951.68	1 371.06
1996	2 878.53	965.41	1 495.27
1997	2 775.82	847.14	1 454.17
1998	3 218.81	862.96	1 656.65
1999	3 369.43	829.19	1 834.13
2000	3 591.22	790.57	2 134.95
2001	4 137.47	977.07	2 392.77
2002	4 467.16	861.88	2 776.29
2003	5 567.66	1 277.01	2 838.22
2004	5 856.65	2 177.17	3 120.25
2005	4 841.55	1 624.60	3 058.90
2006	4 512.66	1 204.30	3 122.10
2007	4 184.86	920.16	3 149.56
2008	4 619.53	1 116.83	3 276.30
2009	5 257.21	2 144.85	3 112.36
2010	5 178.84	2 238.90	2 939.94
2011	5 162.10	2 286.12	2 875.98

8-19 房屋竣工建筑面积

FLOOR SPACE OF BUILDINGS COMPLETED

（1979-2011）

单位：万平方米

年 份 Year	合 计 Total	非房地产开发项目 Non-Real Estate Development	房地产开发项目 Real Estate Development
1979	13.01	13.01	
1980	34.63	34.63	
1981	54.59	54.59	
1982	92.67	92.67	
1983	146.86	146.86	
1984	266.63	266.63	
1985	320.94	320.94	
1986	453.07	453.07	
1987	464.69	464.69	
1988	567.38	567.38	
1989	563.01	563.01	
1990	383.42	250.01	133.41
1991	539.20	388.76	150.44
1992	682.29	483.89	198.40
1993	781.07	499.61	281.46
1994	783.62	472.52	311.10
1995	838.46	526.91	311.55
1996	964.52	570.20	394.32
1997	942.91	615.87	327.04
1998	1 211.89	748.58	463.31
1999	1 267.00	764.85	502.15
2000	1 287.21	655.16	632.05
2001	1 526.90	798.93	727.97
2002	1 668.25	776.01	892.24
2003	2 228.44	1 208.13	1 020.31
2004	2 155.82	1 143.43	1 012.39
2005	1 488.86	543.08	945.78
2006	1 184.00	335.11	848.89
2007	905.56	269.54	636.02
2008	877.18	247.45	629.73
2009	712.58	310.57	402.01
2010	692.70	348.27	344.43
2011	962.10	637.10	325.00

8-20 竣工房屋价值

VALUE OF BUILDINGS COMPLETED

（1979-2011）

单位：万元

年 份 Year	合 计 Total	非房地产开发项目 Non-Real Estate Development	房地产开发项目 Real Estate Development
1979	1 207	1 207	
1980	4 607	4 607	
1981	9 189	9 189	
1982	20 865	20 865	
1983	37 164	37 164	
1984	79 318	79 318	
1985	103 970	103 970	
1986	157 701	157 701	
1987	151 670	151 670	
1988	348 453	348 453	
1989	276 535	276 535	
1990	210 323	143 647	66 676
1991	308 940	209 291	99 649
1992	601 150	441 123	160 027
1993	640 545	402 632	237 913
1994	784 100	450 155	333 945
1995	1 343 491	589 564	753 927
1996	1 825 063	689 196	1 135 867
1997	1 745 964	831 798	914 166
1998	2 416 223	951 213	1 465 010
1999	2 670 993	1 196 580	1 474 413
2000	2 955 291	895 867	2 059 424
2001	2 795 702	1 029 008	1 766 694
2002	3 601 624	992 766	2 608 858
2003	4 260 940	1 578 186	2 682 754
2004	3 421 757	1 121 432	2 300 325
2005	3 632 843	673 980	2 958 863
2006	3 594 969	419 621	3 175 348
2007	2 933 541	523 025	2 410 516
2008	2 862 722	206 362	2 656 360
2009	2 993 216	585 173	2 408 043
2010	2 663 742	573 198	2 090 544
2011	3 340 401	1 731 089	1 609 312

8-21 住宅投资

INVESTMENT IN RESIDENTIAL HOUSING

（1979-2011）

单位：万元

年 份 Year	合 计 Total	非房地产开发项目 Non-Real Estate Development	房地产开发项目 Real Estate Development
1979	914	914	
1980	2 838	2 838	
1981	6 428	6 428	
1982	19 021	19 021	
1983	27 640	27 640	
1984	38 406	38 406	
1985	64 863	64 863	
1986	46 940	46 940	
1987	54 629	54 629	
1988	114 993	114 993	
1989	123 617	123 617	
1990	184 564	113 964	70 600
1991	368 786	215 386	153 400
1992	886 272	435 872	450 400
1993	913 193	245 193	668 000
1994	1 131 517	257 417	874 100
1995	937 427	308 927	628 500
1996	1 101 662	315 262	786 400
1997	1 135 054	280 005	855 049
1998	1 500 548	501 698	998 850
1999	1 874 853	461 747	1 413 106
2000	2 185 195	398 406	1 786 789
2001	2 471 512	374 412	2 097 100
2002	3 046 579	337 379	2 709 200
2003	2 987 720	485 806	2 501 914
2004	3 018 249	459 849	2 558 400
2005	2 785 401	130 001	2 655 400
2006	3 384 498	134 044	3 250 454
2007	3 468 913	151 346	3 317 567
2008	3 494 643	344 854	3 149 789
2009	3 456 595	558 747	2 897 848
2010	3 601 242	552 364	3 048 878
2011	4 055 301	523 183	3 532 118

8-22 住宅施工建筑面积

FLOOR SPACE OF RESIDENTIAL HOUSING UNDER CONSTRUCTION

（1979-2011）

单位：万平方米

年 份 Year	合 计 Total	非房地产开发项目 Non-Real Estate Development	房地产开发项目 Real Estate Development
1979	13.41	13.41	
1980	27.81	27.81	
1981	43.34	43.34	
1982	128.3	128.3	
1983	156.68	156.68	
1984	258.52	258.52	
1985	362.7	362.7	
1986	366.59	366.59	
1987	339.69	339.69	
1988	447.03	447.03	
1989	434.43	434.43	
1990	393.02	200.87	192.15
1991	630.97	351.97	279
1992	1 040.81	439.71	601.1
1993	1 302.24	392.73	909.51
1994	1 344.78	475.92	868.86
1995	1 443.75	599.55	844.2
1996	1 474.14	533.53	940.61
1997	1 365.44	399.26	966.18
1998	1 866.76	719.79	1 146.97
1999	1 944.88	589.26	1 355.62
2000	2 059.39	482.5	1 576.89
2001	2 261.63	471.14	1 790.49
2002	2 575.33	450.47	2 124.86
2003	2 824.41	751.52	2 072.89
2004	2 944.42	686.74	2 257.68
2005	2 343.55	190.97	2 152.58
2006	2 292.72	135.33	2 157.39
2007	2 302.93	125.15	2 177.78
2008	2 487.73	277.37	2 210.36
2009	2 490.16	402.69	2 087.47
2010	2 510.02	484.88	2 025.14
2011	2 252.60	286.97	1 965.63

8-23 住宅竣工建筑面积

FLOOR SPACE OF RESIDENTIAL HOUSING COMPLETED

（1979-2011）

单位：万平方米

年 份 Year	合 计 Total	非房地产开发项目 Non-Real Estate Development	房地产开发项目 Real Estate Development
1979	5.26	5.26	
1980	17.85	17.85	
1981	23.41	23.41	
1982	45.57	45.57	
1983	62.42	62.42	
1984	123.76	123.76	
1985	139.31	139.31	
1986	197.15	197.15	
1987	199.09	199.09	
1988	245.10	245.10	
1989	236.98	236.98	
1990	204.77	120.37	84.40
1991	305.17	213.95	91.22
1992	416.31	285.41	130.90
1993	440.36	243.61	196.75
1994	438.83	232.33	206.50
1995	485.23	268.85	216.38
1996	565.86	315.35	250.51
1997	512.24	269.05	243.19
1998	729.48	373.18	356.30
1999	800.60	388.14	412.46
2000	755.59	231.04	524.55
2001	852.58	279.37	573.21
2002	1 000.19	301.87	698.32
2003	1 290.61	473.99	816.62
2004	1 245.59	473.39	772.20
2005	781.54	77.10	704.44
2006	627.31	45.44	581.87
2007	507.71	70.57	437.14
2008	519.72	75.95	443.77
2009	415.18	145.64	269.54
2010	376.03	124.92	251.11
2011	283.34	50.68	232.66

8-24 住宅竣工价值

VALUE OF RESIDENTIAL HOUSING COMPLETED

(1979-2011)

单位：万元

年份 Year	合计 Total	非房地产开发项目 Non-Real Estate Development	房地产开发项目 Real Estate Development
1979	449	449	
1980	2 440	2 440	
1981	4 322	4 322	
1982	9 873	9 873	
1983	15 043	15 043	
1984	37 418	37 418	
1985	38 341	38 341	
1986	54 880	54 880	
1987	46 707	46 707	
1988	88 625	88 625	
1989	109 242	109 242	
1990	105 056	54 141	50 915
1991	180 594	97 555	83 039
1992	256 111	126 101	130 010
1993	351 941	183 002	168 939
1994	432 365	197 797	234 568
1995	754 577	256 370	498 207
1996	918 088	320 698	597 390
1997	879 347	280 726	598 621
1998	1 426 708	381 849	1 044 859
1999	1 604 378	413 281	1 191 097
2000	2 023 916	295 545	1 728 371
2001	1 768 793	360 468	1 408 325
2002	2 317 417	256 691	2 060 726
2003	2 718 868	573 862	2 145 006
2004	2 140 997	349 310	1 791 687
2005	2 249 795	105 330	2 144 465
2006	2 166 187	35 346	2 130 841
2007	1 782 456	126 881	1 655 575
2008	2 859 458	403 511	2 455 947
2009	1 954 702	174 664	1 780 038
2010	1 809 542	145 208	1 664 334
2011	1 304 387	140 743	1 163 644

8-25 固定资产投资完成情况主要指标

MAIN INDICATORS OF INVESTMENT IN FIXED ASSETS

（2010-2011）

单位：亿元 (100 million yuan)

指 标	Indicators	2010年	2011年
一、计划总投资及项目个数	**Total Planned Investment and Project Number**		
1、计划总投资	Total Planned Investment	9 199.69	10 039.86
其中：本年新开工项目	New Projects under Construction in Current Year	3 303.27	4 485.11
2、施工项目个数（个）	Number of Projects under Construction(unit)	1 880	1 970
其中：本年新开工（个）	Newly Started Projects of the Year(unit)	786	924
本年投产项目个数（个）	Number of Projects Put into Use in Current Year	158	977
二、本年完成投资	**Investment Completed in Current Year**	**1 944.70**	**2 060.92**
#基础设施	Infrastructure	741.74	763.02
（一）按登记注册类型分组	Grouped by Registration Status		
#民营经济	Non-state-owned	229.92	380.00
1、内资	Domestic-funded	1 615.49	1 776.38
国有经济	State-owned	819.70	776.50
集体经济	Collective-owned	44.24	54.06
其他内资经济	Others	751.55	945.82
2、港澳台商投资	Funds from Hong Kong,Macao and Taiwan	237.61	189.57
3、外商投资	Foreign-funded	91.60	94.97
（二）按建设性质分	Grouped by Type of Construction		
1、新建	New Construction	1 642.18	1 717.78
2、扩建	Expansion	30.92	47.96
3、改建	Reconstruction	260.88	286.43
4、其他	Others	10.72	8.75
（三）按构成分	Grouped by Use of Funds		
1、建筑工程	Construction	1 149.37	1 249.48
2、安装工程	Installation	141.95	125.67
3、设备工器具购置	Purchase of Equipment and Instruments	375.36	366.43
4、其他费用	Other Expenses	278.02	319.34
（四）按主要产业分	Grouped by Major Industries		
#文化产业	Culture and Arts	84.94	57.40
新闻服务	Press Service		
出版发行和版权服务	Publication and Copyright Service	2.11	5.15
广播、电视、电影服务	Radio, Television and Film Service	2.54	3.11
文化艺术服务	Culture and Art Service	2.95	5.62
网络文化服务	Internet Service	2.34	1.41
文化休闲娱乐服务	Cultural and Entertaining Service	18.68	27.97
其他文化服务	Other Cultural Services	6.21	2.16
文化用品、设备相关文化产品生产	Production of Related Cultural Products and Equipments	49.52	11.50
文化用品、设备相关文化产品销售	Sales of Related Cultural Products and Equipments	0.59	0.48
#信息产业	Information Industry	267.63	266.62
电子信息设备制造	Manufacture of Electronic Information Equipment	224.44	220.46
电子信息设备销售和租赁	Sales and Leasing of Electronic Information Equipment	1.07	0.61

注： 计划总投资及项目个数不含房地产开发部分。

Note: The data of total planned investment and project number exclude the data of real estate development.

8-25 续表1 (100 million yuan)

指 标	Indicators	2010年	2011年
电子信息传输服务	Information Transmission Services	24.39	26.64
计算机服务和软件业	Computer Services and Software	15.53	17.35
其他信息相关服务	Other Information Related Service	2.20	1.55
1、第一产业	Primary Industry	64.00	0.06
2、第二产业	Secondary Industry	480.86	473.48
#工业合计	Total Industries	480.86	469.95
#工业九大产业	Nine Main Industrial Sectors	339.89	344.34
电子信息业	Electronic Information	224.39	224.65
电气机械及专用设备	Electrical Machinery and Special- Equipment	47.84	42.25
石油及化学	Petroleum and Chemistry	6.71	12.95
纺织及服装	Textile and Garments	3.75	10.48
食品饮料	Food and Beverage	4.28	4.02
建筑材料	Construction Materials	8.97	6.89
森工造纸	Paper Manufacturing	5.14	3.19
医药	Medicine	7.58	8.47
汽车	Automobile	31.23	31.43
3、第三产业	Tertiary Industry	1 463.21	1 587.38
(五) 按国民经济行业分	Grouped by Economic Sector		
农、林、牧、渔业	Agriculture,Forestry,Animal Husbandry and Fishery	0.64	0.06
采矿业	Mining		8.97
制造业	Manufacturing	371.33	373.51
电力、燃气及水的生产和供应业	Production and Supply of Electric Power,Gas and Water	109.52	87.48
建筑业	Construction		3.53
交通运输、仓储和邮政业	Transport,Storage and Postal Services	365.07	336.23
信息传输、计算机服务和软件业	Information Transmission,Computer Services and Software	39.92	44.00
批发和零售业	Wholesale and Retail Trades	9.76	23.28
住宿与饮食业	Hotels and Catering Services	5.69	16.00
金融业	Financial Intermediation	26.84	13.44
房地产业	Real Estate	568.39	692.16
租赁和商务服务业	Leasing and Business Services	12.95	19.50
科研、技术服务和地质勘察业	Scientific Research,Technical Services and Geological Prospecting	31.44	16.68
水利、环境和公共设施管理业	Management of Water Conservancy,Environment and Public Facilities	262.45	295.31
居民服务和其他服务业	Services to Households and Other Services	0.17	0.75
教育	Education	29.73	44.19
卫生、社会保障和社会福利业	Health,Social Security and Social Welfare	22.07	20.50
文化、体育和娱乐业	Culture,Sports and Recreation	53.65	41.88
公共管理和社会组织	Public Administration and Social Organization	35.08	23.44
国际组织	International Organizations		

单位：亿元　　　　8-25 续表2 (100 million yuan)

指　标	Indicators	2010年	2011年
三、本年新增固定资产	**Newly Increased Fixed Assets in Current Year**	**825.83**	**1 310.31**
四、房屋面积	**Floor Space**		
本年施工房屋面积(万平方米)	Floor Space of Buildings Under Construction in Current Year(10 000sq.m)	5 178.84	5 162.10
其中：住宅(万平方米)	Residential Buildings(10 000sq.m)	2 510.02	2 252.60
本年竣工房屋面积(万平方米)	Floor Space of Buildings Completed in Current Year(10 000sq.m)	692.70	962.10
其中：住宅(万平方米)	Residential Buildings(10 000sq.m)	376.03	283.34
本年竣工房屋价值	Value of Buildings Completed in Current Year	266.37	334.04
其中：住宅	Residential Buildings	180.95	130.44
五、资金来源情况	**Source of Funds**		
（一）本年资金来源合计	Source of Total Funds This Year	3 039.11	3 354.84
上年末结余资金	Surplur Funds From the Year-end of Proceding Year	699.75	807.25
本年资金来源小计	Source of Sub-total Funds This Year	2 339.36	2 547.59
国家预算内资金	State Budget	9.14	4.68
国内贷款	Domestic Loans	539.63	569.62
债券	Bond	1.08	
利用外资	Foreign Investment	46.47	28.56
其中：外商直接投资	Foreign Direct Investment	35.38	17.02
自筹资金	Self-raising Funds	1 293.39	1 572.49
其他资金来源	Other Sources of Funds	449.65	372.24
（二）各项应付款合计	Total Payment Of This Year	393.66	372.18

主要统计指标解释

固定资产投资额 是以货币形式表现的在一定时期内建造和购置固定资产的工作量以及与此有关的费用的总称。它是反映固定资产投资规模、结构和发展速度的综合性指标，又是观察工程进度和考核投资效果的重要依据。固定资产投资包括国有经济单位投资、城乡集体及其他各种登记注册类型的单位投资和城乡居民个人投资。按照国家统计制度规定，固定资产投资统计范围包括：城镇和农村投资两大部分。城乡集体经济单位投资包括城镇集体所有制单位投资和农村集体所有制单位投资；其它各种经济类型单位投资包括联营经济、股份制经济、中外合资经济、中外合作经济、外资、与大陆合资经营、与大陆合作经营、港澳台独资及其它经济的单位投资；城乡居民个人投资包括城市、县城、镇、工矿区所辖范围内的个人建房和农村个人建房及购买生产性固定资产的投资。

1.城镇和农村建设项目投资月报统计范围为：城镇和农村各种登记注册类型的企业、事业、行政单位及个体户进行的计划总投资500万元及500万元以上的建设项目，包括城镇各种经济类型的建设项目和工矿区私人建房项目，以及农村非农户投资项目、农村农户建房和购置生产性设备投资。年报统计范围中的城镇和工矿区私人建房为市、县城、镇、工矿区所辖范围内的全部私人建房（不论其房主是否系本地的常住户口均应包括），其他部分与月报统计范围一致。年报统计范围中的农户固定资产投资为所辖范围内的全部私人建房和其他购置生产性设备等投资。

2.城镇建设项目投资在城乡分组中:“城镇”、农村非农户建设项目投资在城乡分组中“农村”，农村农户在城乡分组中填“农户”，汇总表中“农村”包含“农户”。

房地产开发投资 各种登记注册类型的房地产开发公司 、商品房建设公司及其他房地产开发单位统一开发的包括统代建、拆迁还建的住宅、厂房、仓库、饭店、宾馆、度假村、写字楼、办公楼等房屋建筑物和配套的服务设施、土地开发工程，如道路、给水、排水、供电 、供热、通讯、平整场地等基础设施工程的投资。包括实际从事房地产开发或经营活动的附营房地产开发单位。不包括单纯的土地交易活动。

新增生产能力（或工程效益） 指通过固定资产投资活动而增加的设计能力（或工程效益），是以实物形态表示的固定资产投资成果的指标，也是考核投资经济效果的重要依据之一。

住宅建筑面积 指施工和竣工房屋建筑面积中供居住用的房屋建筑面积。

房屋施工面积 指在报告期内施工的全部房屋建筑面积。包括本期新开工的面积和上期开工跨入本期继续施工的面积，以及上期已停建在本期恢复施工的房屋面积。本期竣工和本期施工后又停缓建的房屋，其建筑面积仍计入本期房屋施工面积中。

房屋竣工面积 指在报告期内房屋建筑按照设计要求已经全部完工，达到住人和使用条件，经验收鉴定合格（或达到竣工验收标准），正式移交使用的各栋房屋建筑面积的总和。

房屋建筑面积竣工率 是指一定时期内房屋竣工面积与施工面积的比率。它是从房屋建筑施工速度的角度反映投资效果的指标。

新增固定资产 指已经完成建造和购置过程，并已交付生产或使用单位的固定资产的价值。它是表示固定资产投资成果的价值指标，也是反映建设进度，计算固定资产投资效果的重要依据。

建设项目投产率 是建设周期的逆指标，是指一定时期内全部建成投产项目个数与同期施工项目个数的比率。它是从建设速度的角度反映投资效果的指标。

Explanatory Notes on Main Statistical Indicators

Amount of Investment in Fixed Assets refers to the sum in monetary terms of the volume of activities in the construction and purchase of fixed assets as well as related expenses. It is not only a comprehensive indicator of the size, proportional relations and developmental pace of investment in fixed assets, but also an important basis to follow the progress of projects and check the result of investment on. Total investment in fixed assets includes investment by state–owned units, urban and rural collective units, units of other types of ownership and individuals in urban and rural areas. According to China's current statistics system, investment in fixed assets is classified into two parts: urban and rural. Investment by urban and rural collective units includes investment by urban collective units and investment by rural collective units. Investment by units of other types of ownership includes investment by units of joint ownership economy, shareholding economy, Sino–foreign joint economy, Sino–foreign cooperative economy, economy exclusively funded by foreign investors, joint economy with the mainland, cooperative economy with the mainland, economy exclusively funded by compatriots from Hong Kong, Macao and Taiwan and units of other types of ownership. Investment by individuals in urban and rural areas includes investment in personal housing in areas under the jurisdiction of the city, county, town and special industrial and mining areas as well as investment in personal housing and purchase of productive fixed assets in rural areas.

Investment in Real Estate Development includes investment by real estate developers, commercial builders and other units of real estate development of various statuses of registration in the construction of house buildings, such as residential buildings, factory buildings, warehouses, restaurants, hotels, holiday resorts, office buildings, and complementary service facilities and land development projects, such as roads, water supply, water drainage, power supply, heating, telecommunications, land leveling and other projects of infrastructure. This indicator covers the activities of non–real estate companies engaged in real estate development or management, but excludes simple land transactions.

Newly Increased Production Capacity (or Project Efficiency) refers to the increase of designed capacity or project efficiency through investment in fixed assets, which is not only an indicator of the accomplishment in kind of investment in fixed assets but also an important basis to check the economic result of investment on..

Floor Space of Residential Buildings refers to the floor space of the residential buildings among the total space of buildings under construction or completed.

Floor Space under Construction refers to total floor space of all buildings under construction during the reference period, including floor space of newly started buildings during the reference period, floor space of construction extended from the previous period to the current period, and floor space of construction suspended during the previous period but resumed in the current period. Floor space of construction completed in the current period and floor space of construction started and then suspended in the current period are also included in floor space under construction.

Floor Space of Buildings Completed refers to total floor space of all buildings completed in the reference period, which have come up to the designed standards with proper conditions of residence and use, and have been examined and accepted (or met the standards for completion), and put into use.

Completion Rate of Floor Space of Buildings refers to the ratio of the floor space of buildings completed in a certain period of time to the floor space of buildings under construction in the same period, which reflects the investment result of the construction industry from the perspective of the speed of project construction.

Newly Increased Fixed Assets refer to the value of fixed assets which have been completed and transfered to production units or users. It is a value indicator of the achievements of investment in fixed assets as well as an important basis to evaluate the result of investment in fixed assets on.

Rate of Construction Projects Completed and Put into Use is the inverse indicator of construction period, referring to the ratio of the number of construction projects completed and put into use in certain period of time to the number of projects under construction in the same period. This reflects the investment efficiency from the perspective of the speed of project construction.

09 第九部分

房地产

REAL ESTATE

CHAPTER

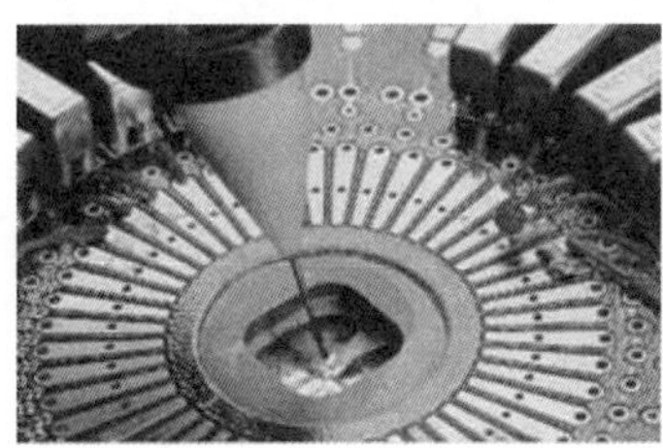

9-1 房地产开发投资额（按投资去向分）

INVESTMENT IN REAL ESTATE DEVELOPMENT（GROUPED BY INVESTMENT DESTINATION）（1991-2011）

单位：亿元 (100 million yuan)

年 份 Year	本年完成投资 Investment Completed This Year	土地购置费 Total Value of Land Purchased	配套工程投资 Continuous Project Investment
1991	25.56	7.40	0.96
1992	71.49	30.14	2.52
1993	102.77	19.69	5.83
1994	130.46	20.28	10.12
1995	103.04	3.90	0.48
1996	124.83	5.72	10.58
1997	136.65	13.52	5.44
1998	167.49	24.18	3.15
1999	215.25	32.88	3.21
2000	260.97	36.87	11.01
2001	315.64	70.99	12.77
2002	388.44	71.01	21.46
2003	412.66	75.82	5.71
2004	434.24	71.80	6.82
2005	423.69	64.05	9.13
2006	462.09	43.86	11.94
2007	461.04	62.22	21.60
2008	440.49	65.98	10.57
2009	437.46	45.25	20.48
2010	458.46	60.98	20.66
2011	514.74	89.01	18.03

9-1 房地产开发投资额（按用途分）

INVESTMENT IN REAL ESTATE DEVELOPMENT(GROUPED BY USE)（1991-2011）

单位：亿元 (100 million yuan)

年 份 Year	本年完成投资 Investment Completed This Year	住 宅 Residential Buildings	办公楼 Office Buildings	商业用房 Houses for Business Use	其 他 Others
1991	25.56	15.34	2.56	4.09	3.58
1992	71.49	45.04	7.86	10.72	7.86
1993	102.77	66.80	11.30	14.39	10.28
1994	130.46	87.41	13.05	18.26	11.74
1995	103.04	62.85	16.49	14.43	9.27
1996	124.83	78.64	19.97	16.23	9.99
1997	136.65	85.50	18.18	14.78	18.19
1998	167.49	99.89	12.10	19.97	35.53
1999	215.25	141.31	13.57	17.95	42.42
2000	260.97	178.68	13.62	22.90	45.77
2001	315.64	209.71	9.32	28.21	68.40
2002	388.44	270.92	13.00	35.26	69.26
2003	412.66	250.19	15.05	47.29	100.13
2004	434.24	255.84	24.51	57.43	96.46
2005	423.69	265.54	28.04	53.07	77.04
2006	462.09	325.05	30.63	67.40	39.01
2007	461.04	331.76	30.08	53.48	45.72
2008	440.49	314.98	26.12	51.96	47.43
2009	437.46	289.78	35.34	53.22	59.12
2010	458.46	304.88	37.98	59.35	56.32
2011	514.74	353.21	36.78	64.61	60.14

9-2 房地产开发投资额（按构成分）

INVESTMENT IN REAL ESTATE DEVELOPMENT（GROUPED BY COMPOSITION）

（1991-2011）

单位：亿元　　　(100 million yuan)

年 份 Year	本年完成投资 Investment Completed This Year	建筑安装工程 Constructional Project	设备购置 Purchase of Equipment	其 他 Others
1991	25.56	22.19	0.77	2.60
1992	71.49	51.80	2.95	16.74
1993	102.77	93.06	4.77	4.94
1994	130.46	104.23	8.75	17.48
1995	103.04	79.32	6.75	16.97
1996	124.83	92.22	12.38	20.23
1997	136.65	98.41	6.36	31.89
1998	167.49	115.79	7.35	44.35
1999	215.25	150.26	10.47	54.53
2000	260.97	187.90	9.59	63.47
2001	315.64	217.69	6.39	91.56
2002	388.44	281.11	11.35	95.99
2003	412.66	298.08	12.63	101.95
2004	434.24	315.44	15.06	103.74
2005	423.69	314.11	11.40	98.17
2006	462.09	380.02	10.93	71.14
2007	461.04	356.66	6.61	97.77
2008	440.49	327.83	10.53	102.13
2009	437.46	352.79	8.87	75.80
2010	458.46	347.15	8.67	102.66
2011	514.74	358.98	10.08	145.68

9-2 房地产开发投资额（按区域分）

INVESTMENT IN REAL ESTATE DEVELOPMENT（GROUPED BY DISTRICT）

（1996-2011）

单位：亿元　　　(100 million yuan)

年 份 Year	本年完成投资 Investment Completed This Year	罗湖区 Luohu	福田区 Futian	南山区 Nanshan	宝安区 Baoan	龙岗区 Longgang	盐田区 Yantian
1996	124.83	51.18	33.70	21.22	9.99	8.74	
1997	136.65	41.00	42.36	20.50	15.03	17.76	
1998	167.49	48.57	50.25	31.82	16.75	18.42	1.67
1999	215.25	53.81	73.19	38.75	15.07	32.29	2.15
2000	260.97	65.24	83.51	49.58	26.10	31.32	5.22
2001	315.64	66.28	107.32	72.60	31.56	34.72	3.16
2002	388.44	69.80	116.53	89.34	54.38	46.61	7.77
2003	412.66	66.18	118.23	101.93	61.75	53.50	11.07
2004	434.24	67.90	115.68	96.45	79.57	58.05	16.59
2005	423.69	53.21	104.13	86.26	107.38	62.88	9.83
2006	462.09	50.83	89.84	93.59	126.52	88.10	13.21
2007	461.04	36.11	54.35	82.73	139.68	128.47	19.70
2008	440.49	32.71	41.93	101.47	130.51	103.83	30.04
2009	437.46	36.50	40.82	99.12	96.36	122.98	41.68
2010	458.46	38.32	48.13	72.51	126.41	140.42	32.67
2011	514.74	37.11	44.50	69.33	160.00	176.83	26.97

9-3 房地产开发投资额（按注册登记类型分）

INVESTMENT IN REAL ESTATE DEVELOPMENT（GROUPED BY REGISTRATION）

（2004-2011）

单位：亿元 （100 million yuan）

年 份	Year	2004	2005	2006	2007	2008	2009	2010	2011
合计	Total	434.24	423.69	462.09	461.04	440.49	437.46	458.46	514.74
1、内资企业	Domestic Investment Enterprises	325.40	294.95	326.61	312.03	339.26	316.06	331.23	418.35
国有企业	State-Owned	17.44	7.26	6.76	3.24	28.19	28.79	30.17	33.64
集体企业	Collective-Owned	0.64	0.68	2.00	3.10	2.12	1.70	1.78	0.77
股份合作企业	Shareholding	2.17	3.36	2.54	0.50	1.14	1.71	1.79	3.26
联营企业	Joint Owned	12.44	13.70	11.67	2.06	1.00			0.13
国有联营企业	State-Joint Owned	0.76	0.45	0.67	0.98	0.73	0.60	0.63	
集体联营企业	Collective-Joint Owned								
国有与集体联营企业	State Collective Joint Owned								
其他联营企业	Other Joint Owned	11.68	13.25	11.00	1.08	0.18	0.01	0.01	
有限责任公司	Limited-Liability Corporations	133.00	128.15	131.96	151.52	174.96	158.53	166.14	176.01
国有独资公司	Enterprises Solely Funded by the State	0.87	2.62	3.11	7.94	3.58	7.60	7.96	
其他有限责任公司	Others	132.12	125.53	128.85	143.58	171.38	150.93	158.15	
股份有限公司	Shareholding	30.04	18.97	13.34	24.44	36.73	46.85	49.10	45.80
私营企业	Private	129.67	122.83	158.34	126.89	87.67	73.10	76.61	149.58
其他内资	Others				0.28	7.45	0.98	1.03	9.16
2、港、澳、台商投资企业	Enterprises with Funds from Hong Kong,Macao and Taiwan	80.65	93.18	91.46	129.01	74.93	96.52	101.15	88.45
3、外商投资企业	Foreign Funded	28.19	35.56	44.02	20.00	26.30	24.88	26.07	7.94

9-4 房地产开发投资资金来源及构成

TOTAL CAPITAL SOURCE AND COMPOSITION OF REAL ESTATE DEVELOPMENT

（1992-2011）

单位：亿元 （100 million yuan）

年 份 Year	本年资金来源小计 Sud-total Capital Source of this Year	国内贷款 Domestic Loans	利用外资 Foreign Capital Utilized	自筹资金 Self-raising Capital	其他资金 Other Capital
1992	97.16	25.37		28.99	42.80
1993	175.06	39.05		49.14	86.87
1994	189.90	40.01		63.56	86.33
1995	147.83	31.43	28.14	49.41	38.85
1996	149.10	29.46	28.30	45.49	45.85
1997	168.11	30.91	20.14	61.20	55.86
1998	223.04	55.03	9.31	80.32	78.38
1999	252.88	59.59	4.64	83.31	105.34
2000	333.36	89.06	6.68	96.11	141.52
2001	391.47	102.64	8.93	131.38	148.52
2002	516.40	127.01	9.24	138.96	241.19
2003	644.70	166.37	8.02	179.19	291.12
2004	663.35	149.33	7.04	197.98	309.00
2005	694.01	159.87	2.38	216.49	315.27
2006	837.85	229.39	8.94	174.78	424.74
2007	847.90	169.83	11.78	241.42	424.87
2008	396.35	124.78	0.45	97.90	173.22
2009	881.76	258.83	1.39	171.95	449.59
2010	773.08	199.88	10.33	203.97	358.90
2011	818.81	199.85	2.06	294.03	322.87

9-5 商品房施工面积（按用途分）

TOTAL FLOOR SPACE UNDER CONSTRUCTION OF COMMODITY HOUSING (GROUPED BY USE) (1991-2011)

单位：万平方米 (10 000 sq. m.)

年 份 Year	施工面积 Floor Space Under Construction	住 宅 Residential Buiding	办公楼 Office Building	商业用房 Houses For Business Use	其 他 Others
1991	467.82	279.00	47.72	73.62	67.48
1992	950.06	601.10	101.91	139.21	107.84
1993	1 396.44	909.51	152.43	199.92	134.58
1994	1 298.82	868.86	132.75	176.36	120.85
1995	1 371.06	844.20	214.51	187.71	124.64
1996	1 495.27	940.61	238.93	193.68	122.05
1997	1 454.17	966.18	181.76	185.17	121.06
1998	1 656.65	1 146.97	175.09	208.97	125.62
1999	1 834.13	1 355.62	137.58	201.34	139.59
2000	2 134.95	1 576.89	146.62	225.46	185.98
2001	2 392.77	1 790.49	115.10	255.38	231.80
2002	2 776.29	2 124.86	120.83	279.14	251.46
2003	2 838.22	2 072.89	134.29	317.74	313.30
2004	3 120.25	2 257.68	147.78	379.15	335.64
2005	3 058.90	2 152.58	155.67	370.34	380.31
2006	3 122.10	2 157.39	171.88	385.71	407.12
2007	3 149.56	2 177.78	189.65	335.98	446.15
2008	3 276.30	2 210.36	201.55	346.45	517.94
2009	3 112.36	2 087.47	189.09	328.27	507.53
2010	2 939.94	2 025.13	182.36	298.62	433.83
2011	2 875.98	1 965.63	171.46	298.47	440.42

9-5 商品房施工面积（按区域分）

TOTAL FLOOR SPACE UNDER CONSTRUCTION OF COMMODITY HOUSING (GROUPED BY DISTRICT) (1996-2011)

单位：万平方米 (10 000 sq. m.)

年 份 Year	施工面积 Floor Space Under Construction	罗湖区 Luohu	福田区 Futian	南山区 Nanshan	宝安区 Baoan	龙岗区 Longgang	盐田区 Yantian
1996	1 495.27	613.06	403.72	254.20	119.62	104.67	
1997	1 454.17	435.48	445.27	214.29	163.51	195.62	
1998	1 656.65	483.06	493.49	321.63	171.62	176.56	10.29
1999	1 834.13	459.35	622.47	334.98	125.71	274.85	16.77
2000	2 134.95	523.64	691.02	415.09	212.04	251.47	41.69
2001	2 392.77	510.52	807.12	554.37	228.69	262.16	29.91
2002	2 776.29	511.82	830.24	631.89	397.97	347.29	57.08
2003	2 838.22	472.85	812.15	717.41	436.46	343.28	56.07
2004	3 120.25	437.61	789.79	743.36	639.07	434.31	76.11
2005	3 058.90	333.72	667.26	513.84	865.27	601.91	76.90
2006	3 122.10	329.37	517.48	586.94	859.65	734.22	94.44
2007	3 149.56	192.14	397.80	603.23	891.86	966.87	97.66
2008	3 276.30	251.52	314.50	689.71	880.39	1 015.05	125.13
2009	3 112.36	236.45	315.12	547.83	823.30	1 051.31	138.35
2010	2 939.94	208.68	252.00	503.31	777.89	1 050.23	147.83
2011	2 875.98	227.71	257.07	377.74	871.40	1 005.61	136.45

9-6 商品房新开工面积（按用途分）

FLOOR SPACE OF NEWLY STARTED OF COMMODITY HOUSING (GROUPED BY USE)（1998-2011）

单位：万平方米 （10 000 sq. m.）

年 份 Year	新开工面积 Floor Space of Newly Started Buildings	住 宅 Residential Buildings	办公楼 Office Buildings	商业用房 Houses For Business Use	其 他 Others
1998	414.14	333.27	25.62	33.19	22.06
1999	580.56	492.81	6.98	31.94	48.83
2000	646.41	487.48	26.10	64.72	68.12
2001	999.71	792.24	26.96	83.74	96.77
2002	959.32	747.50	41.71	101.12	68.99
2003	932.86	645.18	35.89	119.88	131.91
2004	1 025.55	766.91	25.32	123.24	110.08
2005	1 054.19	753.90	39.89	127.15	133.25
2006	798.12	609.46	19.91	69.98	98.77
2007	876.40	621.91	40.06	72.94	141.49
2008	752.60	471.80	46.61	84.91	149.28
2009	489.18	328.04	29.82	60.70	70.62
2010	470.96	355.17	15.25	38.69	61.84
2011	537.99	367.32	18.54	54.76	97.37

9-6 商品房新开工面积（按区域分）

FLOOR SPACE OF NEWLY STARTED OF COMMODITY HOUSING (GROUPED BY DISTRICT)（1998-2011)

单位：万平方米 （10 000 sq. m.）

年 份 Year	新开工面积 Floor Space of Newly Started Buildings	罗湖区 Luohu	福田区 Futian	南山区 Nanshan	宝安区 Baoan	龙岗区 Longgang	盐田区 Yantian
1998	414.14	101.25	114.77	82.98	47.37	67.21	0.56
1999	580.56	119.44	201.65	114.81	47.33	94.49	2.84
2000	646.41	103.02	169.62	168.21	96.96	82.57	26.03
2001	999.71	132.88	299.01	305.10	140.30	115.68	6.74
2002	959.32	136.41	238.00	242.46	175.92	140.97	25.56
2003	932.86	158.89	220.77	210.84	199.54	118.52	24.30
2004	1 025.55	112.05	152.62	201.34	307.07	218.33	34.14
2005	1 054.19	24.81	208.29	205.98	319.96	257.16	37.99
2006	798.12	15.49	69.00	123.74	271.85	275.43	42.61
2007	876.40	36.93	38.69	211.70	203.18	360.87	25.03
2008	752.60	87.76	52.23	153.94	195.60	205.47	57.60
2009	489.18	44.61	24.29	144.97	126.67	114.36	34.27
2010	470.96	4.10	25.97	70.63	225.06	135.16	10.04
2011	537.99	13.98	33.69	42.06	230.90	181.90	35.46

9-7 商品房竣工面积（按用途分）

TOTAL FLOOR SPACE OF COMMERCIAL HOUSES COMPLETED (GROUPED BY USE) (1991-2011)

单位：万平方米 (10 000 sq. m.)

年份 Year	竣工面积 Floor Space Completed	住宅 Residential Buildings	办公楼 Office Buildings	商业用房 Houses For Business Use	其他 Others
1991	150.44	91.22	7.93	11.21	40.08
1992	198.40	130.90	9.20	14.70	43.60
1993	281.46	196.75	11.51	21.32	51.88
1994	311.10	206.50	10.01	39.90	54.69
1995	311.55	216.38	34.24	36.98	23.95
1996	394.32	250.51	42.50	48.58	52.73
1997	327.04	243.19	34.22	29.57	20.06
1998	463.31	356.30	42.26	41.05	23.70
1999	502.15	412.46	16.89	37.05	35.75
2000	632.05	524.55	12.94	53.92	40.64
2001	727.97	573.21	27.74	53.84	73.18
2002	892.24	698.32	25.07	79.15	89.70
2003	1 020.31	816.62	24.43	95.63	83.63
2004	1 012.39	772.20	35.66	105.54	98.99
2005	945.78	704.44	18.70	96.67	125.97
2006	848.89	581.87	36.83	126.63	103.56
2007	636.02	437.14	32.38	73.99	92.51
2008	629.73	443.77	27.55	59.79	98.62
2009	402.01	269.54	25.05	32.20	75.22
2010	344.43	251.10	32.05	25.26	36.02
2011	325.00	232.66	20.97	35.89	35.48

9-7 商品房竣工面积（按区域分）

TOTAL FLOOR SPACE OF COMMERCIAL HOUSES COMPLETED (GROUPED BY DISTRICT) (1997-2011)

单位：万平方米 (10 000 sq. m.)

年份 Year	竣工面积 Floor Space Completed	罗湖区 Luohu	福田区 Futian	南山区 Nanshan	宝安区 Baoan	龙岗区 Longgang	盐田区 Yantian
1997	327.04	81.31	109.89	68.72	30.75	36.37	
1998	463.31	105.53	137.29	103.33	58.96	55.53	2.67
1999	502.15	100.38	159.44	75.99	46.81	114.44	5.09
2000	632.05	142.36	161.53	113.69	96.68	104.70	13.09
2001	727.97	215.53	225.65	152.54	42.44	89.20	2.61
2002	892.24	186.66	208.95	234.61	117.81	123.11	21.10
2003	1 020.31	155.56	275.96	278.90	155.27	137.37	17.25
2004	1 012.39	106.41	258.59	343.98	173.98	108.23	21.20
2005	945.78	149.96	203.91	157.39	213.12	184.24	37.16
2006	848.89	91.89	176.37	159.17	228.39	165.71	27.36
2007	636.02	15.15	110.74	126.68	245.68	111.76	26.01
2008	629.73	59.61	32.97	214.86	179.03	134.75	8.51
2009	402.01	0.57	58.69	93.58	100.63	121.56	26.98
2010	344.43	0.24	20.12	70.60	120.97	122.63	9.87
2011	325.00	65.63	24.12	21.76	57.36	140.13	16.00

9-8 商品房销售面积（按用途分）

TOTAL FLOOR SPACE OF BUILDINGS SOLD(GROUPED BY USE)

（1991-2011）

单位：万平方米 （10 000 sq. m.）

年 份 Year	销售面积 Floor Space of Buildings Sold	住 宅 Residential Buildings	办公楼 Office Buildings	商业用房 Houses For Business Use	其 他 Others
1991	112.54	97.13	2.10	0.63	12.68
1992	151.46	96.00	9.00	10.00	36.46
1993	180.17	140.89	5.85	9.58	23.85
1994	246.93	183.28	13.29	17.14	33.22
1995	274.59	209.07	17.37	16.89	31.26
1996	324.92	261.13	32.33	21.23	10.23
1997	405.44	336.70	28.88	27.40	12.46
1998	432.22	372.38	22.06	19.85	17.93
1999	541.84	492.51	15.02	26.20	8.11
2000	611.37	556.82	12.19	26.32	16.04
2001	643.47	593.72	11.01	27.40	11.34
2002	791.70	724.41	17.94	46.36	2.99
2003	877.85	811.90	19.54	39.37	7.04
2004	908.62	802.58	26.90	58.09	21.05
2005	993.20	901.13	28.49	53.48	10.10
2006	797.66	704.89	37.64	46.89	8.24
2007	555.11	500.35	20.87	30.64	3.25
2008	466.71	413.65	5.59	33.58	13.89
2009	762.16	717.40	19.63	18.07	7.07
2010	465.59	413.80	15.00	21.88	14.91
2011	496.89	469.43	9.90	16.96	0.60

注： 本表数据取自规划和国土资源委的网上合同备案资料。
Note: The data of this table adopts from the records of Shenzen Municipal Bureau of Planning and Land Resources.

9-8 商品房销售面积（按区域分）

TOTAL FLOOR SPACE OF BUILDINGS SOLD(GROUPED BY DISTRICT)

（1997-2011）

单位：万平方米 （10 000 sq. m.）

年 份 Year	销售面积 Floor Space of Buildings Sold	罗湖区 Luohu	福田区 Futian	南山区 Nanshan	宝安区 Baoan	龙岗区 Longgang	盐田区 Yantian
1997	405.44	95.18	126.57	70.27	54.48	58.94	
1998	432.22	90.89	135.99	75.68	54.63	67.34	7.69
1999	541.84	118.53	162.69	94.89	71.62	82.01	12.10
2000	611.37	86.13	200.59	125.39	78.65	113.04	7.57
2001	643.47	110.75	165.28	140.62	95.21	122.60	9.01
2002	791.70	129.45	206.81	182.60	127.22	135.95	9.67
2003	877.85	120.49	206.30	236.85	149.76	139.02	25.45
2004	908.62	83.90	164.74	285.04	186.40	171.22	17.32
2005	993.20	103.11	210.36	171.05	283.84	201.99	22.85
2006	797.66	53.56	122.22	130.60	260.36	212.29	18.63
2007	555.11	35.26	69.29	72.60	189.08	170.97	17.92
2008	466.71	37.27	35.47	71.11	161.66	145.65	15.55
2009	762.16	34.86	52.49	171.33	217.20	255.33	30.95
2010	465.59	17.10	18.74	81.76	122.11	211.51	14.37
2011	496.89	7.07	153.60	53.35	106.07	166.42	10.38

注： 本表数据取自规划和国土资源委的网上合同备案资料。
Note: The data of this table adopts from the records of Shenzen Municipal Bureau of Planning and Land Resources.

9-9 商品住宅销售面积（按区域分）

TOTAL FLOOR SPACE OF RESIDENTIAL BUILDINGS SOLD（GROUPED BY DISTRICT）（1996-2011）

单位：万平方米 (10 000 sq.m.)

年 份 Year	销售面积 Floor Space of Buildings Sold	罗湖区 Luohu	福田区 Futian	南山区 Nanshan	宝安区 Baoan	龙岗区 Longgang	盐田区 Yantian
1996	261.13	71.87	82.35	43.19	21.26	42.46	
1997	336.70	71.23	106.75	61.63	43.31	53.78	
1998	372.38	75.29	111.06	70.61	50.07	61.55	3.80
1999	492.51	109.57	147.54	88.59	64.24	76.21	6.36
2000	556.82	77.17	181.94	114.95	69.70	106.26	6.80
2001	593.72	97.85	155.44	135.20	86.75	110.51	7.97
2002	724.41	119.80	186.29	173.18	111.31	124.45	9.38
2003	811.90	111.08	186.59	222.60	142.53	124.82	24.29
2004	802.58	83.78	125.29	270.81	167.84	137.60	17.26
2005	901.13	100.15	172.73	157.76	266.25	182.49	21.77
2006	704.89	52.72	77.58	119.41	244.08	193.82	17.28
2007	500.35	31.36	49.22	63.95	176.32	162.00	17.50
2008	413.65	21.36	31.77	64.33	146.68	134.47	15.04
2009	717.40	34.46	37.11	167.42	205.59	242.55	30.27
2010	413.80	10.21	7.2	69.30	114.91	193.82	18.36
2011	469.43	5.25	148.36	46.44	101.80	157.55	10.03

注： 本表数据取自规划和国土资源委的网上合同备案资料。
Note: The data of this table adopts from the records of Shenzen Municipal Bureau of Planning and Land Resources.

9-10 办公楼销售面积（按区域分）

TOTAL FLOOR SPACE OF OFFICE BUILDINGS SOLD（GROUPED BY DISTRICT）（1996-2011）

单位：万平方米 (10 000 sq.m.)

年 份 Year	销售面积 Floor Space of Buildings Sold	罗湖区 Luohu	福田区 Futian	南山区 Nanshan	宝安区 Baoan	龙岗区 Longgang	盐田区 Yantian
1996	32.33	14.35	8.80	9.18			
1997	28.88	13.06	9.34	3.59	1.39	1.50	
1998	22.06	7.60	12.11	0.94		1.10	0.31
1999	15.02	3.70	9.30	0.63	0.06		1.33
2000	12.19	3.95	6.15	1.50	0.13	0.41	0.05
2001	11.01	5.77	2.91	0.66	0.01	1.52	0.14
2002	17.94	3.39	12.63	1.37	0.02	0.24	0.29
2003	19.54	2.16	13.72	1.68	1.45	0.53	
2004	26.90		23.11	3.66	0.01	0.12	26.90
2005	28.49		22.19	5.04	0.54	0.72	
2006	37.64	0.06	31.85	5.22		0.51	
2007	20.87	0.61	15.51	3.80	0.87	0.08	
2008	5.59		2.27	1.65	1.67		
2009	19.63		12.65	2.24	4.46	0.28	
2010	15.00	4.19	5.80	0.27	3.21	1.53	
2011	9.90	0.37	4.68	4.51	0.34		

注： 本表数据取自规划和国土资源委的网上合同备案资料。
Note: The data of this table adopts from the records of Shenzen Municipal Bureau of Planning and Land Resources.

9-11 商业用房销售面积（按区域分）

TOTAL FLOOR SPACE OF COMMERCIAL BUILDINGS SOLD（GROUPED BY DISTRICT）（1996-2011）

单位：万平方米 (10 000 sqg. m.)

年 份 Year	销售面积 Floor Space of Buildings Sold	罗湖区 Luohu	福田区 Futian	南山区 Nanshan	宝安区 Baoan	龙岗区 Longgang	盐田区 Yantian
1996	21.23	11.49	2.66	1.32	4.38	1.38	
1997	27.40	8.75	4.48	2.48	9.54	2.15	
1998	19.85	5.34	3.70	2.00	4.04	4.69	0.08
1999	26.20	5.26	2.15	2.91	5.85	5.60	4.43
2000	26.32	3.21	3.88	4.64	7.57	6.30	0.72
2001	27.40	4.92	3.42	2.59	8.23	7.96	0.28
2002	46.36	6.15	6.52	6.53	15.89	11.27	
2003	39.37	6.61	4.81	7.62	5.51	13.66	1.16
2004	58.09	0.94	8.16	9.66	17.79	21.39	0.15
2005	53.48	2.93	9.20	8.55	16.77	14.86	1.17
2006	46.89	0.69	7.72	5.96	16.25	14.91	1.36
2007	30.64	3.28	1.64	4.85	11.89	8.57	0.41
2008	33.58	15.91	1.43	2.20	4.85	8.68	0.51
2009	18.07	0.22	0.40	1.67	7.15	7.96	0.67
2010	21.88	1.79	0.35	1.79	4.70	13.18	0.07
2011	16.95	1.36	0.70	2.22	3.78	8.55	0.34

注： 本表数据取自规划和国土资源委的网上合同备案资料。
Note: The data of this table adopts from the records of Shenzen Municipal Bureau of Planning and Land Resources.

9-12 商品房屋空置面积（按用途分）

TOTAL FLOOR SPACE OF VACANT BUILDINGS（GROUPED BY USE）（1996-2011）

单位：万平方米 (10 000 sq. m.)

年 份 Year	空置面积 Floor space of Vacant Buildings	住 宅 Residential Buildings	办公楼 Office Buildings	商业用房 Houses For Business Use	其 他 Others
1996	328.68	191.94	40.31	55.20	41.23
1997	258.69	137.34	48.69	48.66	24.00
1998	296.94	158.88	55.96	56.73	25.37
1999	249.60	139.67	42.49	52.90	14.54
2000	272.62	170.92	47.17	48.49	6.04
2001	241.35	142.72	29.53	51.69	17.41
2002	311.03	206.50	23.03	59.99	21.51
2003	319.94	190.88	26.23	81.12	21.71
2004	251.53	138.15	21.62	68.45	23.31
2005	191.51	90.24	14.38	63.44	23.45
2006	185.41	69.63	23.98	66.41	25.39
2007	152.36	58.92	15.81	55.30	22.33
2008	231.58	121.17	15.02	69.22	26.17
2009	141.64	63.60	15.41	49.56	13.07
2010	134.36	53.15	9.00	51.82	20.39
2011	257.69	148.13	5.15	84.49	19.92

9-13 商品房屋空置面积（按区域分）

TOTAL FLOOR SPACE OF VACANT BUILDINGS（GROUPED BY DISTRICT）

（1996-2011）

单位：万平方米 (10 000 sq. m.)

年 份 Year	空置面积 Floor space of Vacant Buildings	罗湖区 Luohu	福田区 Futian	南山区 Nanshan	宝安区 Baoan	龙岗区 Longgang	盐田区 Yantian
1996	328.68	105.18	92.03	55.88	49.30	26.29	
1997	258.69	78.56	55.41	59.13	37.47	28.12	
1998	296.94	82.92	74.08	76.22	39.61	21.52	2.59
1999	249.60	82.32	60.46	45.21	25.51	32.07	4.03
2000	272.62	98.36	61.38	50.22	29.99	29.85	2.82
2001	241.35	81.50	72.12	34.59	24.00	27.33	1.81
2002	311.03	75.29	89.77	69.26	30.38	37.29	9.04
2003	319.94	74.54	103.76	67.50	34.87	31.07	8.20
2004	251.53	61.37	81.49	38.04	22.46	35.79	12.38
2005	191.51	46.46	56.42	21.81	30.27	25.29	11.26
2006	185.41	48.47	57.02	26.31	12.79	33.42	7.40
2007	152.36	32.39	42.48	21.38	16.29	36.32	3.50
2008	231.58	33.45	36.14	43.75	46.79	64.57	6.88
2009	141.64	28.45	34.65	29.30	19.38	26.29	3.57
2010	134.36	23.00	31.51	16.51	33.34	21.25	8.75
2011	257.69	22.64	37.28	10.72	106.12	67.26	13.67

9-14 商品房二级市场平均交易价格（按用途分）

AVERAGE SELLING PRICE OF COMMERCIAL HOUSES IN SECONDARY MARKET

（GROUPED BY USE）（1998-2011）

单位：元/平方米 (yuan/ sq. m.)

年 份 Year	商品房二级市场平均交易价格 Average Selling Price of Commercial Houses in Secondary Market	住 宅 Residential Buildings	办公楼 Office Buildings	商业用房 Houses For Business Use	其 他 Others
1998	5 927	5 191	11 995	10 241	3 468
1999	5 503	5 004	10 504	11 195	3 743
2000	5 718	5 275	10 954	10 306	3 186
2001	5 779	5 517	13 717	11 916	4 126
2002	6 074	5 641	8 145	12 175	5 000
2003	6 215	5 879	8 678	11 624	2 804
2004	6 771	6 419	9 670	12 764	5 672
2005	7 582	6 996	12 374	15 083	6 869
2006	10 039	9 190	15 762	18 257	9 714
2007	14 050	13 370	23 535	19 103	10 203
2008	12 665	12 823	19 071	11 469	8 286
2009	15 214	14 858	23 919	20 826	12 768
2010	20 850	20 297	24 797	23 346	24 787
2011	20 674	19 038	39 481	31 654	28 603

注： 本表数据取自规划和国土资源委的网上合同备案资料。

Note: The data of this table adopts from the records of Shenzen Municipal Bureau of Planning and Land Resources.

9-14 商品房二级市场平均交易价格（按区域分）

AVERAGE SELLING PRICE OF COMMERCIAL HOUSES IN SECONDARY MARKET (GROUPED BY DISTRICT) (1998-2011)

单位：元/平方米 (yuan/ sq. m)

年 份 Year	商品房二级市场平均交易价格 Average Selling Price of Commercial Houses in Secondary Market	罗湖区 Luohu	福田区 Futian	南山区 Nanshan	宝安区 Baoan	龙岗区 Longgang	盐田区 Yantian
1998	5 927	8 202	6 720	4 475	3 458	3 085	5 380
1999	5 503	8 763	6 299	4 472	3 222	3 226	3 379
2000	5 718	8 047	7 048	4 682	3 452	3 976	6 437
2001	5 779	6 272	7 171	6 007	3 256	3 537	4 079
2002	6 145	7 048	7 981	5 930	4 302	3 925	5 360
2003	6 215	7 444	7 787	6 041	3 866	4 046	6 111
2004	6 771	7 953	8 324	6 738	4 989	5 067	9 003
2005	7 582	8 548	9 565	8 929	5 799	5 889	7 896
2006	10 039	10 115	15 485	12 855	8 626	6 906	9 793
2007	14 050	17 834	20 639	18 196	12 256	10 785	14 293
2008	12 665	14 011	16 946	17 230	11 425	9 136	24 748
2009	15 214	22 674	24 338	19 751	13 677	9 822	25 349
2010	20 850	26 016	27 691	31 463	19 752	14 288	40 780
2011	20 674	26 118	39 481	35 936	18 236	15 010	20 869

注：　本表数据取自规划和国土资源委的网上合同备案资料。
Note: The data of this table adopts from the records of Shenzen Municipal Bureau of Planning and Land Resources.

9-15 商品住宅二级市场平均交易价格（按区域分）

AVERAGE SELLING PRICE OF COMMERCIAL HOUSES IN SECONDARY MARKET (GROUPED BYDISTRICT) (1998-2011)

单位：元/平方米 (yuan/ sq. m.)

年 份 Year	住宅平均平均交易价格 Average Selling Price of Commercial Houses in Secondary Market	罗湖区 Luohu	福田区 Futian	南山区 Nanshan	宝安区 Baoan	龙岗区 Longgang	盐田区 Yantian
1998	5 191	6 373	6 440	4 401	3 121	2 962	5 560
1999	5 004	7 394	6 027	4 390	3 074	3 033	3 194
2000	5 275	7 200	6 728	4 540	3 025	3 718	4 252
2001	5 517	6 408	6 465	5 709	2 851	3 402	4 139
2002	5 641	6 496	7 664	5 639	3 805	3 522	5 265
2003	5 879	6 866	7 640	5 778	3 640	3 485	6 076
2004	6 419	7 789	7 806	6 499	4 787	4 447	9 002
2005	6 996	8 135	8 627	8 502	5 353	5 353	7 698
2006	9 190	9 988	13 803	12 119	8 297	6 423	9 454
2007	13 370	16 946	18 441	18 008	12 212	10 478	14 178
2008	12 823	16 891	16 876	17 050	11 652	9 112	24 995
2009	14 858	22 607	23 216	19 636	13 726	9 626	25 366
2010	20 297	23 470	29 248	30 840	19 944	14 166	40 861
2011	19 038	24 656	29 866	35 370	17 805	14 705	19 392

注：　本表数据取自规划和国土资源委的网上合同备案资料。
Note: The data of this table adopts from the records of Shenzen Municipal Bureau of Planning and Land Resources.

9-16 房地产开发企业主要财务指标

FINANCIAL INDICATORS OF REAL ESTATE COMPANIES

（2007-2011）

年 份	Year	2007	2008	2009	2010	2011
一、年末资产负债（亿元）	**Total Assets and Liabilities at the year end (100 million yuan)**					
资产总计	Total Capital	4 692.70	4 644.38	4 439.42	5 125.05	6 280.20
负债合计	Total liabilities	3 258.49	3 329.90	4 001.76	4 760.07	4 620.12
所有者权益合计	Creditors' Equity	1 434.21		1 612.49	1 747.26	1 660.08
二、损益及分配（亿元）	**Profit,loss and distribution(100 million yuan)**					
1、主营业务收入	Business Revenue	1 045.79	694.33	1 166.67	852.70	722.91
#土地转让收入	Land Sales Revenue	29.19	1.53	5.21	0.56	1.00
商品房屋销售收入	Sales Revenue of Commodity	825.33	552.59	1 042.02	766.43	648.85
房屋出租收入	Revenue Leased	29.99	23.43	16.47	39.69	50.33
其他收入	Other Revenues	161.28	116.78	102.97	46.02	22.73
2、主营业务成本、主营业务税金及附加	Business Cost,Taxes and Extra Charge	712.00	463.52	832.26	563.55	
主营业务成本	Business cost	630.90	408.41	716.48	458.70	334.82
主营业务税金及附加	Business Taxes and Extra Charge	81.10	55.11	115.78	104.85	107.05
3、费用合计	Total Expenses	129.56	102.62	112.39	121.92	
销售费用	Sales Expenses	27.28	25.22	32.77	28.07	25.25
管理费用	Management Expenses	72.05	53.04	52.52	63.47	64.94
财务费用	Financial Expenses	30.23	24.36	27.10	29.39	32.15
4、其他业务利润	Other Profits	28.97	40.48	9.21	5.62	6.04
5、投资收益	Investment Revenue	50.92	29.25	67.78	0.59	60.39
6、营业外收入	Nonbusiness Revenue	4.92		7.02	2.96	4.32
7、营业外支出	Nonbusiness Expenses	8.25		5.34	6.01	3.27
8、利润总额	Total Profits	280.79	159.18	300.89	250.93	375.37
三、工资总额（亿元）	**Total Payable Salaries(100 million yuan)**	**26.39**	**19.74**	**24.70**	**24.17**	**29.19**
四、从业人员年平均人数(人)	**Average Number of Employed Persons(person)**	**45 251**	**35 915**	**44 703**	**38 598**	**10 665**
五、企业数(个)	**Number of Enterprises(unit)**	**965**	**614**	**570**	**597**	**400**

主要统计指标解释

房地产开发投资 指各种登记注册类型的房地产开发公司、商品房建设公司及其他房地产开发法人单位和附属于其他法人单位实际从事房地产开发或经营活动的单位统一开发的包括统代建、拆迁还建的住宅、厂房、仓库、饭店、宾馆、度假村、写字楼、办公楼等房屋建筑物和配套的服务设施，土地开发工程（如道路、给水、排水、供电、供热、通讯、平整场地等基础设施工程）的投资；不包括单纯的土地交易活动。

施工面积 指报告期内施工的全部房屋建筑面积。包括本期新开工的面积和上期开工跨入本期继续施工的房屋面积，以及上期已停建在本期恢复施工的房屋面积。本期竣工和本期施工后又停缓建的房屋，其建筑面积仍计入本期房屋施工面积中。

竣工面积 指在报告期内房屋建筑按照设计要求已经全部完工，达到住人和使用条件，经验收鉴定合格（或达到竣工验收标准），正式移交使用单位的各栋房屋建筑面积的总和。

Explanatory Notes on Main Statistical Indicators

Investment in Real Estate Development It includes the investment by the real estate development companies, commercial buildings construction companies and other real estate development units of various types of ownership in the construction of house buildings, such as residential buildings, factory buildings, warehouses, hotels, guesthouses, holiday villages, office buildings, and the complementary service facilities and land development projects, such as roads, water supply, water drainage, power supply, heating, telecommunications, land leveling and other projects of infrastructure. It excludes the activities in simple land transactions.

Floor Space under Construction refers to total floor space of all buildings under construction during the reference period, including floor space of newly started buildings during the reference period, floor space of construction extended from the previous period to the current period, and floor space of construction suspended during the previous period and resumed in the current period. Floor space of construction completed in the current period, and floor space of construction started and then suspended in the current period are also included in the floor space under construction of the current year.

Floor Space of Building Completed refers to the floor space of all buildings completed in the reference period, which have been appraised and accepted (or come up to the designed standards) and have been transferred to the owners for use.

10 第十部分

商业、物价

COMMERCE AND PRICE

CHAPTER

10-1 社会消费品零售总额及指数

INDICES OF TOTAL RETAIL SALES OF CONSUMER GOODS

（1979-2011）

年 份 Year	社会消费品零售总额(万元) Total Retail Sales of Consumer Goods (10 000 yuan)	社会消费品零售总额指数(%) Retail Sales Indices(%)	
		以1979年为100 (1979=100)	以上年为100 (Preceding year=100)
1979	11 259	100.0	
1980	19 615	174.2	174.2
1981	34 229	304.0	174.5
1982	54 185	481.3	158.3
1983	123 794	1 099.5	228.5
1984	201 107	1 786.2	162.5
1985	265 642	2 359.4	132.1
1986	273 712	2 431.1	103.0
1987	324 364	2 880.9	118.5
1988	502 430	4 462.5	154.9
1989	545 741	4 847.2	108.6
1990	667 580	5 929.3	122.3
1991	828 341	7 357.1	124.1
1992	1 148 908	10 204.4	138.7
1993	2 641 333	14 256.4	139.7
1994	3 639 756	19 641.2	137.8
1995	4 269 434	23 032.9	117.3
1996	4 888 502	26 380.3	114.5
1997	5 372 464	28 997.3	109.9
1998	5 732 419	30 940.1	106.7
1999	6 385 915	34 467.3	111.4
2000	7 350 188	39 671.9	115.1
2001	8 320 412	44 908.6	113.2
2002	9 419 443	50 836.5	113.2
2003	10 951 323	59 122.8	116.3
2004	12 506 411	67 518.2	114.2
2005	14 416 103	77 641.9	115.3
2006	16 804 604	90 219.9	116.6
2007	19 308 050	103 392.0	114.9
2008	22 765 855	121 589.0	117.9
2009	25 679 436	137 152.4	112.8
2010	30 007 629	160 331.2	116.9
2011	35 208 736	188 068.5	117.3
年平均增长率 Average Annual Growth Rate		**26.6**	

10-2 限额以上批发零售贸易业商品分类销售

TOTAL SALES OF ENTERPRISES OVER LEVELS IN WHOLESALE AND RETAIL SALE TRADES GROUPED BY CATEGORY OF COMMODITIES（2011）

单位：万元 （10 000 yuan）

项 目	Item	批发额 Value in Wholesale Trade	零售额 Value in Retail Sale Trade
总　计	**Total**	**83 073 614.3**	**19 724 690.4**
食品、饮料、烟酒类	Food,Beverage,Tobacco and Liquor	6 120 114.1	2 298 556.8
针、纺织品类	Knitwear and Textiles	891 878.1	287 477.7
服装、鞋帽类	Garments,Footwear and Headgear	1 593 927.7	2 189 022.7
化妆品类	Cosmetics	78 642.8	259 507.3
日用品类	Articles for Daily Use	543 796.1	1 224 719.0
五金、电料类	Hardwares and Electric Appliances	541 061.4	72 322.2
家用电器及音像器材类	Household Appliances and Video Appliances	1 812 753.4	1 073 506.1
电子出版类及音像制品类	E-journals and Video Products	26 814.0	27 082.8
体育、娱乐用品类	Sports and Recreational Articles	424 451.7	82 141.9
文化、办公用品类	Articles For Culture and Office Use	12 610 033.4	893 476.4
金银珠宝类	Gold, Silver and Jewelry	1 402 698.3	259 642.3
家具类	Furniture	255 645.5	109 577.1
中西药品类	Traditional Chinese and Western Medicines	2 192 001.7	233 310.1
书报杂志类	Newspapers and Magazines	14 892.3	218 408.0
通讯器材类	Communications Appliances	8 931 887.0	814 302.9
建筑材料类	Building Materials	1 397 567.1	112 119.8
木材及制品类	Timber and Related Products	94 939.6	
化工材料及制品类	Chemical Materials and Products	2 252 634.2	
金属材料类	Metal Materials	11 772 647.0	
机电设备及零件类	Mechanical and Electrical Products and Accessories	15 881 878.8	944 813.8
煤炭及制品类	Coal and Related Products	758 710.0	
石油及制品类	Petroleum and Related Products	5 927 078.7	2 878 751.2
种子饲料类	Seeds and Feedstuff	47 150.4	
棉麻类	Cotton and Hemp	38 111.4	
汽车类	Motor Vehicles	2 938 288.2	4 897 969.3
其他类	Others	4 524 011.4	847 983.0

10-3 限额以上批发和零售业法人企业商品购销存综合表

TOTAL PURCHASES SALES AND INVENTORY OF ENTERPRISES ABOVE THE DESIGNATED SIZE IN WHOLESALE AND RETAIL TRADE（2011）

单位：万元

项 目	Item	法人企业（个）Number of Corporative Enterprises (unit)	从业人员期末人数（人）Number of Employees at the Year-end (person)
总 计	**Total**	**1 769**	**274 815**
一、批发业	**Wholesale Trade**	**1 199**	**122 140**
1.按批发行业分组	Grouped by Sector		
农畜产品批发	Wholesale of Farm and Livestock Products	9	2 273
食品、饮料及烟草制品批发	Wholesale of Foods, Beverages&Tobaccos	125	18 926
纺织、服装及日用品批发	Wholesale of Textiles, Garments and Daily-use Products	164	16 098
文化、体育用品及器材批发	Wholesale of Cultural and Sports Articles and Appliances	70	6 698
医药及医疗器材批发	Wholesale of Medicine and Medical Appliances	67	10 903
矿产品、建材及化工产品批发	Wholesale of Mineral Products, Building Material and Chemical Products	296	25 264
机械设备、五金交电及电子产品批发	Wholesale of Mechanical Equipment,Hardware and Electronic Products	379	36 797
贸易经纪与代理	Trade Broker and Agent	47	3 003
其他批发	Other Wholesales	42	2 178
2.按登记注册类型分组	Grouped by Registration Status		
内资企业	Domestic-funded	1 032	101 119
国有企业	State-owned	44	6 297
集体企业	Collective-owned	1	
股份合作企业	Share-holding Cooperative Enterprises		
联营企业	Joint Ownership	23	3 292
有限责任公司	Limited Liabilities Companies	178	22 488
股份有限公司	Share-holding Limited Companies	29	14 979
私营企业	Private-owned	744	53 110
港、澳、台商投资企业	Funded by Entrepreneur from Hong Kong,Macao and Taiwan	105	12 625
合资经营企业（港或澳、台资）	Joint-venture(Hong Kong,Macao and Taiwan)	10	1 801
合作经营企业（港或澳、台资）	Cooperative(Hong Kong,Macao and Taiwan)		
港、澳、台商独资经营企业	Enterprises with Sole Funds(Hong Kong,Macao and Taiwan)	95	10 824
港、澳、台商投资股份有限公司	Share-holding Corporations Ltd(Hong Kong,Macao and Taiwan)		
外商投资企业	Foreign-funded	62	8 396
中外合资经营企业	Jointly-owned	14	1 045
中外合作经营企业	Cooperatively-owned	1	64
外资企业	Exclusively Foreign-owned	45	4 945
外商投资股份有限公司	Foreign-funded Investment Companies Limited	1	2 320
3.按控股情况分组	Grouped by Holding Condition		
国有控股	State-controlled	110	22 415
集体控股	Collective-controlled	22	4 367
私人控股	Private-controlled	838	69 452
港澳台商控股	Controlled by Entrepreneur from Hong Kong,Macao and Taiwan	103	11 701
外商控股	Foreign-funded-controlled	50	5 600
其他	Others	76	8 605
4.按经营形式分组	Grouped by Business Forms		
独立门店	Independent Stores	432	34 580

(10 000 yuan)

商品购进总额 Total Purchase	进口额 Imports	商品销售总额 Total Sales	批发额 Whosales Trade	出口额 Exports	零售额 Retail Trade	年末商品库存总额 Inventory (Year-end)	年末零售营业面积（平方米） Retail Business Area at the Year-end(sg.m)
74 388 506.2	**13 567 540.4**	**79 822 458.1**	**63 041 789.4**	**12 133 924.5**	**16 780 668.7**	**5 784 836.9**	**2 232 252**
59 732 417.4	**12 704 120.1**	**64 019 535.7**	**61 687 329.2**	**11 984 163.4**	**2 332 206.5**	**3 920 337.5**	**491 363**
302 641.5	12 644.9	332 753.9	327 209.2	21 515.9	5 544.7	69 473.1	100
4 564 684.9	360 637.5	5 345 771.2	5 236 713.9	212 566.2	109 057.3	396 168.1	25 469
2 651 210.6	318 837.9	3 019 579.8	2 985 638.3	1 608 692.7	33 941.5	267 530.5	22 781
1 771 735.0	417 672.8	1 970 220.4	1 928 287.7	299 979.4	41 932.7	358 553.9	32 615
1 586 505.0	179 290.2	1 834 122.7	1 822 678.5	70 590.3	11 444.2	189 126.7	42 728
22 940 603.8	1 496 135.3	24 041 331.5	22 321 980.9	934 513.1	1 719 350.6	1 201 565.0	320 741
20 021 776.3	5 417 394.1	21 321 426.7	20 933 393.5	4 466 272.8	388 033.2	1 293 939.6	41 786
1 960 950.3	892 677.7	2 074 956.0	2 073 431.2	646 558.3	1 524.8	111 076.5	2 000
3 932 310.0	3 608 829.7	4 079 373.5	4 057 996.0	3 723 474.7	21 377.5	32 904.1	3 143
46 179 217.2	5 323 896.5	49 614 757.6	47 675 434.1	5 938 365.7	1 939 323.5	3 143 730.7	477 998
6 806 387.5	126 139.4	7 124 259.1	7 087 126.3	436 089.0	37 132.8	349 128.9	1 913
8 854.9		11 088.7	11 088.7			2 570.8	
1 524 517.7	191 769.2	2 089 176.6	2 023 423.0	135 851.9	65 753.6	116 417.1	2 513
16 815 621.8	1 080 432.1	18 229 436.9	17 975 347.2	1 304 439.9	254 089.7	950 812.2	49 477
6 471 478.2	314 558.5	6 625 739.3	5 347 257.0	1 334 147.6	1 278 482.3	297 054.9	240 566
14 283 642.3	3 604 613.4	15 253 328.9	14 949 463.8	2 727 716.6	303 865.1	1 379 491.7	181 529
8 002 072.5	4 492 326.3	8 413 668.0	8 349 202.4	3 685 435.5	64 465.6	421 259.4	6 509
1 578 848.0	94 695.1	1 595 837.6	1 549 099.1		46 738.5	15 839.9	
6 423 224.5	4 397 631.2	6 817 830.4	6 800 103.3	3 685 435.5	17 727.1	405 419.5	6 509
5 551 127.7	2 887 897.3	5 991 110.1	5 662 692.7	2 360 362.2	328 417.4	355 347.4	6 856
1 824 465.9	402 118.2	1 838 156.4	1 836 926.5	97 285.7	1 229.9	113 781.2	350
84 216.6		87 763.9	87 763.9			5 650.8	2 027
3 372 629.7	2 485 779.1	3 748 579.0	3 685 817.7	2 263 076.5	62 761.3	232 213.2	4 479
269 497.8		305 516.7	41 090.5		264 426.2	3 002.7	
19 410 987.7	1 033 432.6	20 815 628.8	19 203 099.5	1 988 630.3	1 612 529.3	736 531.5	254 169
1 577 202.3	26 502.2	1 852 195.1	1 808 005.9	286 351.2	44 189.2	175 787.4	270
22 343 372.7	4 114 583.9	23 949 076.9	23 490 229.8	3 252 675.7	458 847.1	1 987 756.7	209 779
8 342 860.3	4 444 547.9	8 670 266.5	8 605 800.9	3 685 435.5	64 465.6	462 583.9	6 536
3 572 471.7	2 523 213.2	3 982 663.4	3 918 672.2	2 270 736.2	63 991.2	249 106.3	4 829
4 485 522.7	561 840.3	4 749 705.0	4 661 520.9	500 334.5	88 184.1	308 571.7	15 780
16 679 235.3	2 189 172.6	18 169 552.3	17 774 286.9	3 197 892.9	395 265.4	1 029 027.7	108 555

单位：万元 （10 000 yuan）

项　目	Item	法人企业（个）Number of Corporative Enterprises (unit)	从业人员期末人数（人）Number of Employees at the Year−end (person)
连锁总店	General Chain Stores	21	2 967
连锁门店	Chain Stores	5	3 514
其他	Others	741	81 079
二、零售业	**Retail Trade Sector**	**570**	**152 675**
1.按零售行业分组	Grouped by Sector		
综合零售	Integrated Retail	74	56 442
食品、饮料及烟草制品专门零售	Special Retail of Foods, Beverages&Tobaccos	12	2 469
纺织、服装及日用品专门零售	Special Retail of Textile, Garments and Daily−use Articles	84	30 693
文化、体育用品及器材专门零售	Special Retail of Cultural and Sports Goods and Appliances	33	12 324
医药及医疗器材专门零售	Special Retail of Medicine and Medical Appliances	17	6 975
汽车、摩托车、燃料及零配件专门零售	Special Retail of Automobiles, Motorcycles, Fuels and Related Accessories	235	21 640
家用电器及电子产品专门零售	Special Retail of Household Electrical Appliances and Electronic Products	67	16 736
五金、家具及室内装修材料专门零售	Special Retail of Hardware, Furniture and lndoor Decoration Materials	24	1 849
无店铺及其他零售	Retail without Shops and Other	24	3 547
2.按登记注册类型分组	Grouped by Registration		
内资企业	Civil Funded	499	107 265
国有企业	State−owned	15	11 048
集体企业	Collective−owned	4	211
股份合作企业	Share−holding Cooperative Enterprise	2	142
联营企业	Joint Ownership	15	2 527
有限责任公司	Limited Liabilities Companies	135	45 634
股份有限公司	Share−holding Limited Companies	13	10 334
私营企业	Private−owned	303	36 053
港、澳、台商投资企业	Funded by Entrepreneur from Hong Kong, Macao and Taiwan	44	22 598
外商投资企业	Foreign−funded	27	22 812
3.按控股情况分组	Grouped by Holding Condition		
国有控股	State−controlled	42	34 704
集体控股	Collective−controlled	20	2 522
私人控股	Private−controlled	376	73 902
港澳台商控股	Controlled by Entrepreneur from Hong Kong,Macao and Taiwan	40	15 156
外商控股	Foreign−funded−controlled	21	11 032
其他	Others	71	15 359
4.按经营形式分组	Grouped by Business Forms		
独立门店	Independent Stores	368	55 370
连锁总店	General Chain Stores	60	52 332
连锁门店	Chain Stores	33	27 531
其他	Other	109	17 442
5.按零售业态分组	Grouped by Retail Format		
有店铺零售	Store−based Retailing	561	151 039
无店铺零售	Non−Store Retailing	9	1 636

10-3 续表1 continued

商品购进总额 Total Purchase	进口额 Imports	商品销售总额 Total Sales	批发额 Whosales Trade	出口额 Exports	零售额 Retail Trade	年末商品库存总额 Inventory (Year-end)	年末零售营业面积（平方米） Retail Business area at the Year-end(sg.m)
712 974.9	133 949.7	776 180.7	703 217.9	55 283.6	72 962.8	46 067.2	53 050
1 801 610.9		1 962 485.5	681 260.6		1 281 224.9	32 581.1	242 766
40 538 596.3	10 380 997.8	43 111 317.2	42 528 563.8	8 730 986.9	582 753.4	2 812 661.5	86 992
14 656 088.8	**863 420.3**	**15 802 922.4**	**1 354 460.2**	**149 761.1**	**14 448 462.2**	**1 864 499.4**	**1 740 889**
5 837 854.4	223 099.5	5 741 587.8	302 232.7		5 439 355.1	412 689.4	1 183 846
148 404.3	96 463.4	226 404.3	1 300.0		225 104.3	59 490.3	5 479
955 457.7	90 132.6	1 277 964.3	224 691.4	37 623.8	1 053 272.9	436 214.4	80 160
167 543.5	313.8	194 978.0	36 356.1		158 621.9	88 755.9	82 977
328 992.0	3 298.9	370 316.9	164 043.6		206 273.3	51 089.0	42 419
5 578 078.1	335 046.5	6 026 283.3	504 607.2	112 137.3	5 521 676.1	518 812.7	280 355
1 145 369.8	7 201.5	1 382 280.1	56 153.4		1 326 126.7	249 142.2	53 610
137 224.3	5 284.7	194 948.1	8 640.2		186 307.9	27 075.4	8 221
357 164.7	102 579.4	388 159.6	56 435.6		331 724.0	21 230.1	3 822
8 574 946.9	573 168.3	9 885 978.4	984 832.4	149 761.1	8 901 146.0	1 368 406.2	839 978
660 235.1	313.8	681 180.3	253 051.2		428 129.1	68 837.4	82 477
32 521.3		41 790.9			41 790.9	961.8	4 000
12 937.5		13 606.7			13 606.7	2 368.8	
204 974.2		210 657.3	4 883.5		205 773.8	26 161.0	37 034
3 978 965.8	390 886.1	4 768 383.2	389 581.8	112 137.3	4 378 801.4	743 563.9	202 116
521 826.1		610 307.9	56 715.9		553 592.0	72 339.4	37 260
3 098 550.6	143 166.6	3 390 523.8	275 500.0	37 623.8	3 115 023.8	414 852.5	476 091
2 535 103.5	290 252.0	3 204 693.4	71 575.8		3 133 117.6	302 956.9	875 627
3 546 038.4		2 712 250.6	298 052.0		2 414 198.6	193 136.3	25 284
4 535 854.1	113 650.1	3 913 498.8	595 320.2		3 318 178.6	417 128.2	615 320
369 974.6	2 909.9	385 778.1	24 466.2		361 311.9	48 688.9	7 800
5 712 135.8	171 216.5	6 411 426.2	476 593.9	37 623.8	5 934 832.3	808 484.5	557 399
1 634 282.3	290 252.0	1 928 679.7	71 575.8		1 857 103.9	187 430.4	427 406
1 020 525.9	100 063.9	1 279 132.5	115 830.3	112 137.3	1 163 302.2	103 905.2	7 284
1 383 316.1	185 327.9	1 884 407.1	70 673.8		1 813 733.3	298 862.2	125 680
5 992 931.4	536 025.1	6 799 130.7	396 105.8	149 761.1	6 403 024.9	752 569.3	508 513
5 157 552.2	224 428.8	4 564 805.5	571 338.2		3 993 467.3	580 499.4	238 359
2 110 780.7	57 084.2	2 774 913.9	44 976.3		2 729 937.6	366 320.8	785 065
1 394 824.5	45 882.2	1 664 072.3	342 039.9		1 322 032.4	165 109.9	208 952
14 488 886.2	863 420.3	15 628 366.2	1 307 322.3	149 761.1	14 321 043.9	1 848 471.3	1 740 889
167 202.6		174 556.2	47 137.9		127 418.3	16 028.1	

10-4 限额以上批发和零售业法人单位主要财务状况综合表（一）

MAIN FINANCIAL INDICATORS OF WHOLESALE AND RETAIL SALES ABOVE THE SET SCALE Ⅰ（2011）

单位：万元

项目	Item	法人企业数（个）Number of Corporative Enterprises (unit)	流动资产合计 Total Curren Assets	应收帐款 Accounts Payable
总　　计	**Total**	**1 769**	**34 703 991.6**	**5 120 890.5**
一、批发业	**Wholesale Trade**	**1 199**	**27 874 936.3**	**4 573 239.2**
1.按批发行业分组	Grouped by Sector			
食品、饮料及烟草制品批发	Wholesale of Foods, Beverages&Tobaccos	125	1 995 281.2	196 413.9
纺织、服装及日用品批发	Wholesale of Textiles, Garments and Daily-use Products	164	1 287 376.0	374 376.1
文化、体育用品及器材批发	Wholesale of Cultural and Sports Articles and Appliances	70	1 035 697.1	188 229.2
医药及医疗器材批发	Wholesale of Medicine and Medical Appliances	67	1 141 116.0	250 426.6
矿产品、建材及化工产品批发	Wholesale of Mineral Products, Building Material and Chemical Products	296	8 569 332.7	1 036 627.0
机械设备、五金交电及电子产品批发	Wholesale of Mechanical Equipment,Hardware and Electronic Products	379	9 749 761.4	1 854 481.3
贸易经纪与代理	Trade Broker and Agent	47	2 038 491.6	225 356.9
其他批发	Other Wholesales	42	1 882 812.5	419 306.4
2.按登记注册类型分组	Grouped by Registration Status			
内资企业	Domestic-funded	1 032	21 390 040.4	3 168 701.0
国有企业	State-owned	44	1 702 803.6	196 834.0
集体企业	Collective-owned	1	3 549.1	
股份合作企业	Share-holding Cooperative Enterprises			
联营企业	Joint Ownership	23	628 944.0	128 043.5
有限责任公司	Limited Liabilities Companies	178	7 420 296.3	960 076.6
股份有限公司	Share-holding Limited Companies	29	2 841 997.9	325 433.0
私营企业	Private-owned	744	8 631 055.8	1 518 485.7
港、澳、台商投资企业	Funded by Entrepreneur from Hong Kong,Macao and Taiwan	105	4 820 458.8	880 449.2
合资经营企业（港或澳、台资）	Joint-venture(Hong Kong,Macao and Taiwan)	10	248 963.9	89 892.1
合作经营企业（港或澳、台资）	Cooperative(Hong Kong,Macao and Taiwan)			
港、澳、台商独资经营企业	Enterprises with Sole Funds(Hong Kong,Macao and Taiwan)	95	4 571 494.9	790 557.1
港、澳、台商投资股份有限公司	Share-holding Corporations Ltd(Hong Kong,Macao and Taiwan)			
外商投资企业	Foreign-funded	62	1 664 437.1	524 089.0
中外合资经营企业	Jointly-owned	14	496 121.1	82 048.3
中外合作经营企业	Cooperatively-owned	1	9 711.8	825.2
外资企业	Exclusively Foreign-owned	45	933 079.2	418 373.5
外商投资股份有限公司	Foreign-funded Investment Companies Limited	1	217 759.7	17 498.7
3.按控股情况分组	Grouped by Holding Condition			
国有控股	State-controlled	110	5 626 879.2	612 625.8
集体控股	Collective-controlled	22	724 814.5	94 370.6
私人控股	Private-controlled	838	13 171 334.4	2 174 595.5
港澳台商控股	Controlled by Entrepreneur from Hong Kong,Macao and Taiwan	103	4 863 394.0	872 683.3
外商控股	Foreign-funded-controlled	50	1 041 786.9	449 702.9
其他	Others	76	2 446 727.3	369 261.1
4.按经营形式分组	Grouped by Business Forms			
独立门店	Independent Stores	432	6 144 969.4	1 136 624.9

（10 000 yuan）

存货 Inventory	固定资产合计 Total Fixed Assets	固定资产原价 Original Value of Fixed Assets	累计折旧 Accumulative Depreciation	本年折旧 Depreciation of the Year	资产总计 Total Assets	流动负债合计 Total Current Liabilities	应付帐款 Accounts Payable
5 294 000.0	**2 165 288.2**	**3 477 264.9**	**1 373 171.2**	**245 476.3**	**42 374 967.9**	**29 410 102.0**	**4 726 931.5**
3 635 700.7	**1 474 415.6**	**2 330 891.3**	**876 868.9**	**144 651.2**	**33 549 288.5**	**23 991 648.7**	**3 029 314.8**
401 218.2	166 866.5	288 119.6	121 333.6	18 305.6	2 430 530.3	978 051.7	204 804.9
245 971.1	48 137.4	71 025.9	25 498.8	6 668.5	1 441 918.7	1 019 752.0	356 515.2
309 907.5	44 861.4	57 915.8	28 428.9	13 449.8	1 143 328.5	782 543.2	177 651.3
187 773.6	61 274.5	94 492.9	33 218.5	4 789.8	1 653 832.8	881 525.5	329 945.4
1 179 935.8	896 628.6	1 390 430.5	495 578.7	73 723.3	11 877 541.5	8 428 064.5	−1 383 603.6
1 103 126.5	193 056.7	331 095.7	138 589.9	21 609.4	10 688 638.0	8 141 410.6	2 638 903.8
114 449.2	21 206.5	36 432.0	15 225.6	2 088.3	2 139 365.3	1 771 692.1	368 047.3
34 689.9	24 818.8	31 776.0	6 957.2	2 444.3	1 959 622.0	1 843 683.0	320 038.1
2 893 357.6	1 209 117.1	1 932 757.5	734 550.9	112 825.1	25 699 623.0	18 096 079.2	1 316 069.6
326 022.3	56 412.6	112 229.1	56 725.5	14 172.1	1 974 301.3	1 339 790.5	101 081.0
2 570.8	94.0	205.3	111.3	11.6	3 713.2	3 367.6	
113 027.8	17 282.9	35 172.0	17 889.1	2 373.8	718 079.7	596 122.0	254 338.1
834 127.3	215 148.3	358 387.4	143 646.8	23 388.9	8 498 964.4	5 993 539.1	1 040 827.1
493 185.5	637 571.7	1 011 695.1	374 123.4	41 557.2	4 443 433.1	2 480 350.8	−1 926 305.4
1 064 749.2	271 438.4	402 671.3	139 466.8	30 027.4	9 886 684.7	7 543 394.1	1 807 304.2
401 792.6	60 246.8	89 618.7	29 827.4	7 945.4	5 601 474.3	4 522 395.2	1 032 237.9
31 691.7	4 516.6	14 348.1	9 978.8	1 120.0	267 301.8	195 962.3	138 128.4
370 100.9	55 730.2	75 270.6	19 848.6	6 825.4	5 334 172.5	4 326 432.9	894 109.5
340 550.5	205 051.7	308 515.1	112 490.6	23 880.7	2 248 191.2	1 373 174.3	681 007.3
111 672.1	40 941.1	90 132.1	49 191.0	4 093.2	562 767.2	419 368.0	174 084.9
4 785.2	894.2	1 674.5	780.3	81.6	10 721.2	4 863.0	1 401.6
218 972.3	24 572.1	36 699.8	21 154.9	12 750.1	970 962.6	630 187.1	483 745.3
4 421.4	138 618.9	179 891.0	41 272.1	6 953.4	695 945.8	318 511.6	21 775.5
855 353.1	888 587.9	1 460 002.8	572 404.5	73 630.1	8 254 690.2	4 572 301.4	−1 681 523.1
88 157.7	25 611.6	46 672.4	21 060.8	4 076.4	828 501.1	612 549.2	119 415.9
1 685 864.3	325 078.4	486 722.8	171 267.2	37 768.1	14 675 434.5	11 062 258.1	2 559 044.9
442 471.5	60 249.3	89 174.7	29 380.9	7 649.7	5 639 763.2	4 594 528.5	1 087 131.5
237 188.4	26 059.3	41 926.7	24 894.6	13 232.9	1 088 340.1	696 742.6	508 749.1
326 665.7	148 829.1	206 391.9	57 860.9	8 294.0	3 062 559.4	2 453 268.9	436 496.5
937 650.8	339 791.5	583 353.1	255 000.6	45 716.6	7 614 740.0	4 671 324.1	1 108 406.8

单位：万元 （10 000 yuan）

项　目	Item	法人企业数（个）Number of Corporative Enterprises (unit)	流动资产合计 Total Current Assets	应收帐款 Accounts Payable
连锁总店	General Chain Stores	21	269 148.2	19 927.2
连锁门店	Chain Stores	5	42 866.6	5 493.8
其他	Others	741	21 417 952.1	3 411 193.3
二、零售业	**Retail Trade Sector**	**570**	**6 829 055.3**	**547 651.3**
1.按零售行业小类分组	Grouped by Sector			
综合零售	Integrated Retail	74	2 735 608.9	61 126.3
食品、饮料及烟草制品专门零售	Special Retail of Foods, Beverages&Tobaccos	12	195 312.5	9 130.5
纺织、服装及日用品专门零售	Special Retail of Textile, Garments and Daily-use Articles	84	993 968.2	133 942.4
文化、体育用品及器材专门零售	Special Retail of Cultural and Sports Goods and Appliances	33	245 797.0	56 078.2
医药及医疗器材专门零售	Special Retail of Medicine and Medical Appliances	17	211 768.8	34 242.2
汽车、摩托车、燃料及零配件专门零售	Special Retail of Automobiles, Motorcycles, Fuels and Related Accessories	235	1 535 020.6	157 379.6
家用电器及电子产品专门零售	Special Retail of Household Electrical Appliances and Electronic Products	67	690 132.8	69 196.2
五金、家具及室内装修材料专门零售	Special Retail of Hardware, Furniture and Indoor Decoration Materials	24	140 312.2	7 461.8
无店铺及其他零售	Retail without Shops and Other	24	81 134.3	19 094.1
2.按登记注册类型分组	Grouped by Registration			
内资企业	Domestic-funded	499	4 250 474.4	469 719.7
国有企业	State-owned	15	232 101.9	36 251.2
集体企业	Collective-owned	4	6 540.9	336.9
股份合作企业	Share-holding Cooperative Enterprise	2	5 711.3	215.0
联营企业	Joint Ownership	15	47 370.1	6 838.9
有限责任公司	Limited Liabilities Companies	135	2 017 877.7	167 040.8
股份有限公司	Share-holding Limited Companies	13	279 928.3	31 066.9
私营企业	Private-owned	303	1 596 085.9	213 067.9
港、澳、台商投资企业	Funded by Entrepreneur from Hong Kong, Macao and Taiwan	44	1 619 766.5	56 566.5
外商投资企业	Foreign-funded	27	958 814.4	21 365.1
3.按控股情况分组	Grouped by Holding Condition			
国有控股	State-controlled	42	1 374 985.0	72 976.1
集体控股	Collective-controlled	20	99 567.3	17 876.0
私人控股	Private-controlled	376	2 853 413.1	342 427.2
港澳台商控股	Controlled by Entrepreneur from Hong Kong,Macao and Taiwan	40	1 167 942.6	51 418.8
外商控股	Foreign-funded-controlled	21	563 896.2	12 969.6
其他	Others	71	769 251.1	49 983.6
4.按经营形式分组	Grouped by Business Forms			
独立门店	Independent Stores	368	2 615 766.2	341 393.9
连锁总店	General Chain Stores	60	2 434 398.0	87 379.6
连锁门店	Chain Stores	33	1 083 855.6	58 488.9
其他	Other	109	695 035.5	60 388.9
5.按零售业态分组	Grouped by Retail Format			
有店铺零售	Store-based Retailing	561	6 781 640.0	535 535.9
无店铺零售	Non-Store Retailing	9	47 415.3	12 115.4

10-4 （一）续表1 （10 000 yuan）

存货 Inventory	固定资产合计 Total Fixed Assets	固定资产原价 Original Value of Fixed Assets	累计折旧 Accumulative Depreciation	本年折旧 Depreciation of the Year	资产总计 Total Assets	流动负债合计 Total Current Liabilities	应付帐款 Accounts Payable
46 685.7	14 288.1	22 471.9	8 471.6	1 434.0	326 831.0	204 076.8	48 080.9
25 887.6	130 548.6	211 310.6	80 762.0	7 973.0	290 053.6	6 788.3	−2 183 856.7
2 625 476.6	989 787.4	1 513 755.7	532 634.7	89 527.6	25 317 663.9	19 109 459.5	4 056 683.8
1 658 299.3	**690 872.6**	**1 146 373.6**	**496 302.3**	**100 825.1**	**8 825 679.4**	**5 418 453.3**	**1 697 616.7**
343 995.7	305 372.4	468 971.2	195 443.0	37 705.4	3 537 993.1	2 192 661.9	1 009 436.3
67 823.2	3 103.5	9 010.9	5 907.4	798.2	289 507.0	92 934.8	21 750.0
455 769.6	52 006.7	71 721.3	21 254.9	8 451.2	1 147 542.6	621 577.1	131 613.1
59 812.8	140 987.2	255 187.5	114 591.9	12 592.9	405 507.0	190 342.7	79 785.2
49 029.0	4 156.3	10 246.6	6 090.3	521.1	238 100.4	197 751.2	63 741.7
507 655.7	128 015.0	229 537.2	108 469.6	27 842.4	1 866 343.7	1 308 128.8	195 217.4
129 428.4	17 430.9	29 447.1	12 093.0	4 667.6	752 411.2	565 452.0	146 595.2
25 484.0	29 614.8	51 051.9	21 437.1	7 240.5	474 681.1	186 415.4	28 967.9
19 300.9	10 185.8	21 199.9	11 015.1	1 005.8	113 593.3	63 189.4	20 509.9
1 236 678.2	371 360.2	659 907.9	310 468.7	52 644.4	5 160 404.9	3 414 937.9	880 173.6
39 568.8	130 812.0	250 304.5	119 492.5	10 537.5	387 842.1	144 643.5	40 066.4
1 293.1	374.4	885.5	511.1	51.4	7 735.8	6 007.1	217.0
2 368.8	205.1	645.0	439.9	96.7	5 942.6	6 105.1	300.8
17 827.3	4 827.2	9 680.6	5 083.0	591.9	58 465.8	38 421.5	20 086.9
575 891.8	115 839.6	184 886.3	87 630.7	16 090.0	2 446 805.8	1 696 456.3	446 333.4
103 388.7	22 103.2	42 063.6	19 961.4	3 421.8	342 895.3	181 979.3	61 664.8
456 557.9	90 688.6	162 688.5	75 106.3	21 501.4	1 836 391.4	1 288 109.9	290 042.0
239 470.5	160 896.4	235 197.4	93 125.7	20 599.6	2 310 742.4	1 194 851.8	366 636.6
182 150.6	158 616.0	251 268.3	92 707.9	27 581.1	1 354 532.1	808 663.6	450 806.5
309 343.4	267 275.5	432 409.5	165 363.6	23 349.8	1 957 519.2	981 035.2	479 579.8
35 105.8	10 466.0	16 320.3	7 145.2	934.2	121 621.0	79 612.5	12 322.9
869 750.2	172 877.0	306 558.9	137 683.3	33 120.5	3 358 049.8	2 371 948.7	572 533.4
190 878.1	110 693.9	163 261.4	71 392.2	15 901.6	1 807 561.3	824 940.5	256 994.9
92 525.8	82 003.0	166 463.3	84 460.4	21 223.7	717 698.8	505 245.3	176 942.4
160 696.0	47 557.2	61 360.2	30 257.6	6 295.3	863 229.3	655 671.1	199 243.3
724 875.1	284 587.8	514 756.0	237 651.8	49 462.3	3 272 809.5	2 128 962.1	506 079.2
555 558.6	273 810.0	370 199.5	127 803.1	25 279.5	3 517 136.9	1 807 157.5	720 624.7
198 463.3	87 976.6	163 762.2	77 680.7	15 003.0	1 230 099.6	931 643.8	281 370.5
179 402.3	44 498.2	97 655.9	53 166.7	11 080.3	805 633.4	550 689.9	189 542.3
1 646 085.0	686 455.1	1 139 937.9	493 899.5	99 765.8	8 766 739.5	5 382 470.4	1 681 763.2
12 214.3	4 417.5	6 435.7	2 402.8	1 059.3	58 939.9	35 982.9	15 853.5

10-4 限额以上批发和零售业法人单位主要财务状况综合表（二）

MAIN FINANCIAL INDICATORS OF WHOLESALE AND RETAIL SALES ABOVE THE SET SCALE Ⅱ（2011）

单位：万元

项　目	Item	非流动负债合计 Total Non-working Liabilities	负债合计 Total Liabilities	所有者权益合计 Total Owner's Eguities
总　　计	**Total**	**1 365 963.0**	**30 776 065.0**	**11 598 902.9**
一、批发业	**Wholesale Trade**	**932 168.6**	**24 923 817.3**	**8 625 471.2**
1.按批发行业分组	Grouped by Sector			
食品、饮料及烟草制品批发	Wholesale of Foods, Beverages&Tobaccos	65 620.1	1 043 671.8	1 386 858.5
纺织、服装及日用品批发	Wholesale of Textiles, Garments and Daily-use Products	36 132.9	1 055 884.9	386 033.8
文化、体育用品及器材批发	Wholesale of Cultural and Sports Articles and Appliances	22 593.8	805 137.0	338 191.5
医药及医疗器材批发	Wholesale of Medicine and Medical Appliances	187 478.1	1 069 003.6	584 829.2
矿产品、建材及化工产品批发	Wholesale of Mineral Products, Building Material and Chemical Products	372 250.9	8 800 315.4	3 077 226.1
机械设备、五金交电及电子产品批发	Wholesale of Mechanical Equipment,Hardware and Electronic Products	181 291.6	8 322 702.2	2 365 935.8
贸易经纪与代理	Trade Broker and Agent	49 897.9	1 821 590.0	317 775.3
其他批发	Other Wholesales	268.3	1 843 951.3	115 670.7
2.按登记注册类型分组	Grouped by Registration Status			
内资企业	Domestic-funded	837 122.7	18 933 201.9	6 766 421.1
国有企业	State-owned	114 298.5	1 454 089.0	520 212.3
集体企业	Collective-owned		3 367.6	345.6
股份合作企业	Share-holding Cooperative Enterprises			
联营企业	Joint Ownership	34 826.7	630 948.7	87 131.0
有限责任公司	Limited Liabilities Companies	150 176.9	6 143 716.0	2 355 248.4
股份有限公司	Share-holding Limited Companies	202 316.2	2 682 667.0	1 760 766.1
私营企业	Private-owned	335 504.4	7 878 898.5	2 007 786.2
港、澳、台商投资企业	Funded by Entrepreneur from Hong Kong,Macao and Taiwan	76 678.5	4 599 073.7	1 002 400.6
合资经营企业（港或澳、台资）	Joint-venture(Hong Kong,Macao and Taiwan)	3 028.0	198 990.3	68 311.5
合作经营企业（港或澳、台资）	Cooperative(Hong Kong,Macao and Taiwan)			
港、澳、台商独资经营企业	Enterprises with Sole Funds(Hong Kong,Macao and Taiwan)	73 650.5	4 400 083.4	934 089.1
港、澳、台商投资股份有限公司	Share-holding Corporations Ltd(Hong Kong,Macao and Taiwan)			
外商投资企业	Foreign-funded	18 367.4	1 391 541.7	856 649.5
中外合资经营企业	Jointly-owned	15 437.3	434 805.3	127 961.9
中外合作经营企业	Cooperatively-owned	18.6	4 881.6	5 839.6
外资企业	Exclusively Foreign-owned	2 911.5	633 098.6	337 864.0
外商投资股份有限公司	Foreign-funded Investment Companies Limited		318 511.6	377 434.2
3.按控股情况分组	Grouped by Holding Condition			
国有控股	State-controlled	330 841.5	4 903 142.9	3 351 547.3
集体控股	Collective-controlled	21 797.0	634 346.2	194 154.9
私人控股	Private-controlled	403 632.1	11 465 890.2	3 209 544.3
港澳台商控股	Controlled by Entrepreneur from Hong Kong,Macao and Taiwan	68 690.9	4 663 219.4	976 543.8
外商控股	Foreign-funded-controlled	5 801.1	702 543.7	385 796.4
其他	Others	101 406.0	2 554 674.9	507 884.5
4.按经营形式分组	Grouped by Business Forms			
独立门店	Independent Stores	170 336.2	4 841 660.3	2 773 079.7

（10 000 yuan）

实收资本 Paid-in Capital							主营业务收入 Prime Operating Revenues	主营业务成本 Operating Losts	主营业务税金及附加 Sales Taxes and Extra Charges
	1.国家资本 State Capital	2.集体资本 Collective-owned Capital	3.法人资本 Capital of Juridical Person	4.个人资本 Private Capital	5.港澳台资本 Hong Kong, Macao and Taiwan Capital	6.外商资本 Foreign Capital			
5 421 417.6	**1 214 246.8**	**151 531.3**	**1 541 683.2**	**1 075 018.5**	**989 872.9**	**449 064.9**	**76 399 813.0**	**70 226 687.4**	**221 199.6**
3 758 395.0	**822 012.1**	**134 810.3**	**1 214 725.7**	**866 187.8**	**575 613.3**	**145 045.8**	**61 202 875.8**	**57 215 723.8**	**149 048.7**
258 509.3	64 515.5	58 596.6	46 245.0	36 248.6	5 685.9	47 217.7	4 639 289.3	3 882 757.6	73 592.6
152 524.2	20 263.5	10 000.0	43 364.0	48 256.5	14 204.6	16 435.6	2 948 713.6	2 546 262.1	6 317.1
172 968.4	20 030.0	6 340.0	43 051.7	67 852.6	22 095.2	13 598.9	1 800 226.2	1 676 445.2	1 870.3
333 659.8	50 114.9	350.0	119 415.5	71 180.1	77 799.3	14 800.0	1 754 883.1	1 412 693.4	8 408.2
1 800 803.7	582 056.9	20 873.0	507 116.6	332 982.4	330 367.4	27 407.4	23 191 145.8	22 277 032.5	22 148.8
859 462.9	74 853.3	38 630.7	413 297.5	260 449.6	49 681.5	22 550.3	20 436 610.1	19 239 259.3	33 373.6
119 922.9	7 230.0		25 460.0	34 720.0	49 777.0	2 735.9	2 026 754.5	1 908 946.7	2 034.6
52 330.4		20.0	12 610.0	13 698.0	26 002.4		4 063 026.9	3 949 374.3	898.0
2 911 375.0	748 003.7	134 790.3	1 146 078.6	852 697.8	25 813.0	3 991.6	47 346 757.0	44 355 259.6	124 068.1
241 892.5	227 860.5	800.0	13 232.0				6 763 898.2	6 410 557.7	61 918.1
150.0		150.0					11 088.7	10 758.8	0.1
62 534.0	13 986.0	3 900.0	27 953.0	15 195.0		1 500.0	2 023 155.1	1 933 968.4	1 838.9
844 638.3	194 752.4	114 674.6	456 282.5	76 437.2		2 491.6	16 971 134.4	15 939 463.2	26 409.6
669 355.1	311 404.8	5 485.7	153 095.7	199 368.9			6 285 489.9	5 821 911.1	13 806.0
1 081 687.1		9 780.0	490 115.4	555 978.7	25 813.0		15 026 421.5	14 002 660.0	19 518.0
550 963.4	2 873.1		22 580.2	490.0	508 867.0	16 153.1	8 028 106.5	7 481 424.4	16 798.0
25 784.2	2 873.1		9 712.2	490.0	12 708.9		1 441 500.6	1 345 219.1	10 225.1
525 179.2			12 868.0		496 158.1	16 153.1	6 586 605.9	6 136 205.3	6 572.9
296 056.6	71 135.3	20.0	46 066.9	13 000.0	40 933.3	124 901.1	5 828 012.3	5 379 039.8	8 182.6
53 025.0	3 800.0	20.0	27 315.3		354.3	21 535.4	1 787 076.5	1 710 685.5	1 772.4
2 000.0			1 168.0		832.0		75 352.5	70 160.8	90.8
107 379.9			211.6		5 424.3	101 744.0	3 648 905.2	3 369 193.3	4 469.3
132 030.0	67 335.3		17 372.0	13 000.0	34 322.7		303 475.9	217 991.4	1 838.6
1 102 765.6	787 946.6	4 053.0	124 128.6	141 118.3	35 062.4	10 456.7	19 654 053.5	18 519 402.8	90 036.9
133 322.9	800.0	113 371.6	16 991.3	2 160.0			1 831 556.5	1 588 020.6	2 763.0
1 512 806.1	127.5	17 265.7	803 699.8	663 950.1	25 813.0	1 950.0	22 861 123.3	21 315 176.1	29 211.4
533 644.4	2 175.0		16 848.2	490.0	514 131.2	0.0	8 275 359.8	7 736 760.5	16 429.0
130 322.1			271.6		476.7	129 573.8	3 886 685.7	3 574 797.5	5 279.2
345 533.9	30 963.0	120.0	252 786.2	58 469.4	130.0	3 065.3	4 694 097.0	4 481 566.3	5 329.2
867 740.2	256 437.0	79 754.6	247 662.7	190 970.2	56 336.0	36 579.7	17 178 152.2	15 971 898.2	49 255.2

单位：万元 (10 000 yuan)

项　目	Item	非流动负债合计 Total Non-working Liabilities	负债合计 Total Liabilities	所有者权益合计 Total Owner's Eguities
连锁总店	General Chain Stores	55 431.3	259 508.1	67 322.9
连锁门店	Chain Stores	813.6	7 601.9	282 451.7
其他	Others	705 587.5	19 815 047.0	5 502 616.9
二、零售业	**Retail Trade Sector**	**433 794.4**	**5 852 247.7**	**2 973 431.7**
1.按零售行业小类分组	Grouped by Sector			
综合零售	Integrated Retail	130 480.3	2 323 142.2	1 214 850.9
食品、饮料及烟草制品专门零售	Special Retail of Foods, Beverages&Tobaccos	814.9	93 749.7	195 757.3
纺织、服装及日用品专门零售	Special Retail of Textile, Garments and Daily-use Articles	30 195.9	651 773.0	495 769.6
文化、体育用品及器材专门零售	Special Retail of Cultural and Sports Goods and Appliances	9 877.9	200 220.6	205 286.4
医药及医疗器材专门零售	Special Retail of Medicine and Medical Appliances	2 698.2	200 449.4	37 651.0
汽车、摩托车、燃料及零配件专门零售	Special Retail of Automobiles, Motorcycles, Fuels and Related Accessories	52 685.8	1 360 814.6	505 529.1
家用电器及电子产品专门零售	Special Retail of Household Electrical Appliances and Electronic Products	1 513.5	566 965.5	185 445.7
五金、家具及室内装修材料专门零售	Special Retail of Hardware, Furniture and lndoor Decoration Materials	204 337.8	390 753.2	83 927.9
无店铺及其他零售	Retail without Shops and Other	1 190.1	64 379.5	49 213.8
2.按登记注册类型分组	Grouped by Registration			
内资企业	Civil Funded	99 836.0	3 514 773.9	1 645 631.0
国有企业	State-owned	2 953.7	147 597.2	240 244.9
集体企业	Collective-owned	20.0	6 027.1	1 708.7
股份合作企业	Share-holding Cooperative Enterprise		6 105.1	-162.5
联营企业	Joint Ownership	1 301.5	39 723.0	18 742.8
有限责任公司	Limited Liabilities Companies	36 525.5	1 732 981.8	713 824.0
股份有限公司	Share-holding Limited Companies	9 026.2	191 005.5	151 889.8
私营企业	Private-owned	48 993.7	1 337 103.6	499 287.8
港、澳、台商投资企业	Funded by Entrepreneur from Hong Kong, Macao and Taiwan	305 216.8	1 500 068.6	810 673.8
外商投资企业	Foreign-funded	28 741.6	837 405.2	517 126.9
3.按控股情况分组	Grouped by Holding Condition			
国有控股	State-controlled	4 853.6	985 888.8	971 630.4
集体控股	Collective-controlled	9 371.2	88 983.7	32 637.3
私人控股	Private-controlled	83 193.0	2 455 141.7	902 908.1
港澳台商控股	Controlled by Entrepreneur from Hong Kong,Macao and Taiwan	305 216.8	1 130 157.3	677 404.0
外商控股	Foreign-funded-controlled	24 402.7	529 648.0	188 050.8
其他	Others	6 757.1	662 428.2	200 801.1
4.按经营形式分组	Grouped by Business Forms			
独立门店	Independent Stores	99 146.0	2 228 108.1	1 044 701.4
连锁总店	General Chain Stores	315 423.5	2 122 581.0	1 394 555.9
连锁门店	Chain Stores	3 664.9	935 308.7	294 790.9
其他	Other	15 560.0	566 249.9	239 383.5
5.按零售业态分组	Grouped by Retail Format			
有店铺零售	Store-based Retailing	432 394.4	5 814 864.8	2 951 874.7
无店铺零售	Non-Store Retailing	1 400.0	37 382.9	21 557.0

10-4 （二）续表1 (10 000 yuan)

实收资本 Paid-in Capital	1.国家资本 State Capital	2.集体资本 Collective-owned Capital	3.法人资本 Capital of Juridical Person	4.个人资本 Private Capital	5.港澳台资本 Hong Kong, Macao and Taiwan Capital	6.外商资本 Foreign Capital	主营业务收入 Prime Operating Revenues	主营业务成本 Operating Losts	主营业务税金及附加 Sales Taxes and Extra Charges
30 595.9	5 690.0		6 501.2	12 186.7	3 727.6	2 490.4	544 093.8	477 699.9	1 531.7
172 307.0	170 057.0		2 000.0	200.0	50.0		1 694 640.9	1 575 245.4	1 989.6
2 687 751.9	389 828.1	55 055.7	958 561.8	662 830.9	515 499.7	105 975.7	41 785 988.9	39 190 880.3	96 272.2
1 663 022.6	**392 234.7**	**16 721.0**	**326 957.5**	**208 830.7**	**414 259.6**	**304 019.1**	**15 196 937.2**	**13 010 963.6**	**72 150.9**
792 895.9	110 037.5	1 035.5	66 986.1	43 326.6	315 630.1	255 880.1	4 846 560.6	4 059 585.9	34 832.2
41 470.6	34 621.0	0.1	1 059.6	3 750.1	2 039.7	0.1	238 012.4	148 003.5	2 488.9
209 960.2	60 000.0	388.0	51 722.0	55 877.5	29 914.5	12 058.2	1 269 683.0	805 758.4	7 057.7
168 634.4	139 485.1	0.0	2 729.9	2 930.2	17 815.4	5 673.8	315 025.1	239 119.1	3 041.6
23 887.4	4 080.0	2 300.0	14 485.3	3 022.0	0.1		306 396.0	245 493.4	1 252.4
255 533.5	43 262.0	11 837.4	110 671.0	71 575.5	17 127.6	1 060.0	6 214 122.6	5 771 174.9	16 246.3
69 542.1	49.0		44 702.3	17 705.9	1 121.0	5 963.9	1 490 342.5	1 308 764.1	4 851.8
62 732.8			2 574.0	6 607.6	30 168.2	23 383.0	181 760.6	137 914.0	1 461.9
38 365.7	700.1	1 160.0	32 027.3	4 035.3	443.0		335 034.4	295 150.3	918.1
792 773.8	281 391.3	16 421.0	284 799.5	208 501.8	0.1	1 660.1	10 246 410.9	8 897 356.0	41 594.8
162 586.4	162 586.4						971 883.6	898 788.3	2 437.1
1 871.0		1 721.0		150.0			35 311.3	32 882.5	32.1
1 346.0			1 346.0				13 992.1	12 313.6	33.2
8 683.6	6 887.6	196.6	591.4	1 008.0			205 049.5	180 656.4	457.3
287 503.8	102 440.8	13 035.3	144 292.9	26 674.8		1 060.0	4 967 423.3	4 329 180.6	22 789.8
73 241.9	9 376.5	0.1	20 263.9	43 601.2	0.1	0.1	594 341.0	458 767.1	3 847.0
246 441.1	100.0	1 468.0	107 805.3	137 067.8			3 285 223.7	2 830 797.4	11 777.7
448 066.7	1 306.8	300.0	34 671.5	278.9	411 509.5		2 632 224.6	2 101 636.5	18 768.8
422 182.1	109 536.6		7 486.5	50.0	2 750.0	302 359.0	2 318 301.7	2 011 971.1	11 787.3
539 280.4	389 996.9		28 273.6	264.6	15 504.3	105 241.0	3 588 778.6	3 133 582.4	16 822.8
19 626.5	136.8	13 237.9	4 171.8	580.0	500.0	1 000.0	435 268.3	399 139.1	982.5
430 642.1	100.0	1 468.0	232 111.2	196 962.9			6 378 529.8	5 441 473.0	30 949.6
403 344.9	510.0	300.0	8 116.8	278.9	394 139.2		1 723 036.6	1 378 078.6	13 426.9
199 280.3			1 952.3			197 328.0	1 185 215.2	953 784.2	5 214.8
70 848.4	1 491.0	1 715.1	52 331.8	10 744.3	4 116.1	450.1	1 886 108.7	1 704 906.3	4 754.3
543 546.8	158 437.4	12 591.9	147 720.9	147 785.6	28 954.3	48 056.7	6 887 100.9	6 068 436.6	27 800.8
850 735.2	210 270.9	2 028.0	72 841.3	32 000.4	299 943.8	233 650.8	3 956 093.7	3 255 802.4	26 764.1
118 815.7	1 581.1	1 801.0	53 118.0	6 600.9	39 413.0	16 301.7	2 521 554.7	2 057 754.0	11 361.5
149 924.9	21 945.3	300.1	53 277.3	22 443.8	45 948.5	6 009.9	1 832 187.9	1 628 970.6	6 224.5
1 632 622.6	392 234.7	16 721.0	297 557.5	207 830.7	414 259.6	304 019.1	15 043 536.4	12 874 386.4	71 795.8
30 400.0			29 400.0	1 000.0			153 400.8	136 577.2	355.1

10-4 限额以上批发和零售业法人单位主要财务状况综合表（三）

MAIN FINANCIAL INDICATORS OF WHOLESALE AND RETAIL SALES ABOVE THE SET SCALE III（2011）

单位：万元

项　目	Item	其他业务利润 Profits from Other Business	销售费用 Sale Expenses	管理费用 Management Expenses
总　　计	**Total**	**531 041.9**	**2 952 359.0**	**1 435 815.8**
一、批发业	**Wholesale Trade**	**148 094.8**	**1 700 202.8**	**908 597.3**
1.按批发行业分组	Grouped by Sector			
食品、饮料及烟草制品批发	Wholesale of Foods, Beverages&Tobaccos	6 071.1	242 822.8	98 291.9
纺织、服装及日用品批发	Wholesale of Textiles, Garments and Daily-use Products	13 630.8	167 396.7	87 565.2
文化、体育用品及器材批发	Wholesale of Cultural and Sports Articles and Appliances	5 046.4	59 531.4	31 548.5
医药及医疗器材批发	Wholesale of Medicine and Medical Appliances	42 300.7	279 393.7	55 410.1
矿产品、建材及化工产品批发	Wholesale of Mineral Products, Building Material and Chemical Products	19 026.0	282 194.3	235 540.6
机械设备、五金交电及电子产品批发	Wholesale of Mechanical Equipment,Hardware and Electronic Products	54 274.2	600 020.2	351 316.0
贸易经纪与代理	Trade Broker and Agent	2 075.4	29 573.5	25 209.2
其他批发	Other Wholesales	574.6	23 957.3	15 760.8
2.按登记注册类型分组	Grouped by Registration Status			
内资企业	Domestic-funded	94 497.4	1 252 080.2	682 286.1
国有企业	State-owned	13 043.4	163 968.4	62 363.3
集体企业	Collective-owned		62.2	54.4
股份合作企业	Share-holding Cooperative Enterprises			
联营企业	Joint Ownership	436.2	34 791.0	35 673.0
有限责任公司	Limited Liabilities Companies	43 557.0	456 714.3	145 132.3
股份有限公司	Share-holding Limited Companies	7 371.5	122 542.1	117 866.3
私营企业	Private-owned	29 690.1	462 995.8	315 344.7
港、澳、台商投资企业	Funded by Entrepreneur from Hong Kong,Macao and Taiwan	41 999.9	245 566.6	133 590.6
合资经营企业（港或澳、台资）	Joint-venture(Hong Kong,Macao and Taiwan)	654.9	46 091.3	23 223.1
合作经营企业（港或澳、台资）	Cooperative(Hong Kong,Macao and Taiwan)			
港、澳、台商独资经营企业	Enterprises with Sole Funds(Hong Kong,Macao and Taiwan)	41 345.0	199 475.3	110 367.5
港、澳、台商投资股份有限公司	Share-holding Corporations Ltd(Hong Kong,Macao and Taiwan)			
外商投资企业	Foreign-funded	11 597.5	202 556.0	92 720.6
中外合资经营企业	Jointly-owned	610.4	37 755.2	12 767.5
中外合作经营企业	Cooperatively-owned	-40.9	263.9	753.0
外资企业	Exclusively Foreign-owned	9 064.6	123 460.5	69 492.6
外商投资股份有限公司	Foreign-funded Investment Companies Limited	1 963.4	40 127.6	9 160.4
3.按控股情况分组	Grouped by Holding Condition			
国有控股	State-controlled	25 975.7	340 575.3	222 805.9
集体控股	Collective-controlled	5 453.4	62 195.4	17 028.9
私人控股	Private-controlled	55 623.9	801 091.8	393 143.3
港澳台商控股	Controlled by Entrepreneur from Hong Kong,Macao and Taiwan	40 309.7	238 332.8	130 794.8
外商控股	Foreign-funded-controlled	9 463.4	149 898.4	72 931.5
其他	Others	11 268.7	108 109.1	71 892.9
4.按经营形式分组	Grouped by Business Forms			
独立门店	Independent Stores	27 500.6	414 836.4	260 317.7

财务费用 Financial Expenses	利息支出 Interest Expense	营业利润 Operating profits	投资收益 Profits of Investment	营业外收入 Non-operating Income	利润总额 Total Profits	应交所得税 Total Payable Tax	应付职工薪酬 Total Wages Payable	本年应交增值税 Total Value-added Payable	从业人员期末人数（人） Average Employed Persons (Persons)
346 684.3	**410 199.6**	**2 104 973.6**	**401 249.3**	**106 971.0**	**2 052 145.1**	**413 903.3**	**1 369 853.6**	**1 636 443.5**	**274 815**
249 108.6	**349 252.8**	**1 356 660.1**	**269 105.7**	**81 686.6**	**1 246 254.9**	**259 940.1**	**689 382.3**	**1 243 002.4**	**122 140**
−883.3	7 081.8	378 317.8	30 180.3	50 632.5	326 472.3	74 566.6	77 718.2	80 342.6	18 926
18 218.2	11 505.9	135 172.7	1 975.7	3 803.9	97 596.6	19 587.0	55 801.3	44 124.5	16 098
9 031.8	9 995.7	36 269.2	9 972.7	755.5	34 933.4	7 973.6	26 903.6	97 485.5	6 698
7 609.1	11 176.4	61 737.4	29 002.8	1 825.3	61 303.5	7 263.7	65 309.7	43 393.3	10 903
111 665.9	121 145.5	352 371.7	78 342.0	10 821.7	327 333.7	75 958.4	182 982.2	177 028.4	25 264
34 334.9	114 605.0	303 468.5	94 867.3	12 291.7	308 311.3	55 745.4	245 939.3	712 925.0	36 797
12 588.7	12 765.1	65 262.4	18 365.3	1 289.4	63 653.7	13 304.7	14 943.1	75 286.4	3 003
54 648.8	59 660.4	23 482.6	4 623.1	238.5	23 274.7	4 632.5	8 896.9	10 780.2	2 178
199 682.7	267 498.1	1 039 238.1	247 907.3	38 476.9	883 667.1	183 608.7	520 913.7	977 860.6	101 119
8 727.4	9 509.3	68 434.4	3 798.0	9 246.3	101 307.7	18 781.3	38 690.6	41 932.4	6 297
209.2	210.3	4.0			4.0	1.0	0.1	0.1	
6 800.9	9 482.8	10 821.9	701.6	471.7	8 055.8	3 577.9	16 752.2	10 334.4	3 292
89 351.9	115 701.1	432 739.1	92 000.5	11 979.4	349 548.6	79 412.1	112 396.8	199 121.6	22 488
52 726.5	53 635.8	235 940.0	80 385.6	3 306.1	209 300.5	34 210.7	135 092.2	494 578.6	14 979
41 299.2	78 245.9	279 069.5	70 816.9	13 298.6	203 337.7	44 608.8	211 816.8	227 442.3	53 110
43 722.8	64 669.9	153 111.8	8 390.9	7 529.4	162 991.4	35 445.0	92 387.2	214 805.2	12 625
−232.6	446.6	16 486.6	564.7	103.2	16 429.5	2 545.0	21 808.5	14 435.5	1 801
43 955.4	64 223.3	136 625.2	7 826.2	7 426.2	146 561.9	32 900.0	70 578.7	200 369.7	10 824
5 703.1	17 084.8	164 310.2	12 807.5	35 680.3	199 596.4	40 886.4	76 081.4	50 336.6	8 396
−705.9	5 838.2	25 980.3	390.3	71.7	25 947.5	7 916.9	6 172.2	10 969.7	1 045
−174.0	1.6	4 197.5		10.5	4 206.8	1 028.8	215.4	725.2	64
−711.6	1 901.7	92 136.2	1.0	34 583.8	126 755.5	25 585.2	46 686.5	30 377.0	4 945
7 276.8	9 343.3	41 328.0	12 416.2	1 014.3	42 037.8	6 347.2	22 665.4	8 168.1	2 320
42 061.8	86 352.9	601 604.6	150 308.8	22 097.7	614 245.8	111 340.8	200 843.9	154 609.8	22 415
14 464.8	16 739.2	154 411.7	1 996.8	231.1	54 629.1	13 352.1	13 434.8	76 025.0	4 367
109 334.3	141 174.7	348 512.5	101 926.9	15 640.6	296 854.6	64 592.5	295 720.4	717 215.0	69 452
43 385.8	64 489.8	154 066.4	8 390.9	2 283.5	158 699.3	35 873.4	80 438.1	217 546.1	11 701
−292.7	2 068.5	93 586.8	1.0	34 610.1	128 195.9	26 145.9	51 602.1	29 629.6	5 600
40 154.6	38 427.7	4 478.1	6 481.3	6 823.6	−6 369.8	8 635.4	47 343.0	47 976.9	8 605
18 419.1	40 676.1	572 243.7	94 022.9	26 197.4	471 441.1	98 867.2	183 703.8	249 040.5	34 580

单位：万元 （10 000 yuan）

项　目	Item	其他业务利润 Profits from Other Business	销售费用 Sale Expenses	管理费用 Management Expenses
连锁总店	General Chain Stores	1 711.9	33 786.2	14 371.4
连锁门店	Chain Stores	33.0	41 475.0	28 300.7
其他	Others	118 849.3	1 210 105.2	605 607.5
二、零售业	**Retail Trade Sector**	**382 947.1**	**1 252 156.2**	**527 218.5**
1.按零售行业小类分组	Grouped by Sector			
综合零售	Integrated Retail	248 098.0	532 361.1	151 900.2
食品、饮料及烟草制品专门零售	Special Retail of Foods, Beverages&Tobaccos	13 591.4	23 832.3	14 744.1
纺织、服装及日用品专门零售	Special Retail of Textile, Garments and Daily-use Articles	9 236.6	243 293.1	84 947.0
文化、体育用品及器材专门零售	Special Retail of Cultural and Sports Goods and Appliances	637.9	21 941.6	43 967.4
医药及医疗器材专门零售	Special Retail of Medicine and Medical Appliances	13 543.1	51 333.4	14 276.9
汽车、摩托车、燃料及零配件专门零售	Special Retail of Automobiles, Motorcycles, Fuels and Related Accessories	53 043.5	197 258.9	131 096.7
家用电器及电子产品专门零售	Special Retail of Household Electrical Appliances and Electronic Products	35 042.6	123 458.2	40 157.0
五金、家具及室内装修材料专门零售	Special Retail of Hardware, Furniture and Indoor Decoration Materials	9 328.1	34 135.9	13 555.9
无店铺及其他零售	Retail without Shops and Other	425.9	24 541.7	32 573.3
2.按登记注册类型分组	Grouped by Registration			
内资企业	Civil Funded	167 200.3	733 772.3	346 513.0
国有企业	State-owned	1 144.2	19 220.2	36 800.4
集体企业	Collective-owned	340.6	2 372.5	1 314.3
股份合作企业	Share-holding Cooperative Enterprise	79.4	218.0	945.2
联营企业	Joint Ownership	2 289.6	18 636.3	2 939.9
有限责任公司	Limited Liabilities Companies	96 157.0	378 377.3	131 226.3
股份有限公司	Share-holding Limited Companies	11 027.0	72 589.7	21 200.2
私营企业	Private-owned	45 829.0	232 426.5	146 666.9
港、澳、台商投资企业	Funded by Entrepreneur from Hong Kong, Macao and Taiwan	88 317.8	264 058.0	96 555.5
外商投资企业	Foreign-funded	127 429.0	254 325.9	84 150.0
3.按控股情况分组	Grouped by Holding Condition			
国有控股	State-controlled	117 032.3	261 843.9	91 055.3
集体控股	Collective-controlled	4 061.0	17 568.9	12 103.9
私人控股	Private-controlled	100 602.7	530 262.6	239 651.8
港澳台商控股	Controlled by Entrepreneur from Hong Kong,Macao and Taiwan	79 477.2	171 858.0	87 651.3
外商控股	Foreign-funded-controlled	37 815.1	150 330.6	33 841.2
其他	Others	43 958.8	120 292.2	62 915.0
4.按经营形式分组	Grouped by Business Forms			
独立门店	Independent Stores	106 733.4	414 184.5	233 931.4
连锁总店	General Chain Stores	167 112.3	450 491.9	130 991.1
连锁门店	Chain Stores	74 168.8	254 599.8	103 100.2
其他	Other	34 932.6	132 880.0	59 195.8
5.按零售业态分组	Grouped by Retail Format			
有店铺零售	Store-based Retailing	382 618.0	1 236 430.0	520 674.3
无店铺零售	Non-Store Retailing	329.1	15 726.2	6 544.2

10-4 （三）续表1 (10 000 yuan)

财务费用 Financial Expenses	利息支出 Interest Expense	营业利润 Operating profits	投资收益 Profits of Investment	营业外收入 Non-operating Income	利润总额 Total Profits	应交所得税 Total Payable Tax	应付职工薪酬 Total Wages Payable	本年应交增值税 Total Value-added Payable	从业人员期末人数（人） Average Employed Persons (Persons)
-974.1	-245.0	20 786.6	1 397.1	376.1	21 002.0	5 186.5	11 966.3	14 592.0	2 967
1 712.6	283.1	53 461.1	8 195.3	352.5	53 712.2	11 276.3	19 625.4	15 487.8	3 514
229 951.0	308 538.6	710 168.7	165 490.4	54 760.6	700 099.6	144 610.1	474 086.8	963 882.1	81 079
97 575.7	**60 946.8**	**748 313.5**	**132 143.6**	**25 284.4**	**805 890.2**	**153 963.2**	**680 471.3**	**393 441.1**	**152 675**
22 887.8	9 127.1	341 881.9	49 421.6	12 078.1	337 599.3	79 029.0	199 513.8	118 999.6	56 442
-1 849.1	202.5	64 425.4	12.4	74.3	63 068.2	14 605.8	11 476.6	3 445.8	2 469
13 997.8	11 277.1	176 075.3	54 340.0	2 318.6	169 479.1	23 285.5	108 871.5	58 837.9	30 693
565.0	1 368.5	6 996.5	293.3	3 981.1	131 034.3	250.2	92 679.2	5 690.2	12 324
745.0	476.9	7 159.1	320.1	-133.4	6 511.5	1 873.7	25 027.5	8 571.9	6 975
46 397.8	23 431.6	112 108.2	7 369.5	4 111.5	99 436.9	27 568.1	104 075.1	127 765.9	21 640
7 262.3	532.8	39 995.6	-574.8	1 170.8	338.4	5 811.4	114 841.1	35 353.3	16 736
7 916.7	14 599.3	-4 896.5	-994.7	1 438.6	-5 932.2	228.5	6 498.8	6 074.7	1 849
-347.6	-69.0	4 568.0	21 956.2	244.8	4 354.7	1 311.0	17 487.7	28 701.8	3 547
75 125.5	35 210.6	390 725.5	73 161.8	16 103.0	467 238.4	74 746.4	496 386.3	252 287.7	107 265
-110.7	917.1	16 569.7	991.3	3 655.0	140 878.5	2 427.3	93 678.2	4 375.9	11 048
121.4	74.0	784.9	1 855.8	13.7	-140.5	16.6	957.8	1 151.0	211
94.0	12.1	467.5			464.6		547.3	70.4	142
604.9	21.0	4 045.3		41.4	3 628.0	818.4	4 125.0	9 204.1	2 527
33 228.5	16 054.4	178 196.5	9 734.7	3 798.0	166 106.9	43 617.9	219 358.8	141 190.0	45 634
7 295.9	5 754.5	52 559.3	11 646.5	478.1	31 022.1	4 414.3	50 600.5	12 785.9	10 334
29 848.2	12 075.8	128 168.0	48 933.5	7 429.5	115 411.8	21 137.5	124 506.5	82 705.8	36 053
22 856.3	15 223.3	253 447.7	38 041.2	5 778.7	252 407.6	46 968.1	95 645.8	89 497.7	22 598
-406.1	10 512.9	104 140.3	20 940.6	3 402.7	86 244.2	32 248.7	88 439.2	51 655.7	22 812
-913.4	7 888.9	204 888.0	1 960.5	8 209.7	330 455.4	46 957.3	195 682.6	58 771.6	34 704
2 285.3	1 885.3	9 904.9	2 582.6	252.3	8 755.2	2 203.6	12 101.1	11 221.1	2 522
61 179.5	25 870.7	242 944.4	68 525.8	10 337.6	200 212.2	40 312.3	266 736.8	145 723.0	73 902
20 354.4	14 668.4	167 872.4	38 004.6	4 154.9	165 448.9	26 017.5	52 548.0	67 137.1	15 156
2 993.9	4 906.0	75 162.0	-1 000.8	713.0	55 473.6	25 971.2	41 355.9	24 697.6	11 032
11 676.0	5 727.5	47 541.8	22 070.9	1 616.9	45 544.9	12 501.3	112 046.9	85 890.7	15 359
53 399.2	31 157.6	258 089.9	63 657.7	11 818.7	358 190.2	50 662.9	273 172.6	156 402.4	55 370
23 534.4	27 921.5	279 601.3	45 331.4	8 864.2	282 302.7	65 613.6	184 357.2	129 515.9	52 332
7 939.2	484.1	184 478.5	23 797.2	2 628.4	143 153.5	29 512.6	161 390.3	74 966.0	27 531
12 702.9	1 383.6	26 143.8	-642.7	1 973.1	22 243.8	8 174.1	61 551.2	32 556.8	17 442
96 981.2	60 940.3	755 136.9	132 720.7	24 761.8	812 572.3	153 874.4	672 010.6	391 929.8	151 039
594.5	6.5	-6 823.4	-577.1	522.6	-6 682.1	88.8	8 460.7	1 511.3	1 636

10-5 限额以上住宿和餐饮业法人企业主要财务状况综合表 (一)

MAIN FINANCIAL INDICAFORS OF ENTERPRISE ABOVE DESIGNATED SIZE OF HOTELS AND CATERING SERVICES Ⅰ （2011）

单位：万元

项 目	Item	法人企业数（个）Number of Corporative Enterprises (unit)	流动资产合计 Total Curren Assets	应收帐款 Accounts Payable
总 计	**Total**	**683**	**1 211 798.7**	**136 078.6**
一、住宿业	**Hotels**	**247**	**780 553.9**	**87 170.6**
1.按住宿行业分组	Grouped by Sector			
旅游饭店	Tour Restaurant	197	718 909.9	77 831.8
一般旅馆	General Restaurant	39	49 491.5	8 886.5
其他住宿服务	Other Hotel Services	11	12 152.5	452.3
2.按登记注册类型分组	Grouped by Registration Status			
内资企业	Domestic-funded	203	444 633.6	46 085.0
国有企业	State-owned	25	70 185.7	4 976.0
集体企业	Collective-owned	6	833.5	294.2
股份合作企业	Share-holding Cooperative Enterprise	2	934.9	375.5
联营企业	Joint Ownership	8	12 580.4	1 677.1
有限责任公司	Limited Liabilities Companies	64	224 233.1	9 508.6
股份有限公司	Share-holding Limited Companies	4	778.1	104.3
私营企业	Private-owned	84	112 628.1	27 432.6
港、澳、台商投资企业	Funded by Entrepreneur from Hong Kong,Macao and Taiwan	29	157 657.2	13 901.9
合资经营企业（港或澳、台资）	Joint-venture(Hong Kong,Macao and Taiwan)	9	43 417.4	2 191.9
合作经营企业（港或澳、台资）	Cooperative(Hong Kong,Macao and Taiwan)	7	43 332.7	6 942.4
港、澳、台商独资经营企业	Enterprises with Sole Funds(Hong Kong,Macao and Taiwan)	12	58 202.0	3 731.3
港、澳、台商投资股份有限公司	Share-holding Corporations Ltd(Hong Kong,Macao and Taiwan)	1	12 705.1	1 036.3
外商投资企业	Foreign-funded	15	178 263.1	27 183.7
中外合资经营企业	Jointly-owned	6	89 384.5	1 495.1
中外合作经营企业	Cooperatively-owned	2	23 399.2	369.4
外资企业	Exclusively Foreign-owned	7	65 479.4	25 319.2
外商投资股份有限公司	Foreign-funded Investment Companies Limited			
3.按控股情况分组	Grouped by Holding Condition			
国有控股	State-controlled	53	223 258.3	12 930.6
集体控股	Collective-controlled	12	2 825.3	767.3
私人控股	Private-controlled	109	185 418.5	30 909.8
港澳台商控股	Controlled by Entrepreneur from Hong Kong,Macao and Taiwan	26	152 038.6	13 200.3
外商控股	Foreign-funded-controlled	14	135 653.5	26 614.1
其他	Others	33	81 359.7	2 748.5
4.按经营形式分组	Grouped by Business Forms			
独立门店	Independent Stores	183	615 953.8	76 308.6
连锁总店	General Chain Stores	7	62 560.8	1 036.7
连锁门店	Chain Stores	20	42 792.6	4 834.6
其他	Other	37	59 246.7	4 990.7
5.按星级分组	Grouped by Star Rating			
五星	Five Star	23	310 801.7	32 860.0
四星	Four Star	31	112 115.3	20 779.3
三星	Three Star	62	120 945.3	14 672.8

（10 000 yuan）

存货 Inventory	固定资产合计 Total Fixed Assets	固定资产原价 Original Value of Fixed Assets	累计折旧 Accumulative Depreciation	本年折旧 Depreciation of the Year	资产总计 Total Assets	流动负债合计 Total Current Liabilities	应付帐款 Accounts Payable
69 355.2	**1 048 701.4**	**1 826 020.4**	**788 466.7**	**104 649.8**	**2 756 563.2**	**1 203 372.7**	**190 331.7**
24 087.9	**882 092.4**	**1 510 247.3**	**637 835.0**	**77 243.1**	**2 011 328.8**	**803 784.9**	**97 118.3**
22 666.2	841 237.6	1 434 984.7	603 394.8	71 529.9	1 850 913.3	721 882.7	85 122.6
1 096.5	33 250.0	63 568.3	30 335.1	5 123.1	128 198.6	63 668.5	11 054.1
325.2	7 604.8	11 694.3	4 105.1	590.1	32 216.9	18 233.7	941.6
15 459.7	482 335.5	823 204.8	341 497.9	37 881.9	1 143 953.4	464 530.4	54 356.1
2 826.5	136 096.8	255 315.3	119 218.5	9 063.2	239 652.6	105 007.4	11 676.0
60.7	213.9	672.8	458.9	14.0	3 842.5	2 421.7	357.2
142.1	166.2	1 313.4	1 147.2	145.8	1 900.8	1 535.9	341.0
243.0	6 017.6	23 505.8	17 488.2	197.5	25 215.4	11 989.3	436.8
5 262.6	167 213.5	286 171.2	119 017.7	12 787.4	490 756.0	202 617.2	14 449.9
84.3	228.9	1 634.4	1 405.5	326.9	1 269.0	2 766.6	212.8
4 916.6	126 519.5	179 172.8	52 676.4	11 749.0	298 003.4	126 800.2	24 256.4
5 809.2	199 965.0	412 080.8	219 367.4	18 387.6	427 528.4	227 154.5	33 279.9
1 540.4	36 206.9	142 426.6	106 219.7	7 081.7	95 306.0	52 824.2	4 332.1
1 763.2	118 514.0	194 472.5	75 958.5	7 429.5	184 417.5	108 274.3	23 921.8
2 350.6	15 981.2	49 544.6	33 563.4	1 762.5	96 381.8	62 180.7	4 715.8
155.0	29 262.9	25 637.1	3 625.8	2 113.9	51 423.1	3 875.3	310.2
2 819.0	199 791.9	274 961.7	76 969.7	20 973.6	439 847.0	112 100.0	9 482.3
1 521.3	55 265.5	86 536.6	33 071.0	5 799.2	148 255.2	37 755.7	3 008.7
257.3	12 387.5	36 209.8	23 822.3	999.0	46 811.9	13 546.8	575.1
1 040.4	132 138.9	152 215.3	20 076.4	14 175.4	244 779.9	60 797.5	5 898.5
9 350:1	385 845.9	702 190.6	316 344.7	28 253.4	711 039.6	261 198.7	34 628.1
225.7	521.8	3 674.1	3 152.3	166.5	7 256.6	5 552.8	779.5
6 393.6	142 689.4	213 898.1	71 247.4	14 515.9	421 750.6	202 647.0	29 689.3
4 237.4	110 474.4	262 625.9	161 732.9	10 300.1	318 542.0	154 168.4	16 697.1
2 438.4	186 498.9	240 388.3	53 889.4	19 979.6	376 134.3	94 361.1	8 289.3
1 442.7	56 062.0	87 470.3	31 468.3	4 027.6	176 605.7	85 856.9	7 035.0
17 550.4	753 623.8	1 237 033.0	493 072.5	64 966.5	1 601 268.7	582 417.9	80 665.3
433.6	15 523.1	47 150.2	31 627.1	2 501.9	124 817.4	73 458.6	3 505.0
2 340.7	27 727.5	83 775.3	56 047.8	2 419.7	88 889.5	61 708.5	7 141.6
3 763.2	85 218.0	142 288.8	57 087.6	7 355.0	196 353.2	86 199.9	5 806.4
6 498.9	347 994.4	658 182.1	310 187.7	35 522.7	756 755.0	272 110.2	24 634.9
4 644.6	166 373.9	248 345.5	89 238.8	13 847.1	330 210.5	130 878.2	21 078.7
4 800.7	71 157.0	180 215.6	109 588.5	5 734.3	238 546.1	132 859.8	14 073.2

单位：万元 （10 000 yuan）

项　目	Item	法人企业数（个）Number of Corporative Enterprises (unit)	流动资产合计 Total Current Assets	应收帐款 Accounts Payable
二星	Two Star	18	19 737.6	4 839 .8
一星	One Star	2	699.1	451.6
其他	Others	111	216 254.9	13 567.1
二、餐饮业	**Catering Services**	**436**	**431 244.8**	**48 908.0**
1.按餐饮行业小类分组	Grouped by Sector			
正餐服务	Restaurant	381	274 053.1	26 687.2
快餐服务	Fast Food	25	87 936.3	2 366.6
饮料及冷饮服务	Beverages and Cold Drinks	3	8 835.8	5 871.3
其他餐饮服务	Others	27	60 419.6	13 982.9
2.按登记注册类型分组	Grouped by Registration			
内资企业	Domestic-funded	354	205 906.9	24 541.8
国有企业	State-owned	9	4 334.3	689.3
集体企业	Collective-owned	1	615.1	
股份合作企业	Share-holding Cooperative Enterprise			
联营企业	Joint Ownership	2	1 487.1	88.5
有限责任公司	Limited Liabilities Companies	50	57 868.5	3 052.4
股份有限公司	Share-holding Limited Companies	5	2 714.8	762.0
私营企业	Private-owned	266	134 273.2	19 320.0
其他企业	Others	21	4 613.9	629.6
港、澳、台商投资企业	Funded by Entrepreneur from Hong Kong,Macao and Taiwan	60	142 631.7	20 308.2
合资经营企业（港或澳、台资）	Joint-venture(Hong Kong,Macao and Taiwan)	12	21 890.5	3 482.5
合作经营企业（港或澳、台资）	Cooperative(Hong Kong,Macao and Taiwan)	2	7 902.5	3 329.4
港、澳、台商独资经营企业	Enterprises with Sole Funds(Hong Kong,Macao and Taiwan)	46	112 838.7	13 496.3
港、澳、台商投资股份有限公司	Share-holding Corporations Ltd(Hong Kong,Macao and Taiwan)			
外商投资企业	Foreign-funded	22	82 706.2	4 058.0
中外合资经营企业	Jointly-owned	7	5 158.5	1 509.6
中外合作经营企业	Cooperatively-owned	1	451.8	106.4
外资企业	Exclusively Foreign-owned	13	75 382.9	2 260.0
外商投资股份有限公司	Foreign-funded Investment Companies Limited			
3.按控股情况分组	Grouped by Holding Condition			
国有控股	State-controlled	14	13 087.7	3 637.9
集体控股	Collective-controlled	2	854.8	70.1
私人控股	Private-controlled	303	174 577.7	21 654.8
港澳台商控股	Controlled by Entrepreneur from Hong Kong,Macao and Taiwan	63	142 439.6	19 415.6
外商控股	Foreign-funded-controlled	17	77 777.7	2 470.8
其他	Others	37.0	22 507.3	1 658.8
4.按经营形式分组	Grouped by Business Forms			
独立门店	Independent Stores	356	272 116.9	31 090.4
连锁总店	General Chain Stores	25	116 252.2	6 999.0
连锁门店	Chain Stores	12	9 005.2	616.7
其他	Other	43	33 870.5	10 201.9

10-5 （一）续表1 （10 000 yuan）

存货 Inventory	固定资产合计 Total Fixed Assets	固定资产原价 Original Value of Fixed Assets	累计折旧 Accumulative Depreciation	本年折旧 Depreciation of the Year	资产总计 Total Assets	流动负债合计 Total Current Liabilities	应付帐款 Accounts Payable
350.1	12 122.2	22 254.7	10 132.5	703.1	38 407.1	14 164.7	2 064.4
2.7	26.2	30.9	4.7	1.6	1 253.7	415.9	326.9
7 790.9	284 418.7	401 218.5	118 682.8	21 434.3	646 156.4	253 356.1	34 940.2
45 267.3	**166 609.0**	**315 773.1**	**150 631.7**	**27 406.7**	**745 234.4**	**399 587.8**	**93 213.4**
23 808.2	82 661.2	165 718.2	84 523.8	15 607.1	426 740.3	247 893.1	53 948.6
18 397.4	70 088.9	125 999.9	55 911.8	9 247.3	214 933.4	108 284.7	29 924.5
203.9	1 279.0	3 931.0	2 652.0	712.4	12 548.6	2 941.8	1 363.5
2 857.8	12 579.9	20 124.0	7 544.1	1 839.9	91 012.1	40 468.2	7 976.8
27 508.5	76 769.4	134 719.8	59 367.1	15 632.8	358 344.6	217 949.7	49 780.7
1 025.8	8 302.6	13 410.9	5 108.7	378.4	13 710.1	7 105.1	775.9
		503.7	503.7		615.1	49.5	49.4
103.9	69.6	417.7	348.1	18.5	1 826.7	1 975.1	864.1
12 942.2	32 757.5	54 826.9	22 532.5	7 277.4	118 113.3	63 909.9	16 536.6
427.6	194.2	594.7	400.5	70.1	3 911.4	2 461.2	451.6
12 384.1	34 198.4	61 495.1	28 229.2	7 527.5	209 732.6	134 772.9	29 714.9
624.9	1 247.1	3 470.8	2 244.4	360.9	10 435.4	7 676.0	1 388.2
8 129.5	63 767.9	132 172.1	68 434.2	7 992.0	247 566.6	104 186.1	24 061.6
1 787.8	2 972.3	7 363.3	4 391.0	580.8	25 740.2	12 206.0	3 138.4
284.7	1 963.1	5 196.4	3 233.3	369.7	10 385.3	4 151.2	1 239.0
6 057.0	58 832.5	119 612.4	60 809.9	7 041.5	211 441.1	87 828.9	19 684.2
9 629.3	26 071.7	48 881.2	22 830.4	3 781.9	139 323.2	77 452.0	19 371.1
236.0	1 168.6	2 234.3	1 065.7	442.6	6 514.8	2 413.9	354.8
108.1	76.9	295.8	219.8	18.5	1 332.8	827.5	542.9
8 393.1	23 651.4	44 183.1	20 551.7	3 128.0	127 088.1	70 360.2	15 832.5
1 476.8	11 130.3	21 133.2	10 003.3	934.4	25 392.0	13 373.8	1 496.1
63.5	17.1	578.2	561.1	4.4	1 614.2	2 360.4	429.3
23 654.4	47 781.2	86 634.2	40 064.7	13 488.6	282 318.6	173 039.4	43 475.9
8 363.7	62 850.0	130 442.7	67 622.7	7 746.2	246 703.5	103 435.5	23 678.3
9 483.0	24 814.2	46 197.0	21 404.5	3 388.4	133 131.6	75 302.2	19 194.3
2 225.9	20 016.2	30 787.8	10 975.4	1 844.7	56 074.5	32 076.5	4 939.5
23 367.0	74 489.2	155 363.9	82 058.1	14 910.0	420 072.1	235 271.9	47 099.9
19 255.9	77 493.6	137 842.4	60 348.8	10 664.1	261 181.0	127 256.7	34 798.5
667.3	3 577.1	6 902.0	3 415.0	849.6	14 047.1	8 749.0	3 720.6
1 977.1	11 049.1	15 664.8	4 809.8	983.0	49 934.2	28 310.2	7 594.4

10-5 限额以上住宿和餐饮业法人企业主要财务状况综合表 (二)

MAIN FINANCIAL INDICAFORS OF ENTERPRISE ABOVE DESIGNATED SIZE OF HOTELS AND CATERING SERVICES II （2011）

单位：万元

项 目	Item	非流动负债合计 Total Non-working Liabilities	负债合计 Total Liabilities	所有者权益合计 Total Owner's Eguities
总　　计	**Total**	**523 742.7**	**1 727 115.4**	**1 031 626.8**
一、住宿业	**Hotels**	**438 240.4**	**1 242 025.3**	**771 482.5**
1.按住宿行业分组	Grouped by Sector			
旅游饭店	Tour Restaurant	411 778.0	1 133 660.7	717 252.6
一般旅馆	General Restaurant	23 982.4	87 650.9	42 726.7
其他住宿服务	Other Hotel Services	2 480.0	20 713.7	11 503.2
2.按登记注册类型分组	Grouped by Registration Status			
内资企业	Domestic-funded	265 910.7	730 441.1	415 691.3
国有企业	State-owned	25 142.8	130 150.2	109 502.4
集体企业	Collective-owned	0.4	2 422.1	1 420.4
股份合作企业	Share-holding Cooperative Enterprise		1 535.9	364.9
联营企业	Joint Ownership		11 989.3	13 226.1
有限责任公司	Limited Liabilities Companies	113 471.7	316 088.9	174 667.1
股份有限公司	Share-holding Limited Companies		2 766.6	-1 497.6
私营企业	Private-owned	124 006.6	250 806.8	49 375.6
港、澳、台商投资企业	Funded by Entrepreneur from Hong Kong,Macao and Taiwan	36 019.8	263 174.3	164 354.1
合资经营企业（港或澳、台资）	Joint-venture(Hong Kong,Macao and Taiwan)	1 940.0	54 764.2	40 541.8
合作经营企业（港或澳、台资）	Cooperative(Hong Kong,Macao and Taiwan)	13 080.2	121 354.5	63 063.0
港、澳、台商独资经营企业	Enterprises with Sole Funds(Hong Kong,Macao and Taiwan)	2 736.3	64 917.0	31 464.8
港、澳、台商投资股份有限公司	Share-holding Corporations Ltd(Hong Kong,Macao and Taiwan)	18 263.3	22 138.6	29 284.5
外商投资企业	Foreign-funded	136 309.9	248 409.9	191 437.1
中外合资经营企业	Jointly-owned	41 088.8	78 844.5	69 410.7
中外合作经营企业	Cooperatively-owned	17 192.0	30 738.8	16 073.1
外资企业	Exclusively Foreign-owned	78 029.1	138 826.6	105 953.3
外商投资股份有限公司	Foreign-funded Investment Companies Limited			
3.按控股情况分组	Grouped by Holding Condition			
国有控股	State-controlled	77 934.8	339 133.5	371 906.1
集体控股	Collective-controlled	0.4	5 553.2	1 703.4
私人控股	Private-controlled	148 770.8	351 417.8	72 511.8
港澳台商控股	Controlled by Entrepreneur from Hong Kong,Macao and Taiwan	34 869.8	189 038.2	129 503.8
外商控股	Foreign-funded-controlled	119 294.9	213 656.0	162 478.3
其他	Others	57 369.7	143 226.6	33 379.1
4.按经营形式分组	Grouped by Business Forms			
独立门店	Independent Stores	397 839.1	980 257.0	623 190.7
连锁总店	General Chain Stores	5 662.3	79 120.9	45 696.5
连锁门店	Chain Stores	7 408.1	69 116.6	19 772.9
其他	Other	27 330.9	113 530.8	82 822.4
5.按星级分组	Grouped by Star Rating			
五星	Five Star	179 044.6	451 154.8	305 600.2
四星	Four Star	119 394.2	250 272.4	82 117.1
三星	Three Star	17 265.7	150 125.5	88 420.6

（10 000 yuan）

实收资本 Paid-in Capital	1.国家资本 State Capital	2.集体资本 Collective-owned Capital	3.法人资本 Capital of Juridical Person	4.个人资本 Private Capital	5.港澳台资本 Hong Kong, Macao and Taiwan Capital	6.外商资本 Foreign Capital	主营业务收入 Prime Operating Revenues	主营业务成本 Operating Losts	主营业务税金及附加 Sales Taxes and Extra Charges
956 606.4	**325 209.2**	**3 569.5**	**191 459.6**	**87 374.3**	**209 061.3**	**139 932.5**	**2 328 890.4**	**962 385.8**	**132 112.4**
741 448.7	**308 766.2**	**2 313.7**	**131 865.8**	**51 546.9**	**141 163.4**	**105 792.7**	**889 575.6**	**260 917.3**	**51 754.8**
689 644.6	305 020.3	1 449.3	107 839.7	43 722.7	125 919.9	105 692.7	802 613.0	242 803.6	46 761.7
40 499.9	3 500.9	850.0	22 389.1	4 872.0	8 887.9		71 499.0	14 107.6	4 101.1
11 304.2	245.0	14.4	1 637.0	2 952.2	6 355.6	100.0	15 463.6	4 006.1	892.0
395 647.4	230 410.2	2 313.7	110 075.7	51 247.7	900.1	700.0	520 771.1	152 230.8	30 125.8
84 958.9	72 129.8		12 829.1				87 171.3	21 218.9	4 850.7
960.3		960.3	0.0				4 560.8	1 409.4	237.5
1 095.3		179.2	916.1				1 945.3	1 018.2	128.3
17 002.7	6 531.9	554.8	9 916.0				12 038.7	4 657.5	713.2
164 212.1	98 053.8	400.0	52 778.6	12 379.6	0.1	600.0	231 148.8	71 733.6	13 235.7
1 140.0			1 130.0	10.0			2 688.4	729.4	153.0
65 282.1		5.0	29 651.2	35 625.9			152 037.2	43 311.8	9 201.0
206 507.5	61 418.0		6 951.1	299.2	134 012.2	3 827.0	187 265.9	60 886.5	10 883.1
50 181.3	9 724.8		5 434.6	299.2	33 322.7	1 400.0	55 709.3	29 069.9	3 187.1
87 089.1	51 693.2		766.5		32 202.4	2 427.0	64 872.8	15 477.2	3 807.4
36 296.9			750.0		35 546.9	0.0	58 195.3	12 634.6	3 424.9
32 940.2					32 940.2	0.0	8 488.5	3 704.8	463.7
139 293.8	16 938.0		14 839.0		6 251.1	101 265.7	181 538.6	47 800.0	10 745.9
40 050.1			14 839.0		6 251.1	18 960.0	73 314.4	12 660.2	4 373.6
30 197.2	16 938.0					13 259.2	12 119.5	922.2	678.7
69 046.5						69 046.5	96 104.7	34 217.6	5 693.6
347 506.4	298 766.0		30 775.6		5 572.8	12 392.0	247 637.2	77 022.1	14 060.3
4 008.5	832.2	1 994.3	1 174.9	7.1			10 655.9	3 649.2	609.7
105 794.9	5 100.0	19.4	53 082.0	47 593.5			223 213.4	65 564.4	13 326.5
152 297.1	3 168.0		18 090.4	299.2	129 339.5	1 400.0	148 157.6	44 620.3	8 596.5
98 157.4			3 199.8	0.0	6 251.1	88 706.5	159 837.5	47 750.4	9 389.5
33 684.4	900.0	300.0	25 543.1	3 647.1		3 294.2	100 074.0	22 310.9	5 772.3
534 266.6	197 491.5	2 134.5	88 917.6	42 837.6	103 492.7	99 392.7	709 875.4	219 757.8	41 635.2
39 916.7	7 560.0		5 200.0	2 900.0	24 256.7		29 257.2	3 267.6	1 641.9
73 426.5	44 785.0		15 589.6	662.9	12 389.0		49 585.9	12 323.9	2 772.0
93 838.9	58 929.7	179.2	22 158.6	5 146.4	1 025.0	6 400.0	100 857.1	25 568.0	5 705.7
289 104.8	118 129.7		11 147.4	518.3	65 559.7	93 749.7	320 428.1	110 105.5	18 592.8
102 220.7	13 125.5	14.4	25 428.8	20 929.8	41 322.2	1 400.0	124 505.5	35 499.8	7 448.2
123 535.3	54 736.6	1 034.1	33 018.7	11 955.9	22 790.0		128 508.3	37 559.4	7 491.0

单位：万元 （10 000 yuan）

项　目	Item	非流动负债合计 Total Non-working Liabilities	负债合计 Total Liabilities	所有者权益合计 Total Owner's Eguities
二星	Two Star	7 696.1	21 860.8	16 546.3
一星	One Star		415.9	837.8
其他	Others	114 839.8	368 195.9	277 960.5
二、餐饮业	**Catering Services**	**85 502.3**	**485 090.1**	**260 144.3**
1.按餐饮行业小类分组	Grouped by Sector			
正餐服务	Restaurant	72 239.7	320 132.8	106 607.5
快餐服务	Fast Food	9 327.6	117 612.3	97 321.1
饮料及冷饮服务	Beverages and Cold Drinks	888.7	3 830.5	8 718.1
其他餐饮服务	Others	3 046.3	43 514.5	47 497.6
2.按登记注册类型分组	Grouped by Registration			
内资企业	Domestic-funded	32 095.3	250 045.0	108 299.6
国有企业	State-owned	68.2	7 173.3	6 536.8
集体企业	Collective-owned		49.5	565.6
股份合作企业	Share-holding Cooperative Enterprise			
联营企业	Joint Ownership		1 975.1	-148.4
有限责任公司	Limited Liabilities Companies	14 518.5	78 428.4	39 684.9
股份有限公司	Share-holding Limited Companies	16.2	2 477.4	1 434.0
私营企业	Private-owned	17 434.6	152 207.5	57 525.1
其他企业	Others	57.8	7 733.8	2 701.6
港、澳、台商投资企业	Funded by Entrepreneur from Hong Kong,Macao and Taiwan	39 313.1	143 499.2	104 067.4
合资经营企业（港或澳、台资）	Joint-venture(Hong Kong,Macao and Taiwan)	600.0	12 806.0	12 934.2
合作经营企业（港或澳、台资）	Cooperative(Hong Kong,Macao and Taiwan)		4 151.2	6 234.1
港、澳、台商独资经营企业	Enterprises with Sole Funds(Hong Kong,Macao and Taiwan)	38 713.1	126 542.0	84 899.1
港、澳、台商投资股份有限公司	Share-holding Corporations Ltd(Hong Kong,Macao and Taiwan)			
外商投资企业	Foreign-funded	14 093.9	91 545.9	47 777.3
中外合资经营企业	Jointly-owned	1 949.4	4 363.3	2 151.5
中外合作经营企业	Cooperatively-owned	0.0	827.5	505.3
外资企业	Exclusively Foreign-owned	12 144.5	82 504.7	44 583.4
外商投资股份有限公司	Foreign-funded Investment Companies Limited			
3.按控股情况分组	Grouped by Holding Condition			
国有控股	State-controlled	423.2	13 797.0	11 595.0
集体控股	Collective-controlled		2 360.4	-746.2
私人控股	Private-controlled	31 154.6	204 194.0	78 124.6
港澳台商控股	Controlled by Entrepreneur from Hong Kong,Macao and Taiwan	41 262.5	144 698.0	102 005.5
外商控股	Foreign-funded-controlled	12 139.7	87 441.9	45 689.7
其他	Others	522.3	32 598.8	23 475.7
4.按经营形式分组	Grouped by Business Forms			
独立门店	Independent Stores	71 393.5	306 665.4	113 406.7
连锁总店	General Chain Stores	11 749.5	139 006.2	122 174.8
连锁门店	Chain Stores	428.1	9 177.1	4 870.0
其他	Other	1 931.2	30 241.4	19 692.8

实收资本 Paid-in Capital	1.国家资本 State Capital	2.集体资本 Collective-owned Capital	3.法人资本 Capital of Juridical Person	4.个人资本 Private Capital	5.港澳台资本 Hong Kong, Macao and Taiwan Capital	6.外商资本 Foreign Capital	主营业务收入 Prime Operating Revenues	主营业务成本 Operating Losts	主营业务税金及附加 Sales Taxes and Extra Charges
9 437.8	2 509.8	250.1	4 610.6	1 432.2	635.1		16 490.9	4 971.0	938.7
600.0			100.0	500.0			1 364.6	1 024.9	103.5
216 550.1	120 264.6	1 015.1	57 560.3	16 210.7	10 856.4	10 643.0	298 278.2	71 756.7	17 180.6
215 157.7	**16 443.0**	**1 255.8**	**59 593.8**	**35 827.4**	**67 897.9**	**34 139.8**	**1 439 314.8**	**701 468.5**	**80 357.6**
137 486.1	13 597.8	1 255.8	37 722.2	30 070.8	41 295.6	13 543.9	773 852.7	378 238.1	44 403.6
49 315.0	700.0		17 646.2	1 808.0	18 545.4	10 615.4	523 817.8	248 363.4	28 838.2
4 162.9				100.0	4 062.9		22 149.9	6 276.5	1 132.2
24 193.7	2 145.2		4 225.4	3 848.6	3 994.0	9 980.5	119 494.4	68 590.5	5 983.6
109 181.2	13 597.8	1 255.8	56 591.5	35 751.4	1 174.7	810.0	760 678.9	400 876.7	43 213.2
10 018.9	10 018.9						15 112.0	8 007.8	688.9
264.5		264.5					773.8	377.7	42.1
210.0			210.0				5 023.8	4 071.2	278.5
34 885.0	3 578.9		27 851.2	2 210.2	1 174.7	70.0	224 265.3	112 654.0	12 265.8
4 367.8			4 319.0	48.8			14 566.4	9 223.6	810.1
56 166.1		736.3	23 657.5	31 132.3		640.0	469 385.8	250 723.4	27 300.7
3 268.9		255.0	553.8	2 360.1		100.0	31 551.8	15 819.0	1 827.1
70 427.8	2 145.2		2 317.3		64 667.4	1 297.9	363 673.1	144 399.9	19 650.8
9 469.8	1 161.7		2 317.1		5 493.1	497.9	43 198.8	19 022.8	2 428.0
3 635.8	983.5				2 652.3		17 927.1	5 809.0	544.6
57 322.2			0.2		56 522.0	800.0	302 547.2	119 568.1	16 678.2
35 548.7	700.0		685.0	76.0	2 055.8	32 031.9	314 962.8	156 191.9	17 493.6
3 536.0	700.0		685.0	76.0	1 330.0	745.0	10 689.7	5 735.2	463.9
1 162.0						1 162.0	3 376.1	1 634.2	192.3
23 818.7					725.8	23 092.9	293 409.2	148 822.5	16 460.8
16 457.4	15 459.5		200.0			797.9	32 454.8	17 596.6	1 436.8
564.5		264.5	300.0				2 546.3	1 173.6	141.6
80 527.7		736.3	44 472.8	34 678.6		640.0	638 025.0	339 597.6	36 441.8
70 293.8	983.5		2 088.8	106.0	66 315.5	800.0	359 982.5	142 777.9	19 533.7
32 627.1			671.0		230.2	31 725.9	304 534.8	149 728.2	17 056.6
14 687.2		255.0	11 861.2	1 042.8	1 352.2	176.0	101 771.4	50 594.6	5 747.1
129 461.0	8 552.1	1 255.8	37 582.4	30 149.9	40 486.4	11 434.4	746 039.7	372 351.2	42 412.2
60 462.9			18 101.2	2 023.0	22 210.7	18 128.0	553 343.0	253 730.4	30 403.4
3 945.7			313.6	571.0	3 061.1		40 097.8	18 144.2	2 268.1
21 288.1	7 890.9		3 596.6	3 083.5	2 139.7	4 577.4	99 834.3	57 242.7	5 273.9

10-5 限额以上住宿和餐饮业法人企业主要财务状况综合表(三)

MAIN FINANCIAL INDICAFORS OF ENTERPRISE ABOVE DESIGNATED SIZE OF HOTELS AND CATERING SERVICES III（2011）

单位：万元 （10 000 yuan）

项 目	Item	其他业务利润 Profits from Other Business	销售费用 Sale Expenses	管理费用 Management Expenses
总 计	**Total**	**9 315.7**	**709 961.8**	**386 455.8**
一、住宿业	**Hotels**	**6 580.4**	**245 369.3**	**255 544.4**
1.按住宿行业分组	Grouped by Sector			
旅游饭店	Tour Restaurant	5 666.1	212 527.0	229 236.1
一般旅馆	General Restaurant	914.3	28 660.3	21 773.8
其他住宿服务	Other Hotel Services		4 182.0	4 534.5
2.按登记注册类型分组	Grouped by Registration Status			
内资企业	Domestic-funded	5 069.4	170 308.1	149 446.6
国有企业	State-owned	843.4	29 931.5	33 358.6
集体企业	Collective-owned	12.1	1 627.6	321.3
股份合作企业	Share-holding Cooperative Enterprise	332.5	603.5	760.6
联营企业	Joint Ownership	175.8	3 789.3	2 429.3
有限责任公司	Limited Liabilities Companies	1 605.0	65 538.7	65 316.3
股份有限公司	Share-holding Limited Companies	49.5	786.7	1 122.4
私营企业	Private-owned	1 263.7	58 562.5	37 592.3
港、澳、台商投资企业	Funded by Entrepreneur from Hong Kong,Macao and Taiwan	502.0	45 609.7	51 657.9
合资经营企业（港或澳、台资）	Joint-venture(Hong Kong,Macao and Taiwan)	108.5	10 125.9	12 301.6
合作经营企业（港或澳、台资）	Cooperative(Hong Kong,Macao and Taiwan)	180.1	16 166.0	23 502.9
港、澳、台商独资经营企业	Enterprises with Sole Funds(Hong Kong,Macao and Taiwan)	213.4	19 002.0	13 302.7
港、澳、台商投资股份有限公司	Share-holding Corporations Ltd(Hong Kong,Macao and Taiwan)		315.8	2 550.7
外商投资企业	Foreign-funded	1 009.0	29 451.5	54 439.9
中外合资经营企业	Jointly-owned	990.4	13 431.2	24 169.1
中外合作经营企业	Cooperatively-owned		2 952.7	4 328.1
外资企业	Exclusively Foreign-owned	18.6	13 067.6	25 942.7
外商投资股份有限公司	Foreign-funded Investment Companies Limited			
3.按控股情况分组	Grouped by Holding Condition			
国有控股	State-controlled	1 173.6	71 081.6	79 768.2
集体控股	Collective-controlled	402.6	4 070.2	1 628.2
私人控股	Private-controlled	2 158.4	79 171.6	58 200.4
港澳台商控股	Controlled by Entrepreneur from Hong Kong,Macao and Taiwan	502.0	32 728.7	34 876.6
外商控股	Foreign-funded-controlled	1 009.0	26 796.8	47 289.3
其他	Others	1 334.8	31 520.4	33 781.7
4.按经营形式分组	Grouped by Business Forms			
独立门店	Independent Stores	4 716.4	171 207.6	205 599.0
连锁总店	General Chain Stores	8.0	12 956.5	7 918.1
连锁门店	Chain Stores	1 281.3	20 441.0	10 421.3
其他	Other	574.7	40 764.2	31 606.0
5.按星级分组	Grouped by Star Rating			
五星	Five Star	1 155.8	55 669.5	92 247.1
四星	Four Star	928.1	37 717.9	38 491.8
三星	Three Star	2 793.2	49 872.7	28 747.5

(10 000 yuan)

财务费用 Financial Expenses	利息支出 Interest Expense	营业利润 Operating profits	投资收益 Profits of Investment	营业外收入 Non-operating Income	利润总额 Total Profits	应交所得税 Total Payable Tax	应付职工薪酬 Total Wages Payable	从业人员期末人数（人） Average Employed Persons (Persons)
37 215.4	**20 435.8**	**112 037.8**	**1 863.2**	**7 258.2**	**85 677.4**	**22 606.0**	**407 229.0**	**165 673**
29 020.6	**17 353.7**	**54 232.3**	**124.7**	**5 696.0**	**39 643.1**	**9 291.6**	**162 550.4**	**57 432**
26 408.3	15 639.0	50 458.4	124.7	4 571.8	43 174.2	8 980.8	143 880.9	51 133
2 053.8	1 305.5	2 482.2		923.6	−3 535.7	241.0	15 500.6	5 039
558.5	409.2	1 291.7		200.6	4.6	69.8	3 168.9	1 260
17 646.1	13 062.7	7 012.6	143.6	4 753.4	1 280.7	4 661.3	106 531.4	41 553
380.1	−101.0	−1 601.2	23.9	1 818.3	−1 008.3	460.5	19 061.2	5 126
10.2		966.6		35.4	−92.6	130.1	828.0	248
5.1		−237.9		0.1	−238.0	0.4	528.7	308
104.0	56.8	561.7	44.5	14.4	−99.3	256.8	2 853.2	837
6 204.5	4 123.3	11 491.9	72.3	764.8	7 637.3	2 456.9	44 903.1	18 086
14.7	3.7	−68.3		7.8	−30.1	0.8	764.5	255
7 939.4	6 399.1	−3 307.6	2.9	1 643.9	−8 177.0	974.9	31 277.6	14 602
4 469.8	1 767.8	14 294.8		568.9	14 597.5	2 140.0	29 639.6	8 388
361.1	293.9	767.7		167.3	864.1	836.4	12 886.2	2 983
2 675.3	1 473.4	3 424.1		317.6	3 589.6	660.7	7 307.3	2 706
151.6	0.5	9 892.9		8.1	9 868.7	642.9	8 461.7	2 408
1 281.8		210.1		75.9	275.1		984.4	291
6 904.7	2 523.2	32 924.9	−18.9	373.7	23 764.9	2 490.3	26 379.4	7 491
4 861.2	2 523.0	14 809.5		205.1	5 578.4	1 496.8	11 069.1	3 441
19.4	0.2	3 178.4		23.8	3 187.7	747.3	2 370.5	510
2 024.1		14 937.0	−18.9	144.8	14 998.8	246.2	12 939.8	3 540
2 851.7	1 495.4	4 174.0	111.3	2 385.6	11 702.1	2 948.8	46 588.8	17 587
32.0	17.4	1 068.9		35.5	31.7	216.1	2 104.4	884
10 072.3	7 670.0	−963.5	4.3	1 850.7	−6 118.4	1 989.9	44 726.2	19 854
4 366.2	1 181.4	23 509.7		647.2	14 159.6	2 061.8	23 771.3	7 157
7 256.5	3 171.0	22 123.3	−18.9	212.5	18 803.4	1 287.4	25 096.9	6 220
4 441.9	3 818.5	4 319.9	28.0	564.5	1 064.7	787.6	20 262.8	5 730
26 255.8	16 096.8	50 034.2	72.8	4 776.0	35 556.0	7 307.6	127 346.5	43 006
591.2	321.8	2 909.3	19.6	73.4	2 932.7	817.2	4 780.0	1 368
1 273.8	822.4	3 639.5	32.3	7.6	970.2	776.0	10 521.5	3 013
899.8	112.7	−2 350.7		839.0	184.2	390.8	19 902.4	10 045
8 700.9	3 483.3	36 016.3	25.4	2 177.6	37 395.2	3 951.9	54 441.8	17 715
8 082.4	4 663.1	−1 679.1	0.7	1 171.6	−1 891.9	959.0	21 697.4	7 925
3 163.9	2 005.4	4 513.2	75.4	334.2	2 287.6	1 750.9	29 621.6	9 413

单位：万元 （10 000 yuan）

项 目	Item	其他业务利润 Profits from Other Business	销售费用 Sale Expenses	管理费用 Management Expenses
二星	Two Star	12.2	5 505.7	3 719.0
一星	One Star		24.5	203.2
其他	Others	1 691.1	96 579.0	92 135.8
二、餐饮业	**Catering Services**	**2 735.3**	**464 592.5**	**130 911.4**
1.按餐饮行业小类分组	Grouped by Sector			
正餐服务	Restaurant	2 623.1	249 820.2	75 717.6
快餐服务	Fast Food	103.9	177 775.8	39 385.1
饮料及冷饮服务	Beverages and Cold Drinks		11 209.6	1 081.6
其他餐饮服务	Others	8.3	25 786.9	14 727.1
2.按登记注册类型分组	Grouped by Registration			
内资企业	Domestic-funded	2 271.1	222 730.1	72 140.5
国有企业	State-owned		2 644.2	2 484.2
集体企业	Collective-owned		334.9	1.8
股份合作企业	Share-holding Cooperative Enterprise			
联营企业	Joint Ownership		228.2	299.7
有限责任公司	Limited Liabilities Companies	597.0	72 083.5	17 271.6
股份有限公司	Share-holding Limited Companies		3 667.5	961.8
私营企业	Private-owned	1 490.2	135 748.5	46 419.5
其他企业	Others	183.9	8 023.3	4 701.9
港、澳、台商投资企业	Funded by Entrepreneur from Hong Kong,Macao and Taiwan	773.6	144 224.7	34 071.9
合资经营企业（港或澳、台资）	Joint-venture(Hong Kong,Macao and Taiwan)	2.1	15 231.1	4 677.8
合作经营企业（港或澳、台资）	Cooperative(Hong Kong,Macao and Taiwan)	−0.2	1 916.8	8 137.3
港、澳、台商独资经营企业	Enterprises with Sole Funds(Hong Kong,Macao and Taiwan)	771.7	127 076.8	21 256.8
港、澳、台商投资股份有限公司	Share-holding Corporations Ltd(Hong Kong,Macao and Taiwan)			
外商投资企业	Foreign-funded	−309.4	97 637.7	24 699.0
中外合资经营企业	Jointly-owned	5.6	2 221.2	1 905.8
中外合作经营企业	Cooperatively-owned		1 174.1	300.8
外资企业	Exclusively Foreign-owned	−315.0	89 185.1	22 219.3
外商投资股份有限公司	Foreign-funded Investment Companies Limited			
3.按控股情况分组	Grouped by Holding Condition			
国有控股	State-controlled	164.8	8 176.9	3 713.6
集体控股	Collective-controlled	0.5	1 391.7	140.5
私人控股	Private-controlled	1 694.1	189 740.9	58 324.5
港澳台商控股	Controlled by Entrepreneur from Hong Kong,Macao and Taiwan	771.5	141 829.3	35 194.2
外商控股	Foreign-funded-controlled	−312.5	95 370.2	23 291.7
其他	Others	416.9	28 083.5	10 246.9
4.按经营形式分组	Grouped by Business Forms			
独立门店	Independent Stores	2 538.5	228 550.3	80 266.1
连锁总店	General Chain Stores	183.1	193 043.6	39 914.2
连锁门店	Chain Stores	6.0	15 633.5	2 795.7
其他	Other	7.7	27 365.1	7 935.4

财务费用 Financial Expenses	利息支出 Interest Expense	营业利润 Operating profits	投资收益 Profits of Investment	营业外收入 Non-operating Income	利润总额 Total Profits	应交所得税 Total Payable Tax	应付职工薪酬 Total Wages Payable	从业人员期末人数（人） Average Employed Persons (Persons)
574.5	452.1	813.5	21.0	46.6	342.4	339.7	3 867.6	1 265
0.9		7.6			7.6	1.7	233.7	124
8 498.0	6 749.8	14 560.8	2.2	1 966.0	1 502.2	2 288.4	52 688.3	20 990
8 194.8	**3 082.1**	**57 805.5**	**1 738.5**	**1 562.2**	**46 034.3**	**13 314.4**	**244 678.6**	**108 241**
6 985.3	1 662.5	22 180.0	218.1	785.3	13 344.5	5 173.5	130 757.5	60 886
551.2	1 142.3	29 423.2	1 520.0	545.4	25 914.9	6 340.1	91 428.7	37 418
53.4	0.0	2 396.6		3.0	3 269.4	949.8	270.8	840
604.9	277.3	3 805.7	0.4	228.5	3 505.5	851.0	22 221.6	9 097
7 263.0	2 668.1	18 724.7	1 525.1	671.0	9 778.5	4 591.3	134 194.8	54 500
120.3	75.0	1 166.6		3.8	−1 558.6	0.4	3 234.5	2 312
		17.3			17.3	4.3	127.0	75
68.4		67.2			67.2	3.1	1 066.6	462
2 216.9	1 354.8	8 363.8		229.7	7 691.0	2 230.4	42 989.7	13 587
67.9	0.7	−164.5		9.4	−155.4	21.1	2 967.6	998
4 562.3	1 224.7	8 137.1	1 525.1	417.1	3 291.8	2 297.3	78 669.9	35 005
227.2	12.9	1 137.2		11.0	425.2	34.7	5 139.5	2 061
−67.1	412.1	22 165.3	33.4	227.2	21 820.9	5 206.9	54 136.4	16 591
238.1	71.0	1 599.4	33.4	83.2	1 672.9	378.3	5 466.7	2 334
11.9		1 507.3		14.1	1 517.2	160.1	4 760.5	786
−317.1	341.1	19 058.6		129.9	18 630.8	4 668.5	43 909.2	13 471
998.9	1.9	16 915.5	180.0	664.0	14 434.9	3 516.2	56 347.4	37 150
88.4		274.1		4.5	−81.5	25.1	8 179.1	1 310
39.4		35.3			35.3	8.4	698.0	213
842.1	1.9	14 854.3	180.0	643.0	13 484.7	3 482.7	47 151.3	35 563
							0.0	
							0.0	
114.4	75.0	1 559.6		23.8	−1 157.4	175.6	11 862.2	4 122
17.5		−318.1			−324.1	4.3	620.3	280
5 971.3	1 608.0	11 658.5	1 525.1	490.0	6 157.6	3 084.6	111 340.1	46 080
25.1	412.1	21 397.0	33.4	383.2	21 113.7	5 069.7	54 397.4	16 302
923.2	1.9	17 182.3	200.0	487.0	14 728.4	3 539.9	48 058.3	35 908
1 143.3	985.1	6 326.2	−20.0	178.2	5 516.1	1 440.3	18 400.3	5 549
							0.0	
6 598.1	1 584.2	19 079.1	235.9	863.0	12 466.4	5 128.3	122 211.2	57 541
887.3	1 150.2	36 199.0	1 521.9	555.0	33 313.1	7 772.1	90 370.7	37 984
208.4	20.6	1 013.9	−20.0	−0.4	−13.0	116.8	7 841.3	2 859
501.0	327.1	1 513.5	0.7	144.6	267.8	297.2	24 255.4	9 857

10-6 限额以上住宿业和餐饮业法人企业经营情况综合表

CONSOLIDATED TABLE OF ENTERPRISES ABOVE DESIGNATED SIZE OF HOTELS AND CATERING SERVICES （2011）

单位：万元

项 目	Item	法人企业数（个）Number of Corporative Enterprises (unit)	从业人员期末人数（人）Average Employed Persons (Persons)	营业额 Business Revenue
总 计	**Total**	**683**	**165 673**	**2 362 153.4**
一、住宿业	**Hotels**	**247**	**57 432**	**916 931.8**
1.按住宿行业小类分组	Arouped by sector			
旅游饭店	Tour Restaurant	197	51 133	828 794.1
一般旅馆	General Restaurant	39	5 039	72 689.0
其他住宿服务	Other Hotel Services	11	1 260	15 448.7
2.按登记注册类型分组	Grouped by Registration			
内资企业	Domestic-funded	203	41 553	523 447.9
国有企业	State-owned	25	5 126	87 472.8
集体企业	Collective-owned	6	248	4 172.8
股份合作企业	Share-holding Cooperative Enterprise	2	308	1 945.3
联营企业	Joint Ownership	8	837	11 790.8
国有联营企业	State-owned Joint Ownership	6	732	10 085.2
集体联营企业	Collective Joint Ownership	1	55	1 100.3
国有与集体联营企业	State & Collective Joint Ownership	1	50	605.3
其他联营企业	Other Jonit Ownership			
有限责任公司	Limited Liabilities Companies	64	18 086	228 766.2
国有独资公司	State-owned Companies Limited	2	156	3 335.9
其他有限责任公司	Other Companies Limited	62	17 930	225 430.3
股份有限公司	Share-holding Limited Companies	4	255	2 785.4
私营企业	Private-owned	84	14 602	156 447.3
私营独资企业	Exclusively Private-owned Companies	15	2 734	35 710.1
私营合伙企业	Joint Private-owned Companies	1	24	725.3
私营有限责任公司	Private-owned Companies Limited	66	11 581	114 949.9
私营股份有限公司	Share-holding Private-owned Companies	2	263	5 062.0
其他企业	Others	10	2 091	30 067.3
港、澳、台商投资企业	Funded by Entrepreneur from Hong Kong,Macao and Taiwan	29	8 388	187 736.1
合资经营企业（港或澳、台资）	Joint-venture(Hong Kong,Macao and Taiwan)	9	2 983	55 727.7
合作经营企业（港或澳、台资）	Cooperative(Hong Kong,Macao and Taiwan)	7	2 706	65 124.8
港、澳、台商独资经营企业	Enterprises with Sole Funds(Hong Kong,Macao and Taiwan)	12	2 408	58 395.1
港、澳、台商投资股份有限公司	Share-holding Corporations Ltd(Hong Kong,Macao and Taiwan)	1	291	8 488.5
外商投资企业	Foreign-funded	15	7 491	205 747.8
中外合资经营企业	Jointly-owned	6	3 441	75 230.3
中外合作经营企业	Cooperatively-owned	2	510	12 119.5
外资企业	Exclusively Foreign-owned	7	3 540	118 398.0
外商投资股份有限公司	Foreign-funded Investment Companies Limited			
3.按控股情况分组	Grouped by Holding Condition			
国有控股	State-controlled	53	17 587	244 335.3
集体控股	Collective-controlled	12	884	10 379.2
私人控股	Private-controlled	109	19 854	227 721.2
港澳台商控股	Controlled by Entrepreneur from Hong Kong,Macao and Taiwan	26	7 157	150 366.0
外商控股	Foreign-funded-controlled	14	6 220	182 584.6
其他	Others	33	5 730	101 545.5
4.按经营形式分组	Grouped by Business Forms			
独立门店	Independent Stores	183	43 006	736 137.0
连锁总店	General Chain Stores	7	1 368	29 247.2
连锁门店	Chain Stores	20	3 013	50 815.6
其他	Other	37	10 045	100 732.0
5.按星级分组	Grouped by Star			
五星	Five Star	23	17 715	339 443.7
四星	Four Star	31	7 925	128 355.4

(10 000 yuan)

客房收入 Revenue of Rooms	餐费收入 Total Revenue of Meals	商品销售收入 Total Sales of Commodities	其他收入 Others	客房间数（间） Number of Rooms (room)	床位数（张） Number of Beds (bed)	餐位数（位） Numder of Dining-seats (seat)	年末餐饮营业面积（平方米） Operating Area Catering (sg.m)
503 185.1	**1 742 307.3**	**10 287.7**	**106 373.3**	**374 476**	**550 182**	**365 245**	**1 377 413**
486 150.9	**332 008.8**	**3 159.5**	**95 612.6**	**370 752**	**544 235**	**53 158**	**338 629**
422 914.0	313 345.8	2 406.6	90 127.7	280 158	367 160	48 196	310 696
52 732.2	14 620.7	750.7	4 585.4	88 781	174 603	4 062	23 792
10 504.7	4 042.3	2.2	899.5	1 813	2 472	900	4 141
290 992.9	177 793.9	1 991.5	52 669.6	161 563	262 308	36 153	237 462
43 944.4	34 663.8		8 864.6	4 570	7 341	11 602	52 973
2 595.7	1 016.5	270.3	290.3	458	809	540	740
395.7	1 549.6			180	337	910	3 600
7 257.4	2 561.3		1 972.1	1 160	1 820	320	17 865
5 551.8	2 561.3		1 972.1	882	1 315	320	17 865
1 100.3				174	355		
605.3				104	150		
131 500.3	77 013.6	672.9	19 579.4	93 450	180 951	9 434	55 891
2 086.7	92.5	0.0	1 156.7	400	643	100	6 600
129 413.6	76 921.1	672.9	18 422.7	93 050	180 308	9 334	49 291
1 739.2	872.1		174.1	380	653		2 991
86 002.5	50 065.8	885.1	19 493.9	59 491	67 815	11 253	88 478
21 473.6	9 630.8	338.4	4 267.3	3 288	4 827	2 692	19 949
725.3				140	140		
59 882.9	39 917.2	546.7	14 603.1	55 687	62 285	8 465	68 229
3 920.7	517.8		623.5	376	563	96	300
17 557.7	10 051.2	163.2	2 295.2	1 874	2 582	2 094	14 924
87 483.6	79 230.7	1 074.8	19 947.0	204 470	275 688	12 183	71 606
28 725.3	22 090.9	516.5	4 395.0	2 818	4 070	4 675	12 818
28 439.8	30 279.2	300.7	6 105.1	198 704	267 436	3 564	29 808
25 991.0	26 091.3	192.2	6 120.6	2 548	3 604	3 700	27 602
4 327.5	769.3	65.4	3 326.3	400	578	244	1 378
107 674.4	74 984.2	93.2	22 996.0	4 719	6 239	4 822	29 561
42 376.7	22 294.2		10 559.4	1 736	2 499	892	15 479
7 083.5	1 994.8		3 041.2	435	589	480	2 328
58 214.2	50 695.2	93.2	9 395.4	2 548	3 151	3 450	11 754
124 152.0	95 293.7	303.8	24 585.8	207 411	280 695	17 747	115 183
6 184.8	3 385.4	270.3	538.7	1 154	1 894	1 450	7 331
125 429.7	72 362.8	994.2	28 934.5	64 201	74 606	14 347	103 196
85 121.2	48 435.2	1 070.3	15 739.3	6 719	9 723	9 441	63 751
86 681.2	77 313.7	93.2	18 496.5	4 529	6 036	4 542	27 433
58 582.0	35 218.0	427.7	7 317.8	86 738	171 281	5 631	21 735
380 192.7	282 096.9	2 702.0	71 145.4	276 801	361 703	41 567	269 585
18 845.4	4 064.9		6 336.9	2 728	4 175	1 512	6 804
26 227.8	17 118.1	379.5	7 090.2	3 650	6 088	4 292	36 300
60 885.0	28 728.9	78.0	11 040.1	87 573	172 269	5 787	25 940
164 278.2	144 094.9	973.9	30 096.7	8 565	11 505	13 657	57 295
58 450.7	50 016.3	616.6	19 271.8	7 631	11 237	11 752	103 716

单位：万元 （10 000 yuan）

项 目	Item	法人企业数（个）Number of Corporative Enterprises (unit)	从业人员期末人数（人）Average Employed Persons (Persons)	营业额 Business Revenue
三星	Three Star	62	9 413	129 417.2
二星	Two Star	18	1 265	15 744.6
一星	One Star	2	124	1 223.8
其他	Other	111	20 990	302 747.1
二、餐饮业	**Catering Services**	**436**	**108 241**	**1 445 221.6**
1.按餐饮行业小类分组	Grouped by sector			
正餐服务	Restaurant	381	60 886	784 980.5
快餐服务	Fast Food	25	37 418	522 202.2
饮料及冷饮服务	Beverages and lold Drinrs	3	840	22 149.9
其他餐饮服务	Others	27	9 097	115 889.0
2.按登记注册类型分组	Grouped by Registration			
内资企业	Domestic−funded	354	54 500	767 099.6
国有企业	State−owned	9	2 312	14 140.5
集体企业	Collective−owned	1	75	773.8
股份合作企业	Share−holding Cooperative Enterprise			
联营企业	Joint Ownership	2	462	5 040.0
国有联营企业	State−owned Joint Ownership			
集体联营企业	Collective Joint Ownership			
国有与集体联营企业	State & Collective Joint Ownership			
其他联营企业	Other Jonit Ownership	2	462	5 040.0
有限责任公司	Limited Liabilities Companies	50	13 587	224 116.8
国有独资公司	State−owned Companies Limited			
其他有限责任公司	Other Companies Limited	50	13 587	224 116.8
股份有限公司	Share−holding Limited Companies	5	998	14 566.4
私营企业	Private−owned	266	35 005	475 675.1
私营独资企业	Exclusively Private−owned Companies	47	3 705	51 451.7
私营合伙企业	Joint Private−owned Companies	4	288	5 359.8
私营有限责任公司	Private−owned Companies Limited	209	29 776	399 838.7
私营股份有限公司	Share−holding Private−owned Companies	6	1 236	19 024.9
其他企业	Others	21	2 061	32 787.0
港、澳、台商投资企业	Funded by Entrepreneur from Hong Kong,Macao and Taiwan	60	16 591	364 277.6
合资经营企业（港或澳、台资）	Joint−venture(Hong Kong,Macao and Taiwan)	12	2 334	44 331.1
合作经营企业（港或澳、台资）	Cooperative(Hong Kong,Macao and Taiwan)	2	786	18 060.0
港、澳、台商独资经营企业	Enterprises with Sole Funds(Hong Kong,Macao and Taiwan)	46	13 471	301 886.5
港、澳、台商投资股份有限公司	Share−holding Corporations Ltd(Hong Kong,Macao and Taiwan)			
外商投资企业	Foreign−funded	22	37 150	313 844.4
中外合资经营企业	Jointly−owned	7	1 310	10 689.7
中外合作经营企业	Cooperatively−owned	1	213	3 376.9
外资企业	Exclusively Foreign−owned	13	35 563	293 917.8
外商投资股份有限公司	Foreign−funded Investment Companies Limited			
3.按控股情况分组	Grouped by Holding Condition			
国有控股	State−controlled	14	4 122	31 562.6
集体控股	Collective−controlled	2	280	2 546.3
私人控股	Private−controlled	303	46 080	642 890.4
港澳台商控股	Controlled by Entrepreneur from Hong Kong,Macao and Taiwan	63	16 302	360 926.3
外商控股	Foreign−funded−controlled	17	35 908	303 301.9
其他	Others	37	5 549	103 994.1
4.按经营形式分组	Grouped by Business Forms			
独立门店	Independent Stores	356	57 541	757 730.2
连锁总店	General Chain Stores	25	37 984	549 930.1
连锁门店	Chain Stores	12	2 859	41 849.3
其他	Other	43	9 857	

10-6 续表 1 (10 000 yuan)

客房收入 Revenue of Rooms	餐费收入 Total Revenue of Meals	商品销售收入 Total Sales of Commodities	其他收入 Others	客房间数（间） Number of Rooms (room)	床位数（张） Number of Beds (bed)	餐位数（位） Numder of Dining-seats (seat)	年末餐饮营业面积（平方米） Operating Area Catering (sg.m)
66 795.4	45 333.7	883.3	16 404.8	9 865	14 797	13 079	92 052
9 588.3	4 391.8		1 764.5	1 732	3 011	650	10 001
1 070.0	153.8			318	364	350	1 256
185 968.3	88 018.3	685.7	28 074.8	342 641	503 321	13 670	74 309
17 034.2	**1 410 298.5**	**7 128.2**	**10 760.7**	**3 724**	**5 947**	**312 087**	**1 038 784**
17 008.4	758 738.4	1 695.0	7 538.7	3 664	5 837	174 058	774 374
	521 474.6		727.6			93 968	196 933
	21 867.7	280.2	2.0			4 450	8 850
25.8	108 217.8	5 153.0	2 492.4	60	110	39 611	58 627
12 094.3	743 965.5	4 909.6	6 130.2	3 331	5 167	212 224	750 207
1 346.2	12 573.4	53.4	167.5	252	480	2 425	20 200
	773.8					1 000	2 900
	5 040.0					2 001	2 001
	5 040.0					2 001	2 001
1 999.4	220 169.3	459.5	1 488.6	619	923	40 780	154 175
1 999.4	220 169.3	459.5	1 488.6	619	923	40 780	154 175
245.4	13 524.8		796.2	20	36	861	4 429
7 983.5	459 892.5	4 326.6	3 472.5	2 257	3 457	157 178	527 335
1 227.3	50 109.6	94.8	20.0	240	401	14 506	65 059
	5 158.6	138.7	62.5			1 008	4 073
6 088.0	386 357.4	4 093.1	3 300.2	1 593	2 336	136 873	440 943
668.2	18 266.9		89.8	424	720	4 791	17 260
519.8	31 991.7	70.1	205.4	183	271	7 979	39 167
4 939.9	352 673.7	2 033.5	4 630.5	393	780	58 873	151 801
	39 926.9	1 929.4	2 474.8			4 427	23 247
	18 060.0					530	1 892
4 939.9	294 686.8	104.1	2 155.7	393	780	53 916	126 662
	313 659.3	185.1				40 990	136 776
	10 689.7					1 220	6 592
	3 191.8	185.1				900	3 000
	293 917.8					38 293	120 752
1 692.9	25 086.8	1 982.8	2 800.1	382	720	4 286	24 601
	2 546.3					1 410	6 400
8 704.2	625 240.1	4 491.5	4 454.6	2 435	3 725	188 646	636 096
4 939.9	353 443.1	387.6	2 155.7	393	780	58 206	155 049
	303 116.8	185.1				39 931	131 288
1 697.2	100 865.4	81.2	1 350.3	514	722	19 608	85 350
15 351.6	731 633.9	4 939.6	5 805.1	3 464	5 538	183 681	733 198
	549 111.0		819.1			104 372	217 927
	41 849.3					4 778	24 063
1 682.6	87 704.3	2 188.6	4 136.5	260	409	19 256	63 596

10-7　物价指数

PRICE INDICES

（1979-2011）

以上年价格为100　　　　(preceding year=100)

年　份 Year	以上年价格为100 Preceding Year=100			以1979年价格为100 1979=100		
	居民消费价格总指数 General Consumer Price Index	# 食品类 Food	# 服务项目 Services	居民消费价格总指数 General Consumer Price Index	# 食品类 Food	# 服务项目 Services
1979	100.0	100.0	100.0	100.0	100.0	100.0
1980	105.0	108.3	100.7	105.0	108.3	100.7
1981	110.7	117.9	101.6	116.2	127.7	102.3
1982	107.8	116.6	108.7	125.3	148.9	111.2
1983	102.0	105.9	100.9	127.8	157.7	112.2
1984	106.8	106.6	119.3	136.5	168.1	133.9
1985	122.5	128.5	117.2	167.2	216.0	156.9
1986	106.1	108.1	106.9	177.4	233.5	167.7
1987	114.4	118.7	107.4	203.0	277.1	180.1
1988	128.1	133.7	112.2	260.0	370.5	202.1
1989	125.4	126.6	125.7	326.0	469.1	254.1
1990	101.6	95.4	127.7	331.2	447.5	324.4
1991	103.0	99.2	115.4	341.2	443.9	374.4
1992	107.3	109.2	109.4	366.1	484.8	409.6
1993	120.1	122.6	120.9	439.7	594.3	495.2
1994	118.2	120.2	118.1	519.7	714.4	584.8
1995	112.4	116.7	118.1	584.1	833.7	690.6
1996	107.7	105.2	110.7	629.1	877.1	764.5
1997	103.3	100.2	118.2	649.9	878.9	903.6
1998	99.3	97.2	105.3	645.4	854.3	951.5
1999	99.3	94.5	107.7	640.9	807.3	1 024.8
2000	102.8	100.2	114.0	658.8	808.9	1 168.3
2001	97.8	97.5	99.3	644.3	788.7	1 160.1
2002	101.2	100.5	106.5	652.0	792.6	1 235.5
2003	100.7	101.2	101.6	656.6	802.1	1 255.3
2004	101.3	106.1	99.7	665.1	851.0	1 251.5
2005	101.6	104.5	100.8	675.7	889.3	1 261.5
2006	102.2	104.2	101.4	690.6	926.7	1 279.2
2007	104.1	108.6	103.4	718.9	1 006.4	1 322.7
2008	105.9	113.5	102.1	761.3	1 142.3	1 350.5
2009	98.7	98.5	99.5	751.4	1 125.2	1 343.7
2010	103.5	107.7	102.6	777.7	1 211.8	1 378.6
2011	105.4	111.9	103.0	819.7	1 356.0	1 420.0

10-8 居民消费价格总指数

GENERAL CONSUMER PRICE INDEX

（2011）

以上年价格为100 (preceding year=100)

项　目	Item	指　数 Index	项　目	Item	指　数 Index
居民消费价格总指数	**General Consumer Price Index**	**105.4**	**四、家庭设备用品及维修服务**	**Household Facilities'Articles and Repair Services**	**101.3**
一、食品	**Food**	**111.9**	1.耐用消费品	Durable Consumer Goods	102.0
1.粮食	Grain	111.0	2.室内装饰品	Interior Decorations	101.0
2.淀粉及制品	Starch	108.3	3.床上用品	Bed Articles	99.9
3.干豆类及豆制品	Dried Beans and Bean Products	104.2	4.家庭日用杂品	Daily Use Household Articles	100.1
4.油脂	Oil or Fat	112.1	5.家庭服务及加工维修服务	Household Services and Processing and Repair Services	102.4
5.肉禽及其制品	Meat, Poultry and Their Products	121.6	**五、医疗保健和个人用品**	**Health Care and Personal Articles**	**105.0**
6.蛋	Eggs	116.4	1.医疗保健	Health Care	106.8
7.水产品	Aquatic Products	116.3	2.个人用品及服务	Personal Articles and Services	101.9
8.菜	Vegetable	103.1	**六.交通和通信**	**Transportation and Communication**	**100.3**
9.调味品	Flavoring	109.5	1.交通	Transportation	101.5
10.糖	Carbohydrate	110.6	2.通信	Communication	97.8
11.茶及饮料	Tea and Beverages	106.1	**七、娱乐教育文化用品及服务**	**Recreation, Education and Culture Articles and Services**	**101.7**
12.干鲜瓜果	Dried and Fresh Melons and Fruits	110.4	1.文娱用耐用消费品及服务	Durable Consumer Goods and Services for Recreational Use	91.9
13.糕点饼干	Cake,Biscuit	108.0	2.教育	Education	101.9
14.液体乳及乳制品	Liguid milk and Its Products	107.5	3.文化娱乐类	Recreation and Culture Articles	101.5
15.在外用膳食品	Dining Out	108.5	4.旅游	Tourism	109.2
16.其他食品	Other Food	105.1	**八、居住**	**Residence**	**104.0**
二、烟酒	**Tobacco, Liquor**	**104.6**	1.建房及装修材料	Building Construction and Decoration Materials	103.2
1.烟草	Tobacco	100.9	2.租房	Rent	105.8
2.酒	Liquor	110.5	3.自有住房	Self Owned House	104.1
三、衣着	**Clothing**	**102.1**	4.水、电、燃料	Water, Electricity and Fuels	103.4
1.服装	Garments	105.0			
2.衣着材料	Clothing Materials	109.8			
3.鞋袜帽	Footgear and Hats	92.0			
4.衣着加工服务	Clothing Processing Services	100.9			

10-9 住宅销售价格指数
SALES PRICES INDICES OF HOUSES
（2011）

以上年价格为100 (Preceding year=100)

类别	Item	2011
新建住宅	Newly-built Buildings	103.9
一、保障性住房	Affordable Buildings	
二、新建商品住宅	Newly-built Residential Buildings	103.9
（一）90m^2及以下	Less than 90 sq.m.	105.7
（二）90-144m^2	From 90 to 144 sq.m.	102.7
（三）144m^2以上	More than 144 sq.m.	102.8
二手住宅	Second-hand Housing	104.6
（一）90m^2及以下	Less than 90 sq.m.	104.9
（二）90-144m^2	From 90 to 144 sq.m.	106.0
（三）144m^2以上	More than 144 sq.m.	101.6

10-10 住宅租赁价格指数
RENTING PRICE INDICES OF HOUSES
（2011）

以上年价格为100 (Preceding year=100)

类别	Item	2011
经济适用住房	Economically Affordable Housing	101.5
廉租房	Tenement House	100.0
商品住宅	Commercial Residential Buildings	104.8
一、普通住宅	General Residential Buildings	106.8
二、高档住宅	Luxury Residential Buildings	101.5

10-11 工业生产者出厂价格指数

INDUSTRIAL PRODUCER PRICE INDEX

（2000-2011）

以上年价格为100 (Preceding year=100)

类别	Item	2000	2001	2002	2003	2004	2005	2006	2007	2008	2009	2010	2011
全部工业品	General Index	98.4	96.3	93.8	97.7	99.5	98.7	98.2	98.4	99.6	95.3	101.6	101.8
按轻重工业分	Grouped by industries												
轻工业	Light Industry	94.9	97.8	94.3	97.0	98.8	97.4	97.0	97.8	98.7	96.7	101.4	102.9
重工业	Heavy Industry	102.7	95.3	93.5	99.6	101.3	102.2	101.5	99.8	101.9	92.6	101.9	101.4
按生产、生活资料分	Grouped by Means of Production and Consumer Goods												
生产资料	Means of Production	101.5	95.3	93.8	97.8	100.0	98.3	97.9	97.9	99.1	94.4	100.7	101.3
生活资料	Consumer Goods	94.9	98.4	93.7	97.5	98.2	100.0	99.0	100.2	101.9	99.3	104.5	103.5
按工业部门分	Grouped by Industrial Department												
冶金工业	Metallurgical Industry	112.1	101.5	97.5	100.7	112.8	110.0	97.7	103.4	102.2	95.6	108.4	106.7
电力工业	Power Industry	113.3	99.7	94.8	93.3	98.6	101.3	100.0	100.2	100.8	98.4	99.3	99.6
石油工业	Petroleum Industry			101.5	124.7	121.3	127.8	130.0	104.1	130.8	62.4	136.8	126.9
化学工业	Chemical Industry	96.8	100.8	99.4	100.8	102.1	100.5	103.4	102.5	102.9	98.4	101.2	102.3
机械工业	Engineering Industry	90.3	92.2	91.5	95.9	97.7	96.3	96.1	96.9	97.4	95.9	99.0	99.8
建筑材料工业	Building Materials Industry	109.0	96.6	94.1	99.4	108.6	96.3	89.6	103.8	97.5	90.1	104.2	101.1
森林工业	Timber Industry	95.7	97.8	88.2	100.2	101.3	100.4	100.2	102.2	105.6	102.6	107.4	106.0
食品工业	Food Industry	97.3	100.9	100.2	101.4	102.5	100.5	99.6	104.7	109.1	92.4	102.7	106.1
纺织工业	Textile Industry	94.6	98.5	98.5	98.1	101.3	96.7	99.5	101.3	100.9	100.2	100.3	106.1
缝纫工业	Needlework Industry			102.9	101.1	97.7	111.7	105.7	108.4	103.2	104.6	103.9	107.5
皮革工业	Leather Industry	91.2	97.8	103.1	100.3	101.9	101.6	99.9	99.4	110.9	110.3	102.2	107.4
造纸工业	Paper Industry	95.9	90.4	97.5	99.5	101.9	102.7	96.2	101.2	108.5	100.2	101.1	104.1
文教艺术工业	Cultural, Educational & Handicrafts Articles	100.2	100.5	101.0	99.1	105.4	103.9	98.8	101.0	105.0	103.2	101.9	101.5
其它工业	Others	111.4	102.9	106.6	102.1	102.0	100.4	102.7	102.4	105.9	108.0	119.0	113.5

10-12 工业生产者购进价格指数

INDUSTRIAL PURCHASING PRICE INDEX

（2002-2011）

以上年价格为100 (Preceding year=100)

类别	Item	2002	2003	2004	2005	2006	2007	2008	2009	2010	2011
总指数	General Index	99.0	100.5	109.7	105.1	104.2	102.9	105.3	96.3	104.7	105.9
燃料、动力类	Fuels and Power	99.5	99.9	107.6	107.8	106.5	102.6	107.5	97.8	105.1	105.9
黑色金属材料类	Ferrous Materials	98.6	103.9	119.8	110.2	97.6	103.9	105.9	94.7	102.7	106.5
其中：钢材	Steel	98.6	104.5	119.1	108.5	97.6	105.4	107.9	96.0	104.0	106.7
其它	Others		98.2	126.1	121.3	100.0	100.9	101.6	91.9	100.2	105.9
有色金属材料及电线类	Nonferrous Metal and Electris Wire	98.1	103.5	121.8	109.1	125.3	105.1	101.3	89.9	115.0	108.3
化工原料类	Chemical Raw Materials	100.4	100.9	114.4	111.7	102.7	103.6	103.8	91.9	105.5	107.2
木材及纸浆类	Wood and Paper Pulps	99.4	100.3	100.3	101.4	100.6	102.4	104.7	94.5	103.9	107.7
建筑材料及非金属矿类	Building Materials and Nonmetal Minerals	100.7	101.0	111.3	96.6	96.9	105.0	111.3	90.1	114.0	105.4
其它工业原材料及半成品类	Other Industrial Raw and Processed Materials	98.0	98.5	105.0	99.5	101.2	102.2	103.8	97.1	101.8	105.0
农副产品类	Farm and Sideline Products	99.2	103.0	110.7	98.0	102.3	104.4	109.6	104.3	107.9	104.3
纺织原料类	Textile Raw Material	98.5	99.8	100.2	100.7	100.4	102.6	105.6	100.8	105.1	106.4

主要统计指标解释

社会消费品零售总额 指各种经济类型的批发零售业、住宿餐饮业和其他行业的企业（单位）或个体户，售予城乡居民用于生活消费和社会集团用于公共消费的商品金额的总和。

批发零售业商品购进总额 指从本企业以外的单位和个人购进（包括从国外直接进口）作为转卖或加工后转卖的商品金额。本指标由“从生产者购进额”、“从批发零售业购进额”、“进口额”和“其他购进”组成。这个指标反映批发零售企业从国内、国外市场上购进商品的总量。

批发零售业商品销售总额 指售予本企业以外的单位和个人的商品金额（包括对国（境）外直接出口及售给本单位消费用的商品）。本指标由“对生产经营单位批发额”、“对批发零售业批发额”、“出口额”和“对居民和社会集团商品零售额”项目组成。这个指标反映批发零售业在国内市场上销售商品以及出口商品的总量。

批发 指除零售以外的一切商品销售活动。包括对生产经营单位批发、对批发零售业批发和出口。

零售 指出售城乡居民用于生活消费商品和社会集团直接用于公用消费商品的活动。

批发零售业年末库存总额 指批发零售企业已取得所有权的全部商品。这个指标反映批发零售贸易企业的商品库存情况，对市场商品供应的保证程度。

批发零售业住宿餐饮业法人单位 指各种经济类型独立核算法人批发零售企业、住宿餐饮企业的单位个数。法人单位应同时具备以下条件：1. 依法成立，有自己的名称、组织机构和场所，能够独立承担民事责任；2. 独立拥有和使用资产，承担负债，有权与其他单位签订合同；3. 独立核算盈亏，并能够编制资产负债表。

批发业 是指从工农业生产者或从商品流通企业单位和个体户购进商品，转卖给工业、农业、建筑业、运输邮电业、住宿餐饮业、服务业等生产经营单位作为生产经营用，以及将商品转卖给其他批发企业或零售企业的商品流通企业(单位)和个体户。

零售业 是指从工农业生产者、批发业或居民购进商品，转卖给城乡居民作为生活消费和售给社会集团作为公共消费的商品流通企业(单位)和个体户。

住宿业 是指为顾客提供临时住宿服务的企业(单位)和个体户。

餐饮业 是指从事食品的烹饪、调制并直接售给居民和社会集团的企业(单位)和个体户。

居民消费价格指数 是度量消费商品及服务项目价格水平随着时间而变动的相对数，反映居民家庭购买的消费品及服务价格水平的变动情况。它是宏观经济分析、决策、调控和价格总水平监测以及国民经济核算的重要指标。其按年度计算的变动率通常被用来作为反映通货膨胀(或紧缩)程度的指标。

商品零售价格指数 是度量市场商品零售价格水平变动趋势和变动程度的相对数，反映商品在流通过程中最后一个环节的价格即工业、商业、餐饮业和其他零售企业向城乡居民、机关团体出售生活消费品和办公用品价格水平的变动趋势。它可以为国家宏观调控和国民经济核算提供参考依据。

工业生产者出厂价格指数 反映工业企业产品第一次出售时的出厂价格的变化趋势和变动幅度。

工业生产者购进价格指数 反映工业企业作为中间投入产品的购进价格的变化趋势和变动幅度。

Explanatory Notes on Main Statistical Indicators

Total Retail Sales of Consumer Goods refer to the sum of retail sales of consumer goods sold by enterprises (establishments) or individuals in wholesale, retail trade, accommodations, catering services and other industries of various types of ownership to urban and rural households for living consumption and to social institutions for public consumption.

Total Purchases of Commodities by Wholesale and Retail Trades refer to the purchases of commodities from other establishments or individuals (including direct import from abroad) for the purpose of reselling, either with or without further processing of the commodities purchased This indicator includes the purchases from producers, the purchases from wholesale and retail trades, imports and other purchases

It is used to show the total value of purchases of commodities by wholesale and retail establishments from domestic and overseas markets.

Total Sales of Commodities by Wholesale and Retail Trades refer to the value of commodities sold to other establishments and individuals (including direct export and commodities sold to the sellers themselves for consumption). This indicator includes the value of wholesale to production and operation units, the value of wholesale to wholesale and retail trades, exports and retail sales to urban and rural households and social institutions It is an indicator of the total value of sales of commodities at domestic markets and export.

Wholesale refers to all selling activities of commodities except retail trade, including wholesale to production and operation units, wholesale to wholesale and retail trades and export.

Retail Sale refers to the selling of commodities to urban and rural households for living consumption and to social institutions for direct public consumption.

Total Inventory of Wholesale and Retail Trades at the Year-end refers to the total commodities possessed by wholesale and retail enterprises, which reflects the commodity stock level of various wholesale and retail enterprises and the potential for market supply.

Corporate Units in Wholesale and Retail Trades, Accommodations and Catering Services refer to the number of corporate enterprises of various types of ownership in the wholesale and retail trades, accommodations and catering services with independent accounting systems An enterprise can be called a corporate enterprise only when it simultaneously meets the following requirements:(1)It is established according to law, with its own name, organization and location for business operation, as well as the capability to independently assume civil responsibility (2)It owns and uses its assets independently, assumes liabilities and is entitled to sign contracts with other units (3)It has an independent accounting system and is able to compile balance sheets.

Wholesale Trade refers to the commodity circulation enterprises (establishments) and individuals which purchase commodities from producers in industry and agriculture or from commodity circulation enterprises and individuals for the purpose of reselling them to establishments in industry, agriculture, construction, transportation, postal and telecommunications services, accommodations and catering services and other services for their production and operation as well as reselling them to other wholesale or retail enterprises.

Retail Trade refers to the commodity circulation enterprises (establishments) and individuals which purchase commodities from producers in industry and agriculture, wholesale trade or residents for the purpose of reselling them to urban and rural households for living consumption and to social institutions for public consumption.

Hotel Services refers to the enterprises (establishments) and individuals engaged in providing temporary accommodation to customers.

Catering Services refer to the enterprises (establishments) and individuals engaged in food cooking, seasoning and selling food directly to households and social institutions.

Consumer Price Indices measure the relative change with time in prices of consumer goods and services, reflecting the rates of change in consumer goods and services purchased by households. It is an important indicator for macroeconomic analysis, decision–making, regularization and control, supervision of general price level and national economic accounting. The annualized rates of change are generally considered as an indicator of inflation or deflation.

Retail Price Indices measure the relative trend and degree of changes in retail prices of commodities, reflecting the trend of changes in prices in the last link of circulation, i.e. prices of consumer goods and office appliances sold to households or organizations by enterprises of industry, commerce, catering services and other retail trades. It provides a reference for macroeconomic adjustment and control as well as national economic accounting.

EX-factory Price Indices of Industrial Producers reflect the trends and degree of changes in prices of industrial products to sell the first time.

Purchasing Price Indices of Industrial Producers reflect the trends and degree of changes in prices of products as intermediate inputs.

11 第十一部分

财政收支

FISCAL REVENUE AND EXPENDITURE

CHAPTER

11-1 地方财政收支

LOCAL GOVERNMENT BUDGETARY REVENUE AND EXPENDITURE

（2008-2011）

单位：万元

项目	Item	2008年	2009年	2010年	2011年
地方财政收入合计	**Local Government Budgetary Revenue**	**10 068 513**	**10 508 901**	**13 443 339**	**16 106 501**
一般预算收入	Local government General Budgetary Revenue	8 003 603	8 808 168	11 068 166	13 395 728
税收收入	Taxes	7 630 173	8 232 207	9 919 813	11 951 356
#增值税	Value-added Tax	1 291 403	1 434 687	1 610 781	1 639 572
营业税	Business Tax	2 911 852	3 124 844	3 505 966	3 963 580
企业所得税	Corporate Income Tax	1 507 832	1 584 705	2 144 834	2 528 904
个人所得税	Individual Income Tax	910 951	925 734	1 116 847	1 348 772
非税收入	Non-Tax Revenue	373 430	575 961	1 148 353	1 444 372
#专项收入	Special Program Receipts	166 907	180 427	192 867	328 688
行政事业性收费收入	Charge of Administrative and Units	97 259	146 157	394 492	565 757
罚没收入	Penalty Receipts	63 362	133 903	160 667	245 245
政府性基金收入	Government Fund Revenue	2 064 910	1 700 733	2 375 173	2 710 773
地方财政支出合计	**Local Government Budgetary Expenditure**	**10 540 436**	**11 540 767**	**14 988 390**	**17 825 820**
一般预算支出	Local Government General Budgetary Expenditure	8 898 555	10 008 394	12 660 668	15 905 599
#教育	Expenditure for Education	1 030 900	1 366 266	1 524 955	1 967 928
科学技术	Expenditure for Science and Technology	546 820	791 591	1 166 617	704 863
文化体育与传媒	Expenditure for Culture, Sport and Media	128 691	345 197	567 668	460 504
社会保障与就业	Expenditure for Social Safety Net and Employment Effort	379 028	414 619	478 158	518 856
医疗卫生	Expenditure for Medical and Health Care	326 089	549 917	619 987	786 926
节能环保	Expenditure for Energy Saving	128 052	348 046	708 248	975 172
城乡社区事务	Expenditure for Urban and Rural Community Affairs	656 922	1 548 368	1 565 759	1 968 788
农林水事务	Expenditure for Agriculture, Forestry and Water Conservancy	135 865	284 646	141 550	297 590
交通运输	Expenditure for Transportation	350 619	628 554	726 532	1 048 244
政府性基金支出	Expenditure for Government Funds	1 641 881	1 532 373	2 327 722	1 920 221

11-2 地方财政一般预算收支及指数

INDICES OF LOCAL GOVERNMENT GENERAL BUDGETARY REVENUE AND EXPENDITURE

（1979-2011）

年 份 Year	收入(万元) Financial Revenue (10 000 yuan)	指 数(%) Index(%)		支出(万元) Expenditure (10 000 yuan)	指 数(%) Index(%)	
		以1979年为100 1979=100	以上年为100 Preceding Year=100		以1979年为100 1979=100	以上年为100 Preceding Year=100
1979	1 721	100.0		2 971	100.0	
1980	3 043	176.8	176.8	4 003	134.7	134.7
1981	8 787	510.6	288.8	8 411	283.1	210.1
1982	9 163	532.4	104.3	8 815	296.7	104.8
1983	15 605	906.7	170.3	15 025	505.7	170.4
1984	29 435	1 710.3	188.6	27 954	940.9	186.0
1985	62 894	3 654.5	213.7	58 651	1 974.1	209.8
1986	74 160	4 309.1	117.9	68 073	2 291.2	116.1
1987	87 521	5 085.5	118.0	69 688	2 345.6	102.4
1988	146 521	8 513.7	167.4	110 992	3 735.8	159.3
1989	228 668	13 286.9	156.1	173 007	5 823.2	155.9
1990	217 037	12 611.1	94.9	198 073	6 666.9	114.5
1991	273 291	15 879.8	125.9	243 012	8 179.5	122.7
1992	429 599	24 962.2	157.2	420 035	14 137.8	172.8
1993	672 507	39 076.5	156.5	593 327	19 970.6	141.3
1994	743 992	43 230.2	110.6	746 181	25 115.5	125.8
1995	880 174	51 143.2	118.3	934 041	31 438.6	125.2
1996	1 317 490	76 553.7	149.7	1 380 376	46 461.7	147.8
1997	1 420 557	82 542.5	107.0	1 394 181	46 926.3	101.0
1998	1 643 884	95 519.1	115.7	1 767 714	59 499.0	126.8
1999	1 842 085	107 035.7	112.1	2 108 978	70 985.5	119.3
2000	2 219 184	128 947.3	120.5	2 250 441	75 746.9	106.7
2001	2 624 944	152 524.3	118.3	2 537 019	85 392.8	112.7
2002	2 659 287	154 519.9	101.3	3 077 761	103 593.4	121.3
2003	2 908 370	168 993.0	109.4	3 489 526	117 452.9	113.4
2004	3 214 680	186 791.4	110.5	3 775 720	127 085.8	108.2
2005	4 123 787	239 615.7	128.3	5 991 560	201 668.1	158.7
2006	5 008 827	291 041.7	121.5	5 714 231	192 333.6	95.4
2007	6 580 555	382 368.1	131.4	7 279 677	245 024.5	127.4
2008	8 003 603	465 055.4	121.6	8 898 555	299 513.8	122.2
2009	8 808 168	511 805.2	110.1	10 008 394	336 869.5	112.5
2010	11 068 166	643 124.1	125.7	12 660 668	426 141.6	126.5
2011	13 395 728	778 368.9	121.0	15 905 599	535 361.8	125.6

11-3 财政收支分级情况

BUDGETARY REVENUE AND EXPENDITURE BY LEVEL

（2008-2011）

单位：万元

项目	Item	2008年	2009年	2010年	2011年
一般预算收入合计	**Total General Budgetary Revenue**	**8 003 603**	**8 808 168**	**11 068 166**	**13 395 728**
市本级	City	5 271 303	5 807 353	7 300 324	8 027 480
罗湖区	Luohu	339 722	344 188	367 346	521 909
福田区	Futian	423 057	466 962	692 665	916 593
南山区	Nanshan	333 850	384 507	463 443	775 565
宝安区	Baoan	830 983	895 189	1 113 642	1 665 687
龙岗区	Longgang	684 670	777 931	969 428	1 286 888
盐田区	Yantian	120 018	132 038	161 318	201 606
一般预算支出合计	**Total General Budgetary Expenditure**	**8 898 555**	**10 008 394**	**12 660 668**	**15 905 599**
市本级	City	5 489 693	6 141 621	7 863 337	9 234 793
罗湖区	Luohu	415 120	516 113	476 663	676 234
福田区	Futian	562 981	566 189	867 880	1 022 858
南山区	Nanshan	427 773	514 209	621 834	921 527
宝安区	Baoan	1 047 637	1 155 720	1 441 126	2 222 291
龙岗区	Longgang	812 977	925 272	1 176 613	1 588 294
盐田区	Yantian	142 374	189 270	213 215	239 602

注：　宝安区包含光明新区，龙岗区包含坪山新区。
Note: On this table,data of Guangming are included in Baoan and data of Pingshan are included in Longgang.

主要统计指标解释

财政收入　是国家财政参与社会产品分配所取得的收入，是实现国家职能的财力保证。财政收入所包括的内容几经变化，目前主要包括：

各项税收：包括国内增值税、营业税、土地增值税、城市维护建设税、资源税、城市土地使用税、印花税、个人所得税、企业所得税、关税、农牧业税和耕地占用税等。

专项收入：包括征收排污费收入、征收城市水资源费收入、教育费附加收入等。

财政支出　国家财政将筹集起来的资金进行分配使用，以满足经济建设和各项事业的需要，主要包括一般公共服务、公共安全、教育、科学技术、文化教育与传媒、社会保障和就业、医疗卫生、节能环保、城乡社区事务等支出科目。

Explanatory Notes on Main Statistical Indicators

Government Revenue refers to income for the government finance through participating in the distribution of social products. It is the financial guarantee to ensure government functioning.The contents of government revenue have undergone constant changes. Currently they mainly include the following items:

Various tax revenues, including domestic value added tax, business tax, land value added tax, city maintenance and construction tax, resources tax, tax on use of urban land, stamp tax, individual income tax, corporate income tax, tariff, tax on agriculture and animal husbandry and tax on occupancy of cultivated land, etc.

Special program receipts, including receipts of pollutant discharge fee, urban water resource charge, education surtax, etc.

Government Expenditure refers to the distribution and use of the funds which the government finance has raised, so as to meet the needs of economic construction and various causes. It mainly includes the following items: expenditure for general public services, expenditure for public security, expenditure for education, expenditure for science and technology, expenditure for culture, sport and media, expenditure for social safety net and employment effort, expenditure for medical and health care, expenditure for energy saving, expenditure for urban and rural community affairs, etc.

12 第十二部分 金融保险业

FINANCE AND INSURANCE

CHAPTER

12-1 国内金融机构人民币存贷款

DEPOSITS AND LOANS IN RENMINBI OF DOMESTIC FINANCIAL INSTITUTIONS

（2011）

单位：亿元 (100 million yuan)

项目	Item	2011年
各项存款	**Total Deposits**	**22 782.39**
单位存款	Deposits by Enterprises and Institutions	13 703.84
# 活期存款	Current Deposits	4 620.71
定期存款	Time Deposits	4 857.78
通知存款	Notice Deposits	837.29
保证金存款	Margin Deposits	1 807.70
个人存款	Personal Deposits	7 427.64
储蓄存款	Savings Deposits	7 251.39
保证金存款	Margin Deposits	11.72
结构性存款	Structured Deposits	164.53
财政性存款	Fiscal Deposits	344.17
临时性存款	Temporary Deposits	57.19
委托存款	Entrusted Deposits	77.98
其他存款	Other Deposits	1 171.57
各项贷款	**Total Loans**	**15 714.96**
境内贷款	Domestic Loans	15 470.54
短期贷款	Short-term Loans	3 591.25
# 个人贷款及透支	Persoral Loans and Overdrafts	430.73
单位普通贷款及透支	Normal Loans and overdrafts by Enterprises and Institutions	2 866.57
贸易融资	Trade Financing	256.13
中长期贷款	Medium and Long-term Loans	11 128.29
# 个人贷款	Personal Loans	4 852.53
单位普通贷款	Normal Loans by Enterprises and Institutions	4 943.00
贸易融资	Trade Financing	74.52
融资租赁	Financing Leasing	351.17
票据融资	Bill Financing	394.97
各项垫款	All Advances Money	4.87
境外贷款	Overseas Loans	244.43

12-2 深圳市金融机构（含外资）本外币信贷情况

SOURCES AND USES OF CREDIT FUNDS OF SHENZHEN FINANCIAL INSTITUTIONS （INCLUDE FOREIGN FUNDS）（1990-2011）

单位：万元 （10 000 yuan）

年 份 Year	各项存款余额 All Deposits	各项贷款余额 All Loans
1990	3 606 500	3 739 800
1991	5 179 500	4 914 400
1992	8 015 100	6 432 400
1993	9 770 600	8 201 300
1994	14 138 100	12 448 700
1995	17 059 400	15 018 400
1996	21 442 800	18 619 700
1997	24 552 500	22 755 100
1998	28 818 300	24 838 400
1999	32 356 600	26 218 500
2000	39 741 200	29 553 700
2001	49 882 000	35 431 100
2002	59 412 900	43 084 300
2003	70 719 400	54 119 600
2004	81 362 100	65 715 600
2005	94 867 100	75 967 500
2006	106 160 100	83 538 200
2007	127 296 800	101 213 700
2008	142 609 400	112 340 500
2009	183 574 700	147 833 900
2010	219 378 900	168 081 200
2011	250 957 800	192 446 800

12-3 深圳市金融机构（含外资）本外币分类存贷款

SOURCES AND USES OF CREDIT FUNDS OF SHENZHEN FINANCIAL INSTITUTIONS(INCLUDE FOREIGN FUNDS)

单位：亿元 (100 million yuan)

项目	Item	2011
各项存款	**Total Deposits**	**25 095.78**
单位存款	Deposits by Enterprises and lnstitutions	15 251.87
个人存款	Personal Deposits	8 143.51
# 储蓄存款	Savings Deposits	7 963.54
财政性存款	Fiscal Deposits	344.07
临时性存款	Temporary Deposits	73.45
委托存款	Entrusted Deposits	78.24
其他存款	Other Deposits	1 204.64
各项贷款	**Total Loans**	**19 244.68**
境内贷款	Domestic Loans	17 866.81
短期贷款	Short-term Loans	4 796.17
中长期贷款	Medium and Long-term Loans	12 124.36
融资租赁	Financing Leasing	420.59
票据融资	Bill Financing	519.68
各项垫款	All Advances Money	6.00
境外贷款	Overseas Loans	1 377.87

12-4 深圳证券交易所投资者开户情况

ACCOUNT-OPENING BY INVESTORS IN SHENZHEN STOCK EXCHANGE

（2006-2011）

单位：万户 (10 000 accounts)

指 标	Indicators	2006	2007	2008	2009	2010	2011
年末开户总数	**Total Accounts Year-end**	**3 819.54**	**6 840.08**	**7 508.81**	**8 570.75**	**9 433.56**	**10 124.57**
个人	Private	3 802.33	6 817.10	7 484.16	8 542.60	9 402.68	10 091.17
机构	Institution	17.21	22.98	24.65	28.15	30.88	33.40
A股合计	A Shares Accounts	3 756.07	6 749.04	7 414.99	8 474.15	9 335.23	10 025.14
个人	Private	3 739.79	6 727.11	7 391.49	8 447.17	9 305.59	9 993.08
机构	Institution	16.28	21.93	23.50	26.98	29.64	32.06
B股合计	B Shares Accounts	63.47	91.03	93.82	96.60	98.33	99.43
个人	Private	62.54	89.99	92.67	95.43	97.09	98.10
机构	Institution	0.93	1.04	1.15	1.17	1.24	1.33
新开户总数	**Newly Opened Accounts During the Year**	**115.27**	**162.02**	**49.37**	**99.92**	**77.34**	**46.18**
个人	Private	115.03	161.23	49.16	99.51	76.97	45.82
机构	Institution	0.24	0.79	0.21	0.41	0.37	0.36
A股合计	Newly Opened Accounts of A Shares	115.08	161.48	49.17	99.67	77.20	46.12
个人	Private	114.84	160.70	48.96	99.26	76.83	45.77
机构	Institution	0.24	0.78	0.21	0.41	0.37	0.35
B股合计	Newly Opened Accounts of A Shares	0.20	0.54	0.20	0.25	0.15	0.06
个人	Private	0.19	0.53	0.20	0.24	0.14	0.05
机构	Institution	0.01	0.01		0.01	0.01	0.01

12-5 深圳证券交易所有价证券成交总额
TOTAL VOLUME OF PRICE SECURITIES TRADING IN SHENZHEN
（2004-2011）

单位：亿元 （100 million yuan）

指 标	Indicators	2004	2005	2006	2007	2008	2009	2010	2011
合计	**Total**	**16 420.53**	**13 275.85**	**38 738.09**	**187 645.57**	**99 388.44**	**198 733.87**	**247 426.62**	**193 188.33**
股票	Stocks	15 863.35	12 424.57	32 652.29	155 121.94	86 682.71	189 474.86	241 321.53	184 089.28
# A股证券	A Shares	15 346.89	12 037.89	31 972.00	152 811.01	86 127.99	138 344.51	138 699.69	95 624.49
B股证券	B Shares	516.46	386.68	680.29	2 310.93	554.72	1 028.72	1 071.54	559.21
基金	Funds	231.42	196.37	978.30	4 321.85	2 130.82	3 790.96	4 224.73	3 464.40
债券	Bonds	325.76	229.45	149.03	267.84	510.86	828.71	1 291.60	5 634.65
# 国债现货	State Treasury Bond	4.96	7.84	3.31	5.08	46.63	30.20	71.61	10.02
国债回购	Repurchase of Treasury Bond	0.40							

12-6 深证综合指数
SHENZHEN COMPOSITE INDEX
（2000-2011）

日历日期 Date	开市指数 Open	收市指数 Close	最高指数 High	交易日期 Exchange Date	最低指数 Low	交易日期 Exchange Date
2000-12-29	402.71	635.73	656.21	2000-11-24	401.67	2000-01-04
2001-12-31	636.62	475.94	665.57	2001-06-14	438.00	2002-10-22
2002-12-31	475.14	388.76	523.38	2002-06-25	366.84	2002-01-23
2003-12-31	386.61	378.63	453.45	2003-04-16	349.86	2003-11-19
2004-12-31	377.93	315.81	472.18	2004-04-07	314.98	2004-09-13
2005-12-30	313.81	278.75	334.14	2005-03-09	235.64	2005-07-19
2006-12-29	541.07	550.59	552.93	2006-12-29	278.99	2006-01-04
2007-12-28	1 455.60	1 447.02	1 567.74	2007-10-08	547.89	2007-01-05
2008-12-31	560.17	553.30	1 576.50	2008-01-15	456.97	2008-11-04
2009-12-31	1 193.32	1 201.34	1 234.17	2009-12-03	571.13	2009-01-05
2010-12-31	1 262.19	1 290.87	1 412.64	2010-11-11	890.24	2010-07-02
2011-12-30	852.43	866.65	1316.19	2011-01-06	828.83	2011-12-28

12-7 社会保险费实际征收收入和支出
PREMIUMS INCOME, AND PAYMENT IN MAIN YEARS
（1997-2011）

单位：万元 （10 000 yuan）

年 份 Year	保险费实际征收收入 Premium Income	保险费实际征收支出 Indemnity Expenditure and Payment
1997	172 795	65 907
1998	203 014	82 818
1999	241 680	109 306
2000	315 636	136 454
2001	508 777	200 638
2002	569 878	246 587
2003	741 343	316 201
2004	1 092 084	446 943
2005	1 335 261	563 925
2006	1 724 096	701 087
2007	2 053 206	777 218
2008	2 637 923	926 975
2009	2 768 988	1 154 785
2010	3 401 499	1 437 736
2011	4 462 180	1 807 163

12-8 主要年份保险费收入和赔款及给付
PRIMIUMS INCOME, INDEMNITY EXPENDITURE AND PAYMENT IN MAIN YEARS
（1996-2011）

单位：亿元 （100 million yuan）

年 份 Year	保险费收入 Premium Income	赔款及给付支出 Indemnity Expenditure and Payment	赔款率(%) Indemnity and Payment Ratio (%)
1996	30.92	8.54	27.60
1997	34.64	9.44	27.30
1998	34.94	9.06	25.90
1999	35.79	9.96	27.80
2000	40.66	9.64	23.70
2001	54.22	14.26	26.30
2002	65.84	18.40	28.00
2003	78.75	23.86	30.30
2004	91.77	24.44	26.60
2005	106.39	28.63	26.90
2006	134.69	35.15	26.10
2007	183.70	56.87	31.00
2008	240.82	67.94	28.20
2009	271.59	73.34	27.00
2010	361.49	73.94	20.45
2011	359.90	85.77	23.83

12-9 主要年份保险及保险中介机构

INSURERS AND INSURANCE AGENTS IN MAIN YEARS

（2000-2011）

单位：个 (unit)

年 份 Year	保险机构 Insurers			保险中介机构 Insurance Agents
		中 资 Domestic-Funded	三 资 Foreign-Funded	
2000	12	9	3	
2001	16	12	4	4
2002	21	17	4	8
2003	24	19	5	32
2004	26	21	5	67
2005	30	23	7	100
2006	36	32	4	131
2007	47	40	7	173
2008	51	43	8	197
2009	53	44	9	183
2010	57	48	9	180
2011	69	60	9	170

12-10 保险公司主要业务指标

MAJOR BUSINESS INDICES OF INSURANCE COMPANIES

（2011）

单位：亿元 (100 million yuan)

指 标	Indicators	保险金额 Sum Insured	保 费 Premium	赔款及给付 Compensation and Claims
总计	**Total**	**142 567.31**	**359.90**	**85.77**
财产保险	Property Insurance	75 706.04	139.80	57.50
#企业财产险	Enterprise Property Insurance	27 771.22	12.82	4.66
家庭财产险	Household Property	1 964.67	0.26	0.04
机动车辆险	Motor Vehicles Insurance	18 641.54	94.05	44.72
责任险	Liability Insurance	7 567.67	5.61	1.76
人寿保险	Life Insurance	4 039.44	190.53	15.69
健康险	Health Insurance	5 792.90	19.92	10.20
人身意外伤害险	Accident Insurance	57 028.93	9.66	2.37

主要统计指标解释

存款 指企业、机关、团体或居民根据必须收回的原则，把货币资金存入银行或其他信用机构保管并取得一定利息的一种信用活动形式。根据存款对象的不同可划分为企业存款、财政存款、机关团体存款、基本建设存款、城镇居民储蓄、农村存款等科目。它是银行信贷资金的主要来源。

贷款 指银行或其他信用机构根据资金必须归还的原则，按一定利率，为企业、个人等提供资金的一种信用活动形式。我国银行贷款分流动资金贷款、固定资产贷款、城乡个体工商户贷款以及农业贷款等科目。

城乡居民储蓄存款余额 指某一时点城乡居民存入银行及农村信用社的储蓄金额，包括城镇居民储蓄存款和农民个人储蓄存款，不包括居民的手存现金和工矿企业、部队、机关、团体等单位存款。

保险金额 指保险人承担赔偿或者给付保险金责任的最高限额。

保费 指投保人为取得保险人在约定范围内所承担赔偿责任而支付给保险人的费用。

赔款 指保险人根据保险合同的规定，向被保险人支付的赔偿保险责任损失的金额。

给付 包括死伤医疗给付和满期给付。死伤医疗给付是指保险人根据人寿保险及长期健康保险合同的规定，因被保险人在保险期内发生保险责任范围内的保险事故支付给被保险人（或受益人）的金额。满期给付是指被保险人生存期满，保险人按人寿保险合同规定支付给被保险人的满期保险金额。

Explanatory Notes on Main Statistical Indicators

Deposit is a form of credit by which enterprises, institutions, organizations or residents can put money into banks and other credit institutions for safekeeping and interest earning under the principle of free withdrawal. According to the different depositors, deposits are divided into enterprise deposits, treasury deposits, deposits of government agencies and organizations, capital construction deposits, urban savings deposits, rural deposits and other deposits. Deposits are major sources of the credit funds of banks.

Loan is a form of credit by which banks and other credit institutions provide funds at certain interest rates to enterprises and individuals in the light of the principle of unconditional repayment. Loans from Chinese banks include circulating capital loans, fixed assets loans, loans to urban and rural individuals engaged in industrial and commercial business and agricultural loans.

Savings Deposits by Urban and Rural Residents refer to the total value of savings deposits of urban and rural households in banks and rural credit cooperatives at a given point of time, including the savings deposit of urban residents and the savings deposit of rural residents. The cash in hand by residents and the deposits of organizations such as enterprises, military units, government agencies, institutions and others are not included.

Amount Insured refers to the maximum that the insurant will get for the claim of the case insured.

Premium is the fee paid by the insurant to the insurer to obtain the obligation of compensation from the insurance within the agreed terms. is the compensation paid by the insurer to the insurant in accordance with the insurance contract.

Settled Claim is the compensation paid by the insurer to the insurant in accordance with the insurance contract.

Payment includes payment for death, injury or medical treatment and payment at maturity. Payment for death, injury or medical treatment refers to the money paid to the insurant (or the beneficiary) in accordance with the life or health insurance contract when the insurant encounters accidents within the insured period covered in the contract. Payment at maturity refers to the payment to the insurant in accordance with the life insurance contract at the end of the insured period.

13 第十三部分

外经贸和旅游

FOREIGN TRADE AND TOURISM

CHAPTER

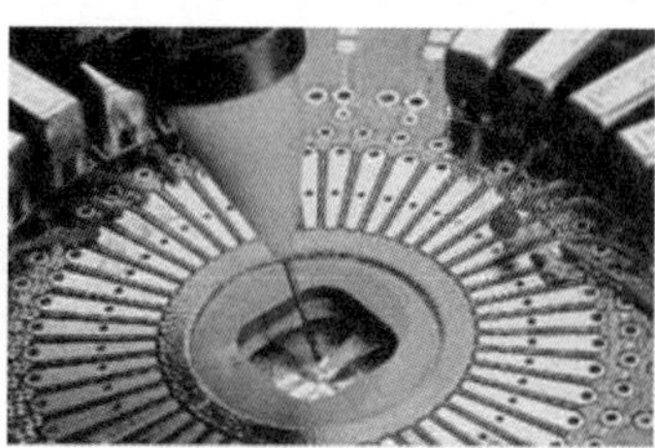

13-1 利用外资签订协议（合同）项目

NUMBER OF THE SIGNED AGREEMENTS AND CONTRACTS FOR UTILIZATION OF FOREIGN CAPITAL（1979-2011）

单位：项 (unit)

年 份 Year	总 计 Total	一、按投资方式分 Grouped by Investment Mode					
		对外借款 Foreign Loans	外商直接投资 Direct Foreign Investments	# 合资经营 Joint Ventures	# 合作经营 Cooperative Operation	# 外商独资 Soly-Funded Foreign Enterprises	外商其他投资 Other Foreign Investments
1979	169		37	7	30		132
1980	303		33	4	24	5	270
1981	578		70	13	39	18	508
1982	577		66	11	47	8	511
1983	878		253	92	149	12	625
1984	988	5	334	188	134	12	649
1985	1 203	40	282	192	73	17	881
1986	454	31	224	152	64	8	199
1987	334	13	310	231	62	17	11
1988	694	4	591	443	93	55	99
1989	711	5	647	473	94	80	59
1990	796	6	757	434	100	223	33
1991	986	6	951	534	122	295	29
1992	1 561	1	1 553	822	227	504	7
1993	3 257	2	3 255	1 735	358	1 162	
1994	2 223	2	2 221	1 049	208	964	
1995	1 638	5	1 633	764	109	760	
1996	999		999	491	38	470	
1997	1 786		957	454	30	471	829
1998	1 915		1 391	513	31	844	524
1999	1 558		797	321	15	461	761
2000	1 835		1 130	339	24	766	705
2001	1 860		1 501	396	18	1 087	359
2002	2 191		1 917	361	8	1 544	274
2003	2 573		2 254	333	6	1 913	319
2004			2 718	356	9	2 352	2 36
2005			2 797	308	12	2 469	141
2006			3 105	269	7	2 827	62
2007			4 200	215	8	3 975	25
2008			3 046	139	11	2 896	6
2009			1 498	114	1	1 382	11
2010			1 929	124	1	1 800	
2011			2 513	149	2	2 360	

注：根据《商务部、国家统计局关于印发〈外商投资统计制度〉的通知》从2004年开始外商投资统计制度发生变化：一是不再包括“对外借款”，且外商直接投资的统计口径缩小；二是对外公布的数据为经商务部核准的外商直接投资数据。

Note: There are two changes among the newly statistical system of foreign investment in 2004:1.The index was not include Foreign Loans and statistical scope of Direct Foreign Investments was reduced.2.The released data of Direct Foreign Investments have been verified by State Commercial Department.

单位：项 13-1 续表 1 continued (unit)

年 份 Year	二、按国民经济行业分 Grouped by Sector					
	农、林、牧、渔水利业 Farming,Forestry, Animal Husbandry and Fishery	工 业 Industry	建筑业 Construction	交通运输、仓储和邮政业 Transportation,Storage,Postal and Telecommunications Services	商业、住宿和餐饮业 Commerce,Accommodation and Catering Services	房地产业 Real Estate
1979	6	112		3	5	3
1980	8	243		4	10	14
1981	9	321		5	5	28
1982	3	457		1	25	8
1983	19	714		15	87	21
1984	14	148		15	117	31
1985	10	164		8	84	15
1986	6	172	3	1	20	14
1987	7	303			1	10
1988	5	646	4	5	12	11
1989	5	666		3	12	10
1990	3	766	2	3	6	3
1991	5	908	3	6	22	30
1992	6	1 464	2	8	20	51
1993	10	2 836	18	23	115	205
1994	6	1 815	20	16	168	135
1995	5	1 377	10	15	104	59
1996	10	858	7	8	53	30
1997	8	1 526	4	13	89	138
1998	5	1 401	3	12	65	286
1999	3	1 351	3	7	28	157
2000	4	1 450	1	23	34	307
2001	3	1 397	1	22	43	315
2002	3	1 616	4	33	103	394
2003		1 660	2	48	100	439
2004	2	1 513	6	53	188	57
2005	1	1 344	9	38	357	77
2006	1	896	11	55	1 238	101
2007	2	860	4	127	1 828	49
2008		350	5	83	1 187	4
2009	1	388	3	28	737	15
2010	1	434	7	29	1 000	11
2011		1 030	6	23	924	19

注： 从2008年起，此表按“国民经济行业分类”（GB/T4754-2002）分类。
Note: This table is grouped by National Economy Classification (GB/T4754-2002) from 2008.

年 份 Year	二、按国民经济行业分 Grouped by Sector						
	卫生、社保和社会福利业 Health Care,Social Security and Welfare	教育、文化、体育和娱乐业 Education,Culture Sports and Entertainment	科研和综合技术服务业和地质勘查业 Scientific Research and Polytechnical Services,Geological Exploration	金融、保险业 Financial Intermediation and Insurance	信息传输、计算机服务和软件业 Information Transmission,Computer Services and Software	租赁和服务业 Rental and Services	其他行业 Others
1979							40
1980							24
1981							210
1982							83
1983							22
1984							663
1985							922
1986	1	2	1	1			233
1987				7			6
1988				4			7
1989		4	4				7
1990	1		5				7
1991		2	2	6			2
1992		4	4	1			1
1993	6	1	5	1			33
1994	5	8	33	1			15
1995	19	4	31	1			13
1996	8	3	11	2			9
1997	1		7				
1998	1	1	138				3
1999			9				
2000	1	2	13				
2001		1	77				1
2002	1		26	5			5
2003	1	2	298	6			17
2004		4	178	2			715
2005	1	2	348	6			614
2006		7	373	5			418
2007	1	8	947	2			372
2008		3	1 134	2	62	215	1
2009		6	95	3	30	191	1
2010		2	142	4	35	264	
2011			138	6	54	313	

单位：项 13-1 续表 3 continued (unit)

年 份 Year	三、按国别(地区)分 Grouped by Country (Territory)							
	香港、澳门 HongKong and Macao	台 湾 Taiwan	新加坡 Singapore	韩 国 Korea Rep.	日 本 Japan	泰 国 Thailand	澳大利亚 Australia	马来西亚 Malaysia
1987	284		8		25	2	2	
1988	610	8	10		24			3
1989	630	25	2		16	1	2	
1990	699	45	5		12	2	2	1
1991	885	36	8	3	17	3	1	
1992	1 330	88	20	5	16	8	6	3
1993	2 834	154	24	8	27	15	14	5
1994	1 885	124	29	8	25	8	7	3
1995	1 288	100	26	14	36	11	9	6
1996	760	85	15	11	15	4	6	6
1997	1 576	85	14	9	13	3	5	5
1998	1 614	119	19	7	12	1	4	2
1999	1 355	45	14	7	8		2	
2000	1 474	67	19	12	9	1	7	2
2001	1 288	179	28	22	25	3	10	6
2002	1 498	239	34	25	35	3	13	11
2003	1 852	260	25	35	33	3	14	6
2004	1 959	122	44	42	51		14	10
2005	1 974	144	51	43	45	3	9	6
2006	2 233	152	48	42	38	2	28	17
2007	3 427	165	48	50	46	6	19	10
2008	2 582	82	27	34	41	2	10	15
2009	1 142	85	17	25	24	4	9	11
2010	1 472	112	23	24	34	3	5	15
2011	1 985	125	29	37	27	2	10	12

单位：项 13-1 续表 4 continued (unit)

年 份 Year	三、按国别(地区)分 Grouped by Country (Territory)							
	美 国 The United States	加拿大 Canada	德 国 Germany	法 国 France	英 国 The United Kingdom	瑞 士 Switzerland	荷 兰 Netherlands	其 他 Others
1987	10			1	1			1
1988	31	1	2	1	2			2
1989	16	2	1	9			1	6
1990	16	2		1	2	3		6
1991	18	2	2	3	2	1	1	4
1992	57	8	1	2	5		1	11
1993	104	22	2	4	16	2	3	23
1994	74	10	5	3	19		1	22
1995	71	9	3	1	18	2	4	40
1996	42	7	3	4	14	1	2	24
1997	35	8	2	3	5	3		20
1998	58	4	5	1	4	1	3	61
1999	37	12	3		4		1	70
2000	52	17	4	1	3		2	165
2001	72	14	2	2	2	2	2	203
2002	77	12	4	3	9	1	7	220
2003	72	23	2	3	7		4	234
2004	84	22	12	5	15	1	6	331
2005	100	16	14	4	24	7	9	348
2006	110	19	11	5	21	5	7	367
2007	78	15	12	3	15	2	5	299
2008	62	13	4	3	9	6	3	153
2009	49	10	7	7	5	1		102
2010	46	7	7	9	6	2	3	161
2011	51	8	15	9	7	1	2	193

13-2 协议利用外资额

AMOUNT OF FOREIGN CAPITAL TO BE UTILIZED IN THE SIGNED AGREEMENTS AND CONTRACTS（1979-2011）

单位：万美元 (USD 10 000)

年 份 Year	总 计 Total	一、按投资方式分 Grouped by Investment Mode					
		1、对外借款 Foreign Loans	2、外商直接投资 Direct Foreign Investments	# 合资经营 Joint Ventures	# 合作经营 Cooperative Operation	# 外商独资 Soly-Funded Foreign Enterprises	3、外商其他投资 Other Foreign Investments
1979	2 984		1 790	851	939		1 194
1980	27 122		23 966	1 021	13 966	8 979	3 156
1981	86 360		86 360	442	72 636	13 282	
1982	18 028		17 546	643	14 498	2 405	482
1983	33 451		29 355	8 052	17 605	3 698	4 096
1984	64 564	1 962	53 342	21 240	31 704	398	9 260
1985	102 647	19 320	79 323	18 544	58 046	2 733	4 004
1986	51 360	22 474	24 396	9 776	13 189	1 431	4 490
1987	64 893	7 812	56 675	10 993	7 370	38 312	406
1988	48 739	4 500	43 021	25 163	9 310	8 548	1 218
1989	48 904	576	46 945	25 120	11 501	10 324	1 383
1990	69 344	1 062	67 899	18 869	16 099	32 931	383
1991	115 158	5 038	108 611	35 419	23 072	50 120	1 509
1992	251 774	1 188	249 496	75 010	65 597	108 889	1 090
1993	497 737	800	496 937	211 828	71 588	213 521	
1994	298 649	15 521	283 128	92 731	47 632	142 765	
1995	359 654	13 347	346 307	125 589	63 561	157 157	
1996	168 000		168 000	99 879	26 192	41 929	
1997	176 896		135 387	63 177	10 224	59 657	41 509
1998	274 571	42 093	203 475	78 016	8 484	115 293	29 003
1999	223 018	64 077	121 017	16 345	7 242	96 585	37 924
2000	263 996	43 671	173 813	28 374	11 926	128 739	46 512
2001	400 393	50 527	272 318	43 530	82 902	145 184	77 548
2002	518 626	38 735	354 400	61 955	5 952	202 075	125 491
2003	582 896	55 570	484 687	124 831	11 157	335 571	42 639
2004			412 131	103 316	13 546	281 272	71 913
2005			525 097	68 065	2 375	437 181	43 755
2006			526 410	93 298	6 117	412 952	107 288
2007			857 155	63 948	-3 985	787 701	15 570
2008			728 283	97 963	2 007	608 434	4 914
2009			355 805	81 851	-1 622	257 953	-4 195
2010			565 197	44 503	271	508 625	-6 219
2011			763 307	121 168	11 803	616 702	-14 417

单位：万美元　　　　13-2 续表 1 continued （USD 10 000）

年 份 Year	二、按国民经济行业分 Grouped by Sector					
	农、林、牧、渔水利业 Farming,Forestry, Animal Husbandry and Fishery	工 业 Industry	建筑业 Construction	交通运输、仓储和邮政业 Transportation, Storage, Postal and Telecommunications Services	商业、住宿和餐饮业 Commerce, Accommodation and Catering Services	房地产业 Real Estate
1979	119	1 163		537	179	538
1980	1 085	10 577		4 883	1 628	4 883
1981	3 454	33 680		15 545	5 182	15 675
1982	213	6 269		3 245	1 082	3 245
1983	1 345	13 145		5 978	2 085	6 042
1984	214	16 936		1 933	27 152	6 349
1985	439	56 558		3 935	13 510	4 928
1986	187	12 197	3 849	102	3 773	4 075
1987	359	54 644			13	2 065
1988	273	36 686	149	899	2 403	3 568
1989	120	37 885		643	3 499	4 939
1990	99	55 931	138	378	5 197	3 802
1991	888	77 756	3 839	1 665	5 742	17 197
1992	2 878	176 536	1 180	8 321	4 724	51 153
1993	378	292 842	3 646	37 086	48 641	77 660
1994	263	177 967	1 264	1 585	37 774	59 615
1995	438	243 725	4 468	21 376	21 903	51 630
1996	763	123 973	11 905	1 827	12 443	9 200
1997	481	129 826	2 671	4 864	7 977	29 839
1998	1 417	184 011	3 678	16 008	11 323	44 075
1999	89	207 778	225	−2 439	2 359	16 108
2000	94	216 845	−913	2 990	7 795	36 672
2001	−202	343 834	445	6 299	5 936	38 853
2002	98	357 927	650	29 752	15 303	43 677
2003	699	362 144	466	40 517	18 346	89 112
2004	1 040	246 824	525	8 923	12 230	29 502
2005	184	227 994	20 041	41 960	42 019	61 235
2006	84	215 287	490	39 107	78 194	80 598
2007	−561	250 677	−24	16 890	197 432	109 325
2008	−95	230 858	3 928	13 374	192 763	70 910
2009	52	90 645	682	51 452	64 715	56 192
2010	314	105 151	1 162	17 878	155 857	130 934
2011		262 143	1 222	20 028	144 719	95 492

年　份 Year	二、按国民经济行业分 Grouped by Sector						
	卫生、社保和社会福利业 Health Care, Social Security and Welfare	教育、文化、体育和娱乐业 Education,Culture Sports and Entertainment	科研和综合技术服务业和地质勘查业 Scientific Research and Polytechnical Services,Geological Exploration	金融、保险业 Financial Intermediation and Insurance	信息传输、计算机服务和软件业 Information Transmission,Computer Services and Software	租赁和服务业 Rental and Services	其他行业 Others
1979							448
1980							4 066
1981							12 824
1982							3 974
1983							4 856
1984							11 980
1985							23 277
1986	19	16	4	129			27 009
1987				6 000			1 812
1988				4 500			261
1989		300	108				1 410
1990	2 574		123				1 102
1991		669	240	5 038			2 124
1992		3 239	97	1 188			2 458
1993	991	2 900	94	2 100			31 106
1994	628	6 552	1 393	29			11 572
1995	625	1 250	1 103	2 170			2 966
1996	2 664	1 750	487	2 301			687
1997	161		426				651
1998	1 584	36	8 043	4 911			−515
1999	−5 037		579				3 356
2000	−460	158	486	27			302
2001	120	793	5 886	1 000			−2 571
2002	707	38	2 396	60 980			7 098
2003	779	2 071	21 947	13 654			28 054
2004		1 563	13 697	144			97 683
2005	993	1 371	36 825	8 813			83 662
2006	−132	4 288	38 188	3 085			67 221
2007	2 190	371	115 229	1 250			164 376
2008		1 351	135 320	594	32 517	45 135	1 628
2009		783	17 549	38 750	2 367	32 584	34
2010		2 902	52 828	4 004	17 687	76 480	
2011		1 866	52 673	−22 595	16 848	190 892	19

单位：万美元 13-2 续表 3 continued (USD 10 000)

年 份 Year	三、按国别(地区)分 Grouped by Country (Territory)							
	香港、澳门 HongKong and Macao	台 湾 Taiwan	新加坡 Singapore	韩 国 Korea Rep.	日 本 Japan	泰 国 Thailand	澳大利亚 Australia	马来西亚 Malaysia
1987	16 431		427		10 336	112	85	
1988	33 363	1 407	1 735		6 762			41
1989	40 214	986	328		1 131	2 585	48	
1990	54 729	4 839	3 134		1 058	1 092	550	17
1991	98 476	2 652	693	264	7 987	67	480	
1992	206 231	10 814	2 151	1 174	5 843	416	3 198	1 679
1993	411 673	21 908	2 132	665	7 491	5 284	7 934	392
1994	260 535	12 075	6 996	384	2 692	1 421	184	114
1995	274 815	7 344	7 940	1 926	20 914	978	227	2 024
1996	80 115	3 376	1 847	50 895	1 120	347	340	210
1997	98 839	4 951	1 874		2 517	59		293
1998	153 002	6 375	10 002	343	15 184	1 030		
1999	111 587	2 965	6 569	7	15 842		32	−154
2000	141 259	3 976	5 359	628	1 677	7	511	300
2001	180 030	19 328	6 371	888	8 379	115	920	56
2002	205 225	26 226	5 879	1 543	1 998	−939	2 381	1 570
2003	340 288	18 290	9 916	2 608	10 027	1 165	340	96
2004	198 695	9 276	6 479	4 506	6 025	400	745	3 838
2005	265 109	1 802	13 508	861	8 802	171	−139	−237
2006	362 411	3 883	8 107	486	8 866	26	1 822	3 568
2007	667 020	4 837	5 989	2 407	4 110	242	−1 190	133
2008	618 340	−1 030	1 618	804	4 138	17	−585	678
2009	323 420	245	4 974	239	−3 251	198	−283	672
2010	449 569	980	8 180	316	3 730	61	24	517
2011	536 353	9 961	22 437	23 771	15 026	8	−67	−771

单位：万美元 13-2 续表 4 continued (USD 10 000)

年 份 Year	三、按国别(地区)分 Grouped by Country (Territory)							
	美 国 The United States	加拿大 Canada	德 国 Germany	法 国 France	英 国 The United Kingdom	瑞 士 Switzerland	荷 兰 Netherlands	其 他 Others
1987	779			300	23			36 400
1988	3 441	100	1 162	22	603			103
1989	2 290	63	48	249			562	400
1990	1 253	115		8	772	809		968
1991	981	34	210	392	1 700	83	819	320
1992	4 764	4 067	31	111	5 373		5	5 917
1993	18 289	7 245	368	534	7 352	500	175	5 795
1994	8 010	921	222	78	2 421		25	2 571
1995	17 020	426	1 995	3 900	3 641	6	6 315	10 183
1996	3 876	368	357	227	2 493	15	2 659	19 755
1997	2 177	553	1 365	182		128	1 061	62 897
1998	10 759	215	3 077	21 270	7 489		4 142	41 683
1999	22 954	144	2 367	23 561	8 543	−17	2 853	25 765
2000	11 611	987	3 214	26 698	11 894		1 388	54 487
2001	5 239	997	1 224	33 920	5 987	683	−1 383	137 639
2002	79 346	−32	492	24 533	65 794	1 565	−199	103 244
2003	17 082	907	399	3 753	10 540	83	7 219	160 183
2004	14 007	434	2 379	2 317	11 263	140	7 154	144 473
2005	5 532	121	1 857	177	3 710	537	3 264	220 022
2006	4 974	196	911	482	1 748	299	7 136	121 495
2007	7 946	572	612	751	2 267	439	3 772	157 248
2008	11 773	2 385	1 357	4 445	636	922	756	82 029
2009	4 223	198	152	−946	2 398	381	401	22 784
2010	12 622	−2 011	−262	2 040	−1 162	−35	−1 158	91 786
2011	34 899	204	782	31 436		−9	−70	89 347

13-3 实际利用外资额

AMOUNT OF FOREIGN CAPITAL ACTUALLY USED

（1979-2011）

单位：万美元 (USD 10 000)

年 份 Year	总 计 Total	一、按投资方式分 Grouped by Investment Mode					
		对外借款 Foreign Loans	外商直接投资 Direct Foreign Investments	# 合资经营 Joint Ventures	# 合作经营 Cooperative Operation	# 外商独资 Soly-Funded Foreign Enterprises	外商其他投资 Other Foreign Investments
1979	1 537		548	192	356		989
1980	3 264		2 755	252	1 891	612	509
1981	11 282		8 618	1 073	5 427	2 118	2 664
1982	7 379		5 771	1 114	3 823	834	1 608
1983	14 394		11 316	1 906	6 077	3 333	3 078
1984	23 013	1 962	18 640	8 008	5 990	4 642	2 411
1985	32 925	13 585	17 989	6 993	10 316	680	1 351
1986	48 933	10 860	36 450	5 124	30 241	1 085	1 623
1987	40 449	12 436	27 379	8 489	17 826	1 064	634
1988	44 429	14 430	28 716	9 644	10 085	8 987	1 283
1989	45 809	15 563	29 252	16 852	7 182	5 218	994
1990	51 857	12 360	38 994	26 849	4 917	7 228	503
1991	57 988	17 184	39 875	27 330	5 185	7 360	929
1992	71 539	25 808	44 879	20 554	8 716	15 609	852
1993	143 217	43 762	98 900	48 165	15 097	35 638	555
1994	172 959	47 367	125 046	49 312	21 388	54 346	546
1995	173 545	42 556	130 989	33 120	28 003	69 866	
1996	242 242	37 177	205 065	89 228	26 776	89 061	
1997	287 168	57 095	166 112	53 271	20 771	92 070	63 961
1998	255 222	55 717	166 357	73 762	22 354	67 561	33 148
1999	275 422	64 077	177 839	74 848	18 954	82 556	33 506
2000	296 839	43 671	196 145	71 789	19 102	103 061	57 023
2001	360 277	44 527	259 080	59 076	56 621	139 157	56 670
2002	490 220	49 511	319 101	79 480	39 550	149 642	121 608
2003	504 213	57 928	362 344	115 245	20 850	193 915	83 941
2004			234 994	48 868	6 281	169 650	126 232
2005			296 872	50 807	8 299	230 996	104 841
2006			326 852	56 623	2 609	252 313	158 419
2007			366 220	64 843	1 334	295 550	99 277
2008			403 018	43 441	2 038	354 971	75 827
2009			416 001	54 993	551	342 234	12 242
2010			429 724	63 281	1 292	341 964	17 218
2011			459 921	48 409	1 367	397 391	23 696

单位：万美元　　13-3 续表 1 continued （USD 10 000）

年　份 Year	二、按国民经济行业分 Grouped by Sector					
	农、林、牧、渔水利业 Farming,Forestry, Animal Husbandry and Fishery	工　业 Industry	建筑业 Construction	交通运输、仓储和邮政业 Transportation, Storage,Postal and Telecommunications Services	商业、住宿和餐饮业 Commerce, Accommodation and Catering Services	房地产业 Real Estate
1979	30	645		31	200	553
1980	65	1 371		65	424	1 175
1981	226	4 738		226	1 467	4 061
1982	148	3 099		148	959	2 656
1983	216	6 013		273	1 809	5 124
1984	57	8 235		881	5 251	4 412
1985	73	6 549		1 457	1 221	7 976
1986	138	31 874	13	416	974	2 965
1987	232	25 216	239	432	387	454
1988	383	28 645	45	917	1 069	4 652
1989	200	27 406	53	1 071	1 530	4 744
1990	28	32 306	6	440	858	5 576
1991	143	34 869	12	894	831	10 835
1992	55	44 056	122	300	807	9 503
1993	94	74 851	54	18 514	3 216	31 664
1994	626	113 192		18 900	6 798	14 220
1995	433	121 125		17 195	2 305	15 982
1996		193 141	30	6 944	11 852	16 970
1997	64	222 822	3 195	26 095	3 318	14 372
1998	428	156 925	7 906	35 333	7 715	31 208
1999	1 049	195 450	412	10 182	8 794	48 992
2000	145	222 702	5 384	12 129	5 587	40 473
2001	294	293 765	776	9 476	9 283	44 137
2002	27	336 943	657	18 696	13 115	51 018
2003	824	315 730	1 102	45 608	29 410	64 587
2004	169	145 123	2 223	12 313	11 407	18 694
2005	146	181 804	134	21 139	14 497	19 457
2006	146	189 097	12 690	23 308	15 423	21 097
2007	113	181 439	7 073	19 723	53 884	32 405
2008	207	152 987	27	30 071	80 362	42 717
2009	111	158 939	427	8 567	127 000	25 249
2010		164 623	2	5 947	89 554	56 872
2011	172	164 480	469	30 673	90 304	45 815

单位：万美元　　　　　　　　　　　　　　　　　　　　13-3 续表 2 continued （USD 10 000）

年　份 Year	二、按国民经济行业分 Grouped by Sector						
	卫生、社保和社会福利业 Health Care,Social Security and Welfare	教育、文化、体育和娱乐业 Education,Culture Sports and Entertainment	科研和综合技术服务业和地质勘查业 Scientific Research and Polytechnical Services,Geological Exploration	金融、保险业 Financial Intermediation and Insurance	信息传输、计算机服务和软件业 Information Transmission,Computer Services and Software	租赁和服务业 Rental and Services	其他行业 Others
1979							78
1980							164
1981							564
1982							369
1983							959
1984							4 177
1985							15 649
1986		6		8 948			3 599
1987	6	39		10 247			3 197
1988	161	30	20	4 168			4 339
1989		33		10 666			106
1990		34		5 913			6 696
1991	35			9 837			532
1992	13	17		14 008			2 658
1993	500			254			14 070
1994	234	1 445	132	5 751			11 661
1995	10 921	625		4 327			632
1996	1 236	68	550	9 339			2 112
1997	1 750	470	17	6 638			8 427
1998	831	548	234	12 021			2 073
1999	4 659	441	3 383				2 060
2000	1 600	377	379	1 579			6 484
2001	758	18	501	1 000			269
2002	1 514	63	2 846	58 734			6 607
2003	220	626	2 809	18 587			19 586
2004	100		6 384	1 285			37 196
2005	120	346	9 366	20			49 843
2006		597	12 841	7 266			44 387
2007	439	334	22 843	1 566			46 401
2008	372	675	27 852		15 161	52 587	
2009		2 005	57 935		9 134	26 634	
2010		373	37 460	1 591	23 705	49 597	
2011		1 678	39 164	7 072	25 697	54 331	66

单位：万美元　　　　13-3 续表 3 continued （USD 10 000）

年　份 Year	三、按国别(地区)分 Grouped by Country (Territory)							
	香港、澳门 HongKong and Macao	台　湾 Taiwan	新加坡 Singapore	韩　国 Korea Rep.	日　本 Japan	泰　国 Thailand	澳大利亚 Australia	马来西亚 Malaysia
1987	25 632		247		9 291	32	29	
1988	28 198	316	146		14 567		10	
1989	28 729	1 006	1 177		10 004		166	
1990	26 291	371	897		17 257		723	
1991	32 375	216	339	125	14 265		700	
1992	46 134	475	475		15 806	914	323	117
1993	92 455	4 532	1 197	170	20 822	1 577	155	
1994	125 890	10 671	1 270		18 740	102	645	
1995	105 172	6 954	845		32 067		520	
1996	150 126	13 665	7 525	7 094	29 860	3 381	340	2 024
1997	203 035	6 732	2 502	309	17 616	1 133	19	750
1998	182 956	3 479	1 089	352	8 959	257	56	45
1999	144 214	3 842	9 855	11 133	18 666	1 047	145	64
2000	184 531	3 940	6 023	8 136	5 113		219	1 724
2001	194 212	12 518	7 521	162	8 183	6	365	263
2002	216 516	28 876	8 449	541	10 498	1 307	687	245
2003	318 337	28 479	10 471	4 489	12 154	69	172	348
2004	125 379	4 002	4 576	411	3 215	200	345	1 394
2005	157 487	5 328	5 368	1 507	6 590	148	848	888
2006	167 338	3 044	11 352	484	4 660	31	422	587
2007	223 877	3 278	7 348	322	4 319	261	1 643	253
2008	256 893	4 565	4 280	1 339	2 887	35	264	540
2009	275 819	2 186	6 297	489	3 942	13	54	1 127
2010	310 221	1 737	9 393	472	2 774	136	148	398
2011	326 079	1 852	11 395	4 674	10 745	65	180	94

单位：万美元　　　　13-3 续表 4 continued （USD 10 000）

年　份 Year	三、按国别(地区)分 Grouped by Country (Territory)							
	美　国 The United States	加拿大 Canada	德　国 Germany	法　国 France	英　国 The United Kingdom	瑞　士 Switzerland	荷　兰 Netherlands	其　他 Others
1987	3 101	899	18	1 194	6			
1988	294	150	201	501	5			41
1989	1 143	16		3 399	112			57
1990	4 011		35	1 112	235	500	337	88
1991	6 963	5		1 668	457		819	56
1992	2 029			3 225	1 109	84	633	155
1993	14 531	450		3 153	64	510	3 511	90
1994	3 371	628	130	2 206	6 662		2 520	124
1995	14 145	194	250	8 963	1 099	2 623		713
1996	10 576	162	911	2 985	1 820	794	125	10 854
1997	24 306	215	1 365	182	3 888	6		25 110
1998	4 326	364	505	24 610	9 002	188	1 601	17 433
1999	688	22 111	650	23 933	9 291	170	5 721	23 892
2000	11 498	739	3 477	26 613	11 498	1 080	3 677	28 571
2001	5 929	668	1 339	27 912	8 238	1 551	497	90 913
2002	63 310	632	1 811	24 814	49 112	1 142	2 783	79 506
2003	10 540	907	289	3 759	9 417	1 006	1 686	102 090
2004	8 189	436	517	23	3 014	200	2 266	80 827
2005	9 066	594	347	1 449	8 517	21	3 251	95 463
2006	7 129	189	2 274	186	1 536	253	2 164	125 203
2007	4 052	181	1 437	931	1 555	137	6 227	110 399
2008	7 613	244	142	870	923	30	3 037	119 356
2009	5 071	263	626	1 721	1 328	202	1 282	115 581
2010	8 960	91	381	4	1 065	558	1 805	91 581
2011	8 188	196	890	1 109	116	133	12	94 193

13-4 实际外商直接投资

DIRECT FOREIGN INVESTMENTS ACTUALLY USED

(1979-2011)

单位：亿美元 (USD 100 million)

年 份 Year	实际利用外资金额 Direct Foreign Investments Actually Used	指 数（%） Indices(%)	
		以1979年为100 1979=100	以上年为100 Preceding Year=100
1979	0.1	100.0	
1980	0.3	502.7	502.7
1981	0.9	1 572.6	312.8
1982	0.6	1 053.1	67.0
1983	1.1	2 065.0	196.1
1984	1.9	3 401.5	164.7
1985	1.8	3 282.7	96.5
1986	3.7	6 651.5	202.6
1987	2.7	4 996.2	75.1
1988	2.9	5 240.1	104.9
1989	2.9	5 338.0	101.9
1990	3.9	7 115.7	133.3
1991	4.0	7 276.5	102.3
1992	4.5	8 189.6	112.5
1993	9.9	18 047.4	220.4
1994	12.5	22 818.6	126.4
1995	13.1	23 903.1	104.8
1996	20.5	37 420.6	156.6
1997	16.6	30 312.4	81.0
1998	16.6	30 357.1	100.1
1999	17.8	32 452.4	106.9
2000	19.6	35 792.9	110.3
2001	25.9	47 277.4	132.1
2002	31.9	58 230.1	123.2
2003	36.2	66 121.2	113.6
2004	23.5	72 997.8	110.4
2005	29.7	92 196.2	126.3
2006	32.7	101 508.0	110.1
2007	36.6	113 689.0	112.0
2008	40.3	125 171.6	110.1
2009	41.6	129 177.1	103.2
2010	43.0	133 439.9	103.3
2011	46.0	142 780.7	107.0
年平均增长率 Average Annual Growth Rate		**25.5**	

注： 本表指数按可比口径计算。
Note: Data in this table are calculated at comparable scope.

13-5 外商投资企业工商登记情况（按企业类别分）

REGISTRATION STATUS OF ENTERPRISES WITH FOREIGN (GROUPED BY REGISTRATION STATUS) (2011)

单位：万美元　　　　(USD 10 000)

项目	Item	期末实有 Final Actual Amount					
		企业数（户）Enterprises (Unit)	投资总额 Total Investment 1000-5000	投资总额 Total Investment 5000以上	投资总额 Total Investment	注册资本 Registered Funds	外方 Foreign Side
合计	**Total**	**30 259**	**1 153**	**352**	**10 232 976**	**5 975 991**	**4 885 714**
有限责任公司	**Limited Liability Corporations**						
中外合资	Sino-foreign Joint Ventures	1 890	124	39	1 235 910	619 674	202 508
中外合作	Sino-foreign Cooperative Enterprises	149	16	4	380 349	115 892	105 423
外商合资	Foreign Joint-venture Enterprises	239	24	13	208 371	112 051	112 051
外国法人独资	Soly-Funded by Juridical Person from Foreign Countries	6 237	253	89	2 116 421	1 182 386	1 182 386
外国非法人经济组织独资	Soly-Funded by Unincorporated Economic Organization from Foreign Countries	9			361	353	353
外国自然人独资	Soly-Funded by Natural Person from Foreign Countries	396			6 720	6 166	6 166
台港澳与外国投资者合资	Joint Ventures (Taiwan,Hong Kong,Macao and Foreign Investor)	92	9	2	51 149	30 047	30 047
台港澳与境内合资	Joint Ventures (Taiwan,Hong Kong,Macao and China)	949	117	37	1 625 915	695 331	261 268
台港澳与境内合作	Cooperative Enterprises (Taiwan,Hong Kong,Macao and China)	406	29	8	256 108	121 237	97 182
台港澳合资	Joint Ventures (Taiwan,Hong Kong and Macao)	2 280	79	10	474 118	295 873	295 873
台港澳法人独资	Soly-Funded by Juridical Person from Taiwan,Hong Kong and Macao	14 968	451	128	3 364 124	2 326 970	2 326 970
台港澳非法人经济组织独资	Soly-Funded by Unincorporated Economic Organization from Taiwan,Hong Kong and Macao	727			78 533	70 785	70 785
台港澳自然人独资	Soly-Funded by Natural Person from Taiwan,Hong Kong and Macao	1 585			38 510	36 491	36 491
股份有限公司	**Share-holding Cooperative Enterprises**						
中外合资，上市	Listed Sino-foreign Joint Ventures	105	18	12	170 124	153 239	84 717
中外合资，未上市	Unlisted Sino-foreign Joint Ventures	202	23	3	101 582	87 380	30 240
外商合资，上市	Listed Foreign Joint-venture Enterprises						
外商合资，未上市	Unlisted Foreign Joint-venture Enterprises						
台港澳与外国投资者合资，上市	Listed Joint Ventures (Taiwan,Hong Kong,Macao and Foreign Investor)						
台港澳与外国投资者合资，未上市	Unlisted Joint Ventures(Taiwan,Hong Kong,Macao and Foreign Investor)	1			318	318	318
台港澳与境内合资，上市	Listed Joint Ventures (Taiwan,Hong Kong,Macao and China)	7	4	3	62 447	62 447	5 025
台港澳与境内合资，未上市	Unlisted Joint Ventures (Taiwan,Hong Kong,Macao and China)	14	4	3	34 157	31 592	10 152
台港澳合资，上市	Listed Joint Ventures (Taiwan,Hong Kong and Macao)	2	1	1	26 282	26 282	26 282
台港澳合资，未上市	Unlisted Joint Ventures (Taiwan,Hong Kong and Macao)	1	1		1 477	1 477	1 477

注：　本表数据来源为市场监督管理局。
Note: Data in this table are provided by Market Supervision Administration of Shenzhen municipality.

单位：万美元　　　　　　　　　　　　　　　　　　　　　　　　　　13-5 续表 continued （USD 10 000）

项目	Item	本期登记 Registration of the Current Period						
		企业数（户） Enterprises (Unit)	投资总额 Total Investment		投资总额 Total Investment	注册资本 Registered Funds	外方 Foreign Side	累计注销企业数（户） Total Number of Logouted Enterprises (unit)
			1000-5000	5000以上				
合计	**Total**	**3 369**	**54**	**13**	**357 242**	**251 223**	**220 369**	**6 810**
有限责任公司	**Limited Liability Corporations**							
中外合资	Sino-foreign Joint Ventures	161	6	2	48 979	27 974	9 864	1 047
中外合作	Sino-foreign Cooperative Enterprises	11						79
外商合资	Foreign Joint-venture Enterprises	25			425	407	407	14
外国法人独资	Soly-Funded by Juridical Person from Foreign Countries	743	13	4	88 117	55 170	55 170	1 573
外国非法人经济组织独资	Soly-Funded by Unincorporated Economic Organization from Foreign Countries	3			34	26	26	
外国自然人独资	Soly-Funded by Natural Person from Foreign Countries	73			516	491	491	23
台港澳与外国投资者合资	Joint Ventures (Taiwan,Hong Kong,Macao and Foreign Investor)	15			413	343	343	1
台港澳与境内合资	Joint Ventures (Taiwan,Hong Kong,Macao and China)	30	3	1	15 645	14 293	3 818	42
台港澳与境内合作	Cooperative Enterprises (Taiwan,Hong Kong,Macao and China)	9			720	288		303
台港澳合资	Joint Ventures (Taiwan,Hong Kong and Macao)	117			1 698	1 596	1 596	1 143
台港澳法人独资	Soly-Funded by Juridical Person from Taiwan,Hong Kong and Macao	1 842	31	6	190 485	140 848	140 848	2 399
台港澳非法人经济组织独资	Soly-Funded by Unincorporated Economic Organization from Taiwan,Hong Kong and Macao	52			3 093	2 774	2 774	8
台港澳自然人独资	Soly-Funded by Natural Person from Taiwan,Hong Kong and Macao	266			4 069	3 965	3 965	113
股份有限公司	**Share-holding Cooperative Enterprises**							
中外合资，上市	Listed Sino-foreign Joint Ventures	8						11
中外合资，未上市	Unlisted Sino-foreign Joint Ventures	14	1		3 048	3 048	1 067	54
外商合资，上市	Listed Foreign Joint-venture Enterprises							
外商合资，未上市	Unlisted Foreign Joint-venture Enterprises							
台港澳与外国投资者合资，上市	Listed Joint Ventures (Taiwan,Hong Kong,Macao and Foreign Investor)							
台港澳与外国投资者合资，未上市	Unlisted Joint Ventures(Taiwan,Hong Kong,Macao and Foreign Investor)							
台港澳与境内合资，上市	Listed Joint Ventures (Taiwan,Hong Kong,Macao and China)							
台港澳与境内合资，未上市	Unlisted Joint Ventures (Taiwan,Hong Kong,Macao and China)							
台港澳合资，上市	Listed Joint Ventures (Taiwan,Hong Kong and Macao)							
台港澳合资，未上市	Unlisted Joint Ventures (Taiwan,Hong Kong and Macao)							

13-6 外商投资企业工商登记情况（按行业类别分）

BUSINESS REGISTRATION OF FOREIGN INVESTED ENTERPRISES (GROUPED BY SECTOR) (2011)

单位：万美元 （USD 10 000）

项目	Item	期末实有 Final Actual Number					
		企业数（户）Enterprises (Unit)	投资总额 Total Investment 1000-5000	投资总额 Total Investment 5000以上	投资总额 Total Investment	注册资本 Registered Funds	外方 Foreign Side
合计	**Total**	**30 259**	**1 153**	**352**	**10 232 976**	**5 975 991**	**4 885 714**
农、林、牧、渔业	Agriculture,Forestry,Animal Husbandry and Fishery	19			3 275	2 712	2 622
采矿业	Mining	3	1	1	16 743	5 854	2 104
制造业	Manufacturing	12 714	637	182	5 001 606	3 049 972	2 633 726
电力、燃气及水的生产和供应业	Production and Supply of Electric Power,Gas and Water	40	3	9	867 406	222 173	161 920
建筑业	Construction	156	9	6	95 300	51 309	37 339
交通运输、仓储和邮政业	Transport,Storage and Postal Services	934	39	18	587 474	283 289	195 483
信息传输、计算机服务和软件业	Information Transmission,Computer Services and Software	1 491	57	9	277 691	194 184	180 191
批发和零售业	Wholesale and Retail Trade	6 524	73	23	656 450	464 418	365 743
住宿和餐饮业	Hotels and Catering Services	917	23	4	117 905	75 323	55 769
金融业	Financial Intermediation	184	8	6	111 239	94 983	79 836
房地产业	Real Estate	1 521	119	46	834 280	523 196	432 182
租赁和商务服务业	Leasing and Business Services	3 852	120	36	980 017	636 360	535 943
科学研究、技术服务和地质勘查业	Scientific Research,Technical Services and Geological Prospecting	1 431	42	8	594 528	306 022	142 344
水利、环境和公共设施管理业	Management of Water Conservancy, Environment and Public Facilities	16	1		1 728	1 634	1 590
居民服务和其他服务业	Services to Households and Other Services	135	6		17 890	10 435	9 499
教育	Education	19	1		1 637	960	947
卫生、社会保障和社会福利业	Health Care,Social Security and Social Welfare	3	1		3 067	1 557	1 517
文化、体育和娱乐业	Culture,Sports and Recreation	82	9	2	32 626	22 406	20 601
其他	Others	218	4	2	32 114	29 204	26 358

注：　本表数据来源为市场监督管理局。
Note: Data in this table are provided by Market Supervision Administration of Shenzhen municipality.

项目		本期登记 Registration of the Current Period						
		企业数（户）Enterprises (Unit)	投资总额 Total Investment		投资总额 Total Investment	注册资本 Registered Funds	外方 Foreign Side	累计注销企业数(户) Total Number of Logouted Enterprises
			1000-5000	5000以上				
合计	**Total**	**3 369**	**54**	**13**	**357 242**	**251 223**	**220 369**	**6 810**
农、林、牧、渔业	Agriculture,Forestry,Animal Husbandry and Fishery							10
采矿业	Mining							7
制造业	Manufacturing	978	26	2	129 478	81 626	78 007	2 634
电力、燃气及水的生产和供应业	Production and Supply of Electric Power,Gas and Water	5						10
建筑业	Construction	7			165	159	37	39
交通运输、仓储和邮政业	Transport,Storage and Postal Services	44			1 708	1 385	1 346	153
信息传输、计算机服务和软件业	Information Transmission,Computer Services and Software	94	2		6 028	5 785	4 385	218
批发和零售业	Wholesale and Retail Trade	1 183	9	4	75 307	48 140	44 978	967
住宿和餐饮业	Hotels and Catering Services	104			1 126	827	792	150
金融业	Financial Intermediation	13						9
房地产业	Real Estate	172	1	1	10 336	10 280	6 805	451
租赁和商务服务业	Leasing and Business Services	358	7	3	52 489	50 010	42 096	1 061
科学研究、技术服务和地质勘查业	Scientific Research,Technical Services and Geological Prospecting	186	4	1	45 836	22 652	14 410	137
水利、环境和公共设施管理业	Management of Water Conservancy, Environment and Public Facilities							11
居民服务和其他服务业	Services to Households and Other Services	10	1		3 030	1 530	1 530	63
教育	Education	1						2
卫生、社会保障和社会福利业	Health Care,Social Security and Social Welfare							2
文化、体育和娱乐业	Culture,Sports and Recreation	3			2	2	2	20
其他	Others	211	4	2	31 737	28 827	25 981	866

13-7 进出口总额

TOTAL IMPORTS AND EXPORTS

（1979-2011）

单位：万美元 （USD 10 000）

年 份 Year	进出口总额 Total Imports and Exports	出口总额 Total Exports	进口总额 Total Imports	进出口差额 Balance
1979	1 676	930	746	184
1980	1 751	1 124	627	497
1981	2 807	1 745	1 062	683
1982	2 534	1 597	937	660
1983	78 642	6 230	72 412	−66 182
1984	107 247	26 539	80 708	−54 169
1985	130 632	56 340	74 292	−17 952
1986	184 696	72 552	112 144	−39 592
1987	255 784	141 354	114 430	26 924
1988	344 277	184 949	159 328	25 621
1989	375 259	217 428	157 831	59 597
1990	1 570 136	815 165	754 971	60 194
1991	1 947 635	986 240	961 395	24 845
1992	2 357 562	1 200 019	1 157 543	42 476
1993	2 820 392	1 421 776	1 398 616	23 160
1994	3 498 281	1 830 921	1 667 360	163 561
1995	3 876 960	2 052 736	1 824 224	228 512
1996	3 905 342	2 120 781	1 784 561	336 220
1997	4 500 921	2 561 844	1 939 077	622 767
1998	4 527 417	2 639 611	1 887 806	751 805
1999	5 042 750	2 820 811	2 221 939	598 872
2000	6 393 982	3 456 333	2 937 649	518 684
2001	6 861 055	3 747 955	3 113 100	634 855
2002	8 723 148	4 655 704	4 067 444	588 260
2003	11 739 941	6 296 208	5 443 733	852 475
2004	14 728 302	7 784 632	6 943 670	840 962
2005	18 281 689	10 151 829	8 129 860	2 021 969
2006	23 738 573	13 609 556	10 129 017	3 480 539
2007	28 753 345	16 849 299	11 904 046	4 945 253
2008	29 995 499	17 971 995	12 023 504	5 948 491
2009	27 016 306	16 197 825	10 818 481	5 379 344
2010	34 674 930	20 418 355	14 256 575	6 161 780
2011	41 409 312	24 551 760	16 857 552	7 694 208

注： 本表1992年以前为市贸工局口径数；1993年以后为海关口径数，按现行统计方法计算。

Note: The figures adopted from Shenzhen Bureau of Trade and Industry before 1992 and calculated from Shenzhen CIQ after 1993 by current statistical method.

13-8 进出口总额指数

INDICES OF TOTAL IMPORTS AND EXPORTS

（1980-2011）

单位：%　　　　　　　　　　　　　　　　　　　　　　　　　　　　　　　　　　　　　（%）

年份 Year	以上年为100 Preceding Year=100			以1979年为100 1979=100		
	进出口总额 Total Imports and Exports	出口总额 Total Exports	进口总额 Total Imports	进出口总额 Total Imports and Exports	出口总额 Total Exports	进口总额 Total Imports
1980	104.5	120.9	84.0	104.5	120.9	84.0
1981	160.3	155.2	169.4	167.5	187.6	142.4
1982	90.3	91.5	88.2	151.2	171.7	125.6
1983	3 103.5	390.1	7 728.1	4 692.2	669.9	9 706.7
1984	136.4	426.0	111.5	6 399.0	2 853.7	10 818.8
1985	121.8	212.3	92.1	7 794.3	6 058.1	9 958.7
1986	141.4	128.8	151.0	11 020.0	7 801.3	15 032.7
1987	138.5	194.8	102.0	15 261.6	15 199.4	15 339.1
1988	134.6	130.8	139.2	20 541.6	19 887.0	21 357.6
1989	109.0	117.6	99.1	22 390.2	23 379.4	21 157.0
1990	145.8	137.8	156.8	32 643.8	32 213.0	33 180.8
1991	124.0	121.0	127.3	40 478.3	38 977.7	42 239.2
1992	121.0	121.7	120.4	48 978.8	47 435.9	50 856.0
1993	119.6	118.5	120.8	58 578.6	56 211.5	61 434.0
1994	124.0	128.8	119.2	72 637.5	72 400.5	73 229.3
1995	110.8	112.1	109.4	80 482.3	81 160.9	80 112.9
1996	100.7	103.3	97.8	81 045.7	83 839.2	78 350.4
1997	115.3	120.8	108.7	93 445.7	101 277.8	85 166.9
1998	100.6	103.0	97.4	94 006.4	104 316.1	82 952.6
1999	111.4	106.9	117.7	104 706.7	111 477.0	97 634.8
2000	126.8	122.5	132.2	132 763.4	136 592.5	129 084.0
2001	107.3	108.4	106.0	142 455.1	148 066.3	136 829.0
2002	127.1	124.2	130.7	181 060.4	183 898.3	178 835.5
2003	134.6	135.2	133.8	243 707.3	248 630.5	239 281.9
2004	125.5	123.6	127.6	305 852.7	307 307.3	305 323.7
2005	124.1	130.4	117.1	379 563.2	400 728.7	357 534.1
2006	129.8	134.1	124.6	493 052.6	537 377.2	445 487.5
2007	121.1	123.8	117.5	597 086.7	665 273.0	523 447.8
2008	104.3	106.6	101.0	622 761.4	709 181.0	528 682.3
2009	89.6	89.4	89.9	557 994.2	634 007.8	475 285.4
2010	128.4	126.1	131.8	716 464.6	799 483.8	626 426.2
2011	119.4	120.2	118.2	855 458.7	960 979.5	740 435.8
年平均增长率 Average Annual Growth Rate				**32.7**	**33.2**	**32.1**

13-9 进出口总额分类

TOTAL IMPORTS AND EXPORTS

（2007-2011）

单位：万美元 (USD 10 000)

项　目	Item	2007	2008	2009	2010	2011
进出口总额	**Total Imports and Exports**	**28 753 345**	**29 995 499**	**27 016 306**	**34 674 930**	**41 409 312**
一、出口总额	**Total Exports**	**16 849 299**	**17 971 995**	**16 197 825**	**20 418 355**	**24 551 760**
按隶属关系分类：	Grouped by Administrative Relationship					
1、国有企业	State-owned Enterprises	2 564 582	2 889 014	2 439 673	2 785 910	3 020 629
2、民营、集体企业	Collective-owned	3 932 953	3 973 928	4 236 845	5 554 849	7 685 402
3、"三资"企业	Foreign Investment Enterprises	10 351 764	11 109 053	9 521 307	12 077 596	13 845 729
按贸易方式分类：	Grouped by Form of Trade					
1、一般贸易	Original Trade	4 579 580	4 790 504	4 747 195	6 367 118	7 796 741
2、补偿贸易	Compensation Trade					
3、来料加工贸易	Processing and Assembly Trade	1 640 853	1 726 466	1 382 356	1 591 263	1 601 144
4、进料加工贸易	Processing Trade for Imported Material	9 044 459	9 249 403	7 939 991	10 151 423	12 268 030
5、出料加工贸易	Processing Trade for Exported Material					
6、易货贸易	Barter Trade					
7、其他	Others	1 584 407	2 205 622	2 128 283	2 308 551	2 885 845
二、进口总额	**Total Imports**	**11 904 046**	**12 023 504**	**10 818 481**	**14 256 575**	**16 857 552**
按隶属关系分类：	Grouped by Administrative Relationship					
1、国有企业	State-owned Enterprises	1 696 245	1 628 699	1 347 099	1 501 330	1 685 169
2、民营、集体企业	Collective-owned	1 347 936	1 655 654	2 148 984	3 688 453	5 559 070
3、"三资"企业	Foreign Investment Enterprises	8 859 865	8 739 151	7 322 397	9 066 792	9 613 313
按贸易方式分类：	Grouped by Form of Trade					
1、一般贸易	Original Trade	2 654 026	3 113 310	3 476 858	4 578 427	5 201 936
2、补偿贸易	Compensation Trade					
3、来料加工贸易	Processing and Assembly Trade	877 537	819 418	608 460	747 157	718 794
4、进料加工贸易	Processing Trade for Imported Material	6 103 544	5 720 410	4 952 254	6 417 898	8 245 833
5、以工缴费补偿期进口的设备	Imported Equipment by Processing Fee during Compensation Period	121 374	82 500			
6、租赁贸易	Leasing Trade	56 905	48 108	3 910	23 986	30 490
7、外商投资企业作为投资进口的设备	Imported Equipment and Materials as Investment of Foreign Investment Enterprises	206 134	165 307	85 785	111 935	61 988
8、外商投资企业进口供加工内销产品的料、件	Imported Materials and Parts of Foreign Investment Enterprises for Processing and Selling on Domestic Market					
9、易货贸易	Barter Trade					
10、其　他	Others	1 884 526	2 074 451	1 691 214	2 377 172	2 598 511

13-10 深圳市与主要国家（地区）进出口总额

SHENZHEN'S FOREIGN TRADE WITH MAIN RELATED COUNTRIES AND TERRITORIES（2009-2011）

单位：万美元 （USD 10 000）

国 家（地区）	Country (territory)	2009			2010			2011		
		合 计 Total Imports and Exports	出口总额 Exports	进口总额 Imports	合 计 Total Imports and Exports	出口总额 Exports	进口总额 Imports	合 计 Total Imports and Exports	出口总额 Exports	进口总额 Imports
香 港	Hongkong	6 237 731	6 125 908	111 823	8 606 141	8 444 762	161 379	11 392 901	11 278 790	114 111
日 本	Japan	1 777 697	548 655	1 229 042	2 230 902	665 543	1 565 359	2 553 767	806 707	1 747 060
美 国	The United States	3 049 030	2 629 465	419 565	3 627 872	3 158 907	468 965	3 772 705	3 228 636	544 069
法 国	France	343 109	209 075	134 034	457 458	302 909	154 549	421 289	288 670	132 619
德 国	Germany	588 136	403 032	185 104	768 778	529 349	239 429	828 513	573 214	255 299
泰 国	Thailand	616 714	176 870	439 844	790 220	252 005	538 215	966 204	315 069	651 135
新加坡	Singapore	1 058 548	703 825	354 723	1 017 646	550 145	467 501	1 000 164	514 912	485 252
韩 国	Korea Rep.	1 081 607	165 540	916 067	1 561 313	226 240	1 335 073	1 848 393	274 698	1 573 695
台 湾	Taiwan	1 848 108	196 860	1 651 248	2 393 026	270 639	2 122 387	2 477 376	297 329	2 180 047
澳大利亚	Australia	298 072	188 701	109 371	364 597	233 317	131 280	415 812	273 901	141 911
印度尼西亚	Indonesia	189 613	120 700	68 913	295 811	205 911	89 900	384 897	273 045	111 852
马来西亚	Malaysia	921 251	263 466	657 785	1 064 930	257 917	807 013	1 138 416	294 741	843 675
英 国	The United Kingdom	387 566	326 726	60 840	501 742	431 934	69 808	504 122	450 598	53 524
意大利	Italy	227 552	177 367	50 185	259 445	198 127	61 318	270 403	197 938	72 465
巴 西	Brazil	134 979	121 927	13 052	222 856	202 850	20 006	275 102	251 392	23 710
加拿大	Canada	213 018	159 094	53 924	272 390	206 249	66 141	272 965	203 971	68 994
其 它	Others	8 043 575	3 680 614	4 362 961	10 239 803	4 281 551	5 958 252	12 886 283	5 028 149	7 858 134

13-11 进口主要商品金额

TOTAL VALUE OF FOREIGN IMPORTS OF MAJOR COMMODITIES

（2009-2011）

单位：万美元 (USD 10 000)

项 目	Item	全 市 Total		
		2009	2010	2011
集成电路	Semiconductor lntegrated Circuit	3 251 983	4 226 491	4 511 465
自动数据处理设备及其部件	Automatic Data Processing Equipment and Parts	696 339	800 173	932 229
液晶显示板	LCD Monitor	595 606	718 029	606 954
农产品	Farm Produce	219 321	257 253	316 732
钢材#	Steel	118 084	139 742	132 444
纺织纱线、织物及制品	Spinning, Textile and Related Products	100 416	109 618	110 356
电视、收音机及无线电讯设备的零附件	TV, Radio and Telecommunication Equipments	79 665	97 842	124 314
成品油#	Oil	75 106	104 542	168 005
电线和电缆	Wire and Cable	64 130	81 146	94 898
粮食	Food	36 538	44 039	49 761

13-12 出口主要商品金额

TOTAL VALUE OF FOREIGN EXPORTS OF MAJOR COMMODITIES

（2009-2011）

单位：万美元 (USD 10 000)

项 目	Item	全 市 Total		
		2009	2010	2011
自动数据处理设备及其部件	Automatic Data Processing Equipment and Parts	2 279 058	3 211 759	3 254 194
电话机	Telephone Sets	1 260 166	1 881 632	2 697 541
服装及衣着附件	Clothing and Dresses	770 624	942 889	1 058 413
打印机(包括多功能一体机)	Printer(include MFP)	391 070	596 905	636 575
录、放像机	Radio Cassette Players	388 085	326 140	253 255
鞋类	Shoes	331 253	413 004	476 468
家具及其零件	Furniture and Dresses	302 007	446 645	471 587
纺织纱线、织物及制品	Spinning, Textile and Related Products	247 766	296 568	334 531
塑料制品	Plastic Products	242 258	243 830	275 931
液晶显示板	LCD Monitor	228 822	320 223	311 396

13-13 旅游业基本情况

BASIC CONDITIONS OF TOURISM

(1991-2011)

年 份 Year	过夜入境游客 (万人) Overnight International Tourists (10 000 persons)	外国人 Foreigners	华 侨 Overseas Chinese	港澳同胞 Compatriots from Hongkong and Macao	台 胞 Compatriots Form Taiwan
1991	182.98	10.84	1.66	163.74	6.74
1992	214.37	16.98	1.29	183.14	12.96
1993	180.87	20.41	2.73	144.42	13.31
1994	186.39	31.07	2.58	139.75	12.99
1995	185.37	35.32	1.10	131.41	17.54
1996	151.47	30.91	1.37	101.48	17.71
1997	140.41	32.00	0.75	89.49	18.17
1998	148.47	30.83	0.72	97.52	19.41
1999	158.08	35.49	1.45	101.03	20.11
2000	397.34	61.09		287.62	48.63
2001	423.87	67.95		307.33	48.59
2002	449.35	80.59		319.87	48.89
2003	435.13	69.89		331.45	33.79
2004	559.79	105.19		406.99	47.61
2005	616.45	120.24		445.31	50.90
2006	712.74	139.16		520.40	53.18
2007	831.30	161.64		615.24	54.42
2008	869.57	151.42		671.98	46.17
2009	896.36	146.38		706.15	43.83
2010	1 020.61	167.58		806.57	46.45
2011	1 104.55	171.20		886.87	46.48

注： 1990-1999年过夜国际游客为宾馆、酒店部分，2000年后为旅游全口径，包括：宾馆、酒店、饭店、招待所、居民家住等各种住宿设施所接待的国际游客。

Note: The figures of overnight international tourists from 1990 to 1999 have been collected from hotels and guesthouses, and from 2000, it include hotels, guesthouses, public houses and residential houses.

13-13 续表 continued

年 份 Year	过夜国内游客 (万人) Overnight Domestic Tourists (10 000 persons)	旅游外汇收入 (万美元) Total Foreign Exchange Earnings from International Tourism (USD 10 000)	商品性收入 Commody Income	劳务性收入 Service Income	宾馆、酒店、度假村开房率(%) Room Occupancy Rate of Hotels and Holiday Countries (%)
1991	442.41	20 911	9 410	11 501	72.3
1992	497.77	39 100	14 774	24 326	79.6
1993	435.79	39 128	15 068	24 060	68.0
1994	373.32	48 821	17 483	31 338	63.0
1995	357.27	63 633	20 574	43 059	58.9
1996	360.55	58 384	21 489	36 895	56.3
1997	341.11	53 225	17 176	36 049	57.6
1998	340.33	59 025	18 413	40 612	55.5
1999	346.81	62 186	19 743	42 443	57.9
2000	927.71	141 100			62.5
2001	1 031.70	151 054	95 037	56 017	64.3
2002	1 073.54	172 342	98 904	73 438	64.1
2003	1 013.69	130 097	77 703	52 394	55.2
2004	1 383.14	178 723	111 496	67 227	60.6
2005	1 526.38	200 900	129 334	71 519	61.9
2006	1 604.54	226 515	147 496	79 019	62.5
2007	1 728.98	262 330	172 187	90 143	62.7
2008	1 789.73	270 865	174 835	96 030	61.5
2009	1 943.95	276 029	179 629	96 400	59.3
2010	2 264.71	317 976	204 895	113 081	62.4
2011	2 627.98	374 563	241 845	132 718	64.9

注： 1990-1999年过夜国内游客为宾馆、酒店部分，2000年后为旅游全口径，包括：宾馆、酒店、饭店、招待所、居民家住等各种住宿设施所接待的国内游客。

Note: The figures of overnight domestic tourists before from 1990 to 1999 have been collected from hotels and guesthouses, and from 2000 it include hotels , guesthouses , public houses and residential houses.

13-14 按国别分的外国旅游者人数（过夜）

NUMBER OF FOREIGN TOURISTS BY COUNTRY（Over night）

（1992-2011）

单位：人 （person）

	国 别 Country	1992	1993	1994	1995	1996	1997	1998	1999	2000	2001
合 计	**Total**	**169 818**	**204 104**	**310 751**	**353 152**	**309 126**	**320 076**	**308 279**	**354 911**	**610 900**	**679 464**
日 本	Japan	38 747	60 851	80 336	89 555	83 203	78 264	74 275	93 172	150 479	197 853
菲律宾	Philippines	2 116	3 157	3 661	3 167	3 134	3 338	4 266	5 042	9 158	12 461
新加坡	Singapore	18 034	19 115	20 891	17 151	19 024	19 266	24 264	29 337	42 264	53 788
泰 国	Thailand	7 179	5 791	5 711	6 901	8 550	6 176	4 536	4 613	6 531	18 344
印度尼西亚	Indonesia	9 175	8 280	9 439	8 467	12 688	14 329	5 779	6 217	29 010	33 909
英 国	The United Kingdom	8 058	9 931	13 772	13 361	10 820	9 043	10 007	12 242	17 728	20 916
法 国	France	4 425	3 253	4 241	3 439	4 265	4 826	6 524	6 765	10 529	15 722
德 国	Germany	2 063	1 938	3 504	3 026	5 234	4 720	6 549	7 842	9 015	11 337
意大利	Italy	1 621	1 804	3 312	2 390	2 163	2 399	3 043	3 636	3 627	4 108
美 国	The United States	23 075	26 486	46 760	47 217	39 173	32 771	39 490	49 130	64 083	75 328
加拿大	Canada	6 855	5 376	7 000	6 297	6 939	6 208	8 476	9 217	11 431	14 092
澳大利亚	Australia	4 311	3 981	5 906	5 242	6 205	5 441	6 851	10 124	10 985	12 796
新西兰	New Zealand	552	812	1 274	750	993	804	1 397	1 642	1 702	2 292
俄罗斯	Russia	708	466	814	432	656	2 084	874	893	2 102	4 018
韩 国	Korea Rep.	4 277	5 129	7 078	10 899	32 015	30 885	18 696	20 133	27 612	45 172
马来西亚	Malaysia	12 220	15 723	11 909	19 081	24 430	23 269	43 931	50 554	50 537	42 186
其他	Others	26 402	32 011	851	115 777	49 634	76 253	49 321	44 352	164 107	115 142

13-14 续表 continued

国别	Country	2002	2003	2004	2005	2006	2007	2008	2009	2010	2011
合 计	**Total**	**805 937**	**698 867**	**1 051 896**	**1 202 373**	**1 391 612**	**1 616 415**	**1 514 186**	**1 463 809**	**1 675 798**	**1 712 016**
日 本	Japan	245 265	221 780	319 817	315 128	355 401	393 176	352 516	345 864	372 023	366 266
菲律宾	Philippines	15 204	7 161	7 913	10 640	12 272	12 783	10 422	15 455	13 447	15 741
新加坡	Singapore	59 668	37 391	66 303	76 569	81 658	90 997	79 829	83 411	89 400	95 785
泰 国	Thailand	29 367	24 451	66 857	87 239	99 970	93 170	65 665	45 988	40 338	35 623
印度尼西亚	Indonesia	40 714	33 322	49 781	53 026	72 637	79 389	68 286	58 338	70 727	94 257
英 国	The United Kingdom	23 925	23 915	32 959	33 137	40 595	49 637	47 898	45 590	47 749	44 486
法 国	France	15 331	13 316	19 333	23 542	27 305	36 301	37 191	39 099	40 338	40 607
德 国	Germany	13 848	14 859	21 495	26 092	30 658	35 706	33 822	34 714	41 430	41 993
意大利	Italy	6 722	7 133	12 264	16 411	18 359	22 968	21 010	22 512	22 298	23 238
美 国	The United States	104 130	92 608	131 996	146 959	176 378	226 468	212 532	197 168	246 880	242 128
加拿大	Canada	16 356	14 183	21 293	26 325	30 440	36 893	36 391	34 547	39 184	38 306
澳大利亚	Australia	15 219	14 413	19 783	25 534	29 249	40 326	41 853	40 949	46 871	46 667
新西兰	New Zealand	2 937	2 888	4 342	4 682	4 445	5 743	6 066	6 425	6 291	6 128
俄罗斯	Russia	3 514	3 539	4 090	6 911	8 051	10 358	11 048	13 585	17 449	20 772
韩 国	Korea Rep.	65 443	69 068	90 640	108 688	116 976	152 234	134 340	108 389	142 505	141 365
马来西亚	Malaysia	50 516	32 075	46 536	61 256	68 624	81 513	88 265	84 052	105 664	112 675
其他	Others	97 778	86 765	136 494	180 234	218 594	248 753	267 052	287 723	333 204	345 979

13-15 旅游部门主要财务指标

MAIN FINANCIAL INDICATORS OF TOURISM

（2011）

单位：万元 （10 000 yuan）

指 标	Item	合 计 Total	宾馆、酒店 Hotels	旅行社 Travel Agencies	景 点 Scenic Spots	其他旅游企业 Others
营业收入	Business Revenue	2 629 969	991 120	1 340 639	296 000	2 210
营业成本	Business Cost	1 657 564	292 812	1 246 742	116 762	1 248
营业费用	Business Expenses	382 657	299 520	44 565	38 470	102
营业税金及附加	Business Taxes and Extra Charges	81 370	57 315	5 882	18 118	55
经营利润	Operating Profits	508 378	341 474	43 450	122 649	805
管理费用	Management Expenses	367 275	248 044	39 804	65 969	13 458
财务费用	Financial Expenses	74 084	24 184	546	7 453	41 901
营业利润	Business Profits	67 019	69 246	3 100	49 226	-54 553
投资收益	Earnings of Investment	302 575	-519	818	618	301 658
营业外收支差	Non-operating Net Revenue or Expenditure	19 177	8 570	234	10 081	292
利润总额	Total Profits	388 771	77 298	4 152	59 925	247 396
年末固定资产原值	Original Value of Fixed Assets(year-end)	3 331 415	1 958 253	26 111	1 343 865	3 186
年末固定资产净值	Net Value of Fixed Assets (year-end)	2 559 383	1 731 952	15 792	809 722	1 917
年末职工人数(人)	Number of Staff and Workers (year-end)(person)	79 631	53 879	9 569	15 908	275

注： 从2006年起，增加“其他旅游企业”统计数据。（资料来源：市旅游局）
Note: Since 2006, the data of other tourism enterprises are added in this list.(The data are provided by Shenzhen Tourism Bureau)

13-16 深圳市星级酒店基本情况

STATISTICS ON SHENZHEN STAR-RATED HOTELS

(2011)

单位：家 (unit)

项 目 Item		合 计 Total	五 星 Five-star	四 星 Four-star	三 星 Three-star	二 星 Two-star	一 星 One-star	出租率 (%) Room Occupancy Rate	平均房价 (元/间天) Average Price (yuan/pre room)
合计	**Total**	**146**	**18**	**32**	**70**	**26**		**65.66**	**431.68**
福田区	Futian	33	4	3	17	9		74.40	432.04
罗湖区	luofu	52	5	5	29	13		66.15	376.42
南山区	Nanshan	12	3	6	2	1		69.45	623.64
盐田区	Yantian	6	1	3	2			62.12	609.18
宝安区	Baoan	26	3	9	12	2		62.61	385.71
龙岗区	Longgang	16	2	5	8	1		47.01	333.01
光明新区	Guangming	1		1				81.58	288.39

13-17 深圳市星级酒店客房基本情况

STATISTICS OF STAR-RATED HOTELS IN SHENZHEN

（2011）

单位：间 (Unit)

项目 Item		合计 Total	五星 Five-star	四星 Four-star	三星 Three-star	二星 Two-star	一星 One-star
合计	**Total**	**26 781**	**6 995**	**7 756**	**10 107**	**1 923**	
福田区	Futian	5 320	1 571	711	2 215	823	
罗湖区	luofu	9 868	2 239	1 548	5 126	955	
南山区	Nanshan	3 364	1 281	1 768	252	63	
盐田区	Yantian	1 442	386	827	229		
宝安区	Baoan	4 000	986	1 415	1 599		
龙岗区	Longgang	2 652	532	1 352	686	82	
光明新区	Guangming	135		135			

13-18 深圳市星级酒店床位基本情况

FACILITIES OF STAR-RATED HOTELS IN SHENZHEN

（2011）

单位：张 (Unit)

项目 Item		合计 Total	五星 Five-star	四星 Four-star	三星 Three-star	二星 Two-star	一星 One-star
合计	**Total**	**39 934**	**9 781**	**11 574**	**15 305**	**3 274**	
福田区	Futian	7 983	2 170	1 026	3 376	1 411	
罗湖区	luofu	15 000	3 067	2 400	7 919	1 614	
南山区	Nanshan	4 989	1 797	2 640	424	128	
盐田区	Yantian	2 454	602	1 416	436		
宝安区	Baoan	5 207	1 359	1 825	2 023		
龙岗区	Longgang	4 021	786	1 987	1 127	121	
光明新区	Guangming	280		280			

主要统计指标解释

进出口总额 指实际进出我国国境的货物（包括贸易和非贸易）的价值总和。主要包括对外贸易实际进出口货物，来料加工装配、补偿贸易、进料加工进出口货物，国家间及国际组织无偿援助物资和赠送品，华侨、港澳台同胞和外籍华人捐赠品，租赁期满归承租人所有的租赁货物，边境地方贸易及边境地区小额贸易进出口货物（边民互市贸易除外），中外合资、合作经营企业、外商独资经营企业进出口货物和公用物品，到、离岸价格在规定限额以上的进出口货样和广告品（无商业价值、无使用价值和免费提供出口的除外），从保税仓库提取在中国境内销售的进出口货物，以及其他进出口货物。进出口总额反映一个国家在对外经济贸易方面实际进出口货物的总规模。

利用外资 指我国政府、部门、企业和其他经济组织通过对外借款、吸收外商直接投资以及向境外发行债券、股票等方式筹借的境外资金。

外资的形式可以是现汇、实物、工业产权或专有技术等有形资本和无形资本。

我国自有外汇和中国银行自有外汇资金发放的外汇贷款购置国外设备和材料，华侨、港澳同胞的捐赠，联合国或其他国际组织的无偿赠送资金、无偿援建的项目均不属于外资范围 。

利用外资的方式有：对外借款，外国（或港澳地区）企业和经济组织或个人在我国境内开办独资企业、与我国境内的企业或组织共同开办合资企业、合作经营(企业)项目或合作开发资源，以及补偿贸易、国际租赁等。

对外借款 指我国政府、部门、企业和中国银行等单位向国际金融组织 、外国政府、企业等借用的长期、短期资本，到期需还本付息。借款按不同渠道划分为：①外国政府贷款； ②国际金融组织贷款；③外国银行贷款；④出口信贷；⑤发行债券。

外商直接投资 指外国企业和经济组织或个人（包括华侨、港澳同胞以及我在境外注册的企业）按我国有关政策、法规，在我国境内开办外商独资企业，与我国境内的企业或经济组织共同举办中外合资企业、合作经营企业或合作开发资源的投资，以及外商从企业得到收益的再投资。2002年起“外商直接投资”统计口径调整，“企业投资总额内的境外借款”只包括“企业投资总额内直接投资者对企业的贷款,即外方股东贷款”，不包括“直接投资者提供担保的第三方对企业的贷款即外方股东担保贷款”和“其他方式的企业境外借款即其他境外借款。

旅游人数 (1)入境旅游人数：指报告期内来我国观光、度假、探亲访友、就医疗养、购物、参加会议或从事经济、文化、体育、宗教活动的外国人、港澳台同胞等入境游客。统计时，外国人、港澳台同胞每入境一次统计1人次。

(2)出境人数：指中国（大陆）居民因公或因私出境前往其他国家、中国香港特别行政区、澳门特别行政区和台湾省观光、度假、探亲访友、就医疗养、购物、参加会议或从事经济、文化、体育、宗教活动的人数，即出境游客。统计时，按每出境一次统计1人次。

(3)国内旅游人数：指在报告期内在中国（大陆）观光游览、度假、探亲访友、就医疗养、购物、参加会议或从事经济、文化、体育、宗教活动的中国（大陆）居民人数，其出游的目的不是通过所从事的活动谋取报酬。统计时，国内游客按每出游一次统计1人次。

国际旅游(外汇)收入 指入境游客在中国（大陆）境内旅行、游览过程中用于交通、参观游览、住宿、餐饮、购物、娱乐等全部花费。

国内旅游收入 又称旅游总花费，指国内游客在国内旅行、游览过程中用于交通、参观游览、住宿、餐饮、购物、娱乐等全部花费。

国际旅行社 指经营业务范围包括入境旅游业务、出境旅游业务和国内旅游业务的旅行社。

国内旅行社 指经营范围仅限于国内旅游业务的旅行社。

星级饭店 指设备、设施、服务符合《旅游饭店星级的划分与评定》（GB/T14308-2003），通过相关旅游管理部门评定，并取得星级饭店称号的饭店（含预备星级饭店）。

Explanatory Notes on Main Statistical Indicators

Total Imports and Exports refer to the real value of commodities (both trade and non–trade) imported and exported across the border of China. They mainly include actual imports and exports through foreign trade, imported and exported goods in the categories of processing and assembling of customer's materials, compensation trade, and processing of import materials, supplies and gifts as aid given gratis between governments and by international organizations, donations by overseas Chinese, compatriots in Hong Kong, Macao and Taiwan and Chinese with foreign citizenship, leasing commodities owned by tenants at the expiration of leasing period, local trade and Small–amount trade in border areas (excluding exchange trade between border residents), imported and exported commodities and articles for public use of Sino–foreign joint ventures, cooperative enterprises and ventures with sole foreign investment. Also included are import or export of samples and advertising articles above designated CIF or FOB prices (excluding goods of no trading or use value and free commodities for export), import and export goods sold in China from bonded warehouse and other import and export goods. Total imports and exports is an indicator of the total size of actual imported and exported goods of a country in foreign trade and economic cooperation.

Utilization of Foreign Capital refers to funds financed from abroad by means of loans, foreign direct investment, and issuing bonds and shares undertaken by the Chinese governments at all levels, various departments, enterprises and other economic units.

The types of foreign capital include tangible capital and intangible capital, such as remittance, goods, industrial property rights and know–how.

Those excluded are the purchases of foreign equipment and materials with loans from state–owned foreign exchange and foreign exchange owned by the Bank of China, donations by overseas Chinese, compatriots in Hong Kong and Macao, and funds and projects as aid given gratis by the United Nations and other international organizations.
Utilization of foreign capital takes the forms of loans from abroad, sole investment in enterprises in the boundary of China by foreign (or Hong Kong and Macao) enterprises, economic organizations or individuals, investment in Sino–foreign joint ventures, cooperative projects (enterprises), cooperative exploitation of natural resources with enterprises or organizations in China, compensation trade and international lease, etc.

Foreign Loans refer to long–term capital and short–term capital borrowed from international financial organizations, foreign governments and enterprises by the Chinese governments at all levels, by various departments, enterprises and the Bank of China, etc, and repaid with interest at maturity. Foreign loans can be divided according to channels into: ①loans from foreign governments; ②loans from international financial organizations; ③loans from foreign banks; ④export credit; ⑤bonds and shares issued abroad.

Foreign Direct Investment refers to investment inside China by foreign enterprises and economic organizations or individuals (including overseas Chinese, compatriots from Hong Kong and Macao, and Chinese enterprises registered abroad), following the relevant policies and laws of China, for the establishment of foreign sole investment enterprises, Sino–foreign joint ventures and cooperative enterprises or for cooperative exploitation of resources with enterprises or economic organizations in China, and re–investment of foreign entrepreneurs with the profits gained from such enterprises and corporations. Starting from 2002, the foreign direct investment statistic has been adjusted such that the overseas borrowings in total investment of enterprises only include loans to the enterprises by direct investors or, in other terms, loans by foreign shareholders, but exclude loans from the third party guaranteed by the direct investors or, in other terms, loans guaranteed by the foreign shareholders, and overseas borrowings by enterprises in other manners or, in other terms, other overseas borrowings.

Number of Tourists (1) Visitor arrivals refer to the number of foreigners, Chinese compatriots from Hong Kong, Macao and Taiwan Chinese (mainland) who come to China (mainland) for sight−seeing, vacation, visiting relatives, medical treatment, shopping, attending conference, or to engage in economic, cultural, sports and religious activities. In compiling statistics, each time of entering China is counted as one person−time.

(2) Number of Chinese residents going abroad refer to the number of Chinese (mainland) residents going to other countries, Hong Kong Special Administrative region, Macao Special Administrative region and Taiwan for on official or private purposes, for sight−seeing, vacation, visiting relatives, medical treatment, shopping, attending conference, or to engage in economic, cultural, sports and religious activities. In compiling statistics, each time of leaving is counted as one person−time.

(3) Number of domestic tourists refers to the number of Chinese (mainland) residents who travel within China (mainland) for sight−seeing, vacation, visiting relatives, medical treatment, shopping, attending conference, or to engage in economic, cultural, sports and religious activities. In compiling statistics, each time of travelling is counted as one person−time.

Foreign Exchange Earnings from International Tourism refer to the total expenditure of foreigners, overseas Chinese, Chinese compatriots from Hong Kong, Macao and Taiwan during their stay in the mainland of China on transportation, sighting, accommodation, food, shopping and entertainment.

Income from Domestic Tourism refer to expenditure of domestic tourists on transportation, sighting, accommodation, food, shopping and entertainment while they travel.

International Travel Agencies refer to travel agencies engaged in tourism entering China, Chinese residents going abroad and domestic tourism.

Domestic Travel Agencies refer to travel agencies only engaged in domestic tourism.

Star-rated Hotels refer to hotels rated with stars as assessed by the relevant tourism authorities according to GB/T14308−2003 standard with reference to their infrastructure, facilities and service levels.

14 第十四部分 劳动工资

LABOR FORCE AND WAGE

CHAPTER

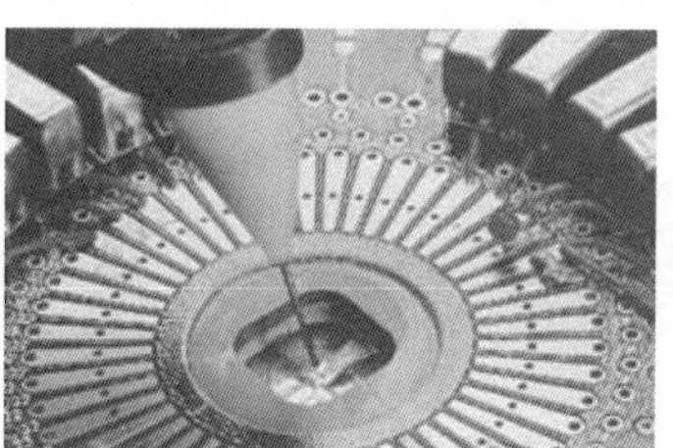

14-1 职工人数、工资总额及平均工资
NUMBER, TOTAL WAGES AND AVERAGE WAGE OF STAFF AND WORKERS
(1980-2011)

年 份 Year	年末职工人数 (万人) Number of Staff and Workers Year-end (10 000 persons)	# 国有单位 State-owned Units	工资总额 (万元) Total Wages (10 000 yuan)	# 国有单位 State-owned Units	年平均工资 (元) Average Yearly Wages (yuan)	# 国有单位 State-owned Units
1980	4.86	4.05	4 366	3 691	979	990
1981	5.31	4.51	5 930	5 046	1 132	1 119
1982	8.28	7.00	10 000	8 477	1 366	1 358
1983	12.57	10.10	16 142	12 976	1 545	1 571
1984	18.33	14.14	35 306	28 642	2 179	2 257
1985	22.66	16.84	51 912	38 465	2 418	2 427
1986	25.88	18.97	59 773	44 324	2 452	2 476
1987	32.29	22.04	80 013	54 333	2 677	2 637
1988	41.74	28.04	134 218	87 607	3 388	3 269
1989	48.24	30.34	179 042	114 650	3 858	3 917
1990	55.41	33.85	227 392	140 935	4 304	4 339
1991	64.89	38.77	307 950	175 169	5 016	4 908
1992	71.10	38.85	403 790	226 079	5 931	6 026
1993	78.11	41.45	619 647	356 949	8 145	8 854
1994	82.29	38.71	852 332	445 286	10 572	11 632
1995	88.75	40.17	1 076 083	545 013	12 276	13 709
1996	89.13	41.07	1 284 558	679 349	14 507	16 625
1997	91.18	40.92	1 479 515	744 781	16 531	18 515
1998	91.93	33.75	1 674 771	707 004	18 381	21 161
1999	92.52	32.94	1 890 338	775 020	20 714	23 602
2000	93.36	31.00	2 113 366	805 421	23 039	26 193
2001	94.88	31.31	2 441 713	968 330	25 941	31 187
2002	101.76	29.62	2 832 799	1 035 092	28 218	35 501
2003	108.20	30.10	3 259 896	1 213 966	30 611	40 893
2004	135.88	31.94	4 192 834	1 422 271	31 928	45 212
2005	165.38	35.85	5 167 453	1 640 306	32 476	47 762
2006	184.25	39.85	6 296 568	1 919 979	35 107	49 312
2007	193.04	40.03	7 335 805	2 293 671	38 798	58 347
2008	198.35	41.31	8 674 142	2 663 083	43 454	65 431
2009	220.16	42.89	10 029 764	3 051 566	46 723	72 278
2010	251.09	46.86	12 338 778	3 603 655	50 456	79 734
2011	261.43	48.92	14 384 948	4 117 941	55 143	85 218

14-2 职工工资总额指数和平均工资指数

RELATED INDICES OF TOTAL WAGES AND AVERAGE WAGE OF STAFF AND WORKERS（1980-2011）

以上年为100 (preceding year=100)

年 份 Year	工资总额指数 Related Indices of Total Wages	# 国有单位 State-owned Units	职工平均货币工资指数 Related Indices of Average Money Wage	# 国有单位 State-owned Units	职工平均实际工资指数 Related Indices of Average Real Wage	# 国有单位 State-owned Units
1980	147.9	147.3	127.3	126.1	121.2	120.1
1981	135.8	136.7	115.6	113.0	104.4	102.1
1982	168.6	168.0	120.8	121.4	112.1	112.6
1983	161.4	153.1	113.1	115.7	110.9	113.4
1984	218.7	220.7	141.0	143.7	132.0	134.6
1985	147.0	134.3	111.0	107.5	90.6	87.8
1986	115.1	115.2	101.4	102.0	95.6	96.1
1987	133.9	122.6	109.2	106.5	95.5	93.1
1988	167.7	161.2	126.6	124.0	98.8	96.8
1989	133.4	130.9	113.9	119.8	90.8	95.5
1990	127.0	122.9	111.6	110.8	109.8	109.1
1991	135.4	124.3	116.5	113.1	113.1	109.8
1992	131.1	129.1	118.2	122.8	110.2	114.4
1993	153.5	157.9	137.3	146.9	114.3	122.3
1994	137.6	124.7	129.8	131.4	109.8	111.2
1995	126.3	122.4	116.1	117.9	103.3	104.9
1996	119.4	124.6	118.2	121.3	109.7	112.6
1997	115.2	109.6	114.0	111.4	110.3	107.8
1998	113.8	95.7	110.2	112.3	111.0	113.1
1999	112.9	109.6	112.7	111.5	113.5	112.3
2000	111.8	103.9	111.2	111.0	108.2	108.0
2001	115.5	120.2	112.6	119.1	115.1	121.8
2002	116.0	106.9	108.8	113.8	107.5	112.5
2003	115.1	117.3	108.5	115.2	107.7	114.4
2004	120.7	114.1	105.6	110.6	104.2	109.1
2005	123.2	115.3	101.7	105.6	100.1	104.0
2006	121.9	117.1	108.1	103.2	105.8	101.0
2007	116.5	119.5	110.5	118.3	106.2	113.6
2008	118.2	116.1	112.0	112.1	105.8	105.9
2009	115.6	114.6	107.5	110.5	108.9	111.9
2010	123.0	118.1	108.0	110.3	104.3	106.6
2011	116.6	114.3	109.3	106.9	103.7	101.4

14-3 职工工资总额指数和平均工资指数

RELATED INDICES OF TOTAL WAGES AND AVERAGE WAGE OF STAFF AND WORKERS（1980-2011）

以1979年为100 （1979=100）

年 份 Year	工资总额指数 Related Indices of Total Wages	# 国有单位 State-owned Units	职工平均货币工资指数 Related Indices of Average Money Wage	# 国有单位 State-owned Units	职工平均实际工资指数 Related Indices of Average Real Wage	# 国有单位 State-owned Units
1980	147.9	147.3	127.3	126.1	121.2	120.1
1981	200.9	201.4	147.2	142.5	126.5	122.6
1982	338.8	338.4	177.6	173.0	141.8	138.0
1983	546.8	518.0	200.9	200.1	157.3	156.5
1984	1 196.0	1 143.4	283.4	287.5	207.6	210.6
1985	1 758.5	1 535.5	314.4	309.2	188.1	184.9
1986	2 024.8	1 769.4	318.9	315.4	179.8	177.7
1987	2 710.5	2 169.0	348.1	335.9	171.7	165.4
1988	4 546.7	3 497.3	440.6	416.4	169.6	160.1
1989	6 065.1	4 576.8	501.7	499.0	154.0	152.9
1990	7 703.0	5 626.1	559.7	552.7	169.1	166.8
1991	10 431.9	6 992.8	652.3	625.2	191.3	183.1
1992	13 678.5	9 025.1	771.3	767.6	210.8	209.5
1993	20 990.8	14 249.5	1 059.2	1 127.9	240.9	256.2
1994	28 873.0	17 775.9	1 374.8	1 481.8	264.5	284.9
1995	36 452.7	21 757.0	1 596.4	1 746.4	273.2	298.9
1996	43 514.8	27 119.7	1 886.5	2 117.8	299.7	336.6
1997	50 119.1	29 731.8	2 149.7	2 358.6	330.6	362.9
1998	57 035.5	28 453.3	2 369.0	2 648.7	367.0	410.4
1999	64 393.1	31 184.8	2 669.9	2 953.3	416.5	460.9
2000	71 991.5	32 401.0	2 968.9	3 278.2	450.7	497.8
2001	83 150.2	38 946.0	3 343.0	3 904.3	518.8	606.3
2002	96 454.2	41 633.3	3 637.2	4 443.1	557.7	682.1
2003	111 018.8	48 835.9	3 946.4	5 118.5	600.6	780.3
2004	133 999.7	55 721.8	4 167.4	5 661.1	625.8	851.3
2005	165 087.6	64 247.2	4 238.2	5 978.1	626.4	885.4
2006	201 241.8	75 233.5	4 581.5	6 169.4	662.7	894.3
2007	234 446.7	89 904.0	5 062.6	7 298.4	703.8	1 015.9
2008	277 116.0	104 378.5	5 670.1	8 181.5	743.9	1 075.8
2009	320 346.1	119 617.8	6 095.4	9 040.6	810.1	1 203.8
2010	394 025.7	141 268.6	6 583.0	9 971.8	844.9	1 283.3
2011	459 039.9	161 470.0	7 195.2	10 659.9	876.2	1 301.3
年平均增长率(%) **Average Annual Growth Rate(%)**	**30.1**	**26.0**	**14.3**	**15.7**	**7.0**	**8.3**

14-4 城镇单位在岗职工工资总额与平均工资

TOTAL WAGES BILL AND AVERAGE WAGE OF STAFF AND WORKERS IN URBAN UNITS（1998-2011）

年份 Year	工资总额(亿元) Total Wages Bill (100 million yuan)				平均工资(元) Average Wage (yuan)			
	合计 Total	国有单位 State-owned Units	城镇集体单位 Urban Collective-owned Units	其他单位 Other Types of Ownership	合计 Total	国有单位 State-owned Units	城镇集体单位 Urban Collective-owned Units	其他单位 Other Types of Ownership
1998	167.48	70.70	4.72	92.05	18 381	21 161	11 260	17 204
1999	189.03	77.50	5.38	106.15	20 714	23 602	13 228	19 530
2000	211.34	80.54	4.85	125.94	23 039	26 193	13 234	21 974
2001	244.17	96.83	5.00	142.34	25 941	31 187	13 427	23 981
2002	283.28	103.51	4.32	175.45	28 218	35 501	16 969	25 544
2003	325.99	121.40	4.02	200.58	30 611	40 893	17 061	26 940
2004	419.28	142.23	3.29	273.77	31 928	45 212	20 256	27 868
2005	516.75	164.03	4.72	348.00	32 476	47 762	17 112	28 521
2006	629.66	192.00	3.20	434.46	35 107	49 312	20 591	31 286
2007	733.58	229.37	3.26	500.95	38 798	58 347	21 793	33 787
2008	867.41	266.31	3.43	597.68	43 454	65 431	25 291	37 933
2009	1 002.98	305.16	3.11	694.71	46 723	72 278	24 715	40 582
2010	1 233.88	360.37	4.15	869.36	50 456	79 734	27 801	43 939
2011	1 438.49	411.79	4.78	1 021.92	55 143	85 218	31 830	48 422

注：　从2000年起统计口径为在岗职工。
Note: Since 2000, statistical coverage refers to the fully employed staff and workers.

14-5 城镇单位从业人员和在岗职工人数（2011年末）

NUMBER OF STAFF AND WORKERS IN URBAN UNITS（YEAR-END 2011）

项 目	Item	单位从业人员年末人数（人） Number of Staff Year-end (Person)	# 女 性 Female	# 在岗职工年末人数 Number of Staff and Workers Year-end
总 计	**Total**	**2 637 052**	**1 049 287**	**2 614 288**
一、按登记注册类型分	Grouped by Registration			
1. 内资单位	Domestic Funded Units			
(1)国有单位	State-owned Units	493 460	178 903	489 164
(2)集体单位	Collective-owned Units	16 449	6 673	16 334
(3)股份合作单位	Cooperative Units	21 307	6 134	21 235
(4)联营单位	Joint ownership Units	51 894	16 233	51 553
(5)有限责任公司	Limited Liability Corporations	595 579	190 496	587 858
(6)股份有限公司	Share-holding Corporations Ltd.	264 601	87 613	262 493
(7)其他内资单位	Others	19 045	10 550	17 981
2. 港澳台投资单位	Units with Funded from Hongkong, Macao and Taiwan	720 566	344 734	716 567
3. 外商投资单位	Foreign Funded Units	454 151	207 951	451 103
二、按企业、事业、机关分	Grouped by Enterprises, Institutions and Agencies			
1. 企业	Enterprises	2 362 068	929 131	2 342 388
2. 事业	Institutions	153 988	80 147	152 080
3. 机关	Agencies & Organizations	116 576	37 704	116 239
4.民间非盈利组织	Private non-protit organization	2 889	1 506	2 062
5.其他	Others	1 531	799	1 519
三、按国民经济行业分	Grouped by Sector			
1. 农、林、牧、渔业	Agriculture, Forestry, Animal Husbandry and Fishery	2 568	854	2 497
①农业	Agriculture	820	300	819
②林业	Forestry	382	163	382
③畜牧业	Animal Husbandry	946	248	946
④渔业	Fishery	117	54	117
⑤农、林、牧、渔服务业	Services of Agriculture, Forestry,Animal Husbandry and Fishery	303	89	233
2. 采矿业	Mining	1 064	248	1 063
3. 制造业	Manufacturing	1 222 716	532 463	1 218 650
4. 电力、煤气及水的生产和供应业	Production and Distribution of Electricity,Gas and Water	19 725	5 438	19 687
5. 建筑业	Construction	150 946	15 835	145 057
#房屋和土木工程建筑业	Civil Engineering	92 286	7 897	86 729
6. 交通运输、仓储和邮政业	Transportation, Storage and Post Services	196 816	60 430	195 464
#铁路运输业	Railway Transportation	4 407	2 088	4 025
道路运输业	Road Transportation	71 782	16 510	71 221
城市公共交通业	Urban Public Traffic	63 083	21 960	63 051
航空运输业	Air Transportation	18 342	6 446	18 206
仓储业	Storage	9 937	3 639	9 852
邮政业	Post Services	6 584	2 579	6 584
7. 信息传输、计算机服务和软件业	Information Transmission, Computer Services and Software	52 292	18 404	51 941

项 目	Item	单位从业人员年末人数（人） Number of Staff Year-end (Person)	# 女 性 Female	# 在岗职工年末人数 Number of Staff and Workers Year-end
8. 批发和零售业	Wholesale and Retail Trades	156 290	75 881	154 588
①批发业	Wholesale	75 760	32 432	75 148
②零售业	Retail Sales	80 530	43 449	79 440
9. 住宿和餐饮业	Hotels and Catering Services	76 198	40 007	75 784
①住宿业	Hotels	30 962	15 551	30 721
②餐饮业	Catering Services	45 236	24 456	45 063
10. 金融、保险业	Financial Intermediation and Insurance	127 685	65 066	125 162
①金融业	Financial Intermediation	78 587	40 645	77 325
②保险业	Insurance	49 098	24 421	47 837
11. 房地产业	Real Estate	130 050	36 452	129 492
#房地产开发经营	Real Estate Development and Operation	17 686	6 025	17 550
物业管理	Real Estate Management	90 740	22 669	90 502
12. 租赁和商务服务业	Leasing and Business Services	117 250	29 242	116 187
13. 科学研究、技术服务和地质勘查业	Scientific Research, Technical Services and Geological Prospecting	55 207	17 540	54 312
#研究与试验发展	Research and Experiment Development	11 060	4 650	10 963
专业技术服务业	Professional Technology Services	38 526	11 127	37 825
14. 水利、环境和公共设施管理业	Management of Water Conservancy, Environment and Public Facilities	17 834	7 219	17 769
#水利管理业	Water Conservancy Administration	932	245	925
环境管理业	Environment Management	6 818	2 626	6 785
15. 居民服务和其他服务业	Services to Households and Other Services	19 645	10 120	19 594
#居民服务业	Services to Households	4 431	1 923	4 429
16. 教育	Education	89 102	47 548	86 452
#初等教育	Primary Schools	26 404	15 063	26 212
中等教育	Regular Secondary Schools	37 847	17 295	36 850
高等教育	Regular Institution of Higher Education	8 322	3 671	7 333
17. 卫生、社会保障和社会福利业	Health Care, Social Security and Social Welfare	57 528	36 343	57 091
①卫生	Health Care	54 040	34 469	53 603
②社会保障业	Social Security	1 980	989	1 980
③社会福利业	Social Welfare	1 508	885	1 508
18. 文化、体育和娱乐业	Culture, Sports and Entertainment	16 403	7 863	16 128
#文化	Culture	7 721	3 966	7 684
体育	Sports	2 137	1 091	2 113
19. 公共管理和社会组织	Public Services and Social Organizations	127 733	42 334	127 370
#国家机构	Government Agencies	124 834	41 310	124 514

14-6 分经济类型和行业单位从业人员劳动报酬、平均人数和平均劳动报酬

TOTAL WAGES,AVERAGE NUMBER AND AVERAGE WAGE OF STAFF BY OWNERSHIP AND SECTOR（2011）

项　目	Item	单位从业人员劳动报酬（万元）Total Yearly Wages of Staff (10 000 yuan)	单位从业人员年平均人数(人) Average Number of Staff(Person)	年平均劳动报酬（元）Average Yearly Wages (yuan)
总　计	**Total**	**14 668 937**	**2 630 651**	**55 762**
一、按登记注册类型分	Grouped by Registration			
1. 内资单位	Domestic Funded Units			
(1)国有单位	State-owned Units	4 145 635	487 537	85 032
(2)集体单位	Collective-owned Units	48 465	15 122	32 049
(3)股份合作单位	Cooperative Units	66 964	21 232	31 539
(4)联营单位	Joint ownership Units	249 774	50 936	49 037
(5)有限责任公司	Limited Liability Corporations	2 886 982	585 235	49 330
(6)股份有限公司	Share-holding Corporations Ltd.	1 902 741	249 284	76 328
(7)其他内资单位	Others	71 538	17 564	40 730
2. 港澳台投资单位	Units with Funded from Hongkong, Macao and Taiwan	2 946 018	741 024	39 756
3. 外商投资单位	Foreign Funded Units	2 350 820	462 717	50 805
二、按企业、事业、机关分	Grouped by Enterprises, Institutions and Agencies			
1. 企业	Enterprises	12 094 633	2 360 506	51 237
2. 事业	Institutions	1 535 000	151 164	101 545
3. 机关	Agencies & Organizations	1 025 680	115 633	88 701
4.民间非盈利组织	Private non-profit organization	7 251	1 803	40 218
5.其他	Others	6 373	1 545	41 247
三、按国民经济行业分	Grouped by Sector			
1. 农、林、牧、渔业	Agriculture, Forestry, Animal Husbandry and Fishery	10 060	2 601	38 678
①农业	Agriculture	3 252	846	38 443
②林业	Forestry	1 762	381	46 234
③畜牧业	Animal Husbandry	2 859	953	29 995
④渔业	Fishery	290	117	24 795
⑤农、林、牧、渔服务业	Services of Agriculture, Forestry,Animal Husbandry and Fishery	1 898	304	62 428
2. 采矿业	Mining	17 892	1 015	176 271
3. 制造业	Manufacturing	5 143 445	1 249 798	41 154
4. 电力、煤气及水的生产和供应业	Production and Distribution of Electricity,Gas and Water	187 988	19 612	95 854
5. 建筑业	Construction	642 370	146 623	43 811
#房屋和土木工程建筑业	Civil Engineering	379 337	93 046	40 769
6. 交通运输、仓储和邮政业	Transportation, Storage and Post Services	1 089 773	182 050	59 861
#铁路运输业	Railway Transportation	34 278	4 287	79 957
道路运输业	Road Transportation	262 782	59 716	44 005
城市公共交通业	Urban Public Traffic	315 648	60 758	51 952
航空运输业	Air Transportation	201 229	17 873	112 588
仓储业	Storage	57 162	9 996	57 185
邮政业	Post Services	47 790	6 634	72 038
7. 信息传输、计算机服务和软件业	Information Transmission, Computer Services and Software	433 141	51 904	83 450

14-6 续表 continued

项　目 Item		单位从业人员劳动报酬（万元） Total Yearly Wages of Staff (10 000 yuan)	单位从业人员年平均人数(人) Average Number of Staff(Person)	年平均劳动报酬（元） Average Yearly Wages (yuan)
8. 批发和零售业	Wholesale and Retail Trades	774 721	151 883	51 008
①批发业	Wholesale	434 987	75 362	57 720
②零售业	Retail Sales	339 734	76 521	44 397
9. 住宿和餐饮业	Hotels and Catering Services	244 630	75 486	32 407
①住宿业	Hotels	115 837	31 053	37 303
②餐饮业	Catering Services	128 793	44 433	28 986
10. 金融、保险业	Financial Intermediation and Insurance	1 702 142	125 144	136 015
①金融业	Financial Intermediation	1 400 259	76 243	183 657
②保险业	Insurance	301 883	48 901	61 733
11. 房地产业	Real Estate	602 136	131 866	45 663
#房地产开发经营	Real Estate Development and Operation	152 731	17 047	89 594
物业管理	Real Estate Management	333 834	90 557	36 865
12. 租赁和商务服务业	Leasing and Business Services	593 218	116 699	50 833
13. 科学研究、技术服务和地质勘查业	Scientific Research, Technical Services and Geological Prospecting	513 398	54 683	93 886
#研究与试验发展	Research and Experiment Development	94 104	11 165	84 285
专业技术服务业	Professional Technology Services	360 575	37 744	95 532
14. 水利、环境和公共设施管理业	Management of Water Conservancy, Environment and Public Facilities	105 506	17 966	58 725
#水利管理业	Water Conservancy Administration	9 676	927	104 378
环境管理业	Environment Management	36 276	6 938	52 286
15. 居民服务和其他服务业	Services to Households and Other Services	67 965	19 415	35 006
#居民服务业	Services to Households	14 605	4 437	32 917
16. 教育	Education	762 923	84 122	90 692
#初等教育	Primary Schools	242 572	25 565	94 884
中等教育	Regular Secondary Schools	330 899	34 006	97 306
高等教育	Regular Institution of Higher Education	104 257	8 217	126 879
17. 卫生、社会保障和社会福利业	Health Care, Social Security and Social Welfare	566 896	56 240	100 799
①卫生	Health Care	542 642	52 837	102 701
②社会保障业	Social Security	15 362	1 942	79 103
③社会福利业	Social Welfare	8 892	1 461	60 864
18. 文化、体育和娱乐业	Culture, Sports and Entertainment	99 336	16 611	59 801
#文化	Culture	66 130	8 737	75 689
体育	Sports	12 063	2 126	56 740
19. 公共管理和社会组织	Public Services and Social Organizations	1 111 398	126 933	87 558
#国家机构	Government Agencies			

14-7 分经济类型和行业职工工资总额、平均人数和平均工资

TOTAL WAGES，AVERAGE NUMBER AND AVERAGE WAGE OF STAFF AND WORKERS BY OWNERSHIP AND SECTOR（2011）

项 目	Item	在岗职工工资总额(万元) Total Wages (10 000 yuan)	在岗职工年平均人数(人) Average Number(person)	年平均工资(元) Average Yearly Wages (yuan)
总 计	**Total**	**14 384 948**	**2 608 672**	**55 143**
一、按登记注册类型分	Grouped by Registration			
1. 内资单位	Domestic Funded Units			
(1)国有单位	State-owned Units	4 117 941	483 227	85 218
(2)集体单位	Collective-owned Units	47 787	15 013	31 830
(3)股份合作单位	Cooperative Units	66 591	21 161	31 469
(4)联营单位	Joint ownership Units	247 997	50 596	49 015
(5)有限责任公司	Limited Liability Corporations	2 834 634	577 274	49 104
(6)股份有限公司	Share-holding Corporations Ltd.	1 861 855	247 307	75 285
(7)其他内资单位	Others	69 924	17 295	40 430
2. 港澳台投资单位	Units with Funded from Hongkong, Macao and Taiwan	2 876 863	737 094	39 030
3. 外商投资单位	Foreign Funded Units	2 261 357	459 705	49 191
二、按企业、事业、机关分	Grouped by Enterprises, Institutions and Agencies			
1. 企业	Enterprises	11 823 987	2 340 844	50 512
2. 事业	Institutions	1 523 579	149 271	102 068
3. 机关	Agencies & Organizations	1 024 284	115 298	88 838
4.民间非盈利组织	Private non-profit organization	6 881	1 726	39 864
5.其他	Others	6 217	1 533	40 555
三、按国民经济行业分	Grouped by Sector			
1. 农、林、牧、渔业	Agriculture, Forestry, Animal Husbandry and Fishery	9 914	2 530	39 187
①农业	Agriculture	3 251	845	38 467
②林业	Forestry	1 762	381	46 234
③畜牧业	Animal Husbandry	2 859	953	29 995
④渔业	Fishery	290	117	24 795
⑤农、林、牧、渔服务业	Services of Agriculture, Forestry,Animal Husbandry and Fishery	1 754	234	74 949
2. 采矿业	Mining	17 887	1 014	176 397
3. 制造业	Manufacturing	5 083 982	1 245 669	40 813
4. 电力、煤气及水的生产和供应业	Production and Distribution of Electricity,Gas and Water	186 854	19 579	95 436
5. 建筑业	Construction	610 573	140 580	43 432
#房屋和土木工程建筑业	Civil Engineering	349 002	87 354	39 953
6. 交通运输、仓储和邮政业	Transportation, Storage and Post Services	1 072 261	180 704	59 338
#铁路运输业	Railway Transportation	33 335	3 912	85 211
道路运输业	Road Transportation	261 491	59 155	44 204
城市公共交通业	Urban Public Traffic	315 335	60 727	51 927
航空运输业	Air Transportation	190 782	17 739	107 550
仓储业	Storage	55 164	9 910	55 665
邮政业	Post Services	47 790	6 634	72 038
7. 信息传输、计算机服务和软件业	Information Transmission, Computer Services and Software	426 793	51 563	82 771

项 目	Item	在岗职工工资总额(万元) Total Wages (10 000 yuan)	在岗职工年平均人数(人) Average Number(person)	年平均工资(元) Average Yearly Wages (yuan)
8. 批发和零售业	Wholesale and Retail Trades	744 201	150 513	49 444
①批发业	Wholesale	416 353	74 756	55 695
②零售业	Retail Sales	327 848	75 757	43 276
9. 住宿和餐饮业	Hotels and Catering Services	239 600	75 069	31 917
①住宿业	Hotels	112 163	30 809	36 406
②餐饮业	Catering Services	127 437	44 260	28 793
10. 金融、保险业	Financial Intermediation and Insurance	1 639 355	122 528	133 794
①金融业	Financial Intermediation	1 374 176	74 912	183 439
②保险业	Insurance	265 179	47 616	55 691
11. 房地产业	Real Estate	597 193	131 306	45 481
#房地产开发经营	Real Estate Development and Operation	151 186	16 911	89 401
物业管理	Real Estate Management	332 240	90 325	36 783
12. 租赁和商务服务业	Leasing and Business Services	568 914	115 628	49 202
13. 科学研究、技术服务和地质勘查业	Scientific Research, Technical Services and Geological Prospecting	495 981	53 768	92 245
#研究与试验发展	Research and Experiment Development	89 109	11 045	80 678
专业技术服务业	Professional Technology Services	350 220	37 045	94 539
14. 水利、环境和公共设施管理业	Management of Water Consercancy, Environment and Public Facilities	105 094	17 863	58 833
#水利管理业	Water Conservancy Administration	9 649	920	104 884
环境管理业	Environment Management	36 005	6 902	52 165
15. 居民服务和其他服务业	Services to Households and Other Services	66 193	19 364	34 184
#居民服务业	Services to Households	14 569	4 435	32 850
16. 教育	Education	749 624	82 254	91 135
#初等教育	Primary Schools	240 122	25 369	94 652
中等教育	Regular Secondary Schools	328 301	33 763	97 237
高等教育	Regular Institution of Higher Education	99 082	7 220	137 233
17. 卫生、社会保障和社会福利业	Health Care, Social Security and Social Welfare	563 179	55 830	100 874
①卫生	Health Care	538 925	52 427	102 795
②社会保障业	Social Security	15 362	1 942	79 103
③社会福利业	Social Welfare	8 892	1 461	60 864
18. 文化、体育和娱乐业	Culture, Sports and Entertainment	97 444	16 338	59 642
#文化	Culture	64 904	8 502	76 340
体育	Sports	11 526	2 101	54 860
19. 公共管理和社会组织	Public Services and Social Organizations	1 109 905	126 572	87 690
#国家机构	Government Agencies	1 078 862	123 719	87 203

14-8 工业、建筑业企业在岗职工人数和工资

NUMBER AND WAGE OF STAFF AND WORKERS IN INDUSTRY AND CONSTRUCTION ENTERPRISES（2011）

项 目	Item	年末人数(人) Year-end Figure (person)	工资总额(万元) Total Wages (10 000 yuan)	年平均工资(元) Average Yearly Wages (yuan)
总 计	**Total**	**1 239 400**	**5 288 723**	**41 766**
一、工 业	**Industry**			
(一)按登记注册类型分	Grouped by Registration			
1. 国有单位	State-owned Units	8 076	44 168	54 732
2. 城镇集体单位	Urban Collective Owned Units	3 218	11 754	33 922
3. 其他类型单位	Units of Other Types of Ownership	1 228 106	5 232 801	41 705
(二)按行业分	Grouped by Sector			
1. 采掘业	Mining and Quarrying	1 063	17 887	176 397
煤炭开采洗选业	Mining and Washing of Coal			
石油和天然气开采业	Extraction of Petroleum and Natural Gas	1 063	17 887	176 397
黑色金属矿采选业	Mining and Processing of Ferrous Metal Ores			
有色金属矿采选业	Mining and Processing of Nonferrous Metal Ores			
非金属矿采选业	Mining and Processing of Nonmetal Ores			
其他采矿业	Mining and Processing of Other Ores			
2. 制造业	Manufacturing	1 218 650	5 083 982	40 813
农副食品加工业	Processing of Food from Agricultural Products	6 714	26 526	39 297
食品制造业	Manufacture of Foods	4 900	19 518	40 335
饮料制造业	Manufacture of Beverages	9 712	45 929	46 118
烟草加工业	Manufacture of Tobacco	1 179	12 234	104 207
纺织业	Manufacture of Textile	20 241	74 530	32 265
纺织服装、鞋、帽制造业	Manufacture of Textile Wearing Apparel,Footware and Caps	45 707	160 455	33 916
皮革、毛皮、羽毛（绒）及其制品业	Manufacture of Leather, Fur, Feather and Related Products	25 913	91 561	32 848
木材加工及木、竹、藤、棕、草制品业	Processing of Timber, Manufacture of Wood, Bamboo, Rattan, Palm Fiber & Straw Products	1 458	4 398	30 040
家具制造业	Manufacture of Furniture	17 005	50 100	29 070
造纸及纸制品业	Manufacture of Paper and Paper Products	12 107	44 207	34 319
印刷业和记录媒介的复制	Printing and Record Medium Reproduction	15 347	59 956	37 120
文教体育用品制造业	Manufacture of Cultural, Educational and Sports Articles	41 541	119 384	26 228
石油加工、炼焦及核燃料加工业	Processing of Petroleum, Coking and Nuclear Fuel Processing	268	2 092	77 478
化学原料及化学制品制造业	Manufacture of Raw Chemical Materials and Chemical Products	9 727	50 108	43 481
医药制造业	Manufacture of Medicines	9 299	52 837	58 095

项目	Item	年末人数(人) Year-end Figure (person)	工资总额(万元) Total Wages (10 000 yuan)	年平均工资(元) Average Yearly Wages (yuan)
化学纤维制造业	Manufacture of Chemical Fibers	245	1 325	54 073
橡胶制品业	Manufacture of Rubber	10 444	31 885	32 854
塑料制品业	Manufacture of Plastics	42 107	142 489	33 498
非金属矿物制品业	Manufacture of Non-metallic Mineral Products	41 894	152 782	36 809
黑色金属冶炼及压延加工业	Smelting and Pressing of Ferrous Metals	223	974	44 291
有色金属冶炼及压延加工业	Smelting and Pressing of Nonferrous Metals	2 615	14 230	54 520
金属制品业	Manufacture of Metal Products	49 709	180 198	35 860
通用设备制造业	Manufacture of General-purpose Machinery	17 573	69 999	37 969
专用设备制造业	Manufacture of Special-purpose Machinery	68 060	373 359	52 993
交通运输设备制造业	Manufacture of Transport Equipment	55 187	220 091	43 977
电气机械及器材制造业	Manufacture of Electrical Machinery and Equipment	142 346	530 877	35 573
通信设备、计算机及其他电子设备制造业	Manufacture of Communication Equipment, Computers and Other Electronic Equipment	481 270	2 223 763	45 638
仪器仪表及文化、办公用机械制造业	Manufacture of Measuring Instrument and Machinery for Cultural Activity and Office Work	57 309	236 257	39 752
工艺品及其他制造业	Manufacture of Artwork and Other Manufacturing	28 550	91 920	32 158
废弃资源和废旧材料回收加工业	Recycling and Disposal of Waste			
3. 电力、煤气及水的生产和供应业	Production and Supply of Electricity, Gas and Water	19 687	186 854	95 436
电力、热力的生产和供应业	Production and Supply of Electric Power and Heat Power	9 060	103 131	114 845
燃气生产和供应业	Production and Supply of Gas	4 968	34 153	68 718
水的生产和供应业	Production and Supply of Water	5 659	49 570	88 062
二、建筑业	**Construction**			
按登记注册类型分	Grouped by Registration			
1.国有单位	State-owned Units	30 791	199 929	65 565
2.城镇集体单位	Urban Collective Owned Units	828	1 899	22 709
3.其他单位	Units of Other Types of Ownership	113 438	408 746	37 414

14-9 镇、村企业从业人员和工资

NUMBER OF EMPLOYED PERSONS AND REMUNERATION OF LABORERS IN TOWN AND VILLAGE ENTERPRISES（2011）

项 目	Item	从业人员(人) Employed Persons(person)	劳动报酬(万元) Total Remuneration of Laborers (10 000 yuan)	年平均劳动报酬(元) Remuneration of Laborers(yuan)
总　计	**Total**	**924 848**	**3 634 712**	**36 894**
1. 农、林、牧、渔业	Agriculture Farming, Forestry, Animal Husbandry and Fishery	32	214	35 098
2. 采矿业	Mining	10	34	34 100
3. 制造业	Manufacturing	910 088	3 571 692	36 814
4. 电力、煤气及水的生产和供应业	Production and Distribution of Electricity,Gas and Water	2 208	13 842	60 977
5. 建筑业	Construction	875	1 985	28 395
6. 交通运输、仓储和邮政业	Transportation,Storage and Post Services	1 843	8 508	49 698
7. 信息传输、计算机服务和软件业	Information Transmission, Computer Services and Software	1 190	4 145	34 427
8. 批发和零售业	Wholesale and Retail Trades	3 674	11 627	28 736
9.住宿和餐饮业	Hotels and Catering Trade	1 166	3 195	27 542
10. 金融业	Financial Intermediation	163	929	56 640
11. 房地产业	Real Estate	237	669	28 228
12. 租赁和商务服务业	Leasing and Business Services	380	1 691	45 327
13. 科学研究、技术服务和地质勘查业	Scientific Research,Technical Services and Geological Prospecting	78	403	57 529
14. 水利、环境和公共设施管理业	Management of Water Conservancy, Environment and Public Facilities			
15. 居民服务和其他服务业	Services to Households and Other Services	1 269	9 540	75 358
16. 教育	Education	1 518	6 004	37 502
17. 卫生、社会保障和社会福利业	Health Care,Social Security and Welfare	82	172	21 500
18. 文化、体育和娱乐业	Culture,Sports and Entertainment	35	63	18 000
19. 公共管理和社会组织	Public Services and Social Organizations			
20. 国际组织	International Organizations			

主要统计指标解释

社会劳动者　指从事一定社会劳动并取得劳动报酬或经营收入的人员。包括：

(1)在岗职工；

(2)私营和个体从业人员；

(3)乡镇企业从业人员；

(4)其他从业人员；

这一指标反映了一定时期内全部劳动力资源的实际利用情况，是研究我国基本国情国力的重要指标。

单位从业人员　指在各级国家机关、政党机关、社会团体及企业、事业单位中工作，并取得劳动报酬的全部人员。包括在岗职工和其他从业人员。各单位的从业人员反映了各单位实际参加生产或工作的全部劳动力。包括：在岗职工和其他从业人员两部分。

单位从业人员=在岗职工+其他从业人员

其他从业人员　指各级国家机关、政党机关、社会团体及企业、事业单位中再就业的离退休人员、民办教师以及在各单位中工作的外方人员和港、澳、台方人员、兼职人员、借用的外单位人员和第二职业者。

在岗职工　指在调查时期(点)在国有经济、城镇集体经济、联营经济、股份制经济、外商和港、澳、台投资经济、其他经济单位及其附属机构中有工作岗位，并参加实际工作和在本单位领取工资的各类人员。

城镇私营和个体从业人员　城镇私营从业人员指在工商管理部门注册登记，其经营地址设在县城关镇（含城关镇）以上的私营企业从业人员。包括：私营企业投资者和雇工。城镇个体从业人员指在工商管理部门注册登记，并持有城镇户口或在城镇长期居住，经批准从事个体工商经营的从业人员。包括：个体经营者和在个体工商户劳动的家庭帮工和雇工。

单位从业人员劳动报酬　指各单位在一定时期内直接支付给本单位全部从业人员的劳动报酬总额。包括在岗职工的工资总额和其他从业人员的劳动报酬两部分。

在岗职工工资总额　指各单位在一定时期内直接支付给本单位在岗职工的劳动报酬总额。

Explanatory Notes on Main Statistical Indicators

Social Laborers refer to persons who are engaged in social labor and receive remuneration payment or earn business income, including:

1. fully employed staff and workers,

2. employed persons in private enterprises and individual economy,

3. employed persons in township enterprises,

4. other employed persons .

This indicator reflects the actual utilization of total labor force during a certain period of time and is often used for the research on China' s economic situation and national strength.

Persons Employed in Various Units refer to all persons working with payment in government agencies of various levels, political and party organizations, social organizations, enterprises and institutions, including fully employed staff and workers and other employed persons. This indicator reflects the total number of laborers actually engaged in production or other operations in various units,including fully employed staff and workers and other employed persons.

Persons Employed in Various Units =Fully Employed Staff and Workers + Other Employed Persons

Other Employed Persons refer to re−employed retirees working in government agencies of various levels, political and party organizations, enterprises and institutions, and teachers working in schools run by the local people, as well as foreigners and Chinese compatriots from Hong Kong, Macao and Taiwan working in various units,part−time emplogees,employees of other units working temporarily at current posts,and employees holding the second job.

Fully Employed Staff and Workers refer to persons who have work posts, work in and receive payment from units of state ownership, collective ownership, joint ownership, share holding ownership, foreign ownership, and ownership by entrepreneurs from Hong Kong, Macao and Taiwan, and other types of ownership and their affiliated units at the reference period (point).

Persons Employed in Private Enterprises and Self-employed Individuals in Urban Areas Persons employed in private enterprises refer to persons employed in private enterprises which are registered at the department of industrial and commercial administration and are situated at a county town (i.e. a town where the county government is located) for business operation or at urban areas with the level higher than a county town, including investors and employees of private enterprises. Self−employed individuals in urban areas refer to persons who hold the certificates of residence in urban areas or have resided in the urban areas for a long time and have been registered at the department of industrial and commercial administration and approved to be engaged in individual industrial or commercial business, including self−employed persons as well as helpers and hired laborers who work in the individual households engaged in industrial or commercial business.

Earnings of Persons Employed in Units refer to the total wages directly paid to all the employed persons during a certain period of time,including wages to fully employed persons in working units and remuneration payment to other employed persons.

Total Wages refer to total remuneration payment directly paid to fully employed persons in working units during a certain period of time.

15 第十五部分 科学技术

SCIENCE AND TECHNOLOGY

CHAPTER

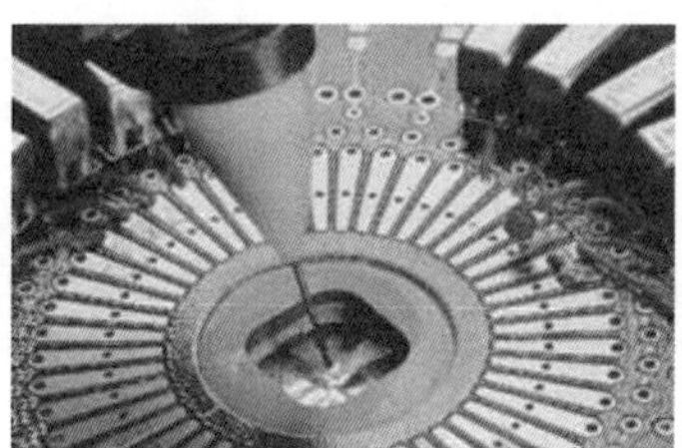

15-1 深圳市具有自主知识产权的高新技术产品产值

OUTPUT VALUE OF HIGH TEHNOLOGY INDUSTRY WITH INTELLECTUAL PROPERTY（1999-2011）

年 份 Year	具有自主知识产权的高新技术产品产值(亿元) Output Value of High Technology Industry With Intellectual Property (100 million yuan)	同比增长(%) Increase	占高新技术产品产值比重(%) Output Value of High Technology Industry With Intellectual Property as Percentage of Total Value of High Technology Industry
1999	383.36		46.76
2000	534.54	39.37	50.22
2001	745.63	39.49	53.67
2002	954.48	31.00	55.82
2003	1 386.64	45.28	55.85
2004	1 853.09	33.35	56.73
2005	2 824.17	33.35	57.81
2006	3 653.29	29.40	57.90
2007	4 454.39	21.90	58.62
2008	5 148.17	15.60	59.10
2009	5 062.10	-1.70	59.50
2010	6 115.89	20.82	60.1
2011	7 220.36	18.05	60.8

15-2 深圳市部分年份高新技术产品进出口情况

TOTAL IMPORTS AND EXPORTS OF SHENZHEN HIGH TECHNOLOGY INDUSTRY（2001-2011）

单位：万美元 (USD10 000)

年 份 Year	高新技术产品进出口总额 Total Imports and Exports of High Technology Industry	进 口 Imports	出 口 Exports
2001	2 335 757	1 198 796	1 136 961
2002	3 344 119	1 775 195	1 568 924
2003	5 158 146	2 643 846	2 514 300
2004	6 928 262	3 422 565	3 505 697
2005	8 868 653	4 159 435	4 709 218
2006	11 536 580	5 401 421	6 135 159
2007	13 463 800	6 209 300	7 254 500
2008	14 099 495	6 162 273	7 937 222
2009	15 345 520	6 843 409	8 502 111
2010	19 770 075	8 897 407	10 872 668
2011	22 416 000	9 936 000	12 480 000

15-3 深圳市专利申请授权概况

PATENT APPLICATIONS EXAMINED AND GRANTED

（1991-2011）

单位：件 (piece)

年 份 Year	申请总量 Number of Patent Applications	发明专利 Invention Patent		实用新型专利 Utitity Model Patent		外观设计专利 Design Patent		授权总量 Number of Patents Certified
		申请量 Applications Examined	授权量 Applications Granted	申请量 Applications Examined	授权量 Applications Granted	申请量 Applications Examined	授权量 Applications Granted	
1991	261	49	1	141	88	71	71	160
1992	507	73	5	215	113	219	56	174
1993	696	82	10	331	183	283	234	427
1994	1 009	160	9	383	221	466	184	414
1995	1 104	124	7	491	280	489	434	721
1996	1 405	116	18	563	364	726	541	923
1997	1 440	165	13	486	410	789	837	1 260
1998	2 093	233	16	722	311	1 138	1 037	1 364
1999	3 314	490	31	1 169	733	1 655	1 352	2 116
2000	4 431	669	1	1 494	750	2 268	1 650	2 401
2001	6 033	1 033	7	1 904	1 239	3 096	2 260	3 506
2002	7 917	1 846	91	2 522	1 624	3 549	2 781	4 486
2003	12 361	3 526	276	3 797	1 879	5 038	2 782	4 937
2004	14 918	4 751	864	4 410	2 741	5 757	4 132	7 737
2005	20 940	8 327	917	5 687	3 458	6 928	4 608	8 983
2006	29 728	14 576	1 361	6 765	4 860	8 387	5 273	11 494
2007	35 808	19 198	2 257	7 876	6 682	8 734	6 613	15 552
2008	36 249	18 757	5 409	9 008	7 971	8 484	5 425	18 805
2009	42 279	20 520	8 132	12 709	9 001	9 050	8 761	25 894
2010	49 430	23 956	9 615	15 117	14 266	10 357	11 070	34 951
2011	63 522	28 823	11 826					39 363

注： 从2011年开始，取消“实用新型专利”、“外观设计专利”分类。
Note: From 2011, the data of Utitity Model Patent and Design Patent have canceled.

15-4 大中型工业企业科技活动基本情况

BASIC STATISTICS ON SCIENTIFIC AND TECHNOLOGICAL ACTIVITIES OF LARGE AND MEDIUM-SIZED INDUSTRIAL ENTERPRISES （2006-2011）

项目	Item	2006	2007	2008	2009	2010	2011
一、企业科技活动人员（人）	**Number of Personnel Engaged in Scientific and Technological Activities (person)**	**101 097**	**116 099**	**162 382**	**161 958**	**225 999**	**218 880**
#R&D人员	Personnel in R&D	83 157	92 438	114 195	113 732	151 426	145 105
二、科技项目经费内部支出（万元）	**Intramural Expenditure on Scientific and Technological Projects (10 000 yuan)**	**1 474 204.4**	**1 835 873.5**	**2 437 174.3**	**3 097 007.5**	**3 954 089.3**	**4 645 789.1**
#R&D经费支出（万元）	Expenditures on R&D (10 000 yuan)	1 318 110.5	1 564 589.8	1 971 844.1	2 402 938.1	3 014 888.0	3 725 655.7
三、R&D经费支出占主营业务收入的比重（%）	**Percentage of R&D Expenditures in Main Business (%)**	**1.43**	**1.38**	**1.62**	**1.99**	**1.64**	**2.20**
四、科技项目情况	**Scientific and Technological Projects**						
参加项目人员（人）	Number of Personnel Engaged in Projects(person)	89 141	105 593	146 402	129 255	190 687	180 357
#R&D项目人员（人）	Number of Personnel Engaged in R&D Projects (person)				95 000	139 310	131 527
科技活动项目数（项）	Number of Projects (item)	3 518	4 982	6 324	10 659	17 277	11 947
五、新产品产值（亿元）	**Output of New Products (100 million yuan)**	**1 073.41**	**1 713.66**	**3 328.48**	**2 648.81**	**5 113.65**	**5 583.37**

注： 1、R&D的中文名称是科学研究与试验发展。
Note: R&D means scientific research and experimental development.
2、2008年个别指标因统计口径变化而产生波动。
Some indicators of 2008 were fluctuated because the change of the statistical coverage.

主要统计指标解释

科技活动 是指在所有科学技术领域内，即自然科学、农业科学、医学科学、工程与技术科学、人文科学与社会科学中，与科技知识的产生、发展、传播和应用密切相关的全部的、有组织的、系统的科技活动。所谓有组织的、系统的科技活动，是指在一个机构的范围之内，并列入这一机构的工作计划，由这一机构的人员有计划地进行的科技活动。科技活动包括三类：(1)研究与试验发展活动（简称R&D,包括基础研究、应用研究和实验发展）；(2)科学研究与试验发展成果应用活动；(3)科技服务活动。我们的统计调查只包括前两类活动。

基础研究 是指为了获得关于现象和可观察事实的基本原理的新知识(揭示客观事物的本质、运动规律，获得新发现、新学说)而进行的实验性或理论性研究。基础研究属于科学研究范畴。从研究目的看，基础研究不以任何专门或特定的应用或使用为目的，它只是通过试验分析或理论性研究对事物的特性、结构和各种关系进行分析，加深对客观事物的认识，解释现象的本质，揭示物质运动的规律或提出和验证各种设想、理论和定律。从研究结果看，基础研究的结果具有一般的或普遍的正确性，通常表现为一般的原则、理论和规律，其成果以科学论文和科学著作为主要形式。

应用研究 是指为获得新知识而进行的创造性研究，主要针对某一特定的目的或目标。应用研究也属于科学研究范畴。从研究目的看，应用研究是探索基础研究成果的可能用途，或是为达到预定的目标探索应采取的新方法(原理性)或新途径，为解决实际问题提供科学依据。从研究结果看，应用研究的成果一般只影响科学技术的某些领域和有限范围，并具有专门的性质，针对具体的领域、问题或情况，其成果形式以科学论文、专著、原理性模型或发明专利等为主。

试验发展 是指利用从基础研究、应用研究和实际经验所获得的现有知识，为产生新的产品、材料和装置，建立新的工艺、系统和服务，以及对已产生和建立的上述各项做实质性的改进而进行的系统性工作。在社会科学领域，试验发展是指通过把基础研究、应用研究获得的知识转变成可以实施的计划（包括为检验和评估实施示范项目）的过程。

科学研究与试验发展（R&D）成果应用 是指为使试验发展阶段产生的新产品、材料和装置，建立的新工艺、系统和服务以及做实质性改进后的上述各项能够投入生产或实际应用，解决所存在的技术问题而进行的系统性的工作。这类活动的成果形式大多是可供生产和实际操作的带有技术和工艺参数的图纸、技术标准和操作规范。

科技活动统计单位 指制度调查范围内的调查单位个数，对于自然科学领域、社会与人文科学领域的科学研究与技术开发机构（含县属研究与开发机构）、科学技术情报与文献机构是以一个机构为一个调查单位；对于高等学校，是以一个学校为一个调查单位；对于企业是以一个企业为一个调查单位。

从事科技活动人员 指报告期内调查单位中从事科技活动的人员。调查单位中从事科技活动人员为直接从事科技活动和科技活动提供直接服务，累计时间占全年工作时间10%以上的人员。

科技项目经费内部支出 指统计单位内部在报告期进行科技项目研究和试制等的实际支出。包括劳务费、原材料费、设备购置费、其他日常支出、外协加工费等；不包括委托或与外单位合作进行项目研究而拨付给对方使用的经费、企业科技活动管理部门的费用、用于科技活动目的的基建支出以及为科技活动提供间接服务人员的费用等。

科技机构内课题(项目)个数 指调查单位列入科研计划或已为本单位科研管理部门认可，可作为本单位科研工作任务，并在当年开展活动的研究与发展、研究与发展成果应用、科技服务课题（项目）数。包括当年新开课题和上年尚未完成，在统计年度内继续进行的课题。

Explanatory Notes on Main Statistical Indicators

Scientific and Technological Activities refer to all those organized and systematic activities of science and technology which are closely connected with the emergence, development, diffusion and application of scientific and technological knowledge in all scientific and technological fields, such as natural sciences, agricultural science, medical science, engineering and technical science, humanities and social sciences. Organized and systematic activities refer to activities within the range of an institution, regarded as regular work of the institution and organized in a planned way by the personnel of the institution. Scientific and technological activities classified into three categories: (1) activities of research and development (R&D, it includes basic research, applied research and experiments and development); (2) applied activities of research and development; (3) service activities of science and technology. Our survey only included the first two activities.

Basic research refers to empirical or theoretical research aiming at obtaining new knowledge on the fundamental principles regarding phenomena or observable facts to reveal the intrinsic nature and underlying laws and to acquire new discoveries or new theories. Basic research is a scientific research. From purposes of basic research, it takes no specific or designated application as the aim of the research. It just analyzing things' characteristics, structures and kinds of relationship through theoretical analysis or experimental study; deepening the knowledge of objective things; explaining the essence of phenomena; reveling the intrinsic nature and underlying laws; testing and verifying various ideas, theories and laws. From results of basic research, it' s with general or universal validity, usually presents the general principles, theories and laws and mainly released or disseminated in the form of scientific papers or monographs.

Applied Research refers to creative research aiming at obtaining new knowledge on a specific objective or target. From purposes of applied research, it' s to indentify the possible uses of results from basic research, or to explore new (fundamental) methods or new approaches. Results of applied research only affect certain areas and limited range of science and technology, and have special nature for special areas, problems and situation. Results of applied research are expressed in the form of scientific papers, monographs, fundamental models or invention patents.

Experiments and development refer to systematic activities aiming at using the knowledge from basic and applied researches or from practical experience to develop new products, materials and equipment, to establish new production process, systems and services, or to make substantial improvement on the existing products, process or services. In social sciences, experiment and development activities refer to the process of converting the knowledge from basic or applied researches into feasible programmes (including conduct of demonstration projects for assessment and evaluation).

Application of the results of scientific research and experimental development (R&D) is defined as the pilot stage of development generated by new products, materials and equipment, the establishment of new processes, systems and services, and substantial improvements made after the above can be put into production or practice, to solve technical problems and work systematically. Results of these activities are expressed in the form of drawings, technical standards and practices with technology and process parameters, and all theses forms can be put into production and actual operation.

Surveyed Units of Scientific and Technological Activities refer to the number of survey units within the survey coverage. As for research and development institutions (including those under county administration) and scientific and technological information and literature institutions in natural sciences, social sciences and humanities, one institution constitutes a survey unit; as for institutions of higher education, one university or college accounts for a survey unit; as for enterprises, one enterprise is a survey unit.

Personnel Engaged in Scientific and Technological Activities refer to all the persons in the survey units engaged in scientific and technological activities during the reference period, i.e. those who are directly engaged in such activities or provide direct services to such activities with over 10% of their annual working hours devoted to scientific and technological activities.

Internal Expenditure of Funds on Science and Technology Projects refers to actual expenditure of internal funds of the surveyed units on research and test of R&D projects at the reference period, including service fee, material expenditure, equipment purchase cost, other daily expenditure, cost of external process; excluding expenditure of funds transferred to other cooperated and entrusted units of the projects, expenditure of management department for enterprise science and technology activities, capital construction expenditure for science and technology activities, cost of indirect service for science and technology activities and etc.

Number of Research Tasks (Projects) of Scientific and Technological Institutions refers to the number of research tasks (projects) on R&D, application of R&D and scientific and technological services, which are listed in the plans of scientific research or approved by administrative departments of the survey units and launched in the current year. It includes those newly started and those uncompleted in the preceding year but continued into the current statistical year.

16 第十六部分 文化、教育

CULTURE AND EDUCATION

CHAPTER

16-1 各级各类学校数

NUMBER OF SCHOOL BY LEVEL AND TYPE

（1979—2011）

单位：所 (unit)

年　份 Year	普通高等学校 Institutions of Higher Education	中等职业教育 Vocational Secondary Education	普通中学 Regular Secondary Schools	小　学 Primary Schools	幼儿园 Kindergartens
1979			24	226	90
1980			24	238	52
1981			26	244	32
1982			28	246	50
1983	1		30	248	69
1984	2		35	260	87
1985	2		38	258	79
1986	2		40	257	273
1987	2		43	255	187
1988	2		47	257	195
1989	2		47	264	207
1990	2		49	263	228
1991	2		51	260	257
1992	2		53	261	282
1993	3		51	267	281
1994	3		56	269	333
1995	2		62	274	349
1996	2		71	274	380
1997	2		73	275	446
1998	2		78	286	488
1999	2		83	325	560
2000	2		94	353	562
2001	3		107	377	587
2002	9		134	395	634
2003	9	25	179	376	656
2004	9	16	216	378	699
2005	9	16	245	358	744
2006	9	13	260	357	758
2007	8	13	273	347	819
2008	8	13	277	342	865
2009	8	13	285	346	974
2010	8	13	295	340	1 040
2011	9	13	299	334	1093

注：根据教育部的统一要求及深圳的实际，将普通中专、成人中专和职业高中合并统称为中等职业教育。该指标由于深圳市布局调整的原因产生了波动。

Note: According to unified requirements of the Ministry of Education and the actual situation of Shenzhen, the index, vocational secondary educa-tion was mergered by technical secondary school, specialized secondary schools for adults and vocational senior secondary schools. This index was fluctuated by layout adjusting in shenzhen.

16-2 各级各类学校教职工数

STAFF AND WORKERS BY LEVEL AND TYPE OF SCHOOL

（1986—2011）

单位：人 （person）

年 份 Year	普通高等学校 Institutions of Higher Education	中等职业教育 Vocational Secondary Education	普通中学 Regular Secondary Schools	小 学 Primary Schools	幼儿园 Kindergartens
1986	816		2 871	3 632	
1987	972		3 182	3 959	1 616
1988	1 034		3 455	4 302	1 558
1989	1 393		3 758	4 596	1 969
1990	1 348		3 920	5 061	2 267
1991	1 381		4 308	5 388	2 716
1992	1 405		4 650	5 768	3 113
1993	1 536		5 106	6 337	4 154
1994	2 753		5 589	7 129	5 294
1995	1 187		6 063	7 666	5 929
1996	1 331		6 669	8 702	6 817
1997	1 430		7 079	9 148	8 328
1998	1 649		7 369	9 786	9 761
1999	1 819		7 886	11 449	11 605
2000	1 902		8 739	14 697	12 787
2001	2 165		9 763	17 370	14 515
2002	3 369		11 662	20 621	16 483
2003	3 820	2 029	13 379	23 382	17 778
2004	4 421	1 758	15 401	25 460	19 345
2005	5 025	1 733	18 713	30 194	21 376
2006	4 995	1 712	20 500	31 748	23 167
2007	5 458	1 711	23 191	33 985	25 711
2008	5 796	1 791	26 044	35 816	28 483
2009	6 149	1 868	27 577	36 203	33 156
2010	6 042	2 077	28 874	37 167	38 693
2011	6 260	2 184	45 293	23 624	42 837

注：由于全国教育事业统计口径调整，2006-2010年九年一贯制和十二年一贯制小学部的教职工计入小学，2011年九年一贯制和十二年一贯制小学部的教职工未计入小学，计入中学统计。

Note: Because of the adjustment of the statistical coverage of the National Educational, the data of Regular Secondary Schools and Primary Schools have adjusted in 2011.

16-3　各级各类学校专任教师数

FULL-TIME TEACHERS BY LEVEL AND TYPE OF SCHOOL

（1979-2011）

单位：人　　　　(person)

年　份 Year	普通高等学校 Institutions of Higher Education	中等职业教育 Vocational Secondary Education	普通中学 Regular Secondary Schools	小　学 Primary Schools	幼儿园 Kindergartens
1979			752	1 588	
1980			625	1 763	159
1981			676	1 948	141
1982			860	1 954	259
1983	80		1 044	2 025	365
1984	162		1 372	2 282	575
1985	288		1 902	2 749	483
1986	406		2 138	2 977	573
1987	468		2 376	3 265	1 005
1988	524		2 603	3 571	937
1989	533		2 771	3 810	1 193
1990	484		2 915	4 221	1 317
1991	533		3 255	4 514	1 451
1992	493		3 533	4 832	1 698
1993	535		3 892	5 342	2 288
1994	978		4 290	6 015	2 745
1995	629		4 675	6 429	3 202
1996	747		5 004	7 046	3 665
1997	793		5 276	7 567	4 613
1998	865		5 502	7 940	5 257
1999	1 049		5 935	8 914	6 092
2000	1 114		6 596	11 550	7 234
2001	1 295		7 224	13 254	7 690
2002	2 080		8 643	15 763	8 893
2003	2 341	1 392	9 989	17 920	9 539
2004	2 572	1 215	11 625	19 660	10 670
2005	2 796	1 216	14 196	23 866	11 973
2006	2 905	1 234	15 678	25 203	12 815
2007	3 139	1 251	17 846	27 209	14 381
2008	3 293	1 282	20 091	28 540	15 761
2009	3 592	1 330	21 335	28 906	18 133
2010	3 550	1 534	22 417	29 769	20 786
2011	3 528	1 638	23 897	31 186	21 627

16-4 各级各类学校在校学生数

STUDENTS ENROLLMENT BY LEVEL AND TYPE OF SCHOOL

（1979-2011）

单位：人 (person)

年份 Year	普通高等学校 Institutions of Higher Education	中等职业教育 Vocational Secondary Education	普通中学 Regular Secondary Schools	小学 Primary Schools	幼儿园 Kindergartens
1979			13 686	47 022	4 587
1980			12 296	49 168	3 377
1981			13 088	51 560	5 074
1982			17 080	54 538	7 723
1983	216		20 982	56 319	9 252
1984	1 236		27 636	62 021	12 140
1985	3 206		35 334	70 277	14 338
1986	3 478		40 208	77 884	22 703
1987	4 330		44 910	84 601	26 072
1988	4 710		43 267	96 474	27 106
1989	4 419		45 056	104 041	34 781
1990	3 964		46 473	111 711	36 041
1991	3 779		50 625	118 460	43 877
1992	3 653		55 857	127 978	49 985
1993	3 680		60 337	139 272	56 024
1994	4 227		66 073	147 186	63 316
1995	5 291		71 540	157 210	62 571
1996	6 493		76 949	170 983	68 769
1997	7 601		82 155	190 192	71 378
1998	8 497		86 009	215 652	77 623
1999	10 568		91 260	256 060	88 322
2000	14 123		106 996	313 852	93 164
2001	18 556		126 190	363 657	103 440
2002	26 778		150 654	415 097	110 390
2003	32 106	17 010	179 628	469 684	123 856
2004	41 251	18 833	211 224	526 419	135 019
2005	45 314	21 598	240 508	566 278	147 672
2006	51 220	24 779	256 630	564 891	152 330
2007	58 910	25 978	279 180	575 160	169 496
2008	65 632	27 706	298 939	585 852	191 222
2009	66 952	28 604	316 024	589 481	221 182
2010	67 324	29 731	334 752	618 459	260 873
2011	70 004	29 336	346 942	651 307	285 146

16-5 各级各类学校招生数

NEW STUDENTS ENROLLMENT BY LEVEL AND TYPE OF SCHOOL

（1979-2011）

单位：人 （person）

年份 Year	普通高等学校 Vocational Secondary Education	中等职业教育 Vocational Secondry Education	普通中学 Regular Secondary Schools	小学 Primary Schools	幼儿园 Kindergartens
1979			5 612	8 978	
1980			5 344	9 064	
1981			5 046	9 978	
1982			7 401	9 561	
1983	216		8 142	8 936	
1984	473		10 053	9 700	8 734
1985	1 482		12 954	11 876	10 148
1986	1 173		12 826	14 269	10 932
1987	1 573		15 121	15 191	9 344
1988	1 378		12 583	17 235	8 369
1989	1 228		16 654	18 525	15 273
1990	1 041		17 034	19 122	17 494
1991	1 126		17 956	19 634	28 493
1992	1 070		21 242	22 129	32 847
1993	1 309		22 417	26 333	37 035
1994	1 664		24 286	27 860	26 213
1995	2 134		26 463	31 198	35 630
1996	2 470		27 752	33 692	37 869
1997	2 580		29 773	37 306	33 906
1998	3 078		31 286	41 824	32 822
1999	4 211		34 380	55 876	39 019
2000	6 522		41 980	64 265	39 392
2001	7 239		48 533	72 220	50 354
2002	10 210		58 847	81 107	40 523
2003	11 915	6 108	69 711	88 203	51 989
2004	14 455	7 430	79 359	96 554	54 735
2005	15 044	8 913	92 305	101 274	58 658
2006	17 916	9 071	94 866	95 359	57 007
2007	19 396	8 439	102 093	98 106	63 442
2008	20 578	10 198	111 454	98 525	71 062
2009	20 488	10 051	113 516	103 166	87 747
2010	20 330	9 610	120 335	118 028	110 977
2011	22 914	10 223	123 382	128 091	118 843

16-6 各级各类学校毕业生数
GRADUATES BY LEVEL AND TYPE OF SCHOOL
（1984-2011）

单位：人 (person)

年 份 Year	普通高等学校 Institutions of Higher Education	中等职业教育 Vocational Secondary Education	普通中学 Regular Secondary Schools	小 学 Primary Schools	幼儿园 Kindergartens
1984			4 677	8 505	6 710
1985			7 468	10 669	7 824
1986			9 169	11 481	9 892
1987	1 028		11 401	14 411	7 529
1988	828		14 305	8 821	7 741
1989	1 491		13 388	12 947	13 090
1990	1 334		13 914	13 363	13 848
1991	1 191		11 885	14 428	23 140
1992	1 187		14 035	16 555	27 126
1993	1 203		14 739	17 685	30 000
1994	1 064		15 345	19 010	17 749
1995	1 143		17 617	20 876	33 187
1996	1 210		18 891	21 030	25 889
1997	1 474		20 215	22 095	32 459
1998	2 126		23 651	23 871	26 560
1999	2 146		23 179	27 040	35 545
2000	2 382		24 874	33 219	39 917
2001	2 779		28 424	38 987	44 157
2002	3 927		32 503	47 025	43 912
2003	4 740	5 141	40 200	55 017	48 797
2004	6 282	5 680	48 061	62 032	49 575
2005	9 007	5 429	58 363	75 517	54 204
2006	12 413	5 325	66 047	81 554	58 421
2007	13 568	6 836	71 162	84 734	59 134
2008	13 635	8 227	80 616	88 805	65 231
2009	17 230	8 659	85 599	91 176	72 451
2010	18 003	8 083	92 053	91 909	76 909
2011	18 311	9 075	100 845	92 979	78 547

16-7 文化事业
CULTURAL INSTITUTIONS
（2004-2011）

项 目	Item	2004	2005	2006	2007	2008	2009	2010	2011
电影放映企业数(个)	Film Projection Units (unit)						44	56	68
电影观众人数(万人次)	Spectators (10 000 person-times)	137	410	465	542	1 132	1 302	1 820	2 175
群众艺术、文化馆(座)	Art and Cultural Centers(unit)	7	7	7	7	7	7	7	7
公共图书馆(座)	Public Libraries (unit)	8	8	577	597	597	617	627	639
公共图书馆总藏量 (万册件)	Collection of Public Libraries (10 000 books)	385.2	498.6	1 079.5	1 225.2	1 395.4	2 006.0	2 295.7	2 491.9
博物馆、纪念馆(座)	Museums (unit)	17	19	19	19	20	25	25	25
广播电台(座)	Broadcasting Stations (unit)	1	1	1	1	1	1	1	1
电视台(座)	Television Stations (unit)	2	2	2	2	2	2	2	2
广播人口覆盖率(%)	Listener Rating(%)	100	100	100	100	100	100	100	100
电视人口覆盖率(%)	Viewer Rating(%)	100	100	100	100	100	100	100	100
图书出版数(万册)	Books Published(10 000 copies)	538	295	461	461	356	1 490	1076	1 086
杂志出版数(万册)	Magazines Published(10 000 copies)	1 885	1 949	1 900	2 167	2 100	2 400	2 230	2 453
报纸出版数(万份)	Newspapers Published(10 000 copies)	73 933	72 454	67 000	69 104	42 700	75 274	72 338	75 232

注： 1、从2008年开始，电影观众人数指标从往年的公益电影人数改为公益加商业电影人数。
Note: From 2008, the number of film audience is not only refers to the number of public movies, which stands for the indicies for past years, but also refers to the number of commercial films.
2、从2009年开始，公共图书馆总藏量、图书出版数和报纸出版数统计口径有调整。
From 2009, the statistical range of collection of public libraries, books published and newspapers published have been adjusted.

主要统计指标解释

普通高等学校 指按照国家规定的设置标准和审批程序批准举办，通过国家统一招生考试，收高中毕业生为主要培养对象，实施高等教育的全日制大学、独立设置的学院和高等专科学校，高等职业学校和其他机构。

电影放映单位 指具有放映机器设备、固定或不固定的放映场所与专职或兼职的放映技术人员，经有关部门登记批准，经常为一定的观众对象放映电影的机构。包括经批准对外开放进行营业，并与电影发行放映管理机构分帐的专用放映单位和军委系统租片单位。

艺术表演观众人数(人次) 指公开售票、包场等商业性艺术演出、公益性演出的观众人次数。不包括彩排审查和内部观摩演出的观看人次数。

Explanatory Notes on Main Statistical Indicators

Regular Institutions of Higher Education refer to educational establishments set up according to government standards and evaluation and approval procedures, mainly enrolling graduates from senior secondary schools through uniform national matriculation examinations and providing higher education. Such institutions include full–time universities, independent colleges, technical colleges, professional colleges, and other institutions.

Film Projection Units refer to units with film projection equipment, full or part–time projectionists, permanent or non–permanent cinemas, approved by and registered with related administrative departments to show films regularly for certain groups of audience, including film projection units which have been approved to give commercial shows and share profits with administrative agencies of film circulation and projection, as well as film renting units of the military system.

Number of Spectators at Art Performance (person-time) refers to the number of attendants at commercial shows, completely booked shows or free shows given in public areas as public service, excluding the number of spectators at rehearsals for examination and internal shows for study.

17 第十七部分

卫生、社会保障和社会福利业

PUBLIC HEALTH,SOCIAL SECURITY AND SOCIAL WELFARE

CHAPTER

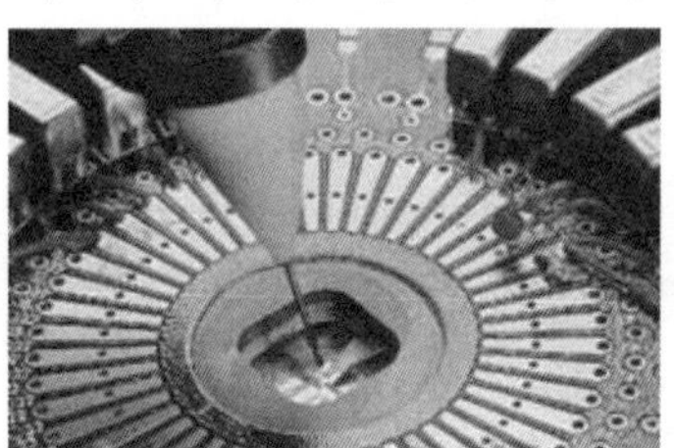

17-1 卫生事业（一）

PUBLIC HEALTH（Ⅰ）

（1979-2011）

年 份 Year	一、卫生机构数合计（个）Health Care Institutions (unit)	1. 医院合计 Total Hospitals	# 综合医院 General Hospitals	# 街道医院 Community Hospitals	2. 疗养院 Sanatoriums	3. 门诊部、卫生室、诊所 Outpatient Departments Clinics	4. 专科防治所 Specialized Prevention & Treatment Stations	5. 疾病预防控制中心（卫生防疫站）Disease Prevention and Control Centers (Antiepidemic Stations)
1979	62	25	25	24		31	1	1
1980	74	24	24	23		44	1	1
1981	77	24	24	23		47	1	1
1982	121	26	26	23		87	1	2
1983	128	30	28	23		91	1	2
1984	150	29	26	18		109	2	6
1985	215	31	27	17		169	2	6
1986	297	32	28	18	1	234	2	7
1987	311	34	30	19	1	253	2	7
1988	308	35	30	19	1	249	4	6
1989	332	35	29	17	1	271	5	6
1990	354	38	32	18	1	291	4	6
1991	360	41	35	22	1	293	4	6
1992	397	45	37	23	1	326	4	6
1993	400	45	37	23	1	324	3	8
1994	496	48	38	25	1	416	3	8
1995	506	63	53	40	1	407	6	8
1996	1 422	65	54	31	1	1 314	7	8
1997	1 126	72	59	28	1	1 011	7	8
1998	899	72	59	28	1	784	7	8
1999	687	71	58	26	1	574	7	7
2000	683	72	59	28	1	568	4	7
2001	723	75	62	28	1	600	4	7
2002	761	77	62	26	1	638	5	7
2003	893	85	68	24	1	759	5	7
2004	856	87	71	24	1	706	6	7
2005	1 063	97	78	23	1	902	7	7
2006	1 692	99	80	23	1	1 529	7	7
2007	1 781	101	81	24	1	1 615	7	7
2008	1 806	100	79	24	1	1 638	7	7
2009	1 963	101	79	24	1	1 794	7	7
2010	1 827	107	79	24	1	1 651	7	7
2011	1 854	110	78	24	1	1 676	7	8

注：自2002年开始计划生育指导中心、药检所等不记入卫生事业机构中；医生仅统计执业医师与执业助理医师，护士仅统计注册护士，未取得执业证的医师和未注册的护士计入其他卫生技术人员，不得从事医护工作。

Note: The number of health care institutions since 2002 does not include the number of birth-control centers and medicines and chemical reagent test labs. The numder of doctors just include licensed doctors and licensed assistant doctors, the number of nurses include registered nurses only.

17-1（一） 续表 1 continued

年 份 Year	6. 妇幼保健所、站 Women and Children Care Agencies	7. 医学科学(研究)机构 Institutions of Medical Science	8. 其他卫生机构 Other Health Care Institutions	二、床位数(张) Beds (bed)	1. 医院病床 Hospital Beds	(1) 综合医院 General Hospitals	# 街道医院 Community Hospitals
1979	1		2	597	597	597	428
1980	1		2	643	643	643	474
1981	1		2	790	790	790	529
1982	1		3	717	717	717	367
1983	1		2	1 023	1 023	965	435
1984	1		2	1 634	1 634	1 455	671
1985	1	1	4	1 885	1 885	1 600	482
1986	5	1	5	2 112	2 028	1 749	507
1987	6	2	5	2 309	2 225	1 941	543
1988	5	2	5	2 580	2 496	2 086	528
1989	5	2	6	2 922	2 838	2 305	475
1990	5	2	6	3 192	3 108	2 560	567
1991	6	2	6	3 582	3 498	2 847	643
1992	6	2	6	4 550	4 466	3 483	981
1993	7	4	7	5 252	5 168	4 146	1 374
1994	7	4	8	6 124	6 040	4 844	1 702
1995	7	4	9	6 724	6 640	5 351	2 079
1996	7	4	15	7 455	7 105	5 777	1 936
1997	7	4	15	8 288	7 813	6 224	2 013
1998	7	4	15	8 899	8 353	6 760	2 118
1999	7	4	15	9 332	8 720	7 120	2 343
2000	7	4	19	10 294	9 616	7 983	2 623
2001	7	4	24	11 159	10 542	8 919	2 962
2002	7	3	22	12 404	11 808	10 019	3 238
2003	7	3	25	13 588	12 607	10 818	3 589
2004	7	3	39	15 069	14 186	12 125	3 978
2005	7	3	39	16 824	15 577	13 332	4 344
2006	7	3	39	17 553	16 193	13 946	4 612
2007	7	3	40	18 086	16 766	14 325	4 716
2008	7	3	43	19 913	18 435	15 482	5 286
2009	7	3	43	21 399	19 872	16 517	5 681
2010	7	3	44	22 842	21 166	17 474	6 015
2011	7	3	42	24 079	22 322	18 202	6 020

年 份 Year	(2) 专科医院 Specialized Hospitals	2.其他卫生机构 Other Health Care Institutions	三、卫生工作人员数（人） Medical Personnel (person)	1. 卫生技术人员 Medical Technical Personnel	(1)执业医师 Licensed Doctors
1979			1 214	988	364
1980			1 335	1 088	438
1981			1 514	1 270	518
1982			1 967	1 609	708
1983	58		2 910	2 343	1 073
1984	179		3 869	3 064	1 484
1985	285		4 861	3 857	1 862
1986	279		5 800	4 657	2 217
1987	284		6 354	5 117	2 408
1988	410		7 115	5 715	2 754
1989	533		7 923	6 451	3 103
1990	548		8 619	6 996	3 426
1991	651		9 405	7 618	3 737
1992	983		10 643	8 571	4 247
1993	1 022		12 261	9 888	4 798
1994	1 196		13 853	11 034	5 347
1995	1 289		15 591	12 449	6 050
1996	1 328	266	17 925	14 652	7 266
1997	1 589	325	18 553	14 932	7 400
1998	1 593	396	18 707	14 975	7 191
1999	1 600	462	18 841	15 143	7 062
2000	1 633	528	19 691	15 720	7 418
2001	1 623	467	21 362	17 135	8 097
2002	1 789	446	23 100	18 615	7 853
2003	1 789	831	26 178	21 234	8 909
2004	2 061	883	28 593	22 895	9 846
2005	2 245	1 247	31 577	25 681	10 961
2006	2 247	1 360	52 380	42 415	15 997
2007	2 441	1 320	59 170	46 877	17 450
2008	2 953	1 478	63 488	50 608	18 807
2009	3 355	1 527	67 028	53 778	19 963
2010	3 692	1 676	67 678	54 081	20 122
2011	4 120	1 757	71 969	58 059	21 517

注： 由于卫生工作人员统计口径的变化，而使该类人数指标产生了较大的增幅。
Note: Because of changing of statistics range, the data of medical personnel increased substantially.

17-1（一） 续表 3 continued

年 份 Year	执业中医师 Licensed Doctors of Chinese Medicine	（2）执业助理医师 Licensed Assistant Doctors	中医执业助理医师 Licensed Assistant Doctors of Traditional Chinese Medicine	（3）注册护士 Registered Nurses	（4）药剂人员 Pharmacists	（5）检验人员 Laboratory Technicians	（6）其它 Others	2.其他技术人员 Other Technical Personnel
1979	96			138	22	32	432	
1980	88			186	31	41	392	13
1981	98			237	46	48	421	15
1982	116			323	76	60	442	5
1983	141			551	121	91	507	21
1984	171			716	173	125	566	41
1985	243			997	222	158	618	29
1986	304			1 246	260	211	723	44
1987	341			1 450	292	257	710	48
1988	374			1 734	409	283	535	86
1989	433			1 971	431	321	625	85
1990	463			2 145	475	355	595	118
1991	503			2 372	539	365	605	156
1992	579			2 705	630	375	614	183
1993	650			3 225	744	464	657	169
1994	739			3 625	823	538	701	318
1995	823			4 034	906	612	847	386
1996	1 292			4 654	1 005	664	1 063	427
1997	1 122			4 828	1 063	708	933	519
1998	928			5 025	1 111	760	888	502
1999	879			5 230	1 108	812	931	614
2000	919			5 425	1 130	847	900	689
2001	958			5 945	1 194	871	1 028	605
2002	865	407	28	6 635	1 292	965	1 463	800
2003	939	530	41	7 321	1 499	1 085	1 890	1 056
2004	1 015	521	42	7 975	1 569	1 219	1 765	1 243
2005	1 134	658	45	8 981	1 710	1 362	2 009	1 191
2006	1 533	1 432	109	15 981	2 766	2 296	3 943	2 105
2007	1 625	1 335	121	17 869	2 876	2 190	5 157	1 974
2008	1 873	1 366	93	19 339	2 979	2 382	5 735	2 061
2009	2 017	1 425	155	21 008	3 046	2 758	5 758	2 171
2010	2 151	1 109	85	21 866	2 896	2 486	5 602	2 213
2011	2 230	1 140	89	23 987	3 021	2 615	5 779	2 232

年　份 Year	3.管理人员 Managerial Personnel	4.工勤人员 Logistics Workers	四、医疗机构总诊疗人次(万人次) Total Patients Treated	五、入院总人数(万人) Total Inpatients (10 000 persons)	六、病床使用率(%) Utilization Rate of Beds (%)	七、病床周转次数(次) Turnover of Beds(time)
1979	123	103				
1980	112	122				
1981	120	109		1.41		
1982	168	185		1.97		
1983	193	353		3.44		
1984	221	543		4.11		
1985	354	621		4.88		
1986	394	705		4.68	66.2	24.4
1987	411	778		5.84	73.6	22.2
1988	465	849	960	6.97	75.6	28.8
1989	517	870	1 116	7.87	78.4	29.0
1990	463	1 042	1 215	8.73	81.4	29.0
1991	514	1 117	1 424	10.08	85.2	30.3
1992	645	1 244	1 773	11.40	81.9	28.0
1993	965	1 239	1 426	12.59	83.9	24.1
1994	1 108	1 393	1 459	12.81	70.1	23.2
1995	1 195	1 561	1 810	13.07	65.0	20.8
1996	1 252	1 594	1 961	14.63	64.3	21.5
1997	1 426	1 676	1 821	16.15	67.4	21.9
1998	1 381	1 849	1 941	19.05	68.6	24.1
1999	1 386	1 698	2 050	21.12	69.3	24.5
2000	1 479	1 803	2 175	26.61	75.4	28.3
2001	1 729	1 893	2 408	30.23	77.3	29.4
2002	1 753	1 932	2 689	35.74	80.2	31.3
2003	1 807	2 081	3 052	41.57	84.0	33.5
2004	2 100	2 355	3 514	49.00	82.4	34.9
2005	2 367	2 338	4 055	54.68	79.9	34.6
2006	2 943	4 917	5 170	59.24	81.6	35.6
2007	3 450	6 869	5 954	68.09	87.5	38.6
2008	3 867	6 941	6 842	75.34	89.1	37.9
2009	3 925	7 154	7 549	79.70	86.1	38.4
2010	4 060	7 324	8 127	89.1	88.1	38.5
2011	3 638	8 040	8 878	96.2	90.2	41.2

注：　因统计口径的变化，“医疗机构总诊疗人次”指标数据与上年不可比。
Note: Because of changing of statistics range, the data of total patients treated is incomparable with preceding year.

17-1 卫生事业（二）
PUBLIC HEALTH（Ⅱ）
(2006-2011)

项目	Item	2006	2007	2008	2009	2010	2011
总诊疗人次（万人次）	Total Patients Treated	5 170.2	5 953.5	6 842.0	7 549.4	8 127.4	8 878.0
#门诊人次（万人次）	#Outpatient Visits	4 108.6	4 740.2	5 602.4	6 031.6	6 496.0	7 034.8
急诊人次（万人次）	Emergency Visits	451.3	497.3	518.0	572.4	616.2	683.5
入院人数（人）	Number of Inpatients(person)	592 418	680 865	753 379	797 019	891 229	961 656
出院人数（人）	Number of Discharged Patients(person)	590 984	678 374	754 734	793 280	890 542	960 190
出院病人平均住院日（日）	Average Stay Days in Hospital(day)	8.3	8.1	8.4	8.1	8.0	7.9
病床周转次数（次）	Turnover Rate of Beds(time)	35.6	38.6	37.9	38.4	40.1	41.2
病床使用率（%）	Utilization Rate of Beds(%)	81.6	87.5	89.1	86.1	89.2	90.2
出院病人治愈率（%）	Cure Rate of Discharged Patients (%)	63.1	63.2	63.2	61.9	68.7	68.8
好转率（%）	Improvement rate (%)	25.6	26.0	26.8	28.6	29.6	29.6
未愈率（%）	Uncured rate (%)	1.4	1.4	1.3	1.3	1.5	1.1
每诊疗人次费用（元）	Hospital costs per person (yuan)	115.4	116.3	117.9	123.1	131.8	142.3
每出院者费用（元）	Treatment costs per person (yuan)	4 654.3	4 664.5	5 230.4	5 734.2	6 241.0	6 650.6

17-2 体育事业
BASIC STATISTICS ON SPORTS
(2006-2011)

项目	Item	2006	2007	2008	2009	2010	2011
二级运动员发展人数（人）	New Number of Athletes of Grade II(person)	300	295	457	537	400	138
二级裁判员发展人数（人）	New Number of Referees of Grade II(person)	130	103	330	342	257	
举办单项比赛次数（次）	Number of Individual Sports Activities(times)	154	169	187	203	225	256
全民健身活动情况	Nationwide Body-building Activities						
#举办1000人以上的群体健身活动次数（次）	Number of Nationwide Body-building Activities more than 1000 persons(times)	133	137	143	154	240	300
参加活动人数（万人）	Number of Persons Taking Part in(10 000 persons)	160	173	187	228	320	360
国民体质测试（受测人数）（人）	National Physical Fitness Test (number of subjects) (person)	57 163	72 545	64 431	74 693	69 300	65 077
国民体质合格以上率（%）	Pass Rate of National Physical Fitness Test(%)	87.3	88.3	87.2	88.8	91.9	90.6

17-3 深圳市建立最低生活保障制度以来历年低保情况统计

LIST OF MINIMUM STANDARD OF LIVING SECURITY IN SHENZHEN （1997-2011）

年 份 Year	户 数（户） Households (Household)	人 数（人） Persons (Person)	金 额（万元） Total Funds (10 000 Yuan)
1997	965	1 667	122.02
1998	771	2 014	212.28
1999	1 150	3 145	374.96
2000	1 372	3 783	558.80
2001	1 796	4 978	730.40
2002	2 783	8 478	1 288.00
2003	3 718	11 203	1 972.30
2004	4 467	13 364	2 427.40
2005	4 887	14 602	3 522.70
2006	5 103	15 026	3 700.20
2007	5 105	14 833	4 048.70
2008	4 962	14 214	4 513.40
2009	4 885	13 601	5 521.90
2010	4 470	12 220	4 121.70
2011	4 009	10 716	4 752.00

17-4 深圳市最低生活保障标准调整表

ADJUSTMENT DATA OF MINIMUM STANDARD OF LIVING SECURITY IN SHENZHEN

单位：元/ 人 .月 （yuan/person . month）

年 份 Year	特区居民 Residents in Special Region	宝安、龙岗城镇居民 Residents in Baoan and Longgang	农村居民 Rural Residents
1997年3月	205	170	120
1998年1月	245	210	150
1999年7月	319	273	195
2002年1月	344	290	205
2005年1月	344	344	344
2006年10月	361	361	361
2007年10月	361	361	
2008年7月	415	415	
2010年7月	450	450	
2011年8月	510	510	

17-5 深圳社会福利院、救助管理站基本情况

BASIC STATISTICS ON SOCIAL WELFARE INSTITUTIONS AND RELIEF MANAGEMENT STATIONS OF SHENZHEN（2003-2011）

年 份 Year	社会福利院 Social Welfare Institutions			救助管理站 Relief Management Stations		
	单位（个） Units（unit）	床位数（张） Beds（bed）	年末收养人数（人） Year-end Population Housed（person）	单位（个） Units（unit）	床位数（张） Beds（bed）	人数（人） Population Housed（person）
2003	26	2 919		3		2 027
2004	26	2 919		3		11 203
2005	26	2 919	2 340	3		16 057
2006	27	3 419	2 457	3		13 525
2007	27	2 288	1 316	3		24 962
2008	29	2 797	1 530	3		28 377
2009	30	3 597	1 760	3		30 203
2010	30	3 597	1 742	3	300	23 500
2011	30	4 597	1 869	3	750	23 474

注： 救助管理站2003年人数为2003年8月至2003年12月。
Note: Number of relief management stations in 2003 is from Aug 2003 to Dec 2003.

主要统计指标解释

卫生技术人员 指卫生事业机构支付工资的全部固定职工和合同制职工，现任职务为卫生技术工作的专业人员。包括中医师、西医师、中西医结合高级医师、护师、中药师、西药师、检验师、其他技师、中医士、西医士、护士、助产士、中药剂士、西药剂士、检验士、其他技士、其他中医、护理员、中药剂员、西药剂员、检验员，其他初级卫生技术人员。

医生 指经卫生部门审查合格，具有执业资格的医疗专业人员。

执业医师 指具有《医师执业证》及其“级别”为“执业医师”且实际从事医疗、预防保健工作的人员，不包括实际从事管理工作的执业医师。执业医师类别分为临床、中医、口腔和公共卫生。

执业助理医师 指具有《医师执业证》及其“级别”为“执业助理医师”且实际从事医疗、预防保健工作的人员，不包括实际从事管理工作的执业助理医师。执业助理医师类别同样分为临床、中医、口腔和公共卫生四类。

Explanatory Notes on Main Statistical Indicators

Medical Technical Personnel refer to all permanent and contract medical staff and workers employed by medical institutions, including doctors of Chinese and Western medicine, senior doctors who integrate traditional Chinese therapeutics with Western therapeutics in practice, senior nurses, pharmacists of Chinese and Western medicine, laboratory specialists, other specialists, paramedics of Chinese and Western medicine, nurses, midwives, druggists in Chinese and Western medicine, laboratory technicians, other technicians, other practitioners of Chinese medicine, nursing attendants, pharmacological workers of Chinese and Western medicine, laboratory workers, and other primary medical personnel.

Doctors refer to qualified medical professionals approved to practice by public health departments.

Licensed Doctors refer to the medical workers who have obtained the licenses of qualified doctors and are employed in medical treatment, disease prevention or healthcare institutions, excluding the licensed doctors engaged in management job. The classification of licensed doctors is clinician, Chinese medicine, dentist and public health.

Licensed Assistant Doctors refer to the medical workers who have obtained the licenses of qualified assistant doctors and are employed in medical treatment, disease prevention or healthcare institutions, excluding the licensed assistant doctors engaged in management job. The classification of licensed assistant doctors is clinician, Chinese medicine, dentist and public health.

18 第十八部分 城市建设和环境保护

URBAN CONSTRUCTION AND ENVIRONMENTAL PROTECTION

CHAPTER

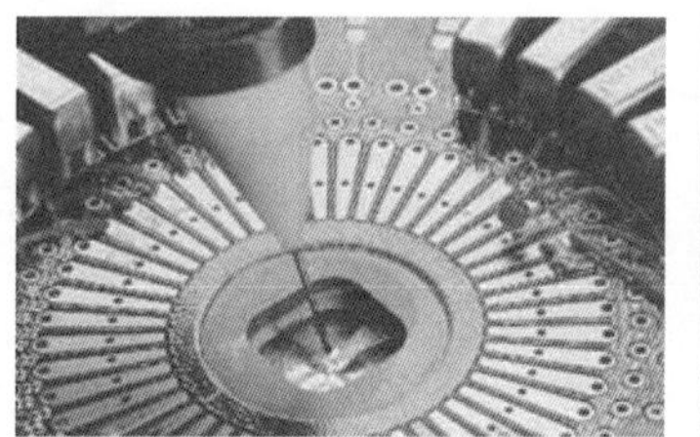

18-1 全市城市建设及公用设施

URBAN CONSTRUCTIONS AND PUBLIC UTILITY

（2006-2011）

指 标 名 称	Indicators	2006	2007	2008	2009	2010	2011
一、城市园林绿化	**Parks,Gardens and Green Areas in UrbanDistricts**						
绿化覆盖面积（公顷）	Coverage Area of Afforestation (hectare)	97 625	97 608	97 605	97 598	97 592	97 575
其中：建成区（公顷）	Developed Areas(hectare)	32 395	34 380	35 471	36 609	37 384	37 918
建成区绿化覆盖率（%）	Green Coverage Rate in Developed Areas(%)	45	45	45	45	45	45
园林绿地面积（公顷）	Area of Gardens and Green Areas(hectare)	96 652	96 384	96 381	96 374	96 368	96 352
其中：建成区（公顷）	Developed Areas(hectare)	28 147	29 872	30 830	31 821	32 495	32 960
建成区绿地率（%）	Rate of Green Areas in Developed Areas(%)	39.1	39.1	39.1	39.1	39.2	39.2
公园绿地面积（公顷）	Public Green Areas(hectare)	13 628	13 871	14 205	14 527	16 987	17 271
人均公园绿地面积（按常住人口计算）（平方米）	Per Capita Public Green Areas(sq.m)	16.1	16.1	16.2	16.3	16.4	16.5
公园数（个）	Number of Parks(unit)	442	575	615	653	683	824
公园面积（公顷）	Area of Parks(hectare)	37 420	15 873	15 986	20 452	20 541	21 907
二、市政及环卫设施	**Public Facilities and Environmental Sanitation in urban Districts**						
道路长度（公里）	Length of Roads(1000 m)	4 548	5 702	5 849	6 035	6 184	6 228
道路面积（万平方米）	Area of Roads(10 000 sq.m)	12 598	8 322	8 630	8 864	8 941	9 080
人均道路面积（平方米）	Per Capita Area of Roads(sq.m)	14.5	9.1	9.0	8.9	8.6	8.7
城市排水管道总长度（公里）★	Total Length of Sewer Pipelines(1000 m)	6 358.2	6 808.2	9 984	12 153	12 844	13 713
污水处理厂设计规模（万吨/日）	Design Scale of Sewage Disposal(10 000 tons/day)	197.0	248.2	251.5	262.5	266.5	390.0
桥梁（人行天桥、立交桥）（座）	Number of Bridges(unit)	1 104	1 350	1 609	1 693	1 706	1 727
路灯（盏）	Number of Street Lights(unit)	195 879	201 415	221 642	280 000	305 629	320 915
生活垃圾清运量（万吨）	Volume of Living Garbage Disposal(10 000 tons)	360	407	441	476	479	482
生活垃圾无害处理量（万吨）	Volume of Living Garbage Harmless Disposal(10 000 tons)	337.0	382.8	415	449	453	458
垃圾无害化处理率（%）	Rate of Garbage Harmless Disposal(%)	93.7	94.1	94.2	94.3	94.6	95.0

注： 从2008年开始，城市排水管道长度统计口径有调整.
Note: From 2008, the statistical scope of total length of sewer pipelines has been adjusted.

18-2 城市环境保护
URBAN ENVIRONMENTAL PROTECTION
（1996-2011）

项 目	Item	1996	1997	1998
一、环境质量	**Environment Quality**			
可吸入颗粒物年平均值(mg/m³)	Average yearly Amount of the Inhalable Particles(mg/m3)	*0.135	*0.095	*0.092
二氧化硫年平均值(mg/m³)	The Average Yearly Indicators of Sulfur Dioxde(mg/m3)	0.012	0.008	0.009
二氧化氮年平均值(mg/m³)	The Average Yearly Amount of Nitrogen Dioxide(mg/m3)	*0.064	*0.054	*0.062
集中式饮用水水源地水质达标率(%)	Up-to-Standard Rate of Drinking Water Quality(%)	96.80	96.81	97.20
区域环境噪声平均值dB(A)	The Average Indicator of Urban Noise dB(A)	58	57.2	57.2
二、环境建设	**Environmental Construction**			
自然保护区覆盖率（%）	Goverage Rate of Nature Preservation Areas(%)	6.16	6.19	6.19
城市生活污水处理率（%）	Rate of Treatment of City Living Waste Water(%)		42.99	50.87
生活垃圾无害化处理率（%）	Rate of Living Garbage Harmless Disposal(%)	100	100	100
三、污染控制	**Pollution Control**			
工业废水排放达标率（%）	Percentage of Industrial Waste Water up to the Standard For Discharge(%)	89.07	92.81	92.81
工业二氧化硫排放量（吨）	Percentage of Industrial Waste Gas Treated(10 000 tons)	19 474	20 510	23 344
工业二氧化硫排放达标率（%）	Percentage of Industrial Sulfur Dioxide up to the Standards For Discharge(%)			
工业烟尘排放量（吨）	Volume of Industrial Soot Emission(ton)	3 661	3 452	2 923
工业烟尘排放达标率（%）	Percentage of Industrial Soot Emission up to the Standards For Discharge(%)			
工业粉尘排放量（吨）	Volume of Industrial Dust Emission(ton)	113	69	68
工业粉尘排放达标率（%）	Percentage of Industrial Dust Emission up to the Standards For Discharge(%)			
工业固体废物产生量（万吨）	Volume of Industrial Solid Wastes Produced(10 000 tons)	30.11	35.58	32.56
工业固体废物处置利用率（%）	Percentage of Wastes Utilized in Industrial Solid Wastes Treatment(%)	100	99.97	99.59
四、环境管理	**Environmental Management**			
环境保护投资（亿元）	Environmental Protection Investment(100 million yuan)	17.29	20.82	23.07
环境保护投资占GDP比重(%)	Percentage of Investment in Environment to GDP(%)	1.86	1.84	1.79

18-2 续表 continued

1999	2000	2001	2002	2003	2004	2005	2006	2007	2008	2009	2010	2011
★0.087	0.059	0.063	0.061	0.070	0.076	0.064	0.064	0.064	0.063	0.057	0.057	0.057
0.013	0.027	0.027	0.018	0.020	0.024	0.021	0.030	0.023	0.016	0.013	0.011	0.011
0.048	0.055	0.058	0.050	0.057	0.072	0.039	0.053	0.054	0.047	0.042	0.045	0.048
98.10	98.73	93.45	96.11	97.13	96.71	98.11	98.07	98.86	99.87	100	100	100
57.1	57	56.1	56	56	56.1	56.2	56.5	56.5	56.4	56.8	56.7	56.7
6.19	8.43	8.43	8.74	8.72	11.95	11.95	11.36	13.66	13.66	30.65		
53.65	54.03	58.1	61.80	62.30	62.85	60.50	65.23	70.45	75.03	80.17	88.81	93.97
100	100	100	100	100	81	90.03	93.72	94.05	94.17	94.30	94.60	95.0
95.37	97.80	97.85	98.04	95.22	95.97	96.84	96.25	96.30	94.66	96.32	96.39	96.5
28 986	38 427	39 264	40 780	40 872	43 633	43 453	42 380	37 957	33 850	31 947	32 642	9 482
		95	99	99	99.6	99.7	99.6	99.79	99.31	99.27	99.31	99.3
3 396	3 258	3 421	4 227	4 923	6 131	6 367	4 009	3 153	2 988	2 450	912	1 155
		97.4	99.6	99.2	99.2	99.4	98.6	99.8	99.86	99.88	99.89	99.91
75	94	56	60	129	110	101	19.65	108.96	1 056.69	1 056.62	758.23	61.19
		100	100	99.4	99.1	99	99.5	90.82	100	100	100	100
33.32	43.08	43.80	42.24	58.63	83.37	85.39	107.35	161.82	141.58	139.45	146.44	132.59
99.34	99.70	99.82	99.88	88.79	98.93	98.65	97.98	98.96	99.14	99.89	99.82	99.81
26.62	30.68	42.86	47.44	61.87	79.50	115.70	156.60	193.50	218.58	233.73	272.96	298.65
1.85	1.84	2.25	2.12	2.16	2.32	2.35	2.75	2.86	2.8	2.85	2.87	2.60

18-3 全市用电量、供水量

ELECTRICITY CONSUMPTION AND TAP WATER SUPPLY

(1991-2011)

年 份 Year	用电总量 (万千瓦小时) Total Electricity Consumption (10 000 kwh)	农、林、牧、渔业 Farming, Forestry Animal Husbandry and Fishery	工 业 Industry	建筑业 Construction	交通运输、仓储、邮政业 Transportation, Storage and Post Services	信息传输、计算机服务和软件业 Information Transmission, Computer Services and Software
1991	472 169	5 475	296 733	12 367	6 523	
1992	564 005	6 497	350 955	15 649	6 333	
1993	746 795	9 650	444 328	23 472	11 183	
1994	879 100	11 609	503 780	26 502	14 229	
1995	913 600	11 258	499 757	27 081	15 877	
1996	1 014 427	13 041	547 085	26 138	22 364	
1997	1 125 781	14 558	617 016	23 974	20 571	
1998	1 294 332	16 225	644 973	25 805	21 982	
1999	1 498 759	22 045	749 834	36 735	28 215	
2000	1 903 494	34 659	1 018 794	42 482	24 329	
2001	2 122 871	48 247	1 168 146	50 425	28 584	
2002	2 599 161	114 324	1 472 361	60 653	36 477	
2003	3 234 299	172 253	1 793 262	57 644	37 904	
2004	3 903 060	228 808	2 234 774	62 493	41 722	
2005	4 402 089	252 793	2 462 690	81 148		
2006	4 872 038	245 405	2 790 275	85 968	41 541	91 925
2007	5 678 193	241 447	3 331 541	94 212	54 364	94 400
2008	5 837 586	225 570	3 462 946	96 540	58 013	102 807
2009	5 856 808	113 898	3 237 528	75 192	84 721	114 674
2010	6 635 475	29 049	4 161 345	63 880	108 383	59 286
2011	6 960 198	24 658	4 186 359	62 642	151 177	70 315

18-3 续表 continued

年 份 Year	商业、住宿和饮食业 Business, Accom-Modation and Catering Trade	金融、房地产、商务及居民服务业 Banking, Real Estate Trade, Business and Residential Services	公共事业及管理组织 Public Service and Management Organizations	城乡居民生活用电 Residential Electricity Consumption	城 市 Urban	乡 村 Rural	自来水生产能力(万吨/日) Tap Water Production Capacity (10 000 tons/day)	自来水供水总量(万吨) Volume of Tap Water Supply (10 000 tons)
1991	46 957		60 522	43 521	32 509	11 012		
1992	59 646		75 317	49 557	36 180	13 377		
1993	82 664		110 819	64 467	47 038	17 429		
1994	102 166		125 292	95 447	74 387	21 060	244	52 308
1995	105 512		128 134	125 834	92 873	32 961	268	57 408
1996	121 650		132 108	151 795	117 442	34 351	328	64 743
1997	150 755		124 155	174 576	134 001	40 575	328	70 194
1998	168 155		150 517	266 520	192 463	74 057	339	79 596
1999	176 589		195 198	289 927	188 566	101 361	364	86 560
2000	218 196		231 113	333 585	250 338	83 247	380	92 068
2001	226 547		248 025	352 722	272 224	80 498	390	97 334
2002	347 290		245 553	322 334	231 516	90 818	412	108 070
2003	374 271		389 140	409 616	300 455	109 161	442	122 795
2004	428 738		445 363	460 985	333 363	127 622	508	135 026
2005	380 550		687 479	537 429	488 845	48 584	534	139 487
2006	400 936	472 581	149 949	583 485	431 732	431 732	591	145 227
2007	430 487	529 424	182 882	717 521	524 524	192 997	638	154 230
2008	431 764	558 283	197 898	702 181	482 026	220 155	670	156 956
2009	466 208	717 667	254 082	791 322	791 322		670	150 094
2010	475 271	706 670	263 752	766 538	766 538		692	156 470
2011	501 705	774 252	293 417	894 161	894 161		692	161 480

注：　2006年及以后各行业分类用电量按国民经济行业分类标准（GB/T4757-2002）分类。

Note: Since 2006, electricity consumption of all sectors are grouped by National Economy Classification (GB/T4757-2002).

18-4 全市公共交通
PUBLIC TRANSPORTATION
（1979-2011）

年 份 Year	年末实有公共汽车(辆) Number of Buses (year-end)	年末公共汽车营运线路条数(条) Number of Operating Bus Lines (year-end)	公共汽车客运总人数（万人次） Number of Passengers Carried of Bus Lines (10 000 person-times)	的士(辆) Taxi（unit）	轨道交通线路长度（公里） Length of Operation Lines(km)	轨道交通客运总量（万人次） Volume of Pussenger Traffic of Operation Lines(10 000 person-times)	轨道交通线路条数（条） Number of Operation Lines(line)
1979	12	2		10			
1980	38	3		160			
1981	44	6		199			
1982	52	7		233			
1983	88	9	1 399	860			
1984	132	19	2 974	1 226			
1985	153	27	5 184	1 700			
1986	171	29	5 827	1 794			
1987	205	32	9 068	1 896			
1988	248	37	16 399	2 305			
1989	305	38	16 747	2 365			
1990	403	42	21 947	2 394			
1991	501	51	19 821	3 152			
1992	507	55	27 248	6 083			
1993	851	61	30 600	6 212			
1994	1 144	68	31 020	7 400			
1995	1 468	80	35 390	8 255			
1996	1 784	89	35 495	8 505			
1997	2 128	125	36 202	8 505			
1998	2 461	137	37 250	8 505			
1999	2 772	145	40 600	8 505			
2000	2 920	131	42 800	8 505			
2001	3 495	138	47 072	8 505			
2002	3 495	138	51 714	9 705			
2003	4 885	185	50 719	10 255			
2004	5 376	208	100 820	10 305			
2005	6 091	227	101 621	10 305	22	5 766	2
2006	7 305	277	123 084	10 305	23	8 990	2
2007	8 188	316	135 668	11 205	24	11 765	2
2008	8 396	340	145 701	12 991	25	13 550	2
2009	11 928	578	213 603	13 411	25	13 823	2
2010	12 456	758	228 058	14 340	64	16 271	4
2011	14 873	825	236 378	14 735	177	34 464	5

注：　由于指标调整，本表中指标口径2009年以前为“公共大巴”口径，2009年及以后为“公共汽车”口径，包括原大巴、中巴、小巴。

Note: After the adjustment in 2009, the statistical scope of Buses include Large-sized buses, medium-sized buses and small-sized buses, while it just refters to large-sized buses before.

18-5 深圳市主要年份气象情况

CLIMATE IN SHENZHEN IN MAIN YEARS

（1990－2011）

年 份 Year	平均气温(摄氏度) Mean Air Temperature (℃)	降雨量(毫米) Precipitation (mm)	日照时数(小时) Sunshine Duration (hour)	平均相对湿度(%) Mean Relative Humidity (%)
1990	23.0	1 396.9	1 842.1	76.0
1995	22.5	2 309.8	1 858.2	74.0
2000	23.4	2 533.6	1 939.5	74.9
2001	23.6	2 747.3	1 811.3	73.7
2002	23.9	1 882.8	1 652.3	73.9
2003	23.7	1 608.1	1 975.0	72.3
2004	23.6	1 299.4	1 927.0	70.9
2005	23.2	2 143.6	1 574.3	70.0
2006	23.4	1 936.5	1 624.3	73.0
2007	23.5	1 581.5	1 937.1	70.0
2008	22.8	2 710.0	1 907.6	69.0
2009	23.2	1 611.0	1 987.3	70.0
2010	23.0	1 634.0	1 775.6	73.0
2011	22.6	1 269.7	2 054.4	71.0

主要统计指标解释

废水排放总量 包括生产废水和生活污水。生产废水指企、事业单位在生产、科研过程中所有排放口向外环境排放的废水量总和。生活污水指城镇居民区和企、事业单位职工集中居住区排放的污水量。

工业废水排放总量 指经过工业企业厂区所有排放口排到企业外部的工业废水量。包括外排的直接冷却水、超标排放的矿井地下水和与工业废水混排的厂区生活污水，不包括外排的间接冷却水（清污不分流的间接冷却水应计算在内）。

工业粉尘排放量 指工业企业在生产工艺过程中排入的固体微粒总重量。如钢铁企业的耐火材料粉尘、焦化企业的筛焦系统粉尘、烧结机的粉尘、石灰窑的粉尘、建材企业的水泥粉尘等。不包括电厂排入大气的烟尘。

工业固体废物产生量 指工业企业在生产过程中产生的固体状、半固体状和高浓度液体状废弃物的总量，包括冶炼废渣、粉煤灰、炉渣、煤矸石、化工废渣、尾矿、放射性废渣和其它废渣等；不包括矿山开采的剥离废石和掘进废石（煤矸石和呈酸性或碱性的废石除外）。酸性或碱性废石是指采掘的废石其流经水、雨淋水PH值小于4或PH值大于10.5者。

工业固体废物综合利用量 指已用作农业肥料、造田、生产建筑材料、筑路以及其它方式综合利用的固体废物量（包括当年利用往年的工业固体废物堆存量）。综合利用量由原产固体废物的单位统计。

Explanatory Notes on Main Statistical Indicators

Total Volume of Waste Water Discharged includes the volume of production waste water and domestic sewage. Production waste water refers to the total waste water discharged in the process of production and scientific research by enterprises and institutions, through all outlets to the outside environment.Domestic sewage refers to the sewage volume discharged in the urban residential areas and the residential areas of staff and workers of enterprises and institutions.

Total Volume of Industrial Waste Water Discharged refers to the volume of industrial waste water discharged, through all outlets to the outside of industrial enterprises, including direct cooling water, underground water from mines that does not meet the discharge standards, and domestic sewage mixed up with industrial waste water when discharged, but excluding indirect cooling water discharged (except unclassified discharge of indirect cooling water).

Industrial Dust Discharged refers to the total weight of solid dust discharged by industrial enterprises in the production process, such as dust of refractory materials from iron plants, dust from coke screening system or from sintering machines of coking plants, dust from lime kilns, cement dust from building material enterprises, etc, but excluding smoke and dust discharged by power plants.

Volume of Industrial Solid Wastes Produced refers to the total volume of solid, semi solid or high concentration liquid residues produced by industrial enterprises in their production process, including residues from melting, slag, powdered coal ash, gangue, chemical residues, tailings, radioactive residues and other residues, but excluding stripped or dug stones in mining (except gangue and acid or alkali waste stones, which are waste stones washed or soaked by water with a PH value smaller than 4 or larger than 10.5).

Volume of Industrial Solid Wastes Utilized in a Comprehensive Way refers to the volume of solid wastes utilized in a comprehensive way, such as the solid wastes utilized as fertilizers, building materials, for building up fields and making roads or for other purposes (including the volume of industrial solid wastes stored up in previous years and utilized in the current year). Statistical data on utilization of industrial solid wastes are collected by solid wastes producing units.

19 第十九部分

人民生活

PEOPLE'S LIVELIHOOD

CHAPTER

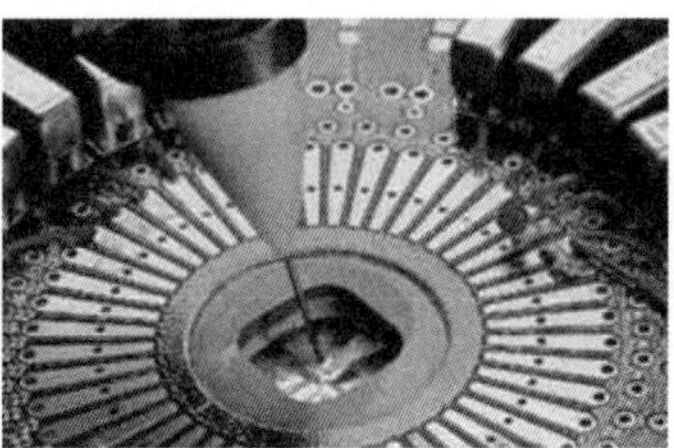

19-1 职工年平均工资
AVERAGE ANNUAL WAGES
（1979—2011）

年 份 Year	职工年平均工资(元) Average Annual Wages of Staff and Workers (yuan)	国有单位 State-owned Units	集体单位 Collective-owned Units	其他单位 Other Ownership Units
1979	769	785	688	
1980	979	990	922	687
1981	1 132	1 119	1 211	1 156
1982	1 366	1 358	1 410	1 363
1983	1 545	1 571	1 470	1 528
1984	2 179	2 257	1 805	2 023
1985	2 418	2 427	1 932	2 753
1986	2 452	2 476	2 048	2 637
1987	2 677	2 637	3 223	3 021
1988	3 388	3 267	2 737	3 615
1989	3 858	3 917	2 855	3 733
1990	4 304	4 339	3 348	4 203
1991	5 016	4 908	3 984	5 240
1992	5 931	6 026	4 435	6 270
1993	8 145	8 854	5 681	7 633
1994	10 572	11 632	7 076	10 208
1995	12 276	13 709	7 229	12 184
1996	14 507	16 625	8 668	13 685
1997	16 531	18 515	10 320	15 872
1998	18 381	21 161	11 260	17 204
1999	20 714	23 602	13 228	19 530
2000	23 039	26 193	13 234	21 974
2001	25 941	31 187	13 427	23 981
2002	28 218	35 501	16 969	25 544
2003	30 611	40 893	17 061	26 940
2004	31 928	45 212	20 256	27 868
2005	32 476	47 762	17 112	28 521
2006	35 107	49 312	20 591	31 286
2007	38 798	58 347	21 793	33 787
2008	43 454	65 431	25 291	37 933
2009	46 723	72 278	24 715	40 582
2010	50 456	79 734	27 801	43 939
2011	55 143	85 218	31 830	48 422

19-2 居民家庭生活基本情况

BASIC CONDITIONS OF URBAN HOUSEHOLDS

（1985-2011）

年 份 Year	调查户数 (户) Households Surveyed (household)	平均每户家庭人口 (人) Average Persons per Household (person)	平均每户就业人口 (人) Average Employees per Household (person)	平均每一就业者负担人口 (人) Persons Supported by Each Employee (person)	家庭总收入 (元/平均每人每月) Average Household Total Income (yuan /per capita monthly)
1985	100	4.07	2.28	1.78	161.26
1986	100	4.01	2.20	1.82	153.39
1987	100	3.94	2.16	1.82	176.28
1988	100	3.90	2.17	1.80	216.75
1989	100	3.92	2.16	1.82	307.21
1990	100	3.81	2.16	1.76	346.89
1991	100	3.78	2.21	1.71	382.92
1992	100	3.73	2.23	1.67	484.16
1993	100	3.59	2.14	1.68	646.23
1994	100	3.60	2.10	1.72	876.69
1995	200	3.61	2.06	1.75	1 064.38
1996	200	3.50	2.06	1.70	1 358.85
1997	200	3.46	2.03	1.70	1 555.61
1998	200	3.48	1.96	1.78	1 620.03
1999	200	3.41	1.89	1.80	1 645.37
2000	200	3.42	1.86	1.84	1 756.22
2001	200	3.43	1.82	1.88	1 923.40
2002	200	3.32	1.86	1.79	2 194.78
2003	200	3.38	1.80	1.88	2 308.45
2004	200	3.34	1.68	1.99	2 450.30
2005	600	3.35	1.73	1.94	1 880.25
2006	600	3.33	1.80	1.85	1 973.19
2007	600	3.29	1.83	1.80	2 167.90
2008	600	3.25	1.59	2.04	2 392.00
2009	600	3.24	1.66	1.95	2 661.02
2010	600	3.22	1.68	1.92	2 960.31
2011	600	3.15	1.67	1.89	3 362.66

19-2 续表 continued

年 份 Year	家庭总支出 (元/平均每人每月) Average Household Total Expenditure (yuan/per capita monthly	平均每人每月可支配收入(元) Per Capita Monthly Disposable Income(yuan)	平均每人每月消费性支出(元) Per Capita Monthly Consumption Expenditures(yuan)	平均每人年末手持现金(元) Per Capita Year- end Holding Cash(yuan)
1985	159.68	159.57	149.20	116.52
1986	144.71	151.45	134.82	126.65
1987	170.66	174.28	159.30	80.01
1988	209.14	214.10	195.45	143.10
1989	326.24	304.71	256.59	263.71
1990	340.85	343.95	305.92	323.63
1991	454.18	380.31	347.98	404.10
1992	459.20	481.94	419.54	505.19
1993	583.38	644.72	515.97	630.15
1994	889.14	875.27	789.43	968.70
1995	1 032.66	1 064.22	919.86	1 232.33
1996	1 234.13	1 357.97	1 087.00	1 478.41
1997	1 399.57	1 548.23	1 217.53	1 186.08
1998	1 506.06	1 601.16	1 230.35	921.36
1999	1 476.09	1 626.70	1 169.48	923.08
2000	1 612.32	1 742.14	1 358.89	970.42
2001	1 769.88	1 896.66	1 418.73	1 040.62
2002	2 078.49	2 078.39	1 577.16	1 084.33
2003	2 287.89	2 161.32	1 663.36	1 252.54
2004	2 134.91	2 299.70	1 630.80	1 294.82
2005	1 801.99	1 791.20	1 325.99	1 152.77
2006	1 859.19	1 880.59	1 385.68	1 565.50
2007	1 948.89	2 025.12	1 539.54	1 592.34
2008	2 025.14	2 227.44	1 648.26	1 731.95
2009	2 667.26	2 437.04	1 793.84	1 981.72
2010	2 490.93	2 698.41	1 900.55	1 375.58
2011	2 698.64	3 042.09	2 006.67	1 291.05

注： 1、从2005年开始为600户常住户（户籍+非户籍）数据。
Note: Since 2005, the data are calculated from 600 surveyed households(registered residents + non-registered residents).
2、根据国家统计局住户调查方法制度，2007年深圳市600户住户调查数据按可比口径重新计算，已公布数据如有出入，以此表为准。
According to National Bureau of Statiatics household Survey system, the data of 600 surveyed households are recalculated by the comparable coverage in 2007. If there is a discrepancy with the published data, please subject to this table.

19-3 不同收入水平家庭年人均消费情况

PER CAPITA ANNUAL CONSUMPTION OF HOUSEHOLD GROUPED BY LEVEL OF INCOME（2011）

单位：元 （yuan）

项 目	Item	总平均 Average	最低收入户 Lowest Income	低收入户 Low Income	中等偏下户 Medium-low Income
消费性支出合计	**Total Consumption Expenditures**	**24 080.03**	**12 052.39**	**14 521.94**	**17 662.33**
一、食品	Food	8 832.44	5 439.12	6 310.68	7 597.26
# 在外饮食	Dining out	2 289.94	743.98	909.31	1 574.92
二、衣着	Clothing	1 912.61	768.37	998.10	1 298.54
三、居住	Residence	2 916.25	1 864.74	2 192.48	2 466.89
# 租赁房房租	Lease Rent	929.82	737.59	788.26	924.02
水、电、燃料及其他	Water, Electricity, Fuels and Others	1 231.42	908.20	1 119.96	1 157.78
四、家庭设备用品及服务	Household Facilities, Articles and Services	1 632.19	564.03	834.58	1 009.62
# 耐用消费品	Durable Consumer Goods	496.17	125.03	238.27	232.04
五、医疗保健	Health Care	900.37	417.69	543.13	526.93
六、交通和通讯	Transportation and Communication	4 124.68	1 720.29	1 993.75	2 755.92
1、交通	Transportation	2 654.65	865.25	930.66	1 502.18
2、通信	Communication	1 470.03	855.04	1 063.09	1 253.73
七、教育文化娱乐服务类	Recreation, Education and Cultural Services	2 890.26	986.35	1 362.58	1 590.71
1、文化娱乐用品	Recreational Durable Consumer Goods	752.93	188.41	317.41	416.97
2、文化娱乐服务	Recreation Service	911.39	216.77	497.79	503.30
3、教育	Education	1 225.94	581.18	547.38	670.44
八、其它商品和服务	Other Commodities and Services	871.25	291.79	286.63	416.46
# 其它商品	Other Commodities	570.98	184.81	133.41	265.16
服务	Services	300.27	106.98	153.23	151.30

项　目	Item	中　等 收入户 Medium Income	中　等 偏上户 Medium- high Income	高　收 入　户 High Income	最　高 收入户 Highest Income
消费性支出合计	**Total Consumption Expenditures**	**23 556.42**	**31 062.25**	**35 547.76**	**50 406.02**
一、食品	Food	9 147.19	10 526.06	11 599.10	14 229.59
#在外饮食	Dining out	2 263.06	3 256.64	3 802.42	5 197.14
二、衣着	Clothing	1 968.22	2 853.18	2 594.03	3 987.52
三、居住	Residence	2 710.51	3 111.57	3 752.43	6 406.04
#租赁房房租	Lease Rent	771.50	981.82	718.37	2 097.74
水、电、燃料及其他	Water, Electricity, Fuels and Others	1 285.10	1 390.26	1 446.12	1 429.43
四、家庭设备用品及服务	Household Facilities, Articles and Services	1 660.78	2 101.54	3 104.47	3 651.79
#耐用消费品	Durable Consumer Goods	652.27	640.41	931.58	1 078.90
五、医疗保健	Health Care	901.94	1 221.67	1 326.87	2 172.50
六、交通和通讯	Transportation and Communication	3 285.59	5 992.93	7 042.65	9 930.54
1、交通	Transportation	1 781.14	4 202.83	5 287.82	7 264.61
2、通信	Communication	1 504.45	1 790.10	1 754.83	2 665.94
七、教育文化娱乐服务类	Recreation, Education and Cultural Services	2 992.55	4 101.35	4 919.60	6 942.89
1、文化娱乐用品	Recreational Durable Consumer Goods	625.60	1 085.95	1 779.89	1 703.23
2、文化娱乐服务	Recreation Service	954.89	1 151.88	1 266.78	2 976.72
3、教育	Education	1 412.06	1 863.53	1 872.92	2 262.94
八、其它商品和服务	Other Commodities and Services	889.64	1 153.95	1 208.60	3 085.14
#其它商品	Other Commodities	619.48	798.81	656.09	2 108.22
服务	Services	270.16	355.14	552.51	976.92

19-4 不同收入水平家庭年人均现金收支情况

PER CAPITA ANNUAL CASH INCOME AND EXPENDITURE OF HOUSEHOLD GROUPED BY LEVEL OF INCOME（2011）

单位：元 （yuan）

项 目	Item	总平均 Average	最低收入户 Lowest Income	低收入户 Low Income	中等偏下户 Medium-low Income
一、调查户数(户)	Households Surveyed (household)	600	61.92	59.25	121.58
比重(%)	Proportion (%)	100	10.3	9.9	20.3
二、平均每户家庭人口(人)	Average Household Size (person)	3.15	3.79	3.45	3.25
平均每户就业人口(人)	Average Employees per Household (person)	1.67	1.62	1.58	1.69
平均每户就业面(%)	Percentage of Employees per Household(%)	53.0	42.7	45.8	52.0
平均每一就业者负担人口(人)	Persons Supported by Each Employee (person)	1.89	2.34	2.18	1.92
三、期初手存现金（12月）	Holding Cash at the Beginning(December)	1 202.30	799.94	978.78	874.76
(一)家庭总收入	Average Household Total Income	40 351.88	14 887.46	21 032.52	27 804.04
#可支配收入	Disposable Income	36 505.04	12 998.84	18 896.31	25 060.68
1. 工资性收入	Total Income from Work	28 458.73	11 105.91	15 606.70	19 946.09
2. 经营净收入	Net Income from Household Business	5 909.06	2 285.83	2 354.62	4 144.34
3. 财产性收入	Property Income	1 971.89	86.70	1 501.80	1 342.64
3. 转移性收入	Transfer Income	4 012.20	1 409.02	1 569.41	2 370.97
#养老金或离退休金	Pension	2 579.24	268.63	890.04	1 471.45
(二)借贷收入	Credit Income	17 949.98	6 097.12	4 845.19	10 035.76
(三)家庭总支出	Average Household total Expenditure	32 383.63	14 598.03	17 782.23	22 823.62
1. 消费性支出	Consumption Expenditure	24 080.03	12 052.39	14 521.94	17 662.33
其中：服务性消费支出	Consumption Services Expenditure	7 896.44	3 534.30	4 409.22	5 330.67
2.购房与建房支出	Housing Expenditure	1 173.33	0.00	0.00	765.16
3. 转移性支出	Expenditure for transfer	3 933.98	998.40	1 434.50	1 878.38
4. 财产性支出	Expenditure for Property	685.55	31.58	117.47	474.84
5. 社会保障支出	Expenditure for Social Insurance	2 510.74	1 515.68	1 708.32	2 042.91
(四)借贷支出	Expenditure for Credit	25 792.11	6 151.39	7 859.25	14 780.97
四、期末手存现金	Holding Cash at the End	1 291.05	884.82	1 005.88	908.03

单位：元　　19-4 续表 continued （yuan）

项　目	Item	中　等 收入户 Medium Income	中　等 偏上户 Medium-high Income	高　收 入　户 High Income	最　高 收入户 Highest Income
一、调查户数(户)	Households Surveyed (household)	121.50	118.42	60.67	56.67
比重(%)	Proportion (%)	20.3	19.7	10.1	9.4
二、平均每户家庭人口(人)	Average Household Size (person)	3.03	2.99	2.98	2.59
平均每户就业人口(人)	Average Employees per Household (person)	1.61	1.77	1.61	1.70
平均每户就业面(%)	Percentage of Employees per Household(%)	53.1	59.2	54.0	65.6
平均每一就业者负担人口(人)	Persons Supported by Each Employee (person)	1.88	1.69	1.85	1.52
三、期初手存现金	Holding Cash at the Beginning(December)	827.95	1 535.25	1 203.88	3 335.09
(一)家庭总收入	Average Household Total Income	38 084.41	51 183.70	64 993.52	104 141.89
#可支配收入	Disposable Income	34 237.10	46 316.12	59 721.12	94 958.61
1. 工资性收入	Total Income from Work	26 629.68	39 081.54	41 233.44	69 173.65
2. 经营净收入	Net Income from Household Business	5 671.68	5 494.51	9 143.67	21 148.97
3. 财产性收入	Property Income	1 450.42	1 950.24	4 419.00	6 608.56
3. 转移性收入	Transfer Income	4 332.63	4 657.41	10 197.41	7 210.71
#养老金或离退休金	Pension	2 940.32	2 869.72	6 872.78	5 704.36
(二)借贷收入	Credit Income	16 224.26	28 401.11	31 864.83	44 943.20
(三)家庭总支出	Average Household total Expenditure	30 630.10	45 941.55	46 918.91	69 801.55
1. 消费性支出	Consumption Expenditure	23 556.42	31 062.25	35 547.76	50 406.02
其中：服务性消费支出	Consumption Services Expenditure	7 696.73	10 313.59	12 032.07	18 591.61
2.购房与建房支出	Housing Expenditure	261.21	4 909.82	719.17	0.00
3. 转移性支出	Expenditure for transfer	3 665.46	5 574.67	6 624.25	12 854.87
4. 财产性支出	Expenditure for Property	456.67	1 338.11	889.76	2 137.07
5. 社会保障支出	Expenditure for Social Insurance	2 690.33	3 056.70	3 137.97	4 403.59
(四)借贷支出	Expenditure for Credit	23 611.05	33 317.30	48 904.82	81 422.42
四、期末手存现金	Holding Cash at the End	1 058.06	1 638.11	1 086.89	3 519.98

19-5 主要年份居民家庭平均每百户拥有耐用消费品

POSSESSION OF DURABLE CONSUMER GOODS PER 100 URBAN HOUSEHOLDS IN MAIN YEARS（1990-2011）

品名	Item	1990	1995	2000	2001	2002	2003	2004	2005	2006	2007	2008	2009	2010	2011
洗衣机(台)	Washing Machines（set）	88.0	96.0	98.0	104.5	100.5	101.5	99.0	80.3	79.1	78.3	87.8	91.2	94.2	94.6
电冰箱(台)	Household Refrigerators（set）	97.0	99.0	101.0	105.5	104.0	103.0	104.0	92.8	87.8	91.0	92.7	97.1	99.1	99.3
彩电(台)	Color TV Sets（set）	109.0	124.0	160.0	163.5	166.0	162.0	163.5	138.9	136.6	128.1	121.5	126.2	130.2	128.8
照相机(架)	Cameras（set）	51.0	69.0	93.5	88.0	93.5	95.0	97.5	72.9	67.9	64.5	65.9	70.4	76.5	79.9
组合音响(套)	Stereo Systems（set）	36.0	41.0	59.5	63.5	63.5	60.0	68.5	45.0	47.9	44.7	47.4	46.2	45.7	42.1
空调器(台)	Air Conditioners（set）	26.0	106.0	207.0	218.5	232.5	229.0	253.5	162.9	169.6	165.2	199.1	210.8	220.5	223.8
家用电脑(台)	Personal Computers（set）			54.0	71.0	75.0	74.5	93.5	70.7	72.7	75.3	90.4	102.9	112.1	118.5
健身器材(台)	Fitness Appliances（set）			16.5	18.5	15.5	12.0	10.5	8.2	7.8	6.1	4.3	4.2	6.2	5.0
移动电话(部)	Mobile Telephone（set）			93.0	152.0	195.0	196.5	211.0	193.4	199.8	210.6	212.2	223.0	233.3	235.9
家用汽车(辆)	Household Cars（unit）			7.0	14.5	20.5	21.5	21.5	17.9	20.0	24.4	27.9	32.9	38.5	39.1
摄像机(架)	Videorecorders（set）			12.0	16.0	12.0	12.5	13.0	9.4	10.7	14.7	18.2	17.7	18.4	19.0
钢琴(架)	Pianos（set）		5.0	13.0	14.0	6.0	5.5	9.0	5.0	3.8	3.8	4.5	4.8	4.4	5.3

19-6　600户居民家庭平均每百户主要耐用消费品拥有量

POSSESSION OF DURABLE CONSUMER GOODS PER 100 URBAN HOUSEHOLDS IN 600 SURVEYED HOUSEHOLDS（2011）

品　名	Item	总平均 Average	最　低 收入户 Lowest Inome	低　收 入　户 Low Income	中　等 偏下户 Medium low Income	中　等 收入户 Medium Income	中　等 偏上户 Medium high Income	高　收 入　户 High Income	最　高 收入户 Highest Income
家用汽车(辆)	Private car（unit）	39.1	10.8	27.5	25.2	39.2	55.8	65.0	57.0
洗衣机(台)	Washing Machines（set）	94.6	91.2	88.7	93.1	93.3	98.0	101.5	97.5
电冰箱(台)	Household Refrigerators（set）	99.3	96.0	91.4	96.3	100.7	100.9	104.3	109.2
彩色电视机(台)	Color TV Sets（set）	128.8	113.4	124.1	122.3	126.7	137.5	144.9	137.2
家用电脑（台）	Personal Computers（set）	118.5	90.1	101.3	102.9	109.6	136.8	129.0	178.0
组合音响（套）	Stereo Systems（set）	42.1	27.5	35.4	36.7	43.8	43.4	52.4	64.1
摄像机(架)	Videorecorders（set）	19.0	6.5	9.7	12.5	18.6	23.5	34.6	36.5
照相机（架）	Cameras（set）	79.9	40.4	74.5	70.3	79.9	92.2	93.7	115.9
钢琴(架)	Pianos（set）	5.3	0.0	2.5	5.2	3.6	10.5	6.0	6.7
微波炉(台)	Microwave Ovens（set）	66.0	37.4	58.9	55.1	67.4	82.2	79.9	81.7
空调器(台)	Air Conditioners（set）	223.8	151.0	192.6	202.2	212.9	262.1	284.6	278.6
健身器材（套）	Fitness Appliances（set）	5.0	0.0	2.0	2.6	5.2	6.3	10.9	11.8
移动电话（部）	Mobile Telephones（set）	235.9	210.8	244.5	218.0	248.4	237.8	248.8	255.2

19-7 主要年份居民物质文化生活提高情况

IMPROVEMENT IN RESIDENTS' MATRIAL AND CULTURAL LIFE

（2005-2011）

项 目	Item	2005	2006	2007	2008	2009	2010	2011
就业	**Employment**							
城镇登记失业率(%)	Urban Unemployment Rate(%)	2.37	2.31	2.29	2.30	2.55	2.45	2.20
收入	**Income**							
家庭总收入(元/人)	Average Household total Income (yuan/Person)	22 563.00	23 678.28	26 014.79	28 703.97	31 932.24	35 523.75	40 351.88
可支配收入(元/人)	Per Capita Disposable Income (yuan)	21 494.40	22 567.08	24 301.38	26 729.31	29 244.52	32 380.86	36 505.04
支出	**Expenditure**							
家庭总支出(元/人)	Average Household total Expenditure (yuan/ Person)	21 623.88	22 310.28	23 386.63	2 4301.66	32 007.11	29 891.17	32 383.63
消费性支出(元/人)	Per Capita Consumption Expenditure (yuan)	15 911.88	16 628.16	18 474.49	19 779.09	21 526.10	22 806.54	24 080.03
恩格尔系数(%)	Engel Coefficient (%)	33.4	33.3	32.5	36.0	35.0	35.5	36.7
储蓄	**Savings**							
人均储蓄存款额(元)	Per Capita Balance of Saving Deposit (yuan)	39 014	42 988	41 569	51 409	57 525	64 761	70 960
居住	**Residence**							
人均现住房总建筑面积（平方米）	Per Capita Building Space (sq.m)	23.97	25.42	24.61	25.99	26.62	27.03	27.94
通讯	**Telecommunication**							
每百人拥有电话(部)	Number of Telephone Sets per 100 Persons	212	215	244	246	234	243	274.00
城市公用业	**Public Utilities in Urban Areas**							
人均生活用电量(度)	Per Capita Residential Electicity Consumption(kwh)	660	687	805	752	812	814	858.00
自来水普及率(%)	Rate of Access to Tap Water(%)	99.8	99.8	100	100	100	100	100.00
全市生活用水量(万吨）	Tap Water for Residential Consumption of Total Areas(10000ton)	54 626	55 823	69 790	100 417	84 660	87 986	91 691.00
教育娱乐	**Education and Recreation**							
教育文化娱乐服务(元)	Education, Recreation and Cultural Service (yuan)	1 953.72	2 263.80	2 272.91	2 463.92	2 661.77	2 653.23	2 890.26
#文化娱乐用品	Cultural Recreational Articles and	460.32	504.72	569.93	580.54	594.93	671.91	752.93
#书报杂志	Books, Newspaper and Magazines	57.72	72.96	85.70	95.69	89.48	79.44	100.95
教育	Education	1 000.20	1 186.80	1 123.52	1 164.39	1 272.32	1 064.65	1 225.94
卫生	**Public Health**							
每万人拥有医生数(人)	Number of Doctors per 10 000 Persons (person)	14	20	21	21	21	21	22
每万人拥有医院病床(张)	Number of Hospital Beds per 10 000 Persons(bed)	19	19	18	19	20	20	21

主要统计指标解释

居民消费水平 居民消费水平是指按人口平均计算的居民消费额。居民消费水平表明国家对人民的物质文化生活需要的满足程度，它是反映一个国家（或地区）的经济发展水平和人民物质文化生活水平的综合指标。居民消费水平，可以按国民收入口径，即居民物质产品消费进行计算，也可以按国内生产总值口径，即包括劳务以内的总消费进行计算。根据计算居民消费的不同价格，可以计算出按当年价格计算的居民消费和按可比价格计算的居民消费水平，后者便于观察居民实际消费水平的增长变化。为了观察居民消费的实物构成，还可以进一步计算各种消费品的平均消费的数量和金额，以反映居民在取得基本生存资料的基础上逐步向需要享受资料和发展资料的方向发展的趋势。

城镇居民家庭可支配收入 是指调查户可用于最终消费支出和其他非义务性支出以及储蓄的总和，即居民家庭可以用来自由支配的收入。它是家庭总收入扣除交纳的个人所得税、个人交纳的社会保障支出以及调查户的记帐补贴后的收入。

城镇居民家庭消费性支出 是指调查户用于本家庭日常生活的全部支出，包括食品、衣着、居住、家庭设备用品及服务、医疗保健、交通和通讯、娱乐教育文化服务、其他商品和服务八大类支出。

Explanatory Notes on Main Statistical Indicators

Consumption Level of Residents refers to per capita consumption of residents. Reflecting the degree of satisfaction by the nation of needs in people' s material and cultural life, it is a comprehensive indicator of the economic development of a country (or region) and the standard of the material and cultural life of people.

Consumption level of residents can be calculated either in terms of national income (i.e. the material product consumption of residents) or in terms of gross domestic product (i.e. the total consumption including that of labor services). Through calculating different prices of consumption by residents, the consumption of residents at current prices and that at comparable prices are obtained respectively. The latter is used to reflect the growth of actual consumption of residents. In order to observe the composition of residential consumption in kind, the volume and value of average consumption of various consumer goods can be further calculated to reflect the growing needs of residents for means of pleasure and development upon satisfaction of the needs for means of existence.

Disposable Income of Urban Households refers to the actual income at the disposal of Respondent households which can be used for final consumption, other non−compulsory expenditure and savings. This equals to total income minus income tax, personal contribution to social security and subsidy for keeping diaries in being a sample household.

Consumption Expenditure of Urban Households refers to total expenditure of the sample households for consumption in daily life, including expenditure on eight categories: food; clothing; housing; household appliances and services; health care and medical services; transport and communications; recreational, educational and cultural services; and miscellaneous goods and services.

20 第二十部分 企业景气调查

BUSINESS CLIMATE SURVEY

CHAPTER

20-1 企业家信心指数及企业家对宏观经济运行状况的看法

INDEX OF CONFIDENCE ON MACRO ECONOMY OF ENTERPRISERS

（2001-2011）

年 度	Year	企业家信心指数 Entrepreneurs' Confidence Index	乐观(%) Optimistic	一般(%) Neither Optimistic Nor Pessimistic	不乐观(%) Pessimistic
2001年					
一季度	1st Quarter	133.5	41.5	50.5	8.0
二季度	2nd Quarter	128.4	42.2	44.0	13.8
三季度	3rd Quarter	129.4	40.0	49.4	10.6
四季度	4th Quarter	126.0	38.2	49.6	12.2
2002年					
一季度	1st Quarter	137.2	46.4	44.4	9.2
二离度	2nd Quarter	136.3	44.0	48.3	7.7
三季度	3rd Quarter	134.9	44.9	45.0	10.1
四季度	4th Quarter	141.0	47.5	46.0	6.5
2003年					
一季度	1st Quarter	140.2	47.1	46.0	6.9
二季度	2nd Quarter	127.8	40.6	46.6	12.8
三季度	3rd Quarter	144.3	49.8	44.7	5.5
四季度	4th Quarter	145.0	49.9	45.2	4.9
2004年					
一季度	1st Quarter	144.2	49.3	45.6	5.1
二季度	2nd Quarter	145.0	49.8	45.4	4.8
三季度	3rd Quarter	139.0	45.3	48.4	6.3
四季度	4th Quarter	145.2	52.1	41.0	6.9
2005年					
一季度	1st Quarter	149.6	54.7	40.2	5.1
二季度	2nd Quarter	138.1	47.9	42.3	9.8
三季度	3rd Quarter	139.4	49.5	40.4	10.1
四季度	4th Quarter	135.1	42.9	49.3	7.8
2006年					
一季度	1st Quarter	143.5	50.5	42.5	7.0
二季度	2nd Quarter	146.4	53.0	40.4	6.6
三季度	3rd Quarter	149.5	54.6	40.3	5.1
四季度	4th Quarter	149.7	54.7	40.3	5.0
2007年					
一季度	1st Quarter	149.3	54.2	40.9	4.9
二季度	2nd Quarter	153.6	58.1	37.4	4.5
三季度	3rd Quarter	155.6	60.9	33.8	5.3
四季度	4th Quarter	147.3	53.5	40.3	6.2
2008年					
一季度	1st Quarter	141.2	48.6	44.0	7.4
二季度	2nd Quarter	139.7	49.8	40.1	10.1
三季度	3rd Quartor	123.1	40.1	42.9	17.0
四季度	4th Quarter	91.1	24.3	42.5	33.2
2009年					
一季度	1st Quarter	99.9	20.5	58.9	20.6
二季度	2nd Quarter	118.6	32.6	53.4	14.0
三季度	3rd Quarter	132.9	40.0	52.9	7.1
四季度	4th Quarter	140.4	45.4	49.6	5.0
2010年					
一季度	1st Quarter	135.3	41.5	52.3	6.2
二季度	2nd Quarter	135.6	42.3	51.0	6.7
三季度	3rd Quarter	141.3	47.2	46.9	5.9
四季度	4th Quarter	141.2	46.6	48.0	5.4
2011年					
一季度	1st Quarter	137.6	42.8	52.0	5.2
二季度	2nd Quarter	137.4	43.0	51.4	5.6
三季度	3rd Quarter	126.5	35.0	56.5	8.5
四季度	4th Quarter	122..2	34.3	53.6	12.1

20-2 企业景气指数及企业综合生产经营状况

BUSINESS CLIMATE INDEX,COMPREHENSIVE PRODUCTION AND MANAGEMENT SITUATIONS OF ENTERPRISES

（2001-2011）

年　度	Year	企业景气指数 Business Climate Index	良好(%) Improving	一般(%) Retaining the Same level	不佳(%) Worse
2001年					
一季度	1st Quarter	121.3	38.8	43.7	17.5
二季度	2nd Quarter	132.4	43.4	45.6	11.0
三季度	3rd Quarter	137.9	47.7	42.5	9.8
四季度	4th Quarter	136.5	46.5	43.5	10.0
2002年					
一季度	1st Quarter	138.1	46.3	45.5	8.2
二离度	2nd Quarter	142.5	49.3	43.9	6.8
三季度	3rd Quarter	140.8	47.2	46.4	6.4
四季度	4th Quarter	142.4	48.8	44.8	6.4
2003年					
一季度	1st Quarter	140.6	49.5	41.6	8.9
二季度	2nd Quarter	127.2	41.4	44.4	14.2
三季度	3rd Quarter	141.7	49.8	42.1	8.1
四季度	4th Quarter	151.8	56.5	38.8	4.7
2004年					
一季度	1st Quarter	140.7	47.1	46.5	6.4
二季度	2nd Quarter	150.1	56.3	37.5	6.2
三季度	3rd Quarter	143.8	50.6	42.6	6.8
四季度	4th Quarter	149.1	55.1	38.9	6.0
2005年					
一季度	1st Quarter	152.8	59.1	34.6	6.3
二季度	2nd Quarter	142.2	50.3	41.6	8.1
三季度	3rd Quarter	146.6	51.6	43.4	5.0
四季度	4th Quarter	150.5	57.1	36.3	6.6
2006年					
一季度	1st Quarter	147.5	54.4	38.7	6.9
二季度	2nd Quarter	154.2	60.6	33.0	6.4
三季度	3rd Quarter	155.6	61.7	32.2	6.1
四季度	4th Quarter	156.6	61.5	33.6	4.9
2007年					
一季度	1st Quarter	152.4	56.8	38.8	4.4
二季度	2nd Quarter	156.8	60.9	35.0	4.1
三季度	3rd Quarter	156.8	61.2	34.4	4.4
四季度	4th Quarter	154.2	57.9	38.4	3.7
2008年					
一季度	1st Quarter	144.7	50.0	44.7	5.3
二季度	2nd Quarter	152.0	56.2	39.6	4.2
三季度	3rd Quarter	137.8	46.0	45.8	8.2
四季度	4th Quarter	114.9	30.6	53.7	15.7
2009年					
一季度	1st Quarter	112.0	27.3	57.4	15.3
二季度	2nd Quarter	132.6	42.5	47.6	9.9
三季度	3rd Quarter	143.8	50.0	43.8	6.2
四季度	4th Quarter	152.6	57.2	38.2	4.6
2010年					
一季度	1st Quarter	146.0	51.3	43.5	5.2
二季度	2nd Quarter	148.5	53.9	40.7	5.4
三季度	3rd Quarter	153.9	57.8	38.3	3.9
四季度	4th Quarter	155.8	59.5	36.8	3.7
2011年					
一季度	1st Quarter	143.2	49.1	45.0	5.9
二季度	2nd Quarter	149.0	54.5	40.0	5.5
三季度	3rd Quarter	144.0	49.7	44.6	5.7
四季度	4th Quarter	144.4	50.5	43.4	6.1

主要统计指标解释

企业景气指数 亦称企业综合生产经营景气指数，是根据企业家对本企业综合生产经营情况的判断与预期（通常为对“良好”、“一般”、“不佳”的选择）而编制的指数，用以综合反映企业的生产经营状况。

企业家信心指数 亦称宏观经济景气指数，是根据企业家对外部市场经济环境与宏观政策的认识、看法、判断与预期（通常为对“乐观”、“一般”、“不乐观”的选择）而编制的指数，用以综合反映企业家对宏观经济环境的感受与信心。

Explanatory Notes on Main Statistical Indicators

Business Climate Index refers the index reflecting soundness of general operation, derived from management' s judgment and estimation on performance of the company, (variables being improving,retaining the same level and worse), which is used to reflect the general operation status of the enterprises.

Index of Entrepreneur's Confidence also refers to macro economic prosperity index, derived from entrepreneurs' understanding, opinions, judgment and estimation of macro market situations as well as macro economic polices, (variables being optimistic, neither optimistic nor pessimistic and pessimistic) so as to reflect comprehensively entrepreneurs' perception and confidence regarding the macro economic environment.

中国统计出版社最新资料书简目

（仅供参考，以最后出书为准）

统计资料

中国统计年鉴2012
中国统计摘要-2012
中国区域经济统计年鉴-2012
2012中国发展报告
中国社会统计年鉴-2012
中国城市统计年鉴-2009
中国劳动统计年鉴-2012
中国人口和就业统计年鉴-2012
中国工业经济统计年鉴-2012
中国建筑业统计年鉴-2012
中国房地产统计年鉴-2012
中国能源统计年鉴-2012
中国商品交易市场统计年鉴-2012
中国贸易外经统计年鉴-2012
2012中国地区经济监测报告
中国民政统计年鉴-2012
中国农村统计年鉴-2012
中国农产品价格调查年鉴-2012
中国科技统计年鉴-2012
中国教育经费统计年鉴-2010
中国农村贫困监测报告-2012
中国高技术产业统计年鉴-2012
中国科学技术协会统计年鉴-2012
工业企业科技活动资料-2012
全国农产品成本收益资料汇编-2012
中国农村住户调查年鉴-2012（中、英文）
中国城市(镇)生活与价格年鉴-2012
大中型批发零售和住宿餐饮企业统计年鉴-2012
第二次全国R&D资源清查资料汇编－工业企业卷
中国农村全面建设小康监测报告-2012
中国县（市）社会经济统计年鉴-2012
中国民族统计年鉴2011、2012
中国零售和餐饮连锁企业统计年鉴-2012
第二次全国R&D资源清查资料汇编－综合卷
国际统计年鉴-2012
2010年中国第六次人口普查公报

2012年省级综合统计年鉴系列

北京　天津　河北　山西　内蒙古　辽宁　吉林　黑龙江　上海　江苏　浙江　安徽　福建　江西　山东
河南　湖北　湖南　广东　广西　海南　重庆　四川　贵州　云南　西藏　陕西　甘肃　青海　宁夏
新疆　新疆生产建设兵团

2012年市(县)级综合统计年鉴系列

天津滨海新区　石家庄　唐山　邯郸　太原　大同　长治　阳泉　晋城　朔州　晋中　运城　忻州　临汾
呼和浩特　包头　沈阳　大连　长春　吉林市　四平　哈尔滨　黑龙江垦区　上海浦东新区　苏州　无锡　常州
徐州　南通　盐城　镇江　江阴　丹阳　杭州　宁波　绍兴　台州　温州　金华　嘉兴　衢州　福州
福州经济技术开发区　厦门经济特区　南昌　上饶　济南　青岛　潍坊　郑州　洛阳　三门峡　南阳　武汉
宜昌　十堰　荆州　咸宁　长沙　广州　东莞　惠州　深圳　桂林　南宁　柳州　来宾　河池　海口
成都　绵阳　贵阳　昆明　庆阳　西安　兰州　银川　乌鲁木齐

2010年人口普查资料系列

中国2010年人口普查资料　北京　天津　河北　山西　内蒙古　辽宁　吉林　黑龙江　上海　江苏　浙江　安徽
福建　江西　山东　河南　湖北　湖南　广东　广西　海南　重庆　四川　贵州　云南　西藏　陕西
甘肃　青海　宁夏　新疆　新疆生产建设兵团　河南省各市2010年人口普查资料丛书　中国分县2010年人口普查资料
中国分乡镇、街道2010年人口普查资料　中国分民族2010年人口普查资料

“十一五”规划教材

非参数统计　医学统计学
概率论与数理统计　统计学
现代金融投资统计分析
多元统计分析　经济计量学教程
应用时间序列分析
统计指数理论及应用
统计数据处理概论
质量管理统计方法　社会统计学
多元统计分析实验
企业经营管理统计
市场调查与预测
统计学原理（非统计专业使用）
统计学:从数据到结论
国民经济核算教程(国民经济统计学)
概率论与数理统计(经济、管理类专业使用)

重点图书

挑大学选专业2012—高考志愿填报指南
挑大学选专业2012—考研择校指南

欲购以上图书请与中国统计出版社发行部联系

电　　话：（010）63376907,63376908　**同楫行书店电话：**68783171,68783172
通讯地址：北京市西城区三里河月坛南街57号　邮政编码：100826
网　　址：http://csp.stats.gov.cn

（京）新登字041号

图书在版编目（CIP）数据
深圳统计年鉴. 2012 / 深圳市统计局, 国家统计局深圳调查队编. -- 北京 : 中国统计出版社, 2012.8
ISBN 978-7-5037-6597-1/C·2681

Ⅰ. ①深… Ⅱ. ①深… ②国… Ⅲ. ①统计资料－深圳市－2012－年鉴 Ⅳ. ①C832.653-54

中国版本图书馆CIP数据核字(2012)第167106号

深圳统计年鉴-2012

作　　者/ 深圳市统计局 国家统计局深圳调查队
责任编辑/ 陈越月
责任校队/ 李立红
执行编辑/ 李立红
封面设计/ 深圳市美嘉美印刷有限公司
出版发行/ 中国统计出版社
通信地址/ 北京市西城区月坛南街57号
邮　　编/ 100826
通信地址/ 北京市丰台区西三环南路甲6号
电　　话/ (010)63376907
网　　址/ http://csp.stats.gov.cn
印　　刷/ 深圳市美嘉美印刷有限公司
经　　销/ 新华书店
开　　本/ 890×1240毫米 1/16
字　　数/ 750 千字
印　　张/ 25印张
印　　数/ 1-1700 册
版　　别/ 2012 年 8 月第 1 版
版　　次/ 2012 年 8 月第 1 次印刷
书　　号/ ISBN 978-7-5037-6597-1/C·2681
定　　价/ 320.00 元